# 新编
# 西方经济学说史

张士铨◎主　编
周晓华◎副主编
孟　凯　殷冬雪◎编　著

知识产权出版社
全国百佳图书出版单位

图书在版编目（CIP）数据

新编西方经济学说史 / 张士铨主编. —北京：知识产权出版社，2017.6
ISBN 978-7-5130-4820-0

Ⅰ.①新… Ⅱ.①张… Ⅲ.①西方经济学—经济思想史—高等学校—教材
Ⅳ.①F091.3

中国版本图书馆 CIP 数据核字（2017）第 057907 号

**内容提要**

本书从全球化发展和利益关系的视角出发，简略、凝练地评介自古代和中世纪至今的西方经济思想。不同于当今各种版本的西方经济学说史教科书的是，我们将结合国际经济关系演化的历史与现状，设专章从纵向角度对当今流行的前沿经济学理论进行来龙去脉式的梳理，针对国际经济与贸易本科生的需要，有理有据地探讨一些从过去至今存在于国际关系和经济关系领域中的问题。另外，本书的每一章节，都尽量地插入一些现实材料或启发学生思考的问题，目的是让学生能够结合实际有所收获，学习能力得到有效提升。

**责任编辑：** 李 瑾 杨晓红　　　　　　　　**责任出版：** 刘译文

**新编西方经济学说史**

张士铨　主编
周晓华　副主编

| | | | |
|---|---|---|---|
| 出版发行：知识产权出版社有限责任公司 | 网　址：http://www.ipph.cn |
| 社　址：北京市海淀区西外太平庄 55 号 | 邮　编：100081 |
| 责编电话：010-82000860 转 8114 | 责编邮箱：1152436274@qq.com |
| 发行电话：010-82000860 转 8101/8102 | 发行传真：010-82000893/82005070/82000270 |
| 印　刷：三河市国英印务有限公司 | 经　销：各大网上书店、新华书店及相关专业书店 |
| 开　本：787mm×1092mm　1/16 | 印　张：20 |
| 版　次：2017 年 6 月第 1 版 | 印　次：2017 年 6 月第 1 次印刷 |
| 字　数：400 千字 | 定　价：49.00 元 |
| ISBN 978-7-5130-4820-0 | |

# CONTENTS
## 目　录

导　言 ……………………………………………………………………………… 001

## 第一篇　古代和中世纪的经济思想

第一章　古代希腊的经济思想 ……………………………………………… 017

第二章　古代罗马的经济思想 ……………………………………………… 027

第三章　西欧中世纪的经济思想 …………………………………………… 032

## 第二篇　重商主义与古典经济学的先驱者

第一章　重商主义经济学说 ………………………………………………… 041

第二章　古典经济学的先驱者 ……………………………………………… 053

## 第三篇　古典经济学说（上）

第一章　法国重农学派经济学说 …………………………………………… 067

第二章　亚当·斯密——古典经济学的创立者 …………………………… 075

第三章　李嘉图——古典经济学的杰出代表 …………………………… 091

## 第四篇　古典经济学说（下）

第一章　萨伊——经济自由主义经济学家 ………………………… 103

第二章　马尔萨斯——特殊的古典经济学家 ……………………… 112

第三章　李嘉图学派解体及其后主流经济学动向 ………………… 121

第四章　约翰·穆勒的综合体系 …………………………………… 129

第五章　马歇尔——古典经济学的集大成者 ……………………… 139

## 第五篇　新古典学派及其在当代的发展

第一章　德国历史学派的演变 ……………………………………… 157

第二章　制度经济学的发展脉络 …………………………………… 171

第三章　边际革命及其理论进展（上） …………………………… 222

第四章　边际革命及其理论进展（下） …………………………… 233

第五章　国际政治经济学的理论演进 ……………………………… 242

第六章　经济自由主义和保护主义理念与政策之争 ……………… 280

后　记 ………………………………………………………………… 316

# 导　言

## 一、本课的主要内容

本课名为《新编西方经济学说史》，作者意在用新的思路，向国际经济系的学生们解读西方经济学发展演变的历史。首先应该明确这门学科的研究对象，是西方资本主义发展各个时期具有**代表性**的经济观点和经济思想、经济学说**发生发展**及其**相互联系**的历史。围绕该研究对象，有三个问题需要说明：

第一，限于本课名称和课时，我们对中国的经济思想暂不设专章介绍，有关内容散见于其他章节——与相应西方经济思想的对比当中。对比而言，西方现代经济学说虽然只有 500 年历史[①]，但它是连续的、开放的、与资本主义和市场经济发展同步的，且每一种思想也离不开与其他学派的互动。从这个意义上看，马克思主义经济学说也是西方经济学的一个组成部分。经济学说史主要是以经济发展和制度变迁为背景的西方经济学说的历史。

第二，我们对西方资本主义产生之前的经济学说，并未如其后那样，按照分人、分时期的原则进行论述，而是归纳了多位思想家有关经济的论述，一总成章。诚如上面所言，中世纪和之前西方[②]的社会经济发展，也是一个极其缓慢的过程。与之相适应，同中国等古国一样，虽然彼时不乏片段式的经济思想，但是却没有体系、科学的概念范畴与逻辑结构，很难符合现代经济学说的标准。因此，只能成为现代经济学说的铺垫。

第三，我们准备详细介绍自资本主义诞生以来的经济学说史。上面在介绍研究对象时，所说的三个关键词，分别指的是：

■ 代表性——能够进入经济学说殿堂的人物及其学说，一定反映同时代经济学的主流学说和思想。主流是指特定时代在一国甚至多国范围内具有"压倒一切"的影响力和广泛共识的学说和思想。有些思想在当时不为人重视，甚至被诬为"异端邪说"，但以后却融入主流或者成为统领，这并不罕见。所以，我们也

---

[①]　当然，它也有其前史即资本主义诞生前的经济思想。然而，自资本主义经济制度诞生后的经济学说便与之前的经济思想有了本质上的区别。

[②]　这里的西方主义指欧洲。

要注意这些思想在萌芽时期的表现，它们毕竟有产生的土壤和科学成分。当然，从论述的整个逻辑上，我们还是更侧重"主流"。

■ 发生发展——各种经济学说，都必然在一定条件下产生，但必定属于独创、绝无因循守旧之嫌。纵观古往今来经济学领域的诸子百家，凡能登上学说史榜单者，必然以自己的理论观点独树一帜，并得到当时乃至后人的传扬而彪炳史册。固然，这需要有当时独特的历史条件，但绝非充要，没有自己的深入探索和对问题结合前人经验的研究，不但不会出彩而且经不起历史检验，更无从传世。学说都是以人命名的，大家都处在一个时代，凭什么有人就能做出科学贡献，获得社会承认，有人却对发展和事实熟视无睹，没有学术声响？科学欲要发展，人和社会环境不可或缺，但人的探索和坚守尤其紧要，否则就只有发生而无发展，有了苗但成不了林，不会形成气候。

■ 相互联系——延续性和批判借鉴。各种学说之间存在着特定的传承和批判关系。只强调独创、标新立异，忘记对前人成果的借鉴，任谁也绝不可能做出像样的研究。大凡历史上卓有成效、为人类的知识宝库添砖加瓦的学者，除了对时下问题有深刻见解之外，也是对过往思想进行了深入剖析，并引为借鉴的思考者。我们的意思在于，借鉴的应该是多种思想，而非以一种思想的传承者自居。"罢黜百家、独尊儒术"式的官方意识形态，不利于学术繁荣和思想解放。

## 二、若干问题辨析

经济学说和经济"思想"不同。前者有科学的语言表述及逻辑，不但自己相信，也使别人相信，就得摆事实，更重要的是讲道理[①]，有逻辑、有修辞、有比喻。但后者就不是这样，可能只是"片段"或"转瞬即逝"，缺乏必要的逻辑和思路，在视角、方法和参照系上都没有创新，挖掘下来发现它就那么一点水，半瓶子还晃晃荡荡；经济学说史也同历史学科的"历史"有别。后者从历史事件出发，总结人类和民族国家或者不同区域的历史发展规律。而经济学说史则从历史上的经济学家对经济发展和制度演进的认识出发，说明经济学自身发展的历史线索，这就需要运用逻辑思维能力，说明经济学家对经济现象和其规律的认知发展史。显然，经济史知识的掌握是理解经济学说史的必要前提。

---

① 比如说，通过"看不见的手"进行社会资源配置，我们就讲得下去，因为这是中国经济改革进程的写照。如果还将按劳分配视为现行收入分配的唯一原则，这样讲述必撞上南墙。因为谁都知道，人们从资本应用中所获得的收入，在总收入中所占比重随着改革开放而大大提高，而按照劳动贡献得到全部收入，只有在传统体制下，才有可能是真实的。

每种经济思想都很难说"绝对公正"——像自然科学的定律那样，对任何人没有亲疏差别。也就是说，在现实世界中没有"纯粹"的经济学。只有强调"人"或者反映特定利益集团利益的经济学，这与"不为谁服务"的自然科学不同。当然，在强调这一点的同时，我们也要分清，以辩护为目的和独立从事研究不同。学者的本分不是为统治者或领导人高唱赞歌，而应该带着分析和批判的眼光，说出和写出自己的观点。另外，作为社会科学，与自然科学不同之处是要研究人的行为——人的行为不好预测，问题也比自然科学复杂得多，难以见到成果。

比如：道格拉斯·多德（Douglas Dowd）在《资本主义经济学批评史》①一书中说，斯密和马克思都假定，对工人的剥削是资本主义的关键。但他又说，斯密《国富论》的读者大部分是（或将是）实施剥削的人，而马克思《资本论》的读者却是被剥削者，指出这一点并非毫无意义。虽然两个学者都光明正大地回答了问题，但他们是以反映出"客观性"和"中立性"间的重大差异的不同方式来回答问题的；两者都是客观的，没有超出事实和逻辑的范围，但都不中立：他们为对立的社会利益代言。

所以，我们要提出的问题是，作为学者，首先要根据事实说明事情的本来面目②，马克思也说，他不用玫瑰色去描述资本家和工人，但是所做结论对不同阶级或社会集团会产生不同的用途——在后果上有利于无产阶级，却未必是他的初衷；另外，不管是《国富论》还是《资本论》抑或凯恩斯《通论》，都不是普及读物。没有受过教育的被剥削者在没有启发的条件下也无法理解它的思想核心，没有知识分子的讲解，它也不可能立即变成无产阶级人人钟爱的"圣经"。因此，多德的说法既正确也有误。

又比如：熊彼特说过，价值、成本、估算报酬等，在奥地利学派的维塞尔看来，都不是资本主义独有的，而是一般经济行为的构成要素。并不像马克思所说，都是代表了资本主义的经济范畴，否则就是给资本主义辩护，掩盖资本主义的矛盾。马克思的这种说法我不敢苟同。我想应当折中一下，可以做这样的理解：上述范畴自有其一般性，在各个社会经济形态中存在。但是问题在于它们先存在于资本主义的市场经济之中，后来又被社会主义经济制度采用；由于制度不同，这些存在于不同社会中的经济因素也必然反映特定制度的特征，在不同制度

---

①　《Capitalism and Its Economics：A Critical History》，熊婴译，江苏人民出版社 2008 年版。

②　在分析问题时少带感情色彩，以事实和数据为据，但在坚持原则时可以有些感情色彩，原则本来就建立在一定的价值取向基础上。

下的表现也不同。比如计划经济条件下，它们统统被当成了计算工具，你很难用此去解释人们自利的行为。再如，资本家对于工人进行剩余价值的剥削，这是资本主义经济时代的重要特征，也是塑造资本的人格化之条件。但是，工人为什么还能忍受资本家的剥削？是因为对于其就业有好处。除此之外，由于工资具有底线——很多经济学家都论述过底线的条件，这个条件对任何社会都适用。

注意分清以辩护为目的和独立从事研究的经济学家的区别。按照马克思的说法，"庸俗经济学家——实际上只是用政治经济学的语言，翻译了受资本主义生产束缚的资本主义生产者的观念、动机等，在这些观念和动机中，资本主义生产仅仅在其外观上反映出来。他们把这些观念、动机翻译成学理主义的语言，但是他们是从社会的统治部分即资本家的立场出发的，因此他们的论述不是朴素的和客观的，而是辩护论的"[①]。这是马克思对庸俗经济学家行为的定性。与他们相反，马克思说自己并不是以玫瑰色去看待资本家和工人阶级，而是从客观存在的事实出发，但是，怎样做到客观，所依据的材料和自己所看见的问题，就都一定是客观而没有人工雕琢的痕迹吗？毋宁说，主观上的涂脂抹粉——即庸俗论者的初衷，这是马克思所深恶痛绝的。正如上面所说，研究社会科学和社会现实，都存在一个所做结论对谁有利的问题。但这跟刻意的逢迎、拼命说统治者高兴的话，以及所谓的"颂圣"，还是有重大区别的。从庸俗论者的表现上看，就是从某些固定的价值判断出发，运用某些概念，如政治经济学的概念，采取科学推理的形式，描述事物的表面现象。也就是说，只是在表面的联系内兜圈子，做出与价值判断一致的结论。比如说利润的源泉，庸俗经济学认为是资本这种生产要素创造的，因此在分配上自然归资本所有者所有，而劳动价值论的答案是，利润来自劳动创造的价值扣除工资以后的剩余价值。是劳动的使用带来的，因此利润不能被资本所占有。

每种学说都不可避免地带有时代印记。历史上的任何一种学说，当然也包括经济学说，都是时代的产物。在这个时代到来之前，它不会产生，当这个时代结束，它又必须结合新的时代特征得以发展，否则就必定成为"死学问"。说什么思想放之四海而皆准，不顾各国的国情和社会历史文化，说什么思想不用发展，永远为后人必须遵循的不变教条，这些都是违背马克思主义和科学发展观的。

每个人在创建自己的思想或理论体系的时候，总是要在前人的基础上，对前人的思想和理论进行深入的结合现实式的反思和钻研。即便大思想家也只是人类

---

[①] 《马克思恩格斯全集》，第 26 卷，第 3 册，第 499 页。

思想潮流中的一份子，他不可能不对前人思想做个推陈出新。我们说，虽然大思想家是一个国家永久力量的反映，但是就他们自身而言，也必定有一个艰苦的学习和实践过程，不会有什么从天而降的思想正好进到自己的脑袋里。欲要深刻，有不同凡响的见解，对前辈思想家思想的学习和研究是十分必要的。否则就成为无源之水，无本之木。

可以参见张五常先生在一个场合中的论述：中国青年知识增加，有商业价值的知识增加，从这方面来看，我个人的观点就是不仅中国人聪明，学得快，而且中国的中学是不错的，大专和本科也是不错的，但到了研究院的时候问题就出现了，有商业价值的知识在中国发展得很不错，中国人聪明、学得快，大家都知道，一看到知识可以增加收入的时候就学得很快，这是中国发展快的原因之一，但有些知识没有直接的商业价值，这一方面就非常不好，譬如大学的研究院，我对他们很失望，假如真要成为领导世界的大国，没有市场价值的知识不能缺少。我举英国的例子，英国是个小国家，但它曾经雄视地球，即所谓的日不落帝国，为什么那么小的国家可以控制大部分的世界呢？问题在于英国出了几个大思想家，它的制度能培养出大思想家。回看 18、19 世纪，在物理学领域有牛顿，在社会科学、经济学领域有斯密，在生物学领域有达尔文，随便一提就有这几个，当然还有其他很多，因为有了这些所谓思想大师的存在。

## 三、西方经济学说的内容

顾名思义，西方经济学说涵盖了古希腊罗马时代—中世纪封建时代—近代自由竞争资本主义时代至今经济学家的全部思想。限于学时和时间，我们不可能过多涉及当代的各种经济学流派。但是，从历史沿革的角度看，当代诸子百家的思想交锋、政策见解，却有着过去思想家思考问题的烙印。就拿新古典经济学家——所谓主流经济学与新制度主义学派的争论为例，也不过沿袭了过去经济学家对问题的不同看法，但加入了许多新的知识和材料，比如信息是否对称的博弈理论，从而成为在新的历史时期的继续。限于课时和本课是经济学专业之必备基础知识的要求，我们对古希腊罗马和中世纪封建时代的经济思想，就不做展开而用一章概括，也不打算像很多经济史专家那样，倾向于利用自己的国籍从其同胞对经济学史的贡献开始讨论；而准备从欧洲封建时代解体和资本主义形成的重商主义开始，直到 20 世纪初马歇尔对古典经济学集大成为一个主体阶段，其后再用三章分别从制度经济学、国际政治经济学和自由主义与保护主义的关系，来大略地对整个经济学说的发展做个描述和评价。在本教材中，资本主义之前的经济思想不是重点，后面的凯恩斯革命已经涵盖在当代西方经济学的内容之中[1]，便不在本课中加以重复。

从另一个角度看，西方经济学说的脉络同世界历史发展的一条主要线索即原始社会→奴隶社会→封建社会→资本主义社会→社会主义社会存在较强的相关性，而同另一条线索即原始社会→亚细亚社会→封建的官僚制没有必然联系。有人认为，东方社会经济制度的变迁，与西方社会有不同的发展线路。但是经济学说史主要研究与西方社会历史发展并行的西方社会经济思想史，很难解释东方社会的现象[2]。这也是需要我们注意的。

## 四、经济学与经济学说史的关系

**经济学的研究内容**：斯蒂格利茨认为，经济学是一门社会科学（Social Science），根本问题就是总供给与总需求的平衡。由于存在资源的稀缺性，因此，个人、厂商、政府和其他组织就得进行选择，选择的内容包括用什么资源进行生产即如何生产，用什么办法生产即怎样生产，以及为谁生产，否则不能满足社会总需求[3]。

经济学又分为实证经济学和规范经济学。前者研究"是什么"，对经济运行进行描述。后者研究"应该"是什么，对各种行为方式的合意性进行判断。据此，斯蒂格利茨又认为，主流经济理论关注经济生活的三个主要领域：

■ 与特定市场运行（劳动市场、商品市场、金融市场等）相关的——微观经济学的生产、交换和分配理论；

■ 与整个经济运行相关的——宏观经济学（就业、经济周期、政策制定和效果等）；

■ 与世界市场运行相关的——开始是贸易理论，后来又有国际金融与国际投资理论等。

所以，经济理论就是关于市场运行和发展的理论。一切市场参与者，包括生

---

① 所谓凯恩斯革命，就是以国家干预为特征，对古典的自由放任、自由竞争思想的否定，尽管他是马歇尔的学生。

② ［意］翁贝托·梅洛蒂，《马克思与第三世界》，高铦等译，商务印书馆 1981 年版。

③ 保罗·海恩等，《经济学思维方式》，世界图书出版公司 2012 年版。书中谈到这样的例子：清洁空气对某些地方是稀缺的，但对某些地方却是免费的。有些人为了追求"免费"，宁可付出"中间费用"也要获取。免费和支付必要的"中间费用"之比较，是决策必须考虑的问题——这属于理性经济人的特征。另外，稀缺跟稀少也有区别：稀缺是个相对的概念——与别的地方、跟欲望相比，解决办法是配给。而稀少指只有很少的东西可以使用——是个数量的概念，甚至无法配给。

产者、消费者和市场秩序调节者的政府，都应该是为使市场提高资源配置的有效性，用市场经济增进社会福利的拥戴者，如果在学习以后提出反市场的结论，那么就与本课的初衷水火不容，失去"初心"的教学还有什么意义呢？另外，我们知道，在市场经济中，所有市场参与者的行为都直接体现为合作，但人与动物不同，这种合作是有意识的而不是自发的，其目的在于通过市场满足大家的共同利益。就此可以提出的问题是：政府为什么总是喜欢干预？他们为什么在判断经济形势时总是以为市场出现问题，却从不反思自己的行为给市场造成的损害？为什么总是喜欢用强制代替竞争？从对以往经济学家的论述中，我们可以得到很多重要的启示。

我们准备重点讲述从欧洲封建时代解体和资本主义形成的重商主义开始，直到 20 世纪初马歇尔对古典经济学集大成为结束的古典经济学。这么做的目的在于，从凯恩斯开始，经济学转向为以国家干预和宏观调控为特征。而古典与部分新古典理论更多强调市场即微观，强调如何在既有体制下将蛋糕做大，在这里，分配是从属于生产的。另外，我们也在此基础上做了前后引申，即用一章说明古典和新古典经济学的"前史"，以及从制度经济学（强调经济发展和变革的制度因素）、国际政治经济学（经济发展中政府与市场的关系从国内到全球）和经济自由主义与保护主义（理念和政策的相互关系和国家间的利益博弈）的发展脉络，说明经济学说发展的"后史"，突出经济学与国际关系、与生产关系等制度变迁、与不同国家采取的宏观经济政策等的"关键性联系"。举凡各种经济学说史教科书，基本都是按照年代和经济学家出现的先后顺序，展开他们的"师承"或"取代"的谱系关系。与他们不同的是，我们打算以上述三个问题为线索，提供一种贯穿古今的描述和分析，或许有助于将每种思想的发展脉络搞清楚。

经济学说史研究的是经济学本身产生和发展的历史。经济学史研究的不是事实而是思想。历史无非是人类罪恶、蠢行和不幸的记录而已，而思想史其实只是在这些内容经由人类头脑过滤之后才反映为一般的历史[①]。应当说，经济学说史是研究思想和理论自身的发展史的，那么，研究的出发点、方法和参照、立场和观点等就都在研究和阐述之列。

另外，规范经济学的产生，先于实证经济学。古典经济学就其实质来说，更多地表现为规范性的，即以一定的价值判断为先导，以比较鲜明的阶级性为特征，从肯定私有制是促进人类经济活动最有效的制度（负责和激励、监督制度的

---

① ［美］亨利·威廉·斯皮格尔，《经济思想的成长》，中国社会科学出版社 1999 年版。

根源）并想方设法解决其运行中的种种问题为宗旨，展开自己的经济研究。尽管他们也在相当大程度上对当时经济运行的机理进行过分析，但仍然限于生产力和生产关系的初级性，以及没有更好的分析工具，故此存在不少缺欠，然其中表露出来的智慧却给我们留下了丰富的遗产。规范经济学向实证经济学的过渡，其代表人物是萨伊，尽管他当时并没有借助更多的数学工具，但是却察觉到实证的重要性并提出了理念。后来随着计量经济学和统计学的产生和发展，不断地为实证经济学成为主流的经济学方法提供了武器。实证经济学更注重数据的搜集和统计，而没有像规范经济学那么多的假设和推论——规范经济学到实证经济学的发展，反映了科学进步更依赖于新观测和新工具，假设可能提供一种思路，但科学的学说之创立，还需经验事实证明。实证经济学和规范经济学的关系，可以通过下面的论述看出——Positive analysis simply seeks to understand how the world works，normative economics makes value judgments as how the world should be. Normative analysis assesses the desirability of the facts determined through positive economics——这几句话言简意赅地说明了实证与规范经济学的关系。再举个例子：最低工资法导致的高工资，引发低技能劳动力的工作意愿，更多的工人寻找工作，结果就是实际的工作岗位不够而引起失业。所以，最低工资法的一个后果是失业。这只是实证经济学告诉我们的事情，但没有说失业好不好。又比如说，一个人看到窗外下雨，就说天气不好，另一人却希望下雨浇灌他家的园子，就认为天气好。二人对天气的评价不同，但都接受下雨这个事实。这也是实证与规范经济学的区别①。

在过去相当长的时间里，我国经济学史家在论述经济学与经济学说史的关系时，总是把经济学和经济学说史前面加上政治两个字。我们并不反对加上这两个字，最早的经济学和经济学说史其实就是政治经济学和政治经济学说史。我们反对的是一种偏向，即片面强调我们所学的应该是无产阶级的政治经济学，批判的是资产阶级经济学。按照这种说法，经济学说史就是马克思主义与资产阶级经济学斗争的历史，马克思主义甫一诞生，其他经济学的科学性就都打了折扣，甚至都成为以辩护为目的的庸俗经济学。固然，从马克思主义者看来，商品价值、资本等经济范畴，并不仅仅是指某种实在的物质，而是反映一定社会形式或生产关系的物质，从生产关系的角度才能揭示制度变迁的秘密。但是我们要说，资产阶

---

① ［美］Randall G. Holcombe，Public Sector Economics－The Role of Government in the American Economy，公共经济学——政府在国家经济中的作用，人民大学出版社 2002 年版。

级经济学就完全不从生产关系上着眼吗？它们也为资本主义不断完善的制度基础和发展做出贡献，光是辩护不能发展到今天，统治者也不是仅需要拍马屁的、夸夸其谈而对经济难题之解决毫无帮助的人，古往今来各个经济学派对资本主义发展的贡献，对宏观经济有效运行的帮助有目共睹。进一步可以推论说，阶级斗争和革命绝不是某种制度和思想发展的唯一动力，即便是庸俗经济学宣扬的改良主张也应该属于动力之列。另一方面，有人认为，经济学说史是以政治经济学为基础的，如果不了解政治经济学的基本原理，就根本无法了解其发生、发展的过程；而政治经济学的创立和发展，又是离不开对经济学说史的了解、分析和批判的。马克思和恩格斯创立无产阶级政治经济学的过程，就充分表明了这二者之间的相互密切关系。这么说固然有理，但是却绝对化。如前所说，经济学的发展，从其伊始便是政治经济学，最早命名的经济学叫作"献给国王和王后的政治经济学"，但是其后尤其是当今的发展，经济学的基础却扩大了许多，数学、生理学乃至心理学、机械学等都成为研究经济学必备的基础；另外，用马克思主义政治经济学的原理和概念理解学说史的全部内容，凡事都以马克思主义划线，是不是也显得草率和无知？因为大家都知道，马克思主义也包含着许多空想成分在内，对于当时资本主义的趋势分析也并不准确。说马克思主义经济学是最客观、科学、大公无私并全面反映历史发展规律，其他经济学说一当马克思主义经济学登上舞台，就立刻黯然失色，被逐出科学领域之外，显然不符合事实。当然，马克思主义政治经济学是伟大的，对资本主义经济也进行了鞭辟入里的分析，才得出最后革命的结论。但如果不看到它同样也带着时代的特点和为自身目的而进行的理论阐述，也是片面的。所以，我们把马克思主义政治经济学当成经济学说史上一个重要的学派，也不凭借它来打压其他学派对经济学发展的贡献，应该是理性和科学的态度。

如果回顾历史，可以知道，在 18、19 世纪，经济学研究起步时，政治经济研究是一体的。后来，詹姆斯·斯图亚特使用"政治经济学"命名自己的著作后，西方学者就都把自己的学术领域称为政治经济学。但是到 19 世纪后半期，在学科划分上，政治与经济渐行渐远，逐渐分为两大门类。标志是马歇尔的经济学 Economics 问世，正式放弃了"政治"这个形容词。以后的经济学家都如是。为什么是这种情况？难道他们放弃了传统？实际上，西方主流经济学家（这里指的是主流经济学，而在特定历史时期被排除在主流之外的"异端"学说，却在不同程度上关注到经济跟政治、一国国内经济与国际经济、利益集团与国家利益、制度等其他因素对发展的影响等）有意识地把经济现象从纷繁复杂的人类活动中剥离出来，假设以一个纯粹的经济时空作为分析对象，在这个空间里的活动者（经济人）有如下特征：

第一，他们完全自由自主，只根据个体利益对市场信号做出反应；

第二，他们性质同一，因社会地位、文化环境和组织产生的差异被认为是细枝末节，不会影响其行为方式；

第三，由这些活动者组成的经济结构是灵活的，是按照个体选择的结果而被动变化。排除其他社会因素的干扰尤其是不考虑政治因素的影响——也比较避讳马克思的研究思路。

由此，经济学完成了从古典主义到现代主义的"蜕变"，变成了一个与其他自然科学类似的"科学"，脱去了它原先具有的"历史科学"的特征。这不能不说是一种退步。在这里，我们可以提出一个问题：这种研究方法的弊端何在？

经济学发展的这种倾向，同古典与新古典经济学不无关系。总体来看，古典与新古典经济学都在相当大的程度上忽略了"外部性"——等于假定不承认社会，从研究方法上单纯强调个人主义是行为的归宿点和落脚点。但人所共知的是，在社会中，你的事必然同我有关。因为只要有两个人就必然发生关系，必然有外部性。比如说你的相貌和举止是否让我高兴和满意，你的声音高低是否让我愉悦，等等。经济生活更是如此，斯密就说过，脱离他人的帮助，一个人再有能耐也终究会一事无成。然而，在古典与新古典各派学说中，某个人的决策怎样对他人产生影响，个别产业的兴起怎样带动了其他产业的发展，众多人的集体行动与集体利益的关系，的确是他们所忽视的一个短板问题。如果仅以此为基础，在解释经济合作尤其是争端原因的时候，必然碰壁，难以找到解决问题的方法。

## 五、讲述和学习方法

本书将沿着主流经济学的发展线索讲述，同时也对支流和"异端"学说加以评述。像我们刚才所说，当今不少经济理论都多少带着历史上经济学家的思维痕迹，当今经济学家也常以历史上的事情作为案例对所述思想加以佐证，可见经济学家用经济学的观点解释现实问题时，也的确有一定的传承轨迹，我们将这个传承关系的讲述，看成本课的重要使命。在这个意义上，我们说，从20世纪初年前溯400年的古典和新古典经济学说，是占统治地位的经济思想，支配了处于上升时期资本主义产生和发展中的政策制定和经济规律的论证，必然成为我们讲述的主要内容。与此同时，也有不少当时被贬为异端的学说，可以理解为从本国国情和资本主义在发展中暴露的矛盾的角度出发，试图用新的视角阐述对经济的看法，某些当时还不被主流经济学家所重视的问题，后来却突出地显现出来。就如德国历史学派的主张，从该国的现实情况出发，否定英国古典学说中"自由放任"、国家不对经济生活进行干预是放之四海而皆准的观点，为后起资本主义的发展提供了重要的理论依据。所以，我们拟采取以主流经济学的发展为主线，同时兼顾其他的讲述方法，这对于学生了解经济学发展的全貌，掌握理论演变的线索，应该有所裨益。

需要掌握经济学家对经济（和历史）发展的描述方法，以及他们对其规律的理解。这里可以举出几个经济学专业学生都知道的例子：

——马克思揭露资本主义生产关系时用的基本概念是剩余价值；

——亚当·斯密说明资本主义市场机制时用的基本概念是看不见的手；

——马克斯·韦伯则用了"理性资本核算"来给资本主义经济做一个框架式的描述；

——道格拉斯·诺斯从制度变更的角度说明经济增长的原因[①]。

这些仅是几个经济学家探讨经济变动和发展的思路，值得认真把握。

讲述和学习是一个互动的过程。上课听讲、课前预习和课后复习，都不应该是单向的即没有同别人交流的过程。所谓互动，指的是教师和学生都应该善于提出问题，从不同角度思考和解答问题，努力吸取他人的思想营养。本课虽然没有社会实践，也没有那么多的现实材料可供参考，但也绝不是一个抠书本的过程，陷在故纸堆里不结合实际肯定提高不了兴趣，也不能使我们对前人的思想有深刻的理解。今天，我们得到的信息，虽然比过去多很多，然而信息量的获取和应该从中提炼的思想未必成正比，在很多方面，我们的思辨能力还不如前人。这就要靠互动来加以弥补。另外，前人对某些问题的思考角度和方法、他们的思想深度，可以让我们受益无穷。而且，思想发展都有个过程，学习也主要是学习前人的东西。问题就是要将学习和对现实的思考联系起来。从讲述来说，力求做到这一点。也请同学们拿出独立思考并结合实际的劲头。当今的资讯那么发达，同学们都能从各种渠道得到各种信息，也可以通过网络看到其他学校的教学研究状

---

① 他在考察 16—18 世纪的国际贸易史时，依据史实，证明在这个时期航海技术没有发生变化，但国际贸易量却大大增长了。其重要原因在于国际贸易体制更加合理，运输航线更加安全，从而降低海洋运输成本，最终提高海洋运输效率。根据他的研究，英国成为世界上第一个完成工业革命的国家，并非因为当时的蒸汽技术最先进，而是因为它第一个建立了保护私人产权的制度，有效的产权保护刺激了民间投资和金融创新。所以，工业革命的实质不是技术革命，而是一场制度革命。可以说，经济学研究将权力排除在外是不能解释问题的，依据完全竞争和看不见的手配置资源恐怕是空想。但是，权力是怎么来的？是用竞争还是垄断、民主还是专制、选举还是任命，等等，这些都属于制度现状及其变迁的研究领域。

况，诚挚欢迎同学们把我们的讲述和其他人（其他学校相关专业的高人）加以对比，也给我们一些启示和建议。

这里想谈一点体会：上课听讲、课后复习、围绕教科书的做法，来自于19世纪的普鲁士教育体系。那时为了民族国家的发展和适应机器大工业的需要，就要训练出一些听命于权威、服从于统一安排的人（这些并非当今具有独立思想的人才）。而今到了知识经济和创意的时代，这种培养人的模式必须改变。前者是对应科举（由统治者选材的需要而产生），而后者对应于创造性人才的需要。在旧的教育体系当中，学生能发现在概念、逻辑之后的美感吗？绝无可能，因为他们只是被动的接受者，考试决定终身制度的受害者。你可以说，大多数被这样的教育体系培养的人是符合社会需要的——他们是体系中的齿轮和螺丝钉，而不是搞顶层设计的精英。但从长远看，这种体系必然因为缺少活力、创新精神而被历史淘汰。

学习不能死记硬背，但为了应付考试也得在理解的基础上熟记一些基本的概念和理论思路。建议大家要深入理解经济学家的基本观点，理论逻辑，在这上面多下点功夫，比死记硬背要有意义和合算。由于他们的观点和理论都有鲜明的时代特色，因此，历史背景和理论目的也应当比较清楚。如果有可能，建议大家看点世界经济史方面的书。这么大的量，岂是死记硬背能承受了的？

笔者的体会是，本课对经济学专业学生毕业后从事工作，特别是教学研究工作很有好处。如果要做经济学方面的论文或是对现实经济问题做出解释，丰厚的经济学说史底子是必要的基础，不可或缺。历史上不同时代经济学家灿若群星，但是每个人都试图对现实做出自己的解释。"可以将经济学说史看成一部交响乐的演奏"，不同的乐器是交响乐成功的重要元素，每一种乐器都有自己特殊的功能，这样，整台交响乐才能集各家之所长，挖列子之精华，让自己"登上高楼，望断天涯路"；其次是知识积累。当今能够做出对市场经济分析的经济学家，没有一个不对过往的经济学说进行研究的。西方国家是这样，转型国家一样如此。当然，我们并不是赞扬凡写文章，凡出口都要"句句出典"，那样显得很迂腐，也会被人说成没有自己的分析和观点，充其量被人赞扬看书很多，是个学究。但是，不读书，不看报，不想办法吸收与自己学习相关的知识，跟着社会上的浮躁之风飘扬，对于自身素质提高非常有害。可以的话，建议大家看点原著，不说我们必须借用人家的思想，单说人家怎么建立的理论体系，用什么方法论述自己的观点——如同马克思那样——怎么展开自己的思想，就蕴藏无限风光，让人欣赏不绝。

综合我们自己学习和研究"经济学说史"的体会，可以给大家提点具体建议：

——解释现实问题时，需要有一个概念基础。用经济学的思维说明问题。但又不能迷恋"建模"，似乎可以解释一切，切断经济问题和其他社会问题的关系；

——随着时代的变化，很多理论的前提和假设都会发生变化。前人的理论思路就会给我们提供一个参照；

——作为一门人文社会科学，经济学的各种概念、出发点和方法都是不断变化更新的。不可能有一成不变的东西。这比自然科学有过之而无不及；

——注意研究每个经济学家、每一个经济学科审视问题的角度，是从什么出发的：理论还是社会现实、民众还是统治者的利益、仅从经济还是超越经济延展到更广阔的社会生活，等等。"你只有站在一个更大的空间里，才能对你所研究的问题做出正确的判断"；

——探求目前的发达国家在历史上处于穷国地位时，它们采取了哪些政策工具、制度措施和发展战略来达到致富目标；

——经济学厌恶用非此即彼的方法。比如对于企业来说，失业不是好事，但零失业率也不是好事，意味着企业不能很好地"新陈代谢"，也意味着高工资率，这对企业竞争力不利；

——学习理论和研究现实问题时，必须注意"约束条件下的极大化"。极大化是经济理论的突出问题，代表生产者和消费者乃至政府行为的出发点，但是不能忘记任何行为都是在一定约束条件下进行的，而改变了这个约束条件就能够推动人的行为变化。否则你所提出的建议便是教条式的空谈，听者必定觉得索然无味。

# 第一篇

# 古代和中世纪的
# 经济思想

经济思想是对人类经济发展和制度变迁的理论体现，而历史却是一个无法设定开头的研究领域，人们永远有向前追溯的可能和动机。相对于较长的人类历史而言，人类的经济思想史肯定要短一些，它从人类开始有了"经济活动"时算起。那么，首先就要解释什么才算得上是经济活动。能够成为人类经济活动，恐怕要有几个特征：第一是满足自己生活需要的有意识的活动；第二是联系他人或对集体产生影响的活动；第三是使被加工的物品"增值"的活动；最后当然是在一定生产关系制约下的活动。经济活动是人类最基本的活动，这样说的理由在于，尽管人类还有其他活动，比如军事活动和祭祀活动，然而这些都需要经济活动的支持，否则不能开展。

古代和中世纪经济思想的变化和发展，是一个相对缓慢的过程，比之资本主义时代开始后，经济思想的纵向和横向变动，简直就如同龟兔速度，大相迥异。为什么呢？主要应当归结于中世纪和之前的经济发展缓慢不前。按照马克思的说法，资本主义100年来创造的奇迹，要比过往几千年生产的还要高几百倍。经济活动的加速、发展方式的更新，必然是孕育经济思想的温床，而"静止社会"不会给经济理论提供充足的营养；另外，中世纪和古代均属于以封闭为特征的经济发展阶段，体现在经济思想上，必然也是只论述自己目力所及的经济活动，其目的、原则和方法等，既谈不上对他国的影响，也说不着对别人的利益所在，更无与其他经济体的比较和借鉴。所以，这样的思维，必定有很大的局限；最后，就是其他思想的发展也非常缓慢，能够为经济思想提供支撑和帮助的其他思想，如数理科学、心理学和其他自然科学等都限于生产力的水平，而如同蜗牛爬行一般进展缓慢。这样，经济思想的各种学科基础，便比较狭窄，不能为之提供足够的支持。

即便如此，今天，我们也不能挟现在经济理论和经济思想的高度，去要求千百年前的经济思想史家。正如本课导言中所说，任何经济思想都有时代印记，今天毕竟是从过去发展过来的，忘记过去就无法理解今天。对于研究来说，没有"谱系"，就像没有来龙去脉一样，读者凭什么相信你？

# 第一章　古代希腊的经济思想

恩格斯早已指出，历史从哪里开始，思想进程也就应该从哪里开始[①]，回答历史提出的问题，当是思想家的使命。尽管思想进程滞后于历史的现象经常发生，但是如果当政者这样做，其危害就要大大高于普通百姓，不但会错判形势，更严重的是，误导国家使之痛失机遇。从历史与思想进程的一致性角度看，人类的经济思想发源于远古时代，那时尚不存在今天意义上的世界经济，生产力水平和运输条件的约束、地理的隔绝，使得地球东西南北各方在不受或者很少受他方影响的情况下，独立地发展起来，产生了不同的经济形态。概括起来，可以说有以中国为核心的东方经济形态，以及以希腊、罗马为核心的西方经济形态。西亚诸国虽然也是农业文明的发源地，但是后来却明显地衰落了，成为与东西方经济形态相比更加边缘的经济形态。我们师从前辈学者的套路，对此不做过多论述。然而单就这两种典型的经济形态而言，它们分别经过不甚相同的发展路径，一个是从典型的奴隶制经济，经过演变逐渐发展为西欧封建和资本主义经济；另一个则是从非典型的奴隶制到封建领主制和封建地主制经济，代表了封建经济的最高形式，但是却严重阻碍着资本主义的发展，致使在近代综合国力的竞争中完败于西方资本主义经济形态。

不能不说，东西方社会经济形态发展和地理环境有重要关系，也和发展中孕育的制度形式不可分离。有一个明显的线索，就是不同经济形态的发展是否"有求于人"，从社会管理者的角度上看，是否和他方他国构成依赖和影响的关系。在希腊和罗马时代的西方经济形态，这一点就明显区别于东方社会。比如，按照地理环境论的说法，"蓝色文明"由于没有多少经济发展的腹地和回旋余地，不得不借助海上贸易的形式，将自己和其他经济体联系起来。而"黄色文明"却能够在一块地理区域内，实现自给自足，形成"天朝无所不有"，万事不求人的封闭形态。又比如，古希腊的民主制对人类文明的重要影响，体现在三个重要方面：第一，人权——即便是少数也要得到保护，公民——取消出身、性别、民族和权力占有；第二，人人平等，参与社会就要享有平等权利；第三，对大国小国

---

[①] 《马克思恩格斯选集》第二卷，人民出版社1995年版，第43页。

都适用的代议制或议会民主制。这些不但具有普世性质，而且也是规范社会关系和社会秩序的原则，对于市场经济的发展也有重要意义。

首先，农业和畜牧业的出现，标志着"劳动"这一人类专有的、有目的运用特定工具活动的起源①，不仅是人类第一次摆脱了对自然产物的依赖，而且带动了科学技术和知识领域等各方面的发展。所以，研究劳动本身和劳动所依据的外部环境，看得出自然科学的发展也推动着劳动走向丰富多彩。比如数学、医学、动植物学，以及专门技术——制陶、纺织、推车甚至航海和军事等，这是人类经济生活的基础。其次就是定居。毫无疑问，定居推动了社会分工和交换，也推动部落向国家的发展②。产权制度是社会进化和经济成长的重要线索。剩余产品和部落首领的作用究竟体现在哪儿？二者为什么同为私有制的起源？笔者认为一是因为人和动物一样的天性，谁都想给自己留下更多的东西以备不虞，二是因为部落首领对部族的贡献大于部众，维持部落稳定要求首领获得更多补偿，久而久之便成为制度；从技术角度看，最早成为个人财产的是动产而非不动产，最早私有化的是消费品。古巴比伦法典中，"关于不动产的自由支配权的规定"就说明了这一点③。在以下的介绍中，我们将可以看到，早期的经济思想，也是对经济（人作用于自然的过程）和制度④演变的一些解释。

## 一、色诺芬之前的经济思想

讲解西方古代经济思想，比较通用的做法，基本上从古希腊开始，是因为他们是"第一个运用他们的理性来思考其周围世界的文明民族，是最早的哲学家，第一个深入思考和发现如何获得并证实关于世界的知识。其他的部落和人民都倾向于将自然事件归因于神的跋扈的无常怪想法"⑤，这就是其思想的历史价值所在。但是，我们却不能认为古希腊人已经是现代意义上的经济学家，他们是在开创哲学的过程中，对人及其世界的哲理性探讨产生了有关政治和经济的思想和洞

---

① 现在劳动比过去劳动的概念已经有了很大进展，比如体脑分离、不同复杂程度的劳动等，然而其本质未变。

② 参见"国家起源的匪帮模型"，高春芽著，《理性的人与非理性的社会——奥尔森集体行动理论研究》，中国社会科学出版社 2009 年版。

③ 高德步，《世界经济通史》上卷，高等教育出版社 2002 年版，第 40 页。

④ 按照马克思的观点，个人能力越得到发展，他成为小块土地私有者的条件也就越发具备。但是他此时还在集体之中，慢慢开始有了两重身份，直到他从集体中分离出来。

⑤ ［美］默瑞·N. 罗斯巴德，《亚当·斯密以前的经济思想》（Economic Thought Before Adam Smith），张凤林等译，商务印书馆 2012 年版。

见，不过那时没有现代类型的经济学专题论文和系统理论。

色诺芬之前的经济学家是**赫希俄德**（公元前 8 世纪中叶古希腊较早时期）。他生活在一个小型而自给自足的社区，他已经体察到，由于人对生活雄心勃勃的目标和资源的匮乏不能满足的矛盾，因此他提出了"稀缺"这一经济研究的初始概念[①]。由于稀缺的存在，致使劳动、物质材料和时间都必须有效地加以配置，但即使这样，也只能是部分克服稀缺性[②]，而不能根除。稀缺也是分层次的，首先是物质资料的稀缺和满足之矛盾。当然，进一步发展下去的矛盾是什么，他未予论述。既然对所有人而言，都存在稀缺和无穷愿望之矛盾，解决该矛盾的方法应该是竞争和"效仿"，他称之为"有益的冲突"（good conflict）。竞争需要贯彻公正与和谐精神，排斥抢劫，提倡法律规则，尊崇在社会内部建立秩序和司法制度，才能发展竞争。

这里我想提出个问题：为什么古希腊人能够在 3000 年前就提出稀缺思想并作为研究对象，而中国一直到乾隆年代，还认为天朝无所不有？没有任何求人的地方，其原因到底何在？

德谟克利特（约前 460—约前 370）对于经济学的发展，贡献了两个重要的思想线索：第一，他是主观价值论的提出者。他认为，由于"同一事情"，可能对于所有人都是好的和正确的，但是每个人的喜好却不尽相同，其形成条件各有差异。所以，经济价值必定是主观的，这跟今天我们所说作为物品的两重属性之一的价值，首先是客观的、是抽象劳动的产物不同。另外，他遵循并发展了上面赫希俄德稀缺的思想，他认识到，一种物品的供给如果变得过度丰裕，那么其有用性将会降为零甚至负数[③]；第二，捍卫私有产权制度。由于希腊是建立在一种私有财产的社会和经济基础上面，比较雅典的私有财产经济和斯巴达的寡头集体主义（oligarchic collectivism），得出私有财产是经济组织优越形式的结论。其提供了辛苦工作与勤奋努力的结论，而如果基于共同财产制度就不能这样。他还说，如果辛苦工作得到的将属于自己，那辛苦工作比懒惰更加甜蜜。

## 二、色诺芬的经济思想

**色诺芬**（前 430—前 355），苏格拉底的学生，也有人认为其是柏拉图的弟子，不管他与柏拉图有什么师承关系，都是柏拉图的同时代人，而且他的好多思

---

① 诚如大家所知，稀缺是现代经济学的出发点和基本概念。
② 现代经济学的主题——稀缺导致选择，选择是另一个基本概念。
③ 今天我们所面临的产能过剩就是这样。德谟克利特是最早具有边际收益递减思维之人。

想与柏拉图一脉相承。集中体现在他们都赞赏并拥护斯巴达专制体制，这是他阐述经济思想的前提。色诺芬的经济著述分散在一系列著作中，诸如关于一个波斯人赏金的教育的说明，如何增加政府收入的论述，从家政和农业角度论述经济学等。概括起来，他做出了以下贡献：

第一，最早使用"经济"一词。原意为"家庭管理"，并非我们今天所说的是人与自然的关系。其理由在于古希腊奴隶制是建立在奴隶主对生产资料和奴隶的私人占有基础上，而生产本身就是以家庭为单位，由奴隶进行。所以，家庭经济的管理，也就是奴隶主如何管理财产并用之对奴隶剥削使财富增加的问题。这么说，经济的目的性十分明确，其"为谁服务"的特性也很鲜明。

第二，既然家庭管理作为一门学问，告诉人们主人应该如何管理属于自己的财产，才能使财富增加，所以，他对财富就得有定义①。他认为，财富就是最具有使用价值的东西。例如，一支笛子对于会吹它的人是财富，而对于不会吹它的人，则无异于毫无用处的石头②，只有卖掉它的时候才是财富；即使卖掉对他自己没有使用价值的东西而得到货币，然而不知怎样使用货币，那么货币也不是此人的财富。这就告诉我们，使用价值首先是对自身的需求而言的，它不是一个人云亦云的东西，你要觉得没用，那它就是一个废物，将不能用的东西当成财富，岂不是脑残？另外，使用价值可以转让，因为对你没用并不等于对别人没用。当然，你换回来的东西，也要看你是否有能力使用，否则费时费力，得不偿失。凡此这些，说明色诺芬都是从自然经济的角度看待财富和交换的———一切从满足自己及其团体角度出发③，而且在奴隶制时期当然是自然经济占统治地位，他的思想反映了时代特征。

第三，虽然当时自然经济占统治地位，但社会分工依然在发展。因为社会分工指的是畜牧业和种植业、农业和手工业等的分离和专业化。在全社会范围的分工，色诺芬生活的年代已经比较发达，而工场内部的分工，必须以城镇的发展和很多人同时从事同一种产品的生产为条件，在那个历史时期里只能是萌芽。色诺芬对两者都有独到见解。就后者而言，他认识到，一个人不可能精通一切技艺，而专攻一种技艺能工作得更为好些，在小城镇中，因为主顾（需求）少，一个人

---

① 我们不能用今天的观点要求古人，要求定义说明事物的本质并且周延。但是可以想见，古今中外有见识的思想家，一是能回答时代提出的问题，另外就是能做出别人赞同的解释，最好还能提出一点建议。

② 色诺芬，《经济论——雅典的收入》，商务印书馆 1961 年版。

③ 自然经济是指系统内以自然分工为基础的生产和交换形式。

单靠一种技艺难谋生计，而在大城市中，就不成问题。大城市中的分工比小城镇更细，因此生产的产品也更加精美。而对于前者，他也认识到，农业是其他技艺的母亲和保姆，农业的兴亡影响着其他技艺。而手工业是一种粗俗的技艺，最好由外邦人和奴隶去做。他揭示了农业是国民经济的基础，但并非从国民经济各部门相互关系的角度出发，而是认为不同于外邦人和奴隶的"高尚的人"——即本邦但是比奴隶等级高的人，应该从事农业这一最好的职业和最好的学问，因为他们不但好学，而且接触自然使人变得健美，极而言之，还可以有更多的闲暇时间休息和娱乐，这些才是高尚之人所为。显然，他的论述是与他把人分成三六九等的奴隶主思想相联系的①。

第四，农业的重要地位以及高尚的人应该从事农业，从这两个角度出发，他对如何管理庄园经济提出一些重要的思想和原则。比如，庄园必须收大于支，其经营应该有盈利保证财产增长；管理应该按照表现好坏而区别对待，用上等东西褒奖较好的仆人，次等东西给予不该受赏的人，对待奴隶则用训练野兽的方法，保证他们填饱肚子能干活即可，不需再给别的；资源配置应该符合一定的社会标准。投入农田的牡牛和人手如果超过需要，则不能得到补偿从而导致生产成本上升，价格昂贵便无法在市场中实现，而当市场的价格低廉时，生产者便要亏本，就得从农业中转移出去。

第五，关于增加国家收入问题。由于雅典具有得天独厚的发展条件，所以应该吸引更多的外国人来此，不但能增加国家收入，还可使他们归于"王化"之下，心甘情愿地为雅典服务；除此之外，赋予商人特权，完善商事法院制度，国家购买和拥有奴隶，并将其出租给平民开矿，白银的用处在于它随时可以买到其他有用的物品，等等。这也说明，他已经开始认识到贵金属的一般等价物功能。

## 三、柏拉图的经济思想

柏拉图（前427—前347）。他是古希腊哲学家、政治家和伦理学家。出生在雅典贵族家庭，古希腊大思想家苏格拉底的学生。政治上拥护斯巴达贵族专政，反对雅典民主制。公元前399年，在苏格拉底被处死后②，他逃离雅典，继续进行反雅典民主制活动。

柏拉图经济思想主要反映在《理想国》《法律论》中。伯罗奔尼撒战争结束

---

① 这与他推崇斯巴达等级制一脉相承。
② 根据历史记载，苏格拉底因言获罪，但为了维护法律权威坚决不逃跑，引颈就死。

以后，富裕的奴隶主阶层和自由的贫民之间的斗争日渐尖锐起来。公元前404年，柏拉图写成《理想国》一书。他认为当时希腊各城邦的政治制度都不够理想，弊端很多，于是，将各个城邦的制度包括埃及的制度加以比较、分析、综合总结，设计出一种他认为自己满意的制度，称为理想国。其实，这个制度是一个等级森严的奴隶制国家制度，且不可能实现，但他认为这才是国家的方向。他认为，在雅典民主制度下，由于商品经济发展引起阶级分化，造成贫穷、腐化、堕落和不安定。财富和贫穷作为两极，构成了社会的两大罪恶①。作为财富和贫穷的人格化，富人和穷人组成的不是一个国家，而是两个国家，因为他们无法装在一个篮子里，彼此不能相容。针对于此，他的设计是让大家各安其命，都承认自己的不足而相互帮助，从而实现共处，这就是"理想国"的理念。理想国由三个自由民阶层或等级构成：最上面的是哲学家和其哲学同伴维持的寡头统治，他们洞察真理并具有美德，堪当大任，国家也必须依靠这些最聪明有担当的人才能有作为。在哲学家下面的是"护卫者"，即战士。他们的任务是侵犯其他城市和国家，同时防备自己的城市被别人所侵犯和掠夺，平常训练，战时为本国利益出击。在他们之下则是人民，包括农民、手工业者和商人等，这些人专事经济活动，生产供贵族哲学家和战士所用的物质产品，这些人没有思考和参与政治的能力。在这三个等级之外，就是奴隶——他们就像是等外品，是能说话的工具，供人驱使的牲口。与人分成的等级相适应，就每一个人来说，也分为三部分，一个是欲望，一个是战斗，一个是思想。每一个灵魂内部应该具有的排列顺序，首先是思想，其次是战斗，最低下卑贱的是欲望。在他的眼里，这三个部分的人格化就是三个社会等级。

"在柏拉图的理想国中，实际上存在两个统治阶级——思想家和护卫者（哲学家和战士），他们被强迫生活在纯共产主义制度下，在精英中间，无论什么样的私有财产都没有，一切都归公共所有，包括妇女和儿童"，应该由国家提供他们一年生活之用的收入。为防止私人感情妨碍公共精神的建立，应该消灭家庭，共产共妻②。只有第三等级的贫民和农民、手工业者才可能拥有少量的私产。马克思认为这是奴隶制共产主义，而这显然排斥除统治者外的其他等级和奴隶。"精英们将被迫生活在一起，吃大锅饭。按照身为贵族的柏拉图的观点，由于货币和私人占有只能败坏品德，所以必须使上层阶级拒绝它们。在精英中间婚姻的配偶，必须由国家严格挑选，婚姻被假定将要按照在畜牧业中已知的科学繁殖规则来进行。如果任何哲学家或护卫者对于这种安排感到不愉快，他们必须使自己

① 他是两个都恨，而不像某些人只恨一头。
② ［美］默瑞·N. 罗斯巴德，《亚当·斯密以前的经济思想》，张凤林等译，商务印书馆2012年版。

明白，与城邦整体幸福相比，他们个人的幸福将是一文不值的"。根据他的思想，我们说，他既是一个制度导师又是一个对精英的传道者，崇信奴隶主统治阶级的共同利益，认为精英必须具备好品德，完全投身公众利益，剥夺其财产并由国家奉养，只有这样才能保证社会秩序的稳定和发展。说他体现了奴隶主的利益但不对奴隶主的行为进行约束是不对的。他对于赚钱、贸易和私有财产是反感的，也许是第一个谴责将金银作为货币使用的理论家，他要求对统治者也要有相应的"道德管制"。

为了使这些能够落实，还需为其"合法化"，就像我国古时朝代更替新主登基，必须要有个说头。柏拉图告诉哲学家（即统治者），要散布高贵的谎言，说他们自己降生于神，而其他人则是下等人的后裔。否则不能使精英和作为臣民的普罗大众各司其职、心服口服。在社会舆论上，不能有言论和探寻事物的自由，只能让各界在思想上的服从"内化于心、外化于行"。艺术得不到赞许，公民生活受到管辖，以便压制任何可能会浮出水面的危险思想和观念。他所追求的这个由上到下的乌托邦，就是希望保持社会经济秩序的发展并能被奴隶主阶级控制，实现有序。所以，这种思想明显地属于"权威主义"。除此之外，他还排斥私有财产，轻蔑商业活动。

值得注意的是，正是在阐述对于奴隶制集权主义的过程中，他对于经济学思想的形成做出了贡献。他第一次详细阐述了社会中劳动分工的重要性，认为，若一人为多数事，不如专攻一事，因为人具有多方面需求，但若什么都做，势必力量分散，精专一业不但可使产量提高，也会对他人产生需求，所以人们应该分工和互助，结成团体即国家[①]。当然，在这样一个社会分工体系中，人是分等级的，这种等级又是如何决定的呢？他认为，每人应从事的行业和担任的职务是先天决定的。有的人是上帝用金银制作的，天生就成为统治者；有的人是上帝用铜或铁制作的，只能从事生产劳务活动，是天生的被统治者，体力劳动是农民、手工业者和奴隶的天然职能。分工是城市、国家的自然基础，否则就丧失了城市的功能和城市的产生。凡此这些，都被马克思有条件地称颂。

## 四、亚里士多德的经济思想

亚里士多德（前384—前322）。古希腊哲学家、思想家。17岁开始受教于柏拉图，后与柏产生了思想上的分歧。柏死后，他离开雅典到各地游历，后被聘为马其顿王子亚历山大的教师。返回雅典后曾创立逍遥学派。是古希腊集大成的思

---

① 从人们之间的经济关系上说，国家是互助的产物，它应该致力于维系和发展互助的关系。这是一个有价值的思想。

想家①，主要有两部著作：《政治论》和《伦理学》。

亚里士多德虽然是柏拉图的学生，但却提出不同于老师的关于国家组织形态的观点，这源于他并不提倡严格的社会秩序控制思想：他代表中等奴隶主阶级，基本上也属于贵族，他认为人生也是不平等的，这都来源于其导师。但是，与导师不同的是，他希望实行有限的奴隶主民主政体来巩固奴隶制度。原因在于，他认为城市、国家是自然产物，而人又是天生的政治动物。人首先依附于家庭，而家庭则是国家整体中最小分子，国家属于上位，比家庭就更为重要。他所论证的主体是国家，不过应该从家庭开始说起②。作为国家管理基础的家庭管理，他认为，家庭之中也有主与奴、夫与妻、双亲与子女之间的关系。就主与奴来说，奴隶天生并不属于他自己，他只是一个工具，属于主人所有。奴隶的行为由其所有者决定。就国家来说也是这样，统治者和被统治者的区分天经地义，不仅必要而且有利。而夫与妻的关系，由于他们存在生理和性别甚至民族差别，夫当然就成为统治者，而妻则在灵魂与肉体上生来就是奴隶，处于被奴役的地位也恰当公正。将奴隶与奴隶主之间的社会分工当成自然分工，用天生的差别来论证奴隶制的合理性，这就是其最大的特点。

他所论述的经济问题也来自家庭管理。生财之道第一来源于家庭管理，如果能将大自然提供的生活资料安排好，积累对家庭有使用价值的财富，满足消费后还有剩余，这种财富便是有限的和自然的，值得称颂；第二来源于"货殖"。经济现象分为经济和货殖，前者是人作用于自然，追求的是使用价值，而后者是通过钱来生钱，不事生产而通过流通领域赚钱，最可恨的是高利贷，因为这个已经不是物品固有的自然本性，而是不自然的。与前者不同，追求钱的欲望是无止境的。人们可以拥有财富，只不过不能用不正当的手段获取，而为了赚钱的目的的交换是不自然的——他也赞同柏拉图反对商业的精神，但这特指为赚钱的目的而进行的活动，一般的商业活动他并不反对。所谓攫取手段的区别，其标准在于使用价值的界限③。

与柏拉图具有根本区别的是，他认为财产私有比共有财产具有更高的生产力。他也反对柏拉图所提出的对持有私有财产最大数额的限制。尽管他沿袭希腊人尤其是柏拉图传统，蔑视赚钱行为，也绝不可能成为自由放任的支持者，但却

① 纵观学问史上的所谓集大成者，都是地位很高，很出名的学者。

② 这颇有国家具有微观基础的意味，与柏拉图有很大不同，柏要求微观都以国家利益为依归，而亚里士多德虽不否认，但提出微观基础问题。

③ 这并非指偷盗等。在亚里士多德的眼中，货币不能被直接使用，只能被用来方便交换，所以它是"不生育的"，其本身不能增加财富。收取利息和高利贷，便被他强烈谴责为反自然的。但是，利息来自对金钱的所有，与道德的关系不大，这是他没有考虑的。

提出赞成私有制的有力证据。主要是将私有财产与公有财产做了对比：第一，私有财产具有更高的生产力，导致进步，这是因为它能和人的利益紧密相连，因此倾注了最大的热心。相反，大多数人对公有物品则很少关心，对不能给自己带来好处的东西，就不会特别挂念；第二，公共财产将导致持续和激烈的冲突。因为每个人都将抱怨自己比其他人工作更努力，得到的却更少，而其他人虽干得少却从公共储藏中拿的更多。若持有私有财产，人的行为便不同了，他要对自己的东西负责，也反对别人对自己财产的掠取；第三，私有财产植根于人的自然本性，其把人对于自己、对货币和对财产的爱，通过一种排他性的制度安排，结合到一起。而公有却不可能出现这种结合；第四，重要的是，私有财产已经遍及各地，在当时是不争的事实。对社会强加一种公共财产是对人类经验的漠视，取消私产会导致更多问题出现。所以他的结论是，只有私有财产才能赋予人民按照道德原则行事的机会，公有财产的强迫将会摧毁这些机会①。

关于交换与价值的思想。他在《伦理学》中讲到公平这一道德范畴时，也对商品交换时的价值形式发表了天才见解。说，5 张床等于 1 间房，这与 5 张床等于若干货币没有本质区别，一种商品的价值可以通过任何其他商品来表现。床和房子之所以能够交换，是由于它们之间具有同一性。还认为，是货币使商品成为同类或者相等的物品。但是，受当时历史条件和奴隶主立场限制，他未能发现使商品还原为同一性的生产商品所耗费的劳动。当然，这种解释，受到罗斯巴德的质疑。罗认为，亚里士多德的推理是这样的：对于 A 和 B 来说，交换两种产品，其价值必须相等，否则交换将不可能发生。然而我们说，这种等价交换的概念是明显错误的。正如奥地利学派在 19 世纪晚期已经指出的那样，如果 A 用鞋交换 B 所有的数袋小麦，那么 A 这样做事，是因为他偏好的是小麦而不是鞋，而 B 偏好的恰与 A 相反。如果一个交换发生了，这并不意味着一种价值的相等，相反，它表明在进行交换的双方之间，存在价值的颠倒的不均等——reverse inequality，如果我花 30 美分买了一份报纸，我这样做是因为我偏好获得一份报纸，而不是保持 30 美分在手里。而卖报的代理人则偏好获得货币，并不关心保留报纸。这种双重的主观估价不均等为任何交换确立了必要的前提条件。简而言之，亚里士多德分析的着眼点在于怎样克服交换中的困难，而罗斯巴德则说明为什么进行交换，角度不同而已。不同于传统教科书将一切上升到认识论高度那样，笔者认为

---

① 这些说法都是很深刻的。但他一方面推崇私有财产，另一方面又反对贸易和交换，也不清楚其实私有权的实现只有通过后者才能办到，然而这些思想已经对发展商品经济有所促进了。

这不涉及那么多的主观与非主观价值论的争议。

亚里士多德还认识到，一种物品的数量达到某种极限之后，变得"太多"，其使用价值将"骤然"下降即过了临界点，会变成毫无价值的东西。但是，问题还有另一面，当一种物品变得更稀缺时，它在人们主观看来将变得更加有用或更有价值。这些思想都对以后的边际效用学派有启示，也对我们观察人们经济行为的出发点有一定作用。

除此之外，他还分析过市场：交换发生以"对等"为前提，否则不能交换（这是物品所有权决定的）；交换的条件是将交换的物品归纳成数字表示的比例，然后才能建立公正的联系；使交换能够顺利进行的媒介物或者中间体是货币；他观察并表述了交换的主体和客体——农民和鞋匠、货币和粮食以及其他货物；决定交换的是双方各有需求——同上所说。当然，他没有将交换分成买和卖两个阶段，也没有加入商人媒介作用。但我们可以想见，他已经分析了一个微观市场的基本因素，以后的人再将市场在时空上做些扩展，将市场规则和国家的作用考虑进去，就是一个市场演化的线索了。可以说，他开创了市场分析的先河。

# 第二章 古代罗马的经济思想

## 一、罗马奴隶主阶级经济思想产生的背景

从时间上看，继古希腊兴起的是罗马帝国。相比希腊，罗马的经济思想似乎没有那么丰富，但是关于农业的思想和契约的思想比较突出。整体而言，希腊化世界①的衰落可以归结为如下几个方面：城邦创造性枯竭；排斥自由公民劳动的奴隶制衰亡；亚历山大远征促使经济中心东移和民主制度在移植过程中的衰落等②。

意大利是古罗马的发祥地，它三面临海——也像希腊文明一样具有蓝色文明的发展条件，境内水路稠密，土地肥沃，自然禀赋甚佳；从社会制度上看，前8世纪至前6世纪，已经完成从原始公社氏族制度向奴隶制的过渡，史称"王政时期"；从生产力发展上看，铁器已经流行，手工业也从农业中分离，家长奴隶制形成，平民开始依附贵族；从对外关系上看，古罗马共和时期实行对外扩张，逐渐形成横跨欧亚非三洲的强大国家。不断的扩张使罗马贵族获取土地和奴隶，促进商业发展，奢侈品也从各地输入，这为以后资本主义原始积累滞后于英荷等国埋下祸根。但是，当扩张达到极限，而奴隶来源又渐枯竭，就开始由盛转衰，这已经是公元2世纪以后的事了。当然其自身在走向崩溃过程中，也孕育了封建社会的生产关系，主要标志是共和晚期的隶农制，说明奴隶制已经开始走向崩溃。

在古代罗马时期，曾出现格拉古改革以及奴隶要求解放的思想。格拉古兄弟二人先后当过保民官③，在其任上实行改革。主要内容是规定土地占有的最大限额，超额土地收归国库并分给无地农民，缓和农民的不满情绪，维持自由民地位，但两人均因触犯贵族和大奴隶主的利益而失败被杀。公元前74年史上最大

---

① 开始的时候，东方一些帝国在希腊文明影响下，迅速发展起来，但希腊本土却衰落了。后来，受到希腊影响的东方各国也逐渐衰落了。

② 高德步，《世界经济通史》上卷，高等教育出版社2005年版。

③ 保民官是古罗马政治体制的突出特点，执政官、保民官和元老院三者并存的制度，是近代三权分立的雏形。保民官对于制衡贵族利益，保障平民利益起到非常大的作用，也是古罗马能够崛起的内部因素。

的斯巴达克奴隶起义，也提出解放奴隶，消灭奴隶主大地产，将土地分给奴隶和贫民的经济政治要求。但这些最终仍然不了了之。

## 二、罗马帝国一些有价值的经济思想

流传下来的是一些奴隶主思想家论述农业的著作，这些记载了农业经营的技术和经验，也反映了农业中的生产组织形式和社会关系。

比如，克优斯·加图（前235—前149）的《论农业》。他认为，农业是罗马人在一切经济部门中最适宜从事的职业，奴隶主的任务就是管理好自己的庄园以增加收入，应该尽量减少开支，购买最必需的生产资料。他们要管理奴隶，适当照顾干重活的奴隶，多分他们粮食而且比管家和牧羊的奴隶要多一些，生病的奴隶应卖掉，这反映了他主张将维持奴隶生存的生活必需品的供应减少到最低限度，以便给奴隶主带来更多收益的观点。防止奴隶偷窃和犯罪，最有效的办法是严加看管并让他们无休止工作，压榨业余时间；在当时商品生产和交换已经发展的情况下，他主张奴隶主庄园应该自给自足，奴隶所需的一切东西都在庄园内生产。但是规模大的庄园，却可以出售自己的剩余产品并将销售地点选在交通便利和利于销售的地方；少买多卖，买的局限于奴隶主消费而本庄园又不生产的东西。看来，加图这些思想，是站在奴隶主立场上，从有利于奴隶主对奴隶管理的角度论述的。所涉及的问题不但包含从事农业的庄园，当然也有初步的农产品加工的生产和市场问题。

再比如，玛尔库斯·瓦罗（前116—前28）（古罗马著名思想家）。著作也是《论农业》。像加图一样，他的屁股也坐在奴隶主一边。所以，在该书中他将奴隶看作工具。在农具中又分为讲话的、只能发声的和不能发声的三种。奴隶属第一类，牛马属第二类，马车属第三类。所以管理奴隶的方法也应该针对这些特点：主张利用监督人（也是奴隶）管理奴隶，让监督人与女奴隶同居并生儿育女——对管理奴隶的人有所照顾，即便他自身也是奴隶。奴隶主教育监督人在管理奴隶时不用鞭子而用语言；奴隶主可以和最能干的奴隶商议要干的农活，在此时对奴隶要比平时更为慷慨，以便提高后者的劳动热情；最好不在庄园中使用太多的属于同一部落的奴隶等。看来，他主要是从管理的角度，想方设法提高奴隶的积极性和向心力。这些思想，也反映了他们对于奴隶合理要求的让步和采纳。

珂鲁麦拉（1世纪中期）的主要著作也是《论农业》。因为那时罗马奴隶制危机已经开始，奴隶劳动生产率极为低下，如何提高劳动生产率就成为中心问题。而且，据当时的历史文献记载，立法也禁止奴隶主杀死奴隶。从整个社会思潮上看，对待奴隶的态度也有变化。可以用哲学家辛尼加的话作为例证，他说，奴隶主是违反自然的，是和本性及其固有的自由相违背的。作为奴隶主阶级的思想家，珂鲁麦拉看到奴隶劳动不能对土地进行很好的利用，因此，他一方面劝告奴隶主改变对奴隶的态度，让奴隶对劳动产生兴趣，另一方面，提出将农业交给隶农经营的主张，认为使用隶农进行农业生产比使用奴隶更有利[①]，等等。

## 三、法学家的经济法制思想

总的看来，罗马时期的经济思想，在全面性和深刻性上，甚至还比不上古希腊时期，但前者的突出特点是，罗马法律中关于所有制观念以及对契约的推崇对以后思想产生重大影响。公元 1－3 世纪，罗马法获得经典性发展，私法里面，发展了绝对的私有产权理论、自由贸易理论和契约理论，虽然公法在理论上允许国家干预公民生活，但在罗马共和国后期以及帝国初期这种干预却很少见到。私有产权和自由放任是罗马法留给后世的基本遗产，它的大部分内容都被西方基督教国家采用[②]。

两部罗马法《狄奥多西法典》《民法大全》都竭力强调"公平价格"。它指买方和卖方自由与自愿讨价还价所达成的价格。买卖本身就是所有权的转让，而价格必须在双方都同意的基础上达成，公平指的就是这个意思。在《民法大全》中，3 世纪的几位知名的罗马法学家在关于自由放任的道德观表述中，就应用了 2 世纪早期法学家波波尼乌斯的论述："在买和卖中，自然法允许一方所买的东西比其所值更少，而另一方所卖的东西比其所值更多。于是，每一方都被允许以机智胜过对方。"并且"允许各方在买与卖的价格中彼此以智慧取胜，也是自然的"。当然，其中关于"东西所值"到底是什么意思，"值"到底取决于什么，它不同于自由讨价还价表示的真正价值，给以后留下无穷争吵的余地。

《狄奥多西法典》的原则是十分清晰的：以自由自愿地讨价还价所确定的任何价格都是公平和合法的，唯一例外是合约由儿童签订的场合。强力和欺骗，是对私有产权的侵害，当然非法。该法典坚持，买方和卖方对一种物品价值的无知并不足以构成权威机关介入和废除自愿达成合约的理由。这个法典在西欧发扬光

---

①　古罗马一种土地剥削和人身依附关系，公元前 2 世纪出现在意大利。初指承租别人土地的佃户，并且可以转租，且备有较详细的租约。他们是享有公民权的自由权民。开始时对提高社会生产率是个自发的创举。但后来他们的经营状况多不理想，天灾人祸使他们朝不保夕，或因负债使他们将自己的财产抵押给地主，因此逐渐固着于土地，地主和他们之间经常是强制租佃和承袭租佃。

②　［美］默瑞·N. 罗斯巴德，《亚当·斯密以前的经济思想》，商务印书馆 2012 年版。

大，后来被吸收进基督教教会法；而《民法大全》①的支柱有三（见下图）。虽然这个《民法大全》诞生在亚洲，致力于自由放任，但是它内含一个对于自由讨价还价制度的合法依据。该法典指出，如果一个卖者出售他的财产的价格低于"其公平价格"的一半以下，那么他将遭受"巨大损失"。因而将赋予卖者或者从买者那里找回原来的价格与公平价格之间的差价，或者按照原来的价格赎回其财产的权利。但这个条款显然仅仅适用于不动产以及对于损害的赔偿。在这个场合，权威机关必须对真实的价格进行某种评估，由此说来，它的普世性还有欠缺，所以对后来的法律没有产生什么重大影响。

## 四、早期基督教的经济思想

基督教在公元1—2世纪出现在古罗马社会中。在约2000年前古罗马奴隶社会中，被压迫和被奴役的劳动群众幻想基督再次降临人世，创建人人平等、普遍幸福的千年王国②。另一方面，早期基督教也包含消极思想，比如不要以暴抗恶，奴隶要顺从主人，奴隶制是上帝对罪恶的惩罚。所以，基督教从一开始，就表现出它的两个功能，对富人财富的约束和对穷人适应环境的教化，以此来维护社会的经济和发展秩序，减少矛盾，促进和谐。

罗马帝国瓦解时期，基督教最重要的思想家是奥古斯丁（Aurelius Augusti-

---

① 由东罗马帝国皇帝查士丁尼在公元526年下令编撰的一部集罗马帝国几百年的法典总成。

② 在即将来临的上帝王国中，人们无须关心生产和物质福利，因为人人都是平等的；"依靠钱财的人进入上帝的国是何等的难啊，骆驼穿过针眼，比财主进入上帝的国还容易呢"——马可福音；对富人特别强烈的谴责——雅各书等；将人口和奴隶流动视为"神的召唤"，工作是有成果和收益倍增的，但是这些号召人们劳动的话语却经常伴随着反对财富积累的告诫。这里的问题在于，劳动成果怎样体现出来呢？基督教的论述很有一些矛盾。

nus，353—430）。奥古斯丁的经济思想散见于他的著作《神国论》（The City of God）和其他具有广泛影响的著作中。他明确地并独立于亚里士多德提出下述观点：人们对物品的支付即他们对物品的估价，是由他们自己的需要而不是任何更为客观的标准或者它们的性质的排序决定的——这是主观价值论最早的思想；追求贱买贵卖是所有人的共同愿望，没有人不想从买卖中赚钱；奥古斯丁对劳动的看法也和同时代人有很大不同，他认为，在上帝创造世界时，上帝就要人劳动，只从事精神劳动而不从事体力劳动乃是懒惰的标志。铁匠、木匠和鞋匠的劳动都是纯洁正直行为，值得人们尊重，但是，在一切行业中，农业是最高尚的行为，农业技艺也是所有技艺中最纯洁的手艺；他还是第一个对商人作用持有积极态度的教父。他说，商人通过长途贩运物品并卖给消费者，提供了有益的服务。根据基督教原则，劳动者值得他的雇主尊敬，因此商人由于他们的活动与劳动，也应该给予他们以补偿。当然对于商业中的欺诈与弄虚作假，他认为这都不是职业的毛病，而是从业者本身的过错。此类原罪起源于人的不均等，而非他的职业所致。我们以为，这些思想都很正确，一个行业的存在是由于生产和交易的延长和扩大而引发的，而失序等问题则跟个人的品德和行为有关，不能因为某些人的问题便质疑整个行业的存在，否则便会"因噎废食"。以上他的思想，都是为洗清商人"邪恶本性"而进行的辩护，换句话说，在任何一个行业都有行为不端的人，不独商业如此。奥古斯丁在那个时代就有如此卓越并非狭隘的看法，从人性的角度说明人的行为，这就给人的发展和社会进步提供了一种新的解释。

　　他既然如此宽厚地看待商人的作用，当然也会赞赏国家统治者的社会作用。他承认国家是必不可少的，尽管在他看来，国家仍然是一个大规模的抢劫集团，国家的统治虽然不令人不愉快，有时表现为强迫性的，但却是一个国家必须存在的基本理由。

# 第三章　西欧中世纪的经济思想

## 一、历史背景

西欧中世纪，指的是从 5 世纪西罗马帝国灭亡到 15 世纪地理大发现开启了资本主义制度的历史纪元，这中间 1000 年，史称"中世纪"。西欧封建社会经历形成、发展和繁荣的整个历史时期。有这样几个特点：第一，西欧封建制度是在罗马帝国废墟上建立起来的。封建制度脱胎于奴隶制度，是欧洲社会历史发展的基本脉络。本来，在奴隶社会内部就开始孕育着封建关系，比如奴隶制转向隶农制、自由民的兴起、商品和市场关系的发展，再加上日耳曼人对罗马的征服等外在条件变化，而获得加速发展的机会。在 9—10 世纪，最终形成以封建庄园为典型形态的西欧封建制度。其中占统治地位的是自给自足的封建庄园，内部普遍实行劳役地租与实物地租，自由民纷纷沦为封建领主的农奴。然而随着市场扩大和城镇发展，"在更早时只是偶然和阶段地在市场和集市中发生的商业行为，成了市民的日常生活中更为规则和显眼的特征"。可以说，行会对于经济发展的作用就开始体现出来；第二，中世纪的生产以农业为主，但是牛马拉犁、四轮交通工具、谷物轮作制度、水力风力等的利用也提高了生产力，使人们"精力充沛"。土地占有和利用方式在社会经济生活中占有突出地位——土地而非其他生产资料的封建国家、庄园和私人（自由民）占有方式。这些集中反映在体现封建统治者权利、意志的法典、敕令和条例等文献中；第三，宗教占有特殊地位，在相当长的时间里，支配着整个社会的意识形态，不论哲学、经济学、哲学等都带上神学色彩。教会能够左右经济理论，对比其他社会阶层，它始终处于压倒性的地位，从其目的来看，在于让罪恶最小化，因为在一个腐败和道德败坏的世界里，不能建成天堂；从其行为来看，就是让慈善事业最大化。但这种方式并未排斥在中世纪后期重要的经济发展[①]。

应该注意到的一个问题是，在中世纪，即便是自给自足的封建庄园占统治地位，但通过市场配置资源的活动也层出不穷。可以说，正是二者的此消彼长，开

---

① 　马克斯·韦伯，《新教伦理与资本主义精神》，闫克文译，上海人民出版社 2010 年版。

始了从自然经济向市场经济的过渡。我们在这里，举出契约经济和土地报酬递减的例子为之佐证：在整个中世纪，庄园经济的和谐稳定时常受到人口增加或减少的影响。农奴和领主之间的契约也由于劳动力和土地价值的变化而不断修正。人口增加时，土地价值相对昂贵，主动权就掌握在领主手中，一般他会向农奴索取更多的劳役和加强对农奴人身自由的控制；人口减少时，劳动力价值相对昂贵，农奴的主动权相对提高，农奴会要求对土地有更长的使用权，甚至拥有使用权的继承权，同时会争取减少劳役和人身依附关系，领主为了让闲置土地有收益，保证他提供的保护和边际收益不下降，一般会与农奴达成妥协[1]。

## 二、法典条例中体现的经济思想

《萨克利法典》于 6 世纪由法兰克王国的开创者克洛维，以罗马法为基础将本族不成文的习惯法以成文法的形式颁布。有这样的内容：确认氏族公社分化，保障私人财产的合法性。耕地和草地可以继承，但最初只限于男性直系亲属继承；规定身份差别和社会地位，法兰克人的地位高于旧居民罗马人，而罗马人的地位高于半自由民和奴隶；强化王权和封建统治地位，极力维护新兴的封建特权和封建等级，公然规定"杀死伯爵或男爵罚 600 金币，主教比自由人的身价高出许多倍"[2]；保留古老习惯和氏族关系；等等。

《查理大帝庄园敕令》于公元 800 年左右在法国颁布，反映了西欧封建关系及封建庄园内部管理。主要内容包括：①封建庄园的自然经济特性。庄园是农牧生产结合，能够满足生产和生活所需；②内部系封建等级关系和管理方式。总管理者是管家，协助管家的有各种侍从。从事劳动的有领有份地承担劳役的农奴，领有份地但具有自由之身的贡户，没有份地只能提供劳役的奴仆。庄园还留有氏族公社残余，土地分为份地和领主自营地，面积基本相等，形成条状，三圃轮种，这种相等土地份额的平均分配和使用乃是传统氏族公社残余；③所有权与统治权合一。领主既是庄园所有者，又是政治上的统治者。内部设有"公平法院"，就体现这种政治统治权。

《威斯敏斯特条例》（注意：同名的有四个）。英格兰成为统一国家始于威廉一世（1027－1087）。他既能以武力立国，便有力量肯定英王是一切土地唯一的最终所有者。他建立了将土地分封给大领主，大领主再分封给小领主，从上到下

---

① 道格拉斯·诺斯，《经济史上的结构和变革》，商务印书馆 1992 年版。

② 周一良等，《世界通史资料选辑》中古部分，商务印书馆 1981 年版。

层层分封的封建制度。从威廉一世到爱德华一世的 200 年时间里，英国的封建法律体系逐步完善。这些法律中，三个以"威斯敏斯特"命名的条例具有重要影响。第一条例规定对教会财产加以保护的内容，意味着法律上承认教会可以占有土地，第二条例又称为《限嗣遗赠法》，规定地产应世代相替地传给受地者本人的后代，这个法律的目的在于防止土地分散化，后来发展成为长子继承权制度。第三条例又称为《买地法》，规定自由人能自由转让土地——前提是他拥有土地。

## 三、阿奎那的经济思想

圣托马斯·阿奎那（1225—1274）。我们从他的著作《神学大全》中，能够找到中世纪经济思想最完全和最权威的解释。他的思想体系后来变成官方天主教哲学并流传至今。在该书中，他论及私有财产制度、公平价格和禁止高利贷等问题，而这些问题构成中世纪经济思想的核心。

由于他是一个神学家兼哲学家，讨论经济问题是他附带的事，而且总是同神学和道德问题联系起来。在讨论财产的时候，他说，自然把一切产品给所有人共同使用，在这种意义上，共同占有一切东西和普遍的自由被说成是符合自然法的，因为持有财产和奴隶制不是自然带来的，而是人类理性为了人类生活的利益设计出来的。所以，自然法在这个方面除了添加某种东西之外并没有改变。自然法是神支配的不变规律，人的行为和社会都要服从它。不管公有制还是私有制，它们都是神的意志的体现，都符合自然法，由于人的本质相同，应该拥有平等和自由的权利，甚至财产也应该公有并为大家服务；至于私有制，也是人的理性创造出来，同样也体现上帝意旨，是人类生活不可缺少的，可以使人类处于比较和平的境地，"只有在那些联合地和共同地占有某种东西的人们中间，往往最容易发生纠纷"[①]。在神学大全的另一个地方，在讨论盗窃问题时，他开创性地认为财产具有两个表现方面：第一，它们的取得和处置，他站在亚里士多德给出的理由的基础上替私有财产辩护；第二，它们的使用，他坚持认为必须允许与别人分享。

关于公平价格的思想。他接受了马格努的思想并做了进一步发挥。公平价格是中世纪教会学者关于价值和交换法则的一种解释。阿奎那的老师马格努，根据自己对日常生活实践的观察，将商品交换的平等的基础归结为交换双方耗费了相等的劳动，这样价值才能相等，等价交换。阿奎那接受了这种观点，但将价格说

---

① 托·阿奎那，《神学大全》第二部分之 1 第 94 题，商务印书馆 2013 年版。

成了一个主观范畴。从宗教伦理角度，他强调在买卖中支付的价格必须公平，卖者贵卖或者隐瞒出售商品信息，都属于欺骗行为。他从封建主利益出发反对商人的贱买贵卖，因为这种行为不但有损于农民和手工业者等供给方，也对封建主的收入进行夺取和分享。所以，他认为的公平价格，是能使卖家获得"相当于他的等级地位的生活条件"的价格。另外，公平价格取决于人们从物品中获得利益的大小，取决于它们对人的效用，不是绝对固定的，要看人们的评价——这是主观的。所以，他采用了折中方法，维护了封建主在与商人交换中的利益，又帮助封建主凭借特权高价出售物品的行为进行辩护；我们知道，价值和价格之区分是后来古典经济学做出的，而阿奎那有时将公平价格理解为价值，有时却说成价格，他还时时认为，公平价格由供求关系所决定，这些都体现为一种"概念混乱"。但是我们不能苛求阿奎那，因为在中世纪，虽然自然经济占统治地位，但在商品交换的场合，却一定是劳动与劳动的比较，价格与劳动的关系还是比较清楚的。但是他所说的公平价格——与价值相符合的价格，却披上了宗教外衣，其实质还是明确的。

阿奎那的"折中"色彩，还可以通过他关于货币、商业、利息和高利贷的观点反映出来。依据亚里士多德关于货币是便于交换的工具的观点，他认为货币是人发明的工具，其作用体现在用一定的价格衡量所交换物品的价值。但是货币价值可以由人的主观意志决定，因为货币铸造是统治者的特权，他们规定了货币的购买力，当然这个认识也是对当时领主在领地中任意铸造货币这个事实的反映，有一定的客观依据。同时，每一封建主所铸造的货币具有地方性，一旦超出他的领地范围，人们就要求其足值。所以阿奎那又认为货币本身是商品，要有稳定性，并劝告封建主不能任意贬损货币分量和成色，铸造时如降低成分则要适可而止；在商业上，他依据亚里士多德关于两种生财之道的观点（经济和货殖），将商业看成卑鄙职业，但同时断言赚取利润的大商业是合理的，只有在用所获贱买贵卖差额来维持自己家庭生活或帮助穷人，或者在运输等方面承担了风险而适当提高售价，而不是纯粹赚钱时，才是合理的；在讨论利息时，他有时认为放债获利是罪恶，有时又认为在一定条件下是合理的，高利贷是罪恶的原因在于高利，是不道德的，但是如果债主出借货币使自己受到损失或者为之担负一定的风险，利息就是对这些损失的补偿，从这个意义上讲，倒也不乏合理的一面。总之，我们可以说阿奎那是经济学说史上最早的折中者。从神学角度出发，他要坚守道德高地，贬低商业和赚钱，从社会现实出发，他又看到私有制、商品交换和货币商业利息等的确推动了经济发展和社会变革。二一添作五，他将两方面都总结在自己的思想中，在赞扬这个的同时对另一方也持有限肯定的态度，这就是其特色。他的这些思想，也为日后加尔文教派提出的"高利贷是完全正当的，只要它不是向穷人放贷收取利息就没有关系，因为穷人会从这种支付中受到伤害"的观点打下基础，并为资本主义的兴起奠立了前提。

## 四、异教和农民起义的经济思想等

这些已经是接近封建社会末期的思想。中世纪反封建的革命派以异教形式提出自己经济上的要求，他们为什么不直接提出反对封建制度的政治口号呢？因为，在封建制度下，教会信条就是政治和社会生活信条，圣经中的词句在法庭中具有法律效力，而且人们所接受的教育也是教会思想教育。不揭露教会对原始教义的歪曲和为了自己统治目的所做的手脚，还教义于原来真貌，"恢复原始基督教的简单教规"，就不能动员农奴、城市贫民和商人甚至封建主以保护宗教为名进行的反封建斗争。所以，打着维护宗教旗帜要求推翻现有的徭役、地租、特权以及各阶层平等、财产人人有份，剥夺教会一切世俗权力，将财产交给封建主等，就成为当时异教思想的特点。

西欧各国的城市异教徒活动，是和当时反封建运动密切相关的，很多人在历史上留有盛名。例如捷克的胡斯，揭露教会的贪得无厌和腐败堕落，激起人民起义。但他们一般只反对教会封建制度，也就有很大局限性。

农民平民异教是反封建的激进革命派。最著名的是德国的闵采尔（约 1490—1525）。他们不但宣传社会不平等是人为造成的，揭露封建统治阶级的剥削压迫，而且号召人们起来打破多年来的封建束缚压迫，恢复早期基督教会组织，财产公有和社会平等，甚至要求消灭剥削阶级，取消现世教会，建立现世天国，公共管理平均分配等。

尼科尔·奥雷斯姆（1320—1382）的经济思想。西欧中世纪，封建领主都在自己领地铸造货币，而国王为弥补财政开支不足，经常采用货币贬损的方法，这就损害了商人和百姓的利益。另外，随着商品货币关系的发展，客观上要求借贷资本进一步扩张，于是，教会禁止放贷取利的法规就成为发展桎梏。所以，在14 世纪后，反对任意贬损货币和论证高利贷合理性的理论就开始问世，奥雷斯姆经济思想在此基础上应运而生。

《论货币的最初发明》是他的著作，被认为是经济思想史上第一部论述货币的著作。不但分析了货币的起源、性质及规律，还认为，货币是为解决交换中存在的困难逐步产生和发展的，虽然不能直接适应人的生活需要，然而是交换自然财富的人为手段，供制造货币的材料有金银与合金等，但合金最好不用，它容易掺假被猜疑；货币应该统一并加盖国王印记①；金币与银币之间存在确定的交换比例，这种比率也会起变化；认识到货币具有自身的稳定价值，为批评国王货币贬损政策建立了理论依据。同时还认为，国王通过改革货币取利是不法行为，这种行为甚至比高利贷还坏，因为即使高利贷，也必须借钱给人，而且双方有契约，只不过是利息较高罢了。

我们知道，因分量不足，贬损和与其他贱金属混合，铸币也会贬值，这个事情并不起源于中世纪，而是和铸币的历史一样久远。为什么要有铸币？为什么国家要铸币？主要原因有两条：第一是材料稀缺，而铸币一样可以充当流通手段代替金银；第二是国家发行铸币，必然以自己的信誉为依托，不同于庄园主的铸币，百姓能够信任。国王拥有铸造货币的特权，但他并非拥有流通中的货币，也不是其主人，这些货币是服务社会的，但是国王可以从中征收铸币税，作为自己的收入。有鉴于此，奥氏认为，制造货币的原料既不应该太稀缺也不应该太充裕，金银适合铸造大额货币，而较贱的金属可用于小额铸币，因为贱金属容易引起欺诈，但数额小欺诈就意义不大；国王从货币贬损中取得利润是不正当的——不能借改革之名，更改货币；在货币贬值的进一步后果方面，他不但预示了格雷欣定律——劣币驱逐良币，并认为，贬值还有其他负面影响——因为货币不可靠，对外和对内的贸易就会阻塞，就不能正确地征税和评价按照货币确定的收入，对收入分配造成不良影响。

他还认为，货币贬值是有条件的，第一，制造货币的金属的市场价值可能变化。在双金属本位下，两种金属之间的比率会偏离造币厂的比率。在这种情况下，可以允许造币厂的比率按照市场比率的实际变化而变化，但要将这种改变限制在合理范围内并防止国王对它的剥夺。第二，当大量金块必须运往国外时，例如在战争中或者作为国王的赎金时，可以允许其贬值。

总之，奥氏是一个有独立思想的勇敢的人，他提出的关于货币的观点，其实是说明经济生活的规律，国王不能背离这种规律而滥行自己的政策。

作为现代西方经济学的先驱，西欧古代和中世纪的思想家们对人类的经济生活，做出在他们眼界条件下的探索，提出了如上的重要观点，为经济学作为一门学科开辟了道路。总起来说，经济学说史有两条线索，一是说明经济和交易的一般问题；二是说明一定的生产关系和制度约束下的特殊问题。虽然古代和中世纪

---

① 可见他那时已经提出国家信誉问题。

学说并未明确提出这样的观点，但是认真分析，还是能够见到端倪。及至今天，我们还是可以从古人论述中汲取营养，不能把这两条线索割裂开来，但怎样才能有机结合，需要探索。比如，论述封建社会以及之前的经济思想史，很难说与当今的经济思想呈现有机联系，因为当今思想的两个条件——工业革命后的全球化、资本主义的发展和制度上的进步，都和封建制度之前有本质区别，但是从以前的思想家的论述上看，他们虽然说的是特定时代经济问题和所处困境，也都涉及经济发展和制度变化的一些基本方面。只不过这些问题并不像今天这么复杂罢了。所以，我们今天依然可以步其后尘，将生产关系和制度、生产力的演化规律，作为经济思想的重要尺度和坐标。

当然，今天很多人的思想仍然停留在中世纪甚至之前的时代。在古代，人们对自然现象及其给人带来的损害不理解时，往往将此归结为神的力量，所以要祈求神的帮助和饶恕；而在中世纪，人们对种种生产要素也时常有所迷信，比如货币拜物教、崇信资本的力量而贬低其他要素等。今天同样也有此种情况，比如过分相信精英万能、政策的影响和作用无所不至。那么，我们就要问，为什么人总是有一种束缚自己迷信神秘力量的倾向，为什么总是需要有一个能给自己做出"终极解释"的更高的被自己奉为神明的力量的出现，而不是自己去解放自己？这是需要认真考虑的。后来的英国古典经济学家和法国重农学派就与他们的前辈迥然不同，以发现经济领域中的"自然规律"为己任，做出了伟大的贡献，更值得我们学习。

# 第二篇

# 重商主义与古典经济学的先驱者

# 第一章　重商主义经济学说

　　人们对重商主义（Mercantilism）产生的历史背景、主要思想和政策主张都没有什么分歧，它是产生于 15 世纪西欧封建制度解体和资本主义生产方式产生时期[①]，适应这一时期商业资产阶级的经济利益，开始出现作为封建国家经济政策的重商主义并逐步发展为重商主义政策体系和经济理论探讨。

　　需要注意的是下面三个方面：第一是在两种经济制度的交替时期，重商主义本质上是宣传适应资本主义发展的思想，但是在形式上却是为封建国家服务的；第二是适应新兴资产阶级利益，重视商业，为民族国家积累金银货币的需要，所以又称"商业本位"；第三是探求内部联系的理论色彩淡薄，不能算是理论体系，只是最初的理论探讨[②]。

## 一、历史背景

### （一）封建制度瓦解和资本原始积累产生

　　作为一种国家政策的重商主义之所以产生，是和城市手工业的日渐扩大和小农经济不断分化随之卷入商品交换关系紧密相连的。交换促进了商品生产向资本主义发展，这是封建制度瓦解的标志。商品生产和交换的增长[③]，就对货币提出越来越大的需求，成为当时最突出的经济现象。

　　上面系从两种经济制度过渡的角度进行的分析。还可以将眼光放得更宽广一

---

　　①　该时期被马克思称为资本的原始积累时期。

　　②　19 世纪后期的历史学家，把大致从 16 世纪到 18 世纪专制国家的政治经济体制称为"重商主义"。不同历史学家或研究者使用重商主义一词，有不同含义，如"建立强权或国家的体制"，与国家作用紧密相连。

　　比如赫克歇尔认为，重商主义是一种系统性的国家特权体系，特别是限制进口或补贴出口。斯密认为，重商主义是一套有问题的经济理论，包括保护主义以及所谓在一个国家积累金银的必要性等。实际上，重商主义包括所有这些内容，它是一种有关国家建构、确立国家特权的综合体系，应当被称为"国家垄断资本主义"。详见［美］默瑞·N. 罗斯巴德，《亚当·斯密以前的经济思想》，商务印书馆 2012 年版。

　　③　商品经济和自然经济不同，是为了市场而非自己生产，不管购进原料还是销售商品，都需要货币。另外，虽然说重商主义代表了资本的要求，但是必须循着这样的路径——从之前追求商品的使用价值到追求价值即货币，才能过渡到追求资本，因为只有货币才能积累，而使用价值则不行。

些，从世界经济整体的角度看，"在每一个时代，资本都会从成熟的、财富过剩的国家流向需要这些资本以求发展的国家。17世纪，主要的资金流从阿姆斯特丹流向伦敦，20世纪，美国成为发展中国家主要的资本源。以此类推，世界就是这样发展的[①]"。

商品货币关系发展诱发封建主对金银的需求增加。统治阶级的需求总是生产发展和交换的重要动力，在绝大多数历史时期，高过众多民众对经济的拉动作用。重商主义那个时代，欧洲很多国家的统治阶级已经开始不再满足于自己庄园里所生产出来的产品，而渴望购买从外国输入的奢侈品和手工艺品。而劳役地租和实物地租转化为货币地租，使不管农民还是依附于封建主的手工业者为了缴纳赋税，也要销售自己生产的产品，把产品换成货币。双方的愿望和行动，自然而然地推动了商品货币关系的发展。

当时，西班牙殖民者说的一席话，可以为上述观点做出注释："我们西班牙人人都受着一种心病的折磨，这种病只有黄金才能治愈。"众所周知，西班牙是不产黄金与白银的，但是，它却特别需要贵金属，否则不能进行奢侈消费和扩充军备以及其他。

**商人在交换中的中介地位因为商品货币经济发展得到提高。**"商业资本在当时具有压倒一切的影响"，以暴力为手段的对外贸易成为原始积累的源泉，也为资本主义生产方式形成，推动工场手工业发展准备了条件，打下物质基础。历史告诉我们，资本主义发展先是血淋淋的对外扩张，农民被剥夺土地，完成了原始积累以后，紧接其后才是工业组织的改进和资本主义积累的开始。

原始积累过程依靠两个途径：第一是凭借武力对外掠夺，第二是商人的贱买贵卖。正因为如此，所以，当时的商业资本具有压倒一切的影响。正如希克斯所说，连领地很小的统治者或小庄园主都能发现，让仆人去专门经商是值得的，只要他能够从中得到足够的好处。而且我们可以肯定，让仆人去经商，到头来会受制于仆人[②]。

## （二） 商人合作组织和商业革命

**随着商品经济的发展，富裕起来的商人和手工业者成为最初的资产阶级分子。**不论商人还是手工业者，都希望凭借自己的特殊技能实现自身的利益。商人

---

① 伯格斯滕. W. Bernstein 在 2011 年发表的文章中提到这个观点。
② ［英］希克斯（John Hicks），《经济史理论》，商务印书馆 2001 年版。

通过媒介供给和需求获得收益，进而积累资本进行投资获得更大利润。手工业者为了别人的需要而生产，卖出商品得到剩余并不断扩大再生产。可以说，二者的有机结合，是资本主义经济在成长之初必备的基本条件。

**商人合作组织出现。**上面已说，商业资本具有压倒一切的影响，商人作为商业资本人格化的代表，他们要在社会经济生活中发挥能动作用，必须将自己装进新的组织和制度形式之中。以往教科书，对此并未强调，我们以为这失之于片面，不能解释商人在当时具有的"压倒一切的影响"。按照史实，商业组织形式创新有两种形式：一是将意大利早先发明的商业技巧推而广之，如合伙制的推广，二是出现了商业组织的真正创新，如特权公司。商人在国家经济生活中的作用日益增加①。

**参考材料：合伙制和特权公司**

合伙制是意大利商人为了保护和增加商业资本，方便并确保长途联系，以及分摊贸易风险而发明的一种商业组织形式。最直接的优势是扩大了商人的活动范围和利润——相互交往的商人人数越多，越容易获得信息，比单枪匹马闯世界的风险要小。

特权公司分为代理行和特许公司。前者的特权来自本国与东道国协商之后所得到的特殊权利，后者系由政府授予一定的对外贸易垄断权，享受其他一些优惠待遇，例如公司拥有自治权，有的甚至拥有军事力量和自行铸币权，代替国家行使部分主权。

**商业资本自身的革命，是促使资本主义产生和发展的重要因素。**不论从实践还是理论角度看，都可以得出这样的结论：商业发展使自给自足的生产逐步转化为以交换为目的而生产的性质；促进社会分工和生产扩大；以贱买贵卖的方式加速了资本的原始积累。所以说，商业资本发展并不是外界强加的，自身的"内生性"因素导致其对资本主义经济贡献了"第一桶金"。

综上，我们可以总结出，资本主义经济制度的最大特点是在商业基础上社会的高度依赖性（这是人能够合作的基础，商人依赖生产者和消费者，后者也离不开商人及其资本）和人自身基于私有产权上的高度独立性（没有产权就没有商品交换，很难说人在经济上的独立性）。反过来看，只有商品交换，人们才重视产品的所有权，将对使用价值的需要转到价值的需要上来；在资本主义发展的初

---

①　高德步，《世界经济通史》中卷，高等教育出版社 2002 年版。

期，富裕起来的商人最早为财产权制度的确立做出贡献，这是因为商人本身就是执行商品交换功能的媒介体，实现所有权的转换。

## （三） 封建中央集权国家建立

**封建中央集权国家和商业资本互相利用，各得其所。**二者存在共同利益，体现在三点，第一，都希望消除当时的封建割据局面。因为国王权力的扩大受到封建割据的限制，而封建割据也妨碍了国内市场的统一；第二，国王为增加财政收入来维持反对封建割据和对外掠夺而建立起来的庞大军队，保证宫廷奢侈生活，需要依靠商业资本发展并给予其支持；第三，发展对外贸易的利益是中央集权国家和商业资本的共同追求。

正是因为商业资本具有压倒一切的影响，所以，一方面，商人惯于把自己的利益等同于国家利益——大部分重商主义文献由部分或全部、直白或隐晦地专门要求特殊经济利益的小册子构成。他们自己要求自由，但要限制其他人，这是重商主义小册子的商人作者常见的立法计划的本质（瓦伊纳）；另一方面，国家必须获得商业资本的支持。国家专制主义并不是说，它用不着同任何集团结盟而独立行事。从根本上它意味着，国家在经济上必须获得和维持与强势集团的联盟，同时也要为这些集团的专有特权进行游说的活动提供平台[①]。

**中央集权的民族国家的建立是重商主义成长和壮大极为重要的条件。**主要表现在国家政策上，强调商业垄断，即政府推行一种有利于国内商品和劳务出口的政策，目的是鼓励输出，扶持手工制造业尤其是生产出口商品的手工制造业。

我们说，没有专制的民族国家，就不可能有重商主义的成长：国家政策对内扶持本国工业发展、限制国外进口的作用必不可少（除此之外，还有出口补贴，这也是过去教科书未予强调的）；对外关系上，靠武力扩张，没有集权国家怎么行？可以看出，一国经济实力对军事实力而言至关重要，而军事实力是维系国家完整的关键因素。有人做过统计，在整个 17 世纪中，只有 4 年没有发生国际战争。反过来说，经过 96 年战争，不少西方国家通过争抢得到廉价资源。若无此种掠夺，仅凭自己力量进行原始积累，不知要用多少年。所以我们可以说，在当时条件下，对外发动战争掠夺的成本很小，而收益巨大。考虑到战争后果与投入的关系，可以说是发动战争的缘由。但今天，情况就大不相同了。

到此，我们对上述历史背景问题做个总结。有三个条件对资本主义的发展是

---

① ［美］默瑞·N. 罗斯巴德，《亚当·斯密以前的经济思想》，商务印书馆 2012 年版。

不可或缺的：第一，交换和货币是参与全球化，打破封闭体系的需要；第二，商业组织是商业社会成长的前提；第三，如无国家的支持，萌芽状态的资本主义将胎死腹中。可以说，中央集权国家和商业资本互相利用，但在不同时间不同场合条件下，能够分为主动方与被动方——开始时是国王寻求商业资本支持，后来变为商业资本主动需求国家支持，这不但反映了经济发展的动力变化，也说明有利的外部环境是发展的必要条件。还可以进一步研究下述问题：为什么西欧能形成领先世界其他地方的商业与市场制度？建议从国际贸易路线转移，英荷等国对商业组织形式的创新，民族统一市场形成，取消关卡降低交易成本以及金融证券市场形成等方面去理解。

## 二、重商主义的基本思想

### （一）　重商主义的特点

要想理解重商主义的基本思想，应该先从其整体思想特点着手。重商主义是代表资本原始积累时期商业资产阶级利益的经济思想和政策体系，是那个时代的产物。

**实际上，国家先开始重商主义政策，然后才有经济学说。**当然，政策也要建立在一定的思想基础上面。但政策主要的功能，是政府对现实经济问题的应对，并不追求是否具有理论渊源，理论是否完整更不在考虑之列。然而，即便政策，也要有一定的思想支持。可以说，重商主义思想发源于当时资本主义发展初期提出需要积累大量的货币财富问题，重商主义之所以成为一个比较完整的体系，也是由于对此种政策的原因和结果进行总结的结果。

**重商主义前的思想家把经济现象分为经济和货殖。**经济是人利用自然生产出适合自己需要的产品的活动，而货殖虽然也以生产与交换作为依托，但其目的却是用货币产生更多的货币。

重商主义同中世纪的经院学派和宗教神学的不同在于，后者以圣经和宗教规范的观点来考察现象，而前者则从客观存在的因果关系的角度来考察经济现象，目的是寻找其间的联系。为什么如此？因为重商主义深受当时流行的人文主义思潮影响，蔑视天堂，歌颂世俗，强调人本主义和个人利益至上。这种倾向有着特别重要的历史意义，使人从笃信上帝、用宗教信条看待世界到用自己头脑看待客观世界，体现人类认识史上的变革。而重商主义就是人文思潮在经济领域中的体现。但是，重商主义的历史贡献，并不在于它世俗主义的价值判断，而在于承认赚钱现象确实存在并推动了经济发展，让国家竞争实力增强。所以，政府应当制定鼓励政策，才能对国家有所作为。

**参考材料：宗教神学和经院学派对货币财富的看法**

亚里士多德认为有两种致富手段：一是获取财富的自然方式，比如种麦子或养蜜蜂，这种勤劳致富的方式很好；二是通过交换获取财富，被他称为非自然方式。因为其结果是一方所失即另一方所得，包括商业和高利贷（有息贷款），虽然它现实但不道德。

圣经中，人类被看成管家，负责将上帝之物尽其所用。工作是好事，神在恩赐经济增长，增加财富。但是追求财富是错误的。因为追求财富就会被怂恿做坏事，放贷人和贸易商都是行为不轨的人。虽然后来奥古斯丁对此种理念有变化有发展，但仍不能脱离追求使用价值，用货币为消费使用价值服务的思路。

再后来，经院学派的哲学家并不反对商业，认为商业是必要的，而且把财产权看作"必要的罪恶"。然而又认为不能不道德地经商。

我们看到，尽管宗教神学和经院学派已经承认货币财富，不反对商业甚至对货殖也抱容忍态度，但毕竟不把其纳入主流，尤其认为后者仍属"异端"。

**重商主义者的研究对象——流通领域。**重商主义的研究对象服从于其研究目的，即能够赚钱或者说用钱生钱的领域。我们知道，如果说这也算研究的话，那么其研究对象必然比较表面化。因为真正科学的近代经济学，是将理论分析的出发点和落脚点，由流通过程过渡到生产过程的时候才开始。为什么这么说？因为只有生产过程才是价值产生的源泉，如果流通过程也产生价值，那岂不是破坏了等价交换的规律？而且从道理和历史上看，交换从属于生产是确定无疑的。就研究对象的确定而言，不能浅尝辄止，而应该寻找事物的本源。

**研究方法——把观察到的社会经济现象和经验加以描述和总结。**如果说重商主义也有一定的研究方法的话，那就是本段第一句所总结的那样。由于资本主义刚刚登上历史舞台，对国家来说，从流通领域中赚钱又成为其开销的重要支撑，需要为此提供政策支持，在这种情况下，要求学者们对资本主义经济机理进行分析，是不现实的。他们能够将现实问题描述清楚就不错了。所以，我们说，重商主义是当时众多学者的零碎片段思想的集成，是松散但却连贯的政策和实践体系。

**研究的目的——专门为了应用。**在当时，理论的完整性并不受重视，提出重商主义政策的学者多兼任官员或者本身就是商人，发表文章或著作的目的在于帮助政府解决问题，提出增加财源、保障国库积累金银、促进本国工业发展的政策，不是学术探讨。所以，对即将出台的政策进行前因后果的分析，就成为必然。

**研究的结果——提出一系列的经验性规律。**相比中世纪"说教式"的经济思想，这是有进步意义的，颇有些"摸着石头过河"的意味。当然，也不能用现代经济学理论体系的逻辑完整、概念清晰、前后相继等要点要求重商主义。所谓经验性规律，是一种实践的总结。经过验证，某项政策对国家目标能够带来持续性的好处，那它就应该成立而被推广，不问其是否完整和逻辑自洽。

### （二）重商主义最基本的观点

**只有能实现而且真正实现为货币的东西，才是财富，因此，财富就是货币，货币就是财富。**国家制定和实施经济政策，所有经济活动的目的，统统都是攫取金银。这反映了当时流行于西、南欧新兴资产阶级追求金银的狂热和积累货币资本的渴望，从这种观点出发，推论出下述六个观点。

第一，财富的直接源泉在于流通领域，即将物品转化为货币的领域，商业乃是致富之源；第二，并非一切流通和商业都是致富之源，国内贸易虽能使物品转化为货币，却不能增加国内的货币量。只有将本国商品输出国外，换回金银的对外贸易，才能增加一国的货币量，成为财富的源泉；第三，流通是利润的源泉。利润是商品贱买贵卖的结果。但只有对外贸易才能带来真正的利润。因为局限于国内，一方的贱买贵卖，就被另一方的贱卖贵买所抵消，而一国与他国的贸易就不同了，本国的利得，必是他国的利失。由于交通和通信落后，同一种商品在不同地方差价很大。即使扣除高昂运费，仍有巨大的利润空间。比如，胡椒和香料等印度产品在罗马的售价比原产地高百倍。所以，将远方廉价物品贩到本国销售，一本万利；第四，商品只是生产财富的先决条件，国内商品生产应该服从商品输出的需要，必须全力支持鼓励和发展可以在国外高价畅销的手工业产品，晚期重商主义者特别重视这一点；第五，国家必须积极干预经济生活，以法令的形式保护国内工商业，促进对外贸易；第六，对外贸易差额必须是顺差。

重商主义关于货币起源、货币是财富的唯一形态、财富来源及盲目追求顺差等观点，都有问题，很难说能在理论上站住脚。但我们应该看到它的一个特点：明确地、不加掩饰地道出资本主义经营目的就是赚钱，在此基础上，设定了国家获取金银的基本原则和实现方式，对于资本主义的发展是有利和可贵的。

## 三、重商主义发展的两个阶段及代表人物

大约从 15 世纪到 16 世纪中叶是早期重商主义，又被称为"重金主义"或"货币主义"（Monetarism），从 16 世纪下半叶到 17 世纪中叶是晚期重商主义，或者叫"重工主义"（Industrialism）。既然都是重商主义的组成部分，但又有所区别，所以它们必有共同点与不同点。总起来看，无论早期还是晚期重商主义者，都把货币看作财富的唯一形态，都以一个国家拥有货币的多寡为衡量国家富裕程度的标准，都要用少买多卖即外贸顺差的方法增加货币。不同之处是如何实现顺差以增加货币的方法上的不同主张。

### （一） 值得称道的早期重商主义的代表人物

**英国的威廉·斯塔福。**其著作《对近来我国各界同胞常有的一些抱怨的简单考察》系他剽窃别人原稿然后修改增补发表。他行此事毕竟有愧，所以未敢用自己真名。成书时代被马克思称为"羊吃人"时代，造成这种情况的直接原因是随新航线、新大陆的发现，羊毛贸易发达和羊毛价格高涨导致的圈地运动，另一方面是大批贵金属流入欧洲和铸币贬损，不足值引起商品价格普遍上涨。而耕种农业缴纳的地租仍按中世纪留下的传统不变。在确立土地私有产权的前提下，地主认为把土地改成资本主义经营的牧场比较有利，于是他们依靠国家暴力把世袭的佃农从土地上赶走，将这些土地分成大片租给雇佣劳动力的租地农场主经营。

此书的基本观点是：反对不足值的货币投入流通；反对从外国输入商品尤其是本国能制造的商品，主张英国建立立足于本国原料的工业。这既可以解决本国部分人的就业，又可避免那种外商高价卖出用低价收进的英国原料加工制成的商品，从而赚取英国货币的情况。可以说保护贸易思想的雏形在此书中已得到体现[①]。

**法国的蒙克列钦。**他的著作《献给国王和王后的政治经济学》于 1615 年问世，此书在经济学说史上第一次用了政治经济学一词，这表明他要讨论的是广泛的社会经济问题，而不是之前像古希腊那样以管理家庭开支为目的的经济学。该书讨论了商业、工场手工业、航海业和国王政策等问题。其中要点如下：一、热烈拥护第三等级特别是其中商人的利益（当时三个等级排序，第一是教士，第二

---

① 晏智杰，《西方经济学说史教程》，北京大学出版社 2002 年版。高德步，《世界经济通史》中卷，高等教育出版社，第 57—60 页。

是贵族，第三是其他，商人排在其他之中），为商业的利润辩护，认为经营商业获取商业利润是天经地义的，把流通领域置于生产领域之上。二、主张积累货币并论证了如何获取金银货币的重要方法。尤其反对外国商人在法国的活动，认为他们会拿走法国的货币，主张政府保护扩大本国商人的对外贸易，建立新型工业，改善法国工业品的质量以便在国际市场上竞争，保护本国资源，不准外国人勘探，便宜不能让外国人取走，我们说这具有狭隘的民族主义色彩。三、表现出对劳动大众，尤其是农民的同情，说明他是后来法国重农主义的先声。

## （二）　晚期重商主义的代表人物，就更值得重视

**英国的托马斯·孟**（对外贸易的大商人，东印度公司有影响的董事，贸易差额论的创始人，他的著作《英国得自对外贸易的财富》被马克思称为"重商主义的福音书"）。他有如下观点：第一，**极力反对禁止货币输出的法令，主张通过外贸顺差来增加货币财富。即只要顺差贸易就能增加货币，而不在于禁止货币输出**。他说，看到农夫下种的时候将很好的谷粒抛在地上，就认为他是一个疯子而不是农夫，但是如果看到他们的收获，来估价他的劳动，就会知道他的行动的价值了。第二，**物质财富和货币财富同等重要**。因此，他反对货币差额论，认为金银储藏在国内是有害的，货币的重要性不在于储藏，而在于投到有利可图的地方。第三，**详尽论述了贸易差额理论**。其要点是：从贸易全局考虑贸易平衡，不拘泥于每一笔或个别项目的顺差或逆差，最终目的是在一年贸易总额中必须争取出超；国内贸易不能使一个国家致富或致贫，双方买卖的结果，不会使国家的货币财富增加，只有对外贸易而且出超，才行；保证顺差应采取如下措施：扩大经济作物种植，增加出口，减少原料输入；厉行节约，少消费外国货；生产和出口邻国尚不生产的产品；用本国船只装运出口货物，赚取保险费和运费收入；从事国际转手买卖和远洋殖民地贸易。比如胡椒的例子；实行保护关税政策，促进国内工业发展和增强国际竞争能力。

**法国的让·柯尔培尔**（曾任 20 年的法财政大臣，为宫廷内外政策的决策人。虽无重商主义著作，但是重商主义的实践者，推行一系列重商主义政策）。其观点和措施有：国内所保有的货币数量决定国家的财富，决定国家的军事和经济实力，顺差才是基本条件；实现顺差的办法有，积极发展海运事业，建立海外贸易公司；采取各种办法鼓励发展国内工业，为出口奠定坚实基础；实行保护关税政策，扩大本国工业品出口，减少进口；实行牺牲农业发展工商业的政策，为降低工业成本，发展对外贸易，把农产品价格降到最低水平；替工商业争取国外市场

和加强对殖民地的掠夺，接连发动了两次对尼德兰的商业战争。虽战争取胜，但战争的重负却通过捐税形式落到农民头上。

## 四、重商主义的政策主张及效果

上面说到早晚期重商主义的共同点和不同点，为什么有这些不同点？主要原因在于，随着时代发展，资本主义在改变人的思想观念上的巨大作用（开放、进取等）充分体现出来，所以在政策主张上有很大不同。斯密在《国富论》中提到托马斯·孟的著作，说这书与斯塔福的书只差 40 年，但英国工业发展输出工业品，掠夺了殖民地财富，孟对这种发展的趋势理解得很深刻，也特别强调通过货币运动来增进国家财富。

### （一）"重金主义" 和 "重工主义" 之区别

早期重商主义主张用行政手段而不是经济手段来禁止货币输出，坚持在对外贸易中多卖少买，调节货币运动来积累货币；对进口商品征收高税，把对外贸易集中在指定地区，便于国家管制；坚持金银输入必须超过输出，尽量给国内运进贵金属和外国货币；这些以金银为财富源泉，守财奴式的思想和政策就被称为重金主义。早期重金主义虽然夸大金银的作用，但是它反映了从中世纪占支配地位的自给自足经济向现代货币信用经济的过渡，有积极的意义。

晚期重商主义以资本家的眼光把货币看成资本，懂得搁置不用的货币不会增值，虽也主张少买多卖，但与早期强调少卖，甚至不买不同，晚期强调多卖，只要保持顺差就行；所以，在政策上反对禁止金银输出的禁令。而且，与早期不同，晚期重商主义认为，不必对每个国家都是顺差，只要在外贸总额上出口大于进口就行；早晚期都主张国家积极干预经济生活，但是在具体施行保护和干涉政策上不同。晚期主张由国家采取各种保护主义经济措施，促进对外贸易的平衡。比如，通过退还税款方式鼓励商品输出[①]；国家颁发奖金，用于鼓励商品输出，奖励按要求在国外市场上出售商品的商人；通过国家保护政策，保护本国工商业抵抗外国竞争。国家规定的高额进口税率限制外国商品进口，而对需要进口的工业原料等则不加限制，任其自由，有时以更优惠条件鼓励输入原料，同时禁止输出本国原料，促进国内工业发展。晚期重商主义虽然也从"商"出发，但其本意在于以商促工，所以被称为重工主义，或真正的重商主义。

---

① 丁冰，《政治经济学说史》，第 33 页。

晚期重商主义主张实行的政策，比如低消费（征收消费税和对奢侈品进口施加高税）、低工资政策、垄断政策和维护大商业资本建立垄断公司的权利等，都可以看成是加强本国工业基础和实力的措施。

## （二）　关于重商主义的一些评价

从统治者角度看待重商主义的核心，就可以知道其既不属于经济自由或保护，也不是开放或是封闭问题，关键在于，经济的发展究竟倚重什么人，统治者能否控制这个符合他们利益的秩序，从而给他们带来好处。重商主义者宣扬的"国家利益"，不是不要个人利益和微观利益（商业资产阶级和工业资产阶级的利益），不让这些人得到好处谁供给统治者的需要呢？也不是要让个人利益无条件地服从国家利益，而是一种互相需要、互为利用、共存共荣的关系①。

当时人们为什么接受重商主义，换句话说，重商主义之所以能够流行，除了上述的客观条件，社会普遍持有的一种观念是：人们普遍认为世界财富的总量是既定的。因为人们尤其统治者，都不是从生产角度考虑问题，只是看着别人钱包比自己大；认为国际市场是有限的，贸易就是我赢你输或者相反，不会共赢；贸易就是战争，谁在贸易中占据垄断地位，谁就可以充当战争与和平的裁判者。因此，各国政府都致力于从大致固定的国际贸易额中获得最大利益，目的是利用本国条件造成贸易顺差，保证金银多进少出，在损害别国的同时发展自己。

重商主义的观点与当今现实主义的政治经济学说有相通的地方。当今现实主义政治经济学最核心的假设，也是和自由主义最根本的区别，在于强调相对获益的重要性超过绝对获益。特别在弱肉强食的世界舞台上，国家之间的竞争永远是有胜负之分的。自己国家到底是领先还是落后，比全球财富增长的快慢要重要得多。这和自由主义强调共富、大家都好，而不强调谁先谁后有着根本不同。

重商主义的观点对商业资本家、国王和政府官员有利。主要体现在重商主义强调国家和商业资产阶级的合作，这就为寻租行为提供了土壤：私人部门为了获得政府可靠的法律规章的保护，从而增加利润，政府从向商业机构出售特许权和垄断权中获得收入。

## （三）　希克斯对重商主义历史作用的分析

诺奖获得者希克斯②，对商人推动经济发展和国际贸易的作用，做了一个既

---

① 这和以后重农学派的"自然秩序"、弗莱堡学派的"合理秩序"存在根本的区别。
② 希克斯（John Hicks），《经济史理论》，商务印书馆 2002 年版中阐述了这一观点。

符合逻辑，又有材料支撑的论述，可以为我们借鉴。他认为，从道理上看，贸易发展会使利润缩减（商业利润）。比如粮食贸易，为了从生产者那里获得更多粮食，商人必须出高价购买；但为了把更多粮食卖给需方，又不得不选择低价，结果售价和买价之间的差距就会缩小，商人赚头减少，贸易所得（商业利润）就会转移到非商人手中——比如生产者或者消费者那里。结果，商人所得部分减少，其利润相对于贸易量就会下降，如此商人资本增长速度就会放慢，贸易扩张速度就会放慢，那么商人的地位和功能就不应该像经济史书籍描述的那样，具有压倒一切的影响。

怎样解释这个矛盾？希克斯认为可以从三个途径观察，找到解决方法：第一，某些贸易品在长期交易过程中，会出现"商人利润"递减现象，迫使他们开辟新的贸易领域，促进其他产品交换，以丰补歉，也能够促进贸易发展；第二，找到新的贸易伙伴。开展新的贸易活动。把更多的人纳入其中，主要依靠国际贸易和殖民地贸易；第三，由于有些商人利润减少，而实现从商业向工业转型可以获得更多利润。这也是重商主义从早期向晚期转变的原因之一。上述这些推论，也都能够以史实加以佐证。

# 第二章　古典经济学的先驱者

在古典经济学产生之前，流行于西欧并被官家吹捧的是重商主义思想，国家奉行的重商主义政策促进了原始积累，对资本主义生产和工场手工业的发展起到重大的奠基作用。等到工场手工业生产完全确立之后，资本的原始积累就被资本主义积累所代替。当然，资本主义发展的这两个阶段并不是绝对泾渭分明、毫无联系的。即便在资本积累阶段，资本主义国家还能从殖民地掠夺廉价资源，推销自己的过剩产品，继续着原始积累活动，但从资本自身具有的"造血"功能、资本能够利用的生产力而言，原始积累手段毕竟已经过时，让位于资本积累——资本主义积累乃是剩余价值的积累。

从原始积累转向资本积累，意味着资本主义经济动力的转变。这时资产阶级积累财富的方式就不再仅仅是依靠国家干预单纯积累货币进行对外扩张这一种途径，力图在资本主义生产基础上的内涵式发展，更是重要选择。国家对宏观经济的干预，也不主要体现在利用其力量保护落后，抑制竞争，而更多地采取适应资本主义积累，保障资本的利益，营造发展的外部环境上来。对比重商主义的直接干预方式，在资本积累阶段开始转移到间接干预，即承认众多生产者和消费者的市场主体地位，任由他们根据市场信号从事，国家只是宏观秩序的调控者，而不能决定和指挥他们的经济行为。在这样的背景下，重商主义学说就阻碍了微观积极性的发挥和资产阶级地位的巩固，成为资本主义生产进一步发展的桎梏。

古典经济学在西方经济学家那里是比较含混的概念。比如，凯恩斯把他之前的西方经济学家通称为"古典学派"，另一派流行的说法是把 19 世纪 70 年代初边际效用学派之前的西方经济学家称为古典经济学家，而这里包含不少庸俗经济学家。马克思的说法是，资产阶级政治经济学在发展过程中的一个阶段，在这个阶段包含科学因素。言外之意，其他阶段包括的科学因素就比较少，这个说法有些问题，起码不很准确。但从他的角度看，是力图说明古典经济学与庸俗经济学的区别，即是否研究资产阶级生产关系的内部联系，是否进行"独立研究"，还是以给统治者的话语做注释为己任。这样的说法也的确昭示了古典学派在研究上的"无私无畏"。笔者认为，如果对以上的众多说法求同存异，姑且不论古典经济学到哪里结束，中期经过什么阶段，但开始都是共同的，这是大家的共同见解，即从 17 世纪中叶开始，在英国是配第，法国是布阿吉尔贝尔[①]。所谓先驱，是指在古典经济学的奠基人斯密之前并对资本主义生产的内部关系有研究、有贡献的经济学家。

在古典经济学阶段，由于资本主义生产方式已经确立，那么，代表新兴资产阶级利益、反映资本主义生产方式规律和要求的新经济思想也就逐渐成长起来。这些思想和资本主义社会发展基本上是同步的。

## 一、英国古典经济学的产生——威廉·配第

### （一） 值得注意的生平和著作

威廉·配第（William Petty，1623—1687）是"政治经济学之父"，"靠个人奋斗成功"，但没有显赫家世。他集政治活动家、实业家、医生和学者为一体，其治学精神值得我们学习：第一，从小就善于观察，每闻必记；第二，生活经历复杂，知识丰富；第三，学习勤奋，有多种成就，做什么事都成功；第四，政治上活跃。著作有《赋税论》《货币略论》《政治算术》《爱尔兰的政治解剖》等。第一个最为重要[②]。

### （二） 配第的方法论

我们知道，研究时所持的方法，跟能否做出发现、发明直接相关，配第的研究实践就证明这一点。他活动和著述的年代，正值英国资产阶级革命爆发、资本主义开始发展的初期，因此，其著作多围绕具体经济问题而写，直接服务于当时实际。比如，怎样建立一种新的财政税收制度适应经济政治发展的需要；如何对殖民地爱尔兰进行统治，英国怎样成为世界贸易强国，等等。配第意识到自己正在进行一项新的研究工作，很多问题都是前所未有必须给予新的解释，但不知道正在建立一门新的政治经济学。在研究对象和方法上，他把英国和爱尔兰称为"政治动物""政治机器"，认为它与人体和动物一样，有一定的结构、比例关系和运动规律，是自然和永恒的。这源于他深受培根与霍布斯经验哲学的影响，反对传统的思辨方法和说教，主张从事实出发，用经验中得到的证据或统计数据说明问题。他称这种新的方法为"政治解剖"或"政治算术"。我们以为，这种研

---

[①] 当然还有其他思想家，这里只讲最重要的。
[②] 丁冰，《政治经济学史》，上册第 46—49 页。

究脱离了重商主义的狭隘眼界，也突破了神学经典的窠臼。不仅注重观察流通领域中呈现的现象，而且深入到生产领域寻求经济运动的内在规律，具有真正的创新意义。

另外具有特色的是，他从英国和爱尔兰的事实出发，用经验中得到的证据或统计数据说明经济现象——已经具有实证的味道，不仅注重观察流通领域呈现的现象，更重要的是深入生产领域寻求经济运动的内在规律。但他的新研究，也有重大瑕疵，主要体现在他甚至没有考虑到基本数据的准确性，"要么是真的，要么也不太像假的"，就可以了。更不用核对数据，他只想说明自己提出的问题。

配第研究方法深受培根和笛卡儿的影响，这两人对新思想的整理和开拓均做出伟大贡献。培根（Francis Bacon，1561—1626）号召在两个原则基础上重构知识体系：一是发展史——详尽系统收集有关发展过程的事实；二是归纳——从这些事实中引出自然规律，在实验科学的基础上构筑知识体系，科学家是自然的仆人和诠释者。

笛卡儿（Rene Descartes，1596—1650）与培根一样，向经院哲学发起攻击，努力建立知识赖以依存的坚实基础。其名言"我思故我在"曾唤醒和激励了多少新秀。在科学界，他的思想最具深远意义的方面，是认为理性是十分重要的，并且以数学的方式，把知识建立在一系列简单不证自明的基础上。

## （三）　配第的经济理论

他在论述各种具体的经济问题时，也涉及不少政治经济学的基本理论与范畴，尽管他自己没有完全意识到。如果分析他所提出的这些概念与范畴，就可以看出，在他的研究和阐释过程中，经历了从带有重商主义痕迹到完全摆脱这种痕迹的转变。我们按照政治经济学概念展开的顺序，依次说明以下问题。

• 最早提出劳动价值论。

在《赋税论》（1662 年）中，配第区分了自然价格和政治价格。后者实际上指商品的市场价格，前者指价值，这是对的。但问题的关键在于，二者究竟是由什么决定的？配第认为：第一，价值由劳动创造，其大小与劳动生产率的高低成反比。商品的自然价格即价值是由生产该商品时所消耗的劳动量决定的。这是很正确的观点，但是他在提出这个观点的同时，也混淆了交换价值与价值。按照他的说法，并非任何一种生产商品的劳动都创造交换价值，而只有生产同白银相交换的商品的劳动才创造交换价值。如果二者所花劳动时间相等，白银就成为那个商品的交换价值。如此一来，商品价值就未必是任何一件商品的内在属性，而必须由创造白银的劳动加以衡量了，从这点看，他显然没有摆脱重商主义的影响[1]。他继而推论到，商品的自然价格与采掘银子所耗费的劳动生产率成正比例。这个结论虽不正确，但却是合理的，因为在他眼中，生产金银的劳动成为一般劳动或衡量其他劳动的标准；第二，由于他已发现劳动生产率与商品价值量有密切关系[2]，在工场手工业中分工的背景下，他进一步又发现分工对提高劳动生产率的重要作用，从而对降低商品价值的重要影响；第三，在价值量的确定上，他意识到简单劳动和复杂劳动所起的作用是不同的。

在经济学说史上，配第开了劳动价值论的先河，以后经济学家都将此作为政治经济学一个重要研究方面。为什么古典学派都从事劳动和价值关系的研究？因为他们都认识到，发展生产需要投入，劳动毕竟是最重要的生产要素，投入劳动的质和量是劳动生产率的最大变量，而其他要素在一定条件下是给定的，比如技术和知识。配第开天辟地地提出，"劳动是财富之父，土地是财富之母"。在中文版中，第一句话后面，还有一层含义"and active principle"给省略了，未翻译出来。所以我们可以推论配第的原意，应该在第二句话后面，加上"被动的原则"即"and passive principle"这样的表述。其实，配第就想说明，劳动比土地对财富生产来说是更重要的。自古希腊罗马乃至中世纪宗教神学以来，劳动都是被人所推崇的事情，不要说资本主义发展要靠资本和劳动，就是宗教团体都强调"一个人的劳动或职业的生产性是最值得称赞的，它是人生的召唤。即一个人召唤的成功是他成为上帝选民的一员的明显标记"。就古典学派总体而言，谁从事劳动，谁不劳而获，事关劳动成果的分配和社会经济发展和财富增加，当然是他们研究的重要问题。

- 对货币价值和货币作用有一定了解。

配第已经认识到货币价值实体就是劳动，至于其他商品的价值，他认为必须同金银相交换才能得到体现。这个看法虽然有些短浅，但是贵金属的一般等价物的作用却得到认可；所以，货币具有价值尺度职能。但由于本身价值变动，商品的价格也会随之变动——标准变动，所表现的岂有不变之理？货币具有流通手段职能——价值尺度和流通手段职能是货币最根本的职能，已经被配第认识得很清楚；他还提出，一国所需货币量，既与流通所需支付的货币额有关，也与货币流通速度有关，这两个都是决定流通中货币量的关键因素，可以调整的政策变量，

---

[1] 重商主义就认为商品的价值由其交换价值所决定，只有流通过程才是财富的源泉。

[2] 劳动生产率越高，在总劳动时间不变的前提下，单位商品的价值量越低。

并且对如何处理流通中货币过多或过少问题，提出自己的看法，比如建立银行来驱动贸易。"这个预言在 19 世纪实际上变成了真事。如果货币太多，就会被熔化掉铸成银条；或者作为商品出口，或者有息贷出"①。

- 提出工资理论。

配第从三个方面对工资理论有所贡献：第一，认为工资的自然基础是维持工人所必要的生活资料的价值。这个说法，为工资提供了重要依据，低于生活资料的价值，工人自身势必不能进行再生产②，而高于这个价值，资本家的利润就会减少；第二，工人所得到的只是一部分劳动时间所生产的成果，这说明他对资本主义的剥削关系有深刻理解。还有一部分到哪里去了，为什么能够到那里去呢？实际上他已经提出了必要劳动和剩余劳动的思想；第三，工资决定于必要的生活资料，而这必要生活资料数量取决于"自然的丰度和气候"。说明不同地方的工资与地理位置、自然条件禀赋的可获得性，有紧密的关系。

- 提出地租即剩余价值理论。

配第认为，在劳动者所生产的全部产品价值中，扣除工资和生产资料的价值，余下部分是地租，实际上就是我们讲的剩余价值。在配第眼中，虽然剩余价值是以地租形式面世的，忽略了其他表现形式，也缺少对其产生过程的理论剖析，但可贵的是，他不仅看出剩余价值的来源——工人劳动创造的多过补偿生活资料消耗和固定资产折旧部分，而且提出如何增加剩余价值的方法——降低生产费用。通过分工提高劳动生产率，在降低生产费用的同时增加剩余价值，也暗示了相对和绝对剩余价值的生产方法。我们不能苛责早期经济学家说他们没有创造完美的体系，配第发现这些已经相当不错了，他在问题十分朦胧的时候就能够察觉继而提出，已经充分说明他的思维深度。另外，把剩余价值和工资对立起来——这也可以说是配第的发现。尽管他并未刻意地寻求在生产过程中的阶级矛盾，然而作为资本家和工人的收入在本质上的差别，成为阶级矛盾的导火索，他对此有明确认识。他还最早提出级差地租并科学论证了两种级差地租形式，即由于土地位置和土地肥沃程度不同而引起的级差地租Ⅰ和在同一块土地上连续追加劳动生产力引起的级差地租Ⅱ。我们知道，这两种地租观点，为以后人们科学地认识地租的高低提供了依据。所以马克思认为，配第甚至比斯密说的还好。

---

① ［美］亨利·威廉·斯皮格尔，《经济思想的成长》，晏智杰等译，中国社会科学出版社 1999 年版。
② 此指劳动力再生产。

• 货币租金即利息理论。

利息和地租一样，都是剩余价值的形式，而利息是从地租引申出来的。这么说，虽然有点问题，因为利息和地租都是剩余价值的分割形式，就无法说哪个从哪个中引申，它们都是从剩余价值中引申的，但是在配第的逻辑里，因为地租是剩余价值的发源地，所以利息从这里引出，就能够说得过去。既然地租是使用别人土地的报酬，利息就是使用别人资本的人付出的报酬，利息最低也不能低于利息，就成为必然的推论。除此之外，配第认为，利息高低，还取决于货币供求情况，这也是他的创见。

• 地价理论。

土地价格问题，体现了配第看问题的深刻性。他认为，卖土地等于卖掉地租的出卖权利，根据地租求地价，把地价看成是资本化的地租①，这是配第的天才发现。根据对英国人口和生存状况的分析，出售地租的年限应该是三代人同时生存的时间 21 年。因此地价等于 21 年的地租。

## （四） 配第思想的历史意义

上面六个方面，都出自于《赋税论》，这部著作奠定了古典经济学的基础②。我们看到，古典经济学理论框架的雏形——生产和分配中体现的经济关系，在配第这里已经开始成形；配第为什么能逐渐摆脱重商主义影响？主要因为当时社会经济发展和资本主义成分在工农业中的发展，他能够适应这种要求，把政治经济学的研究对象从流通领域转移到生产领域，而且也受当时学术思想发展的影响。深入到事物内部去考察——有培根、霍布斯等人思想的滋养。所以，古典经济学产生于英国，并不是偶然的；当然，配第没有分清价值、交换价值和价格，也还不懂得生产商品的劳动二重性，认为只有直接生产金银的劳动才直接创造交换价值，没有完全摆脱重商主义的影响；对货币的职能也没有说完全，等等，不一而

---

① 地租和地价同样都是土地所有权的收入，只不过地租是一段自有土地租期的收入，而地价是一次性自有土地卖断的收入，不管地租还是地价，在法律上都归所有者所有。配第第一次用地租求地价的方式，将二者联系起来。这么做的理由在于，地租是资本主义土地经营的基本方式，反映了时代特征。

② 《赋税论》除了论述以上问题，还讨论了国家的财政税收问题，他提出如下观点：税收是国家财政的主要来源，公共支出的依据；公共支出的种类和数量如果增多，那么在特定的历史时期，税收就会发生困难，百姓就会逃税；所以，对公共支出应当划分用途，该缩减的就要缩减，该增加的也不能少；有两项公共经费应增加：一是救济贫民的经费，二是公共事业的经费，目的是保证贫民得到固定的职业，这是我们当今所说的经济安全思想；人民为什么不愿意负担税收的原因；征税的方法有三种——集中体现在打击非生产势力上。

足。他的主要功绩，是奠定了劳动价值论，在这基础上探索了一系列资本主义经济问题。所以，他之所以获得古典经济学创始人桂冠，是名副其实的。但是，他把这些关系看成自然的、完全演进式的过程，也有些说不过去，他并不十分了解所述经济范畴的本质——特定制度规定的生产关系表现，逻辑上还有混乱现象。但是，对于初创的经济学，这是难以避免的，我们当然不能要求其十全十美。

## 二、法国古典经济学的产生

没有两个国家在历史、资源禀赋、发展阶段和制度方面是完全相同的，否则，就成为一个国家。法国古典经济学也是一样，它自产生起，就带着自己的鲜明特点，并将此不断延续下去。

### （一）历史背景与特点

虽然英法两国都属于先发的资本主义国家，但是二者在初期的差别还是巨大的：英国资本主义生产关系已有相当大的发展，政治上从封建专制过渡到议会政治。而法国的资本主义还处于萌芽状态，政治上封建专制正处于最高发展时期。社会经济中占统治地位的仍是封建关系，不但绝大部分土地为封建地主贵族所有，农民还要把自己生产的 1/4～1/2 无偿上缴给地主。除此之外，农民要缴名目繁多的苛捐杂税，生活极其潦倒；另外，路易十四把封建专制推上至高无上的地步，宣称"朕即国家"。这跟英国君主权力受制于议会，决策和选人用人都要与议会协商的情况有着天壤之别。

在路易十四统治下，法国社会的主要矛盾是封建地主同农民之间的矛盾。农民总在起义，又总被镇压。原因之一是路易十四启用科尔培尔为财政大臣，推行重商主义，笼络新生的资产阶级，并从国内外掠夺金银维持庞大开支，迎合显贵人士的欢心。但是，宫廷贵族的庞大开销，间接落在农民头上，致使民不聊生，农业经济全面衰颓。而科尔培尔推行的重商主义政策是建立在牺牲农民利益基础上的。这两方面的结合，使当时法国有 3/5 的居民过着乞丐或接近乞丐的生活，农业经济的衰败，也使工商业资本受到限制和破坏，引起工商业资本家的强烈不满。于是，经济学家从重商主义破产和农业凋敝的现实出发，替农业寻找出路。在他们看来，法国工商业靠牺牲农业起家，因此农业和工商业的利益根本对立。于是，就要改变重商主义政策，把农业提到首位。这样法国的经济学研究，就从流通领域转到生产领域，由重商主义转到古典经济学阶段。

## （二） 布阿吉尔贝尔 （P Pierre Le Pesant，sieur de Boisguillebert，1646—1714）， 法国古典经济学的创始人

曾当地方议会法官，因此对农业和农民问题有深刻了解。他主张改变政府的重商主义政策，把农业提到优先于工商业的地位。主要著作有《法兰西详情》《谷物论》《货币缺乏的原因》等。其经济思想主要有下述几点：

• 彻底摆脱重商主义思想束缚，并且与之截然相反。他描写了当时农村居民极端贫困的状况。认为法国的商业和工业是靠牺牲农业发展起来的，而一国国力和财富的基础，不是沉溺于奢侈生活的城市居民，而是健康的农村居民，农业才是社会财富的来源，法国社会经济的混乱，就是实行重商主义牺牲农业的结果。因此，他猛烈抨击重商主义政策，主张把注意力转到农业方面来。认为一个国家可以没有货币，但决不能没有农业。

• 价值论。这是他思想上的具有"理论先导"的地方。提出这个思想的缘由在于，振兴法国当时的农业需要更多的劳动力，谷物的交换也遵从等价定律，即用劳动时间衡量价值，否则不能成功交换，农民便无法受益。所以，他与配第一样，断定劳动决定商品价值，但不同于配第的是，对劳动价值论的解释和对货币的态度。他要寻找市场价格背后的"真正"价格或者说是"公平"价值。这个价值是指，由社会总劳动量按比例正确分配到社会各特殊产业部门的"必要劳动量"决定的[①]。其实，布阿吉尔贝尔说的是这个意思：根据总供给＝总需求的社会经济均衡原则，就需要将社会的生产要素，比如说劳动力，按比例分配给不同的生产部门，假如满足谷物生产部门总需求（100 蒲式耳）的劳动量为 100 人，那么社会就应该为谷物生产部门配足 100 人，但是应该按照自由竞争原则将这些劳动力优先配给劳动生产率高的企业，如此劳动力能够得到充分的利用，所有的生产部门都应如此理。之所以这个思想被称为"第二种社会必要劳动时间"，是相对于"第一种社会必要劳动时间"而言的[②]，应该是从社会和宏观角度来对单个商品交换提出的要求。

• 货币论。他认为货币不仅没有多大用处，而且是社会的一大祸害，是社

---

① 这又被马克思称为"第二种社会必要劳动时间"。

② 按照马克思的看法，第一种社会必要劳动时间，指的是在商品交换的场合，两种商品能够等价交换，必须使创造它们的抽象劳动时间相等，这是比较其价值量的基础。而第二种社会必要劳动时间，则是指创造交换物品的劳动量，必须符合社会总劳动量的要求，否则，交换便不会被社会承认，也就难以成功。

会不平等和一切社会罪恶的根源。人民之所以发生了巨大的灾难，就是因为人们把货币从商业"从前奴隶"身份"变成偶像"成为追求暴利的工具，所以货币积累变成"残害一切人的刽子手"。这么看的原因有二：一是一个商品的交换价值就是另一个耗费同样劳动时间的商品，商品间的交换本来按照劳动时间决定的"真实价值"进行，但由于货币介入，就破坏了这种正常的比例关系。他在论述的逻辑上很有意思，说掌握货币的商人是货币财富的代表者，既剥削卖者又剥削买者，破坏了交换的等价性，从而造成有穷有富的不平等状态；二是当时法国的实际情况促成了他的这种看法。封建贵族的奢侈，凡尔赛宫的兴建，造成人民巨大灾难，而且法国经济当时基本处于自然经济状态，所以他对货币促进生产的作用，没有多少认识。因此，他在攻击路易十四的求金欲时，容易走向反对货币的另一极端。

• 在经济政策上，他反对谷物价格偏低或偏高，特别反对偏低的政策。谷价贱了，危害更大。为提高粮价，甚至主张实行农业保护政策，禁止谷物输入，而让其自由输出。

他主张"自由放任"，是该政策的最早拥护者。因为其价值论，就认为商品的"真正价值"决定于社会分配到各个特殊产业部门的劳动量的正确比例，而这个过程是在竞争中自发形成的；他的工资论认为，工资决定于最低限度的生活资料，不能高于此数，否则工人便会少做工，社会就会受损。反对用立法手段规定工资，认为竞争可以自发调节。比如当谷价上涨时，很容易使工人实际工资降低。

总之，布阿吉尔贝尔是在法国柯尔培尔推行重商主义破产，从维护农业立场上，反对重商主义中阐述自己的经济思想的。由于把重心从流通领域转到生产领域，肯定了价值决定于劳动的观点，所以他的出现，标志着法国古典经济学的产生。又由于强调农业和自由放任，还成为后来重农学派的先驱者。

## 三、经济哲学思想

休谟（David Hume，1711－1776）是该时代经济哲学思想的代表者。那个时代的经济学和今天众多、分门别类的主要研究经济现象①的经济学不同，那个时代的经济学主要强调行为的哲学和道德学基础。也就是说，不管人们有这样或那样的经济行为、政治行为、生活方式，在其背后，都有一个决定性基础，即人

---

① 现在成为"显学"，拥有众多的子学科。

性。从人性出发进行研究，休谟开了先河，并对斯密产生了重要影响，而且他们也是密友。

### （一） 自私和稀缺的矛盾

与其经济分析直接相关的人性中，"自私""贪欲"是与生俱来的。但是社会在满足所有人的无穷欲望时却遇到"稀缺"，使自私和贪欲受到限制。他论证了自私的表现，即人们要追求的三种福利：内心的满意、身体外表的优点——给人的印象、获得的所有物的享受，这些和自然界为人们满足幸福提供的条件过于稀少，这就引起"占有"——你不占有就没法使自私和贪欲得以实现，随之引起私有制。进一步，他认为，私有制稳定的前提是，人们之间达成协议，得出对共同利益的认识，只要追求私利不威胁"公益"就不必加以限制。这个思想显然符合新兴资产阶级利益并且说到根本。当然我们和他对人性的理解有所不同。

### （二） 商业和制造业地位

他依据历史经验说明[①]，农业与制造业具有相辅相成的关系，促进工商业发展会促进对外贸易；关于社会平等分配，他指出，如果百姓富裕，除去自由精神普照，还应有某种新思潮兴起；技艺（工业和机械技术进步）对国家或个人精神生活有着积极影响。在这里，他将技艺与享受和奢侈等道德问题扭在一起，进一步说明享受的内涵和发展——活动、消遣和悠闲是人类幸福的三个方面，只有在工业发达、技术进步的时代才能使这三方面都得到满足，因为技艺发展推动文化艺术进步，人们就更喜好交际；工业发达是勤劳的结果，文化艺术进步促进知识提高，而交际中才能表达仁爱。这是辉煌年代的象征。所以，构成繁荣基础的手艺人和商人，是"自由社会最坚实的基础"[②]。

### （三） 货币和利息论

在经济学说史上，休谟较早提出了联系国际贸易的货币数量论。该理论有下述要点：第一，商品价格取决于商品与货币之间的数量比例。不论哪方发生变化，都会引起商品价格变动。第二，分析了从货币增加到物价普遍上涨对整个社会经济产生的影响。他认为，只有在人们获得货币到物价普遍上涨这段时间内，

---

① 休谟本人曾认为建立科学的唯一办法是经验和观察。
② 晏智杰，《西方经济学说史教程》，北京大学出版社 2002 年版。

货币数量的增加才有利于提高人们的生产情绪；尽管货币数量的多寡对一国内部的幸福无关紧要，但是货币的减少确实要比货币量虽不多但却上升的国家贫弱；第三，明确了货币的本质和作用。重商主义混淆了货币与财富，而休谟认为，货币是劳动和商品的代表，是评价和估计劳动和商品的工具，不是商业机器上的齿轮，而是使齿轮转动更加平滑自如的润滑油。因此，从一国来看，货币量的多寡无关宏旨，不会产生任何好或坏的影响。但货币多了，有时会造成一国在外贸上的损失，老牌的商业国家，在外贸上有优势，国内的货币量就会增多，则物价就会普遍上涨，结果导致出口货物价格提高，这是不利的。相反，某些金银不多的国家，劳动力价格低廉，可以低价在国际市场上出售商品，获得有利地位；第四，利息率高低不取决于货币数量的多寡，而取决于借贷资本的供给与需求，即取决于借贷需求的大小、满足这种需求的财富的多少以及商业利润的高低[①]。

我们可以将此理解为：联系国际贸易的货币数量论，或者称硬币—物价—流动机制。一国的物价水平决定于流通中的货币量，休谟推断说允许货币资本自由流动可以自然实现收支平衡。

在贸易失衡、本国出现贸易逆差的情况下，黄金从本国流向外国，本国短期内出现货币供应不足，物价随之下跌，出口物品价格低廉，从而导致出口扩大。同时，外国黄金增加，物价上涨。当外国物品价格上涨之时，本国人就会减少购买外国物品，因此进口将下降。这两方面变化推动本国出口扩大、进口减少，消除本国贸易逆差，重新实现贸易平衡，黄金的进出口随之实现平衡。

相反，在本国贸易顺差的情况下，相应的价格变化同样会解决失衡问题，恢复黄金进出口的平衡。所以，积累黄金并不能保证本国获益，短期黄金流失也不意味着本国受损。从长期来看，贸易和货币自由流动可以自动实现平衡，限制黄金出口只会给国民经济带来损害。对国家而言关键是实际生产能力提高，而不是形式上的货币积累。

这又被称为硬币—物价—流动机制。以后经济学家通过数理推导证实了它的描述和推断，显示出在其他条件不变的前提下，一国的货币供给数量与其价格水平呈等比例的变化。该理论有力冲击了重商主义货币政策的基础，后来李嘉图又以"比较优势"模型破坏了重商主义贸易政策的基础，它们共同构成自由主义经济政策的根基。

---

①　宋承先，《西方经济学名著提要》，江西人民出版社 2002 年版。

## （四） 贸易平衡与贸易猜疑

国际贸易中，禁止宝贵和有用商品出口和货币外流是毫无根据的。因为，出口越多，国内生产越多，是国内首先得到好处。根据自己的货币数量论，他说，假如英国货币在一夜之间丧失 4/5，结果是一切劳动和商品价格相应下降，则国外市场上谁人能与英国货匹敌？价格便宜，出口增加的结果带来顺差，外国货币将大量进入英国；反过来，货币将外流。所以，一国不能失去贸易、工业和人民，而用不着为货币的流动担惊受怕。有些商业国家之间互相猜疑，把别人看成对手，总认为别国昌盛会使本国不利。他认为情况恰恰相反。第一，贸易有助于各国技术交流，促进技术与产业发展；第二，各国不同的技艺、气候和土壤，为各国通商提供了可靠的基础；第三，各国之间的竞争，会使各国的工业蓬勃发展。

‖ 第三篇 ‖

# 古典经济学说

## （上）

# 第一章　法国重农学派经济学说

　　重农主义是 18 世纪下半叶法国资产阶级革命前夕法国古典经济学的理论体系[①]。由于属于该学派的经济学家研究了资本主义的生产关系、运行机制和剩余价值，马克思就把他们看成"资本实际上最早的系统发言人"，称他们的学说是对资本主义最早的系统的理解。应该说这个评价恰如其分，因为魁奈的《经济表》能够将一国国民经济各部门的再生产过程包含的实物补偿和价值实现问题，通过几个大的线条说清楚，让统治者和国民知道这是宏观经济运行的规律，救治一国的"病态经济"必须按照科学规律办事，违背规律就要付出极大的代价，这个贡献就绝不可以低估。

　　重农主义学说的主要特点有三：一是重农，但有过分之嫌，因为贬低了其他产业。他们把农业看作唯一生产部门，工商业是不生产的，只是对农业生产的原料进行加工，但不会使物品数量有所增加，商业更不是财富的源泉，无法担负起拯救国家经济的重任。所以他们特别反对重商主义，反对国家干预，主张经济自由；研究重心是农业生产领域，而非流通领域[②]，断定剩余价值就是从这里产生出来的。二是把"自然秩序"学说作为整个学说的出发点。无论自然界还是人类社会，都存在不依人们意志为转移的自然秩序。首先就是敬畏规律，只有按照规律办事才能让社会发展有序；而宣称自己通晓规律然后实现人为秩序，就是背叛自然秩序。所以，人们尤其是组织经济的政府，必然是自然规律的奴仆，当然这并不妨碍他们对规律的认识，但绝不能自己创造规律[③]。其次按照此秩序组织政府，制定措施，调配经济，社会就会处于健康和谐状态，百姓就幸福，反之相反。因此，该学说是要灌输这种思想到人民意识中去，对处于疾病状态的社会进行救治。三是这个学说的观点和主张带有浓厚的封建外观。他们不知道自己研究的是新的资本主义生产方式，还以为仍在研究旧的封建方式，并为巩固旧方式服

---

[①]　重农主义译自 Physiocracy 一词，原意为自然的主宰，有服从自然法以求最高福利的意思。

[②]　把流通领域的问题研究放在生产之后，是斯密以及马克思的观点，重农学派也是如此。

[③]　黑格尔称此为"逻辑"，即事物发展的客观规律，不是什么位高权重的人能够左右的。这里就有一个问题，像自然法、自然规律和自然秩序等为什么构成西方人对现代社会或现代政治的根本理解？魁奈等人为什么推崇"自然秩序"，而不相信建构的东西？这里涉及解释世界和改造世界的关系，即使要改造世界，前提也在于解释世界。这就是古典学派的看法。

务，说自己是封建阶级代言人。

## 一、重农主义产生的社会历史条件

历史上，一种新的思想出炉，往往产生于社会经济动荡、秩序亟须得到修复的现实情况，这种思想的针对性和锋芒通常都很尖锐而深刻。重农主义产生的历史土壤就有这个特点。我们可以将此划为成长的消极方面。法国从 17 世纪中后期到 18 世纪大革命前夕，由路易十四（其人名言：朕即国家）和路易十五（其人名言：我死后管它洪水滔天）奉行的重商主义政策和对外战争失败，使本来就日趋恶化的财政经济状况陷入绝境。特别是路易十五启用约翰·罗①的货币理论体系，实际上是执行了重商主义路线，成为重商主义的变种。这是因为二者都从流通领域寻找财富来源，都认为货币是真正的财富，而罗则更进一步，认为纸币比金属货币还好，因为不丧失分量、成色，币值稳定又便于携带，最宜做流通手段，况且还不能流出国外，是真正的国家货币和国家财富。但该理论指导下的措施破产，以反对重商主义和振兴国家经济为己任的重农主义，便名正言顺地登上挽救国家命运的舞台。

从积极方面（重农主义理论的思想土壤）看，重农主义受三方面的影响：

第一，法国学说中早就有的重视农业的传统②和自由放任的思想③；

第二，受到启蒙学派思想影响。启蒙学派认为，旧的都是不合理、不自然的，新的则相反，所以应该对一切旧的做无情批判。在思想方法上，重农学派与启蒙学派一脉相通，可以说前者就是在经济领域的启蒙学派；

第三，18 世纪的法国，处在封建社会向资本主义的过渡时期。资本主义发展受到封建生产关系的束缚，重农学派就是要反映资产阶级的要求，搞出新的符

---

① 苏格兰的经济学家和银行家。他所处的那时的英国，信用发达，银行完备，私人汇票、银行纸币、国库券和金属货币一起流通。在商品货币关系上生长出来的信用，又加强了商品货币关系。于是社会上流传着对信用的迷信观念。约翰·罗从迷信信用观点出发，认为信用货币的增加，都是增加国家财富。所以当他被任命为法国财政大臣后的 1716 年，就在法国组织了一个银行，用发行纸币代替金属货币流通。起初两者可以同时流通，纸币也能随时兑换硬币，人们能够接受，但后来任意滥发钞票，导致通货膨胀，银行保证金只有 7 亿利弗尔，却发行了 27 亿。所以，当人们要求兑换硬币的时候，银行就只有宣布倒闭一途。罗自己也狼狈逃出法国。

② 布阿吉尔贝尔认为农业和畜牧业可以代替秘鲁银矿成为国家的两个奶头；与英国古典经济学先驱者不同，法国从魁奈起，就相信土地肥力是净财富和净收益的唯一来源。我们能够联想到配第"土地是财富之母"并非其父的说法。在英国的语境和禀赋条件下，比较强调劳动在创造财富中的作用。而在法国当时语境和国情条件下，更强调土地和农业对于财富的作用。

③ 当时法国重臣——达让逊外交大臣力主自由放任，认为除了某些事情，都应留给个人处理。

合其利益的理论。但由于封建的农业经济占据优势，资本主义经济不成熟，所以该学说的目的是规劝封建帝王勤勉奉公照规律办事，奉行回归符合自然秩序的政策。这么看，重农学派还不可避免带着封建外观。

## 二、魁奈经济学说和方法论

### （一） 魁奈生平中值得注意的问题

最早做手艺人，后来做外科医生很成功。50 多岁时，被封为宫廷御医。近60 岁时，被封为贵族。对中国文化很感兴趣，本人曾被誉为"欧洲的孔子"。在60 岁时才开始研究经济问题①。由于发表一系列经济著作，拟订一套经济理论，在其周围集合了一批门徒和追随者，形成一个学派。魁奈拥护开明专制，希望开明君主实施自上而下的改革，来防止自下而上的革命。但他并不是只逢迎君主的随风飘摇、东倒西歪之人，相反却有着自己独特的观点和出污泥而不染的严肃作风。有人把他看成圣贤。

### （二） 魁奈研究政治经济学的方法

归纳起来，可以说，是当时配第引进经济学中来，由培根发明的研究自然科学中用到的方法，即人们只有服从自然，才能支配自然，要支配自然，必须用理性方法，深入到事物内部，发现事物的内在联系。配第把这方法用到经济学中，强调用数理方法，研究事物内部联系，在经济现象背后找寻其自然基础。魁奈进一步发展了这个方法，使它在社会科学中也得到原则性的论证。如他提出的"自然秩序"，实际上指客观规律性。他认为，经济也如自然界的发展变化一样，是具有内在规律性的自然过程，建基于自然秩序之上的社会经济才是健康稳定的，这是他的伟大功绩。但同时，他又把资本主义生产方式看成是自然、永恒的，就是其局限性所在了。怎样使这个自然秩序维持不变呢？靠竞争和自由放任。一切垄断、限制和干预都是违反自然秩序的。这样，他就同主张保护政策的重商主义彻底划清了界限。

### （三） 魁奈经济学说之基本思想

第一，交换的等价性学说。这是魁奈体系的出发点。就是在自然秩序或完全

---

① 当时的社会舆论都热衷于此，社会经济尤其是农业已经到了危险边缘，不仅危及人民生活也危及封建统治。

竞争情况下，只有彼此价值相等的东西才能相互交换。尽管其价值论是生产费用论，否定劳动价值论，但它肯定交换等价进行，价值相等才能成交。这就从根本上否定财富来源于交换——流通中增值的重商主义观点。该观点强调供给对流通的决定作用，认为只有把流通看成生产的从属因素，才能发现社会经济的自然秩序。

第二，货币论。从上述观点出发，魁奈认为货币的职能不过就是充当流通的手段，而不是增加社会财富的工具或表现。所有重农主义者都从使用价值的观点看待财富，即便对货币也是如此——它既不能吃，也不能穿，只不过当作流通手段，便利财富运动。特别指出，储藏货币是有害的。我们说，这就彻底粉碎了重商主义。

第三，"纯产品"学说。这是魁奈整个思想体系的核心。他从生产费用论的观点出发，把社会主要生产部门区分为二：①财富的扩大，指农业；②财富的相加，主要是工业。由于自然力的作用，在农业中生产的产品，包含了超过生产费用的余额，而只有农业，非农业就不会创造的这个余额，就叫"纯产品"（表现为实物形态的超过生产费用的价值）[1]。

但是，我们认为，这个概念有三个矛盾：①只有农业才有自然力参加，而别的产业没有是不对的，并非现实；②"纯产品"学说同交换等价性学说也有矛盾：既然纯产品由自然力创造，任人取用不付代价，假如以此不具备价值的产品同具有价值的工业品交换，岂不是破坏了交换等价性学说；③纯产品的价值不能被理解为自然形态，因为要交换，必须抽去其自然形态，找到共同的衡量尺度，但魁奈断定农业中才能产生"纯产品"，并不是异想天开，与当时的历史条件有关，在当时的农业中，在工资之外的余额即以物质形态出现的"纯产品"，要比工商业中的利润和地租更容易看得出来。

如果沿着魁奈的思路，可以推论出，纯产品是农业中由劳动创造出来的剩余价值。因为纯产品既然是超过产品生产费用的价值，那么，生产费用必须是一个确定量。在那时的农业中，生产费用基本由种子和工资构成。当种子量一定时，纯产品就取决于工资的多少。由于工资是由劳动者自己劳动创造出来，被魁奈归结为维持劳动者最低的生活资料的价值，而纯产品又由劳动创造出来，那么，劳动创造的总量或者说总劳动量就被分为两个部分，必要劳动创造维持自身的最低生活资料，而剩余劳动创造纯产品——我们所说的剩余价值。魁奈还认为，大规

---

[1]　丁冰，《政治经济学说史》，第97页。

模租地的农业经济中才有纯产品，而小农经济则无。不可小看这个思想，因为这就把剩余价值的源泉完全定格在生产领域，而且确定是资本主义的农业，比配第又前进一大步。

第四，社会阶级结构学说。在上述纯产品学说的基础上，魁奈把社会划分为三个阶级，生产阶级、土地所有者阶级和不生产阶级。可取的是，从他不完全正确的剩余价值学说出发，根据提供和占有或不生产来划分，应该说将问题建立在一个坚实的基础上——资本主义社会是对剩余物的生产、占有和积累投资而展开的，而不看重行为人的身份，而行为人的身份也不是一成不变的，即便你是贵族，也可能经营不善，或者错投资本陷入破落。但明显的缺点，是没有从对生产资料的占有出发划分，忽略了剩余价值产生的静态条件。

第五，资本学说。因为只有农业部门是生产剩余价值的唯一部门。所以，只有投入农业的资本才是真正的资本。工业资本是不生产的。在这里，魁奈对农业资本做过深入的研究，年垫支——每年都要垫支，每年都要获得补偿的资本，如种子、生活资料等，原垫支——需要多年才垫支一次，很多年才能获得补偿的资本，如农具和肥料等，实际上是把生产资本划分成固定资本和流动资本，而不是流通资本。这些都没有问题，但是他认为货币不是资本形态是不对的。

## （四）　魁奈学说最辉煌的部分——《经济表》

《经济表》是通过图解对社会总资本再生产分析的著作，是魁奈整个思想体系中最有创见和天才的部分，前述他的学说都为此提供理论前提。说他天才，还因为，这是在他行医得到人体血液循环知识启发下设计出来的，前无古人。以至于后来人的很多发现也受到他的启发，有人认为著名的"列昂惕夫投入产出分析表"，就是魁奈经济表的翻版。

第一，魁奈为什么要做"经济表"呢？他自己有说法："我一直想制作一张经济秩序的基本表，以容易掌握的方式表现支出和产品，并对政府可能带来的有组织和无组织状态提出一种明确的概念。你会看到我是否已达到了目的。不久你还会看到其他一些表，它们是介于现在和未来两者之间的。除了节约以外，高等法院再也未提出什么治理国家的方略，我对此深为惊讶。他好似一位管家，却对其主人寅吃卯粮并催促其筹措资金之事并不知情：这位管家没有说要主人节约，但指出不要再将役畜用于四轮马车或者应将这些牲畜关进马厩。他还指出，如果万事顺遂，主人仍可开支浩大而不致破产。我们的这些规劝者看起来不过是一些平庸之辈，对于自己谈论的事情其实知之甚少，因此对公众无所裨益。"① 这就说明，他想将自己对于符合经济秩序的运转规律告知政府，促使他们采取更好的措施救治国家，这就呼应了前面所说，他鼓吹开明的君主专制制度，开明的君主，不是传统的封建专制，而是深知救国和治国之道的君主。

第二，先要定下假设条件：价格不变；简单再生产；国外市场略而不谈；只考虑各阶级之间的流通（从生产阶级的流通开始）；都是资本主义农场经营，且以一年农作物收割完毕作为社会总产品循环的起点。假设农产品价值总额为 50 亿利弗尔②，从实物上看，有 40 亿为粮食，10 亿为工业原料；从 50 亿实物的价值来源上看，可分为：①流动资本即年垫支 20 亿，②固定资本的折旧部分即原垫支的利息 10 亿（假设全部原垫支为 100 亿，一年按折旧 10％算，每年 10 亿，称原垫支的利息），③剩余产品，即纯产品 50 亿。在《经济表》上，除了这 50 亿农产品，还有 20 亿利弗尔工业品。流通开始时，这 50 亿农产品掌握在农业阶级（生产阶级）手中，20 亿工业品掌握在工业阶级（魁奈称为不生产阶级）手中。一年来全部社会产品要靠 20 亿利弗尔的货币作为流通工具媒介实物流通，在流通开始时，已由租地农业家将此作为地租交给地主。我们看到，三个阶级各掌握 1 份：农业阶级——50 亿农产品，工业阶级——20 亿工业品，土地所有者——20 亿货币。问题是怎么再回到起点，因为已经假设是简单再生产。

第三，流通程序分 5 个行为，每一个行为既包含商品流通又包含货币流通，一手交钱、一手交货，时间和空间上是共同的，等价交换。①土地所有者向生产阶级购买 10 亿利弗尔粮食，于是 10 亿货币由土地所有者流向生产阶级，同时有 10 亿粮食由后者流向前者。②土地所有者向不生产阶级购买 10 亿工业品，于是有 10 亿货币从土地所有者流到不生产阶级，同时有 10 亿工业品由不生产阶级流到土地所有者。③不生产阶级用从土地所有者那里得到的 10 亿货币向生产阶级购买粮食，作为生活资料，于是有 10 亿货币从不生产阶级流向生产阶级，同时有 10 亿粮食由后者流向前者。④生产阶级又拿从不生产阶级那里得到的 10 亿货币从不生产阶级那里购买工业品如农具之类来补偿自己固定资本的损耗，于是又有 10 亿货币从生产阶级流到不生产阶级，同时不生产阶级的 10 亿工业品流向生产阶级。⑤不生产阶级用刚从生产阶级手中得到的 10 亿货币再向生产阶级购买工业原料以补偿自己生产中消耗的原料，于是 10 亿货币从不生产阶级处流到生产阶级处，同时 10 亿工业原料从生产阶级流向不生产阶级。

---

① 《魁奈经济表及著作选》，致米拉波的信，商务印书馆 2002 年版。
② 利弗尔为法国当时的货币单位。

第四，这 5 个过程的结果是，第一，土地所有者用 20 亿货币地租换来 20 亿剩余产品。10 亿为粮食，10 亿为工业品。20 亿货币都是生产阶级无偿交付的地租，所以都体现为生产阶级提供的剩余产品。第二，不生产阶级用他们的工业品换回粮食和原料，既补偿了原料消耗，又得到食物，可以开始第二年的生产。第三，生产阶级得到所需农具（10 亿从不生产阶级那里来），可以补偿一年固定资本的折旧，同时自己手里还有 20 亿货币的粮食，作为一年生产将要消耗的种子和口粮，没有进入流通过程。此时他手里还有 20 亿货币，可以在第二年以地租形式交给土地所有者。这就回到原点，完成了一个简单再生产过程。

评价：该表是一个极其天才的创见。用几个大的线条，表明简单再生产是怎样经过流通而进行分配的，这些是宏观经济秩序的基本保证。魁奈的信徒更说，这是人类的三大发明之一（即文字、货币及经济表）。其天才表现在：①选中商品资本循环为基础。在商品资本循环里，既包括资本流通又包括简单商品（生活消费品）的流通，而这些都是社会资本循环的前提；②正确指出社会资本再生产和流通的关系。流通才能为生产准备条件，货币仅仅作为社会资本流通的手段；③揭示了再生产过程中，社会各阶级收入的起源，资本和收入的交换，再生产消费和个人消费间的关系，资本流通中还包含生产者和消费者之间的流通；④把生产劳动的两个主要部门，工业和农业之间的流通——产业结构问题，视为再生产过程的要素。

当然，该表也不可避免地存在错误：①片面地把农业视为唯一的生产部门；②把生产划分为工业和农业两大部门，但它们各自内部既生产生产资料，也生产消费资料，所以这种划分，不能清楚地说明产品在物质形态上是如何补偿，生产者和消费者又是如何交换的；③经济表自身的逻辑，也有不少矛盾的地方。比如就农业中有原垫支，工业中就没有原垫支即固定资产等。

## 三、杜尔哥的经济思想和政策主张

### （一）杜尔哥——重农主义后期最重要的代表人物

作为重农学派代表人物，他也经常参加重农学派的活动，但因为不喜欢其"狭隘"精神，也不同意其政治主张，所以他不承认自己是这一学派的成员。但是从思想上、理论上到政策上，在他发挥影响的时期，都可以称作重农主义的黄金时期。但不像魁奈等人还以维护封建君主为己任，他没有一点封建主义的外观。

## （二） 社会阶级结构问题

前面已说，魁奈把社会分为三个阶级，并对三个阶级的生产分配流通问题做了深入研究。杜尔哥更进一步把生产阶级和不生产阶级细分为资本家和劳动者。并对资本家和工人做出正确的解释。资本家是占有资本去赚取利润的人，雇佣工人就是靠出卖自己劳动才能生活的人。这就基本上划清了阶级分野。但是，他从重农主义偏见出发，认为土地是唯一财富来源，土地是最重要的生产手段，土地所有者是真正的资本家，而其他资本家都是派生的资本家。这里，他又把没有占有土地的农业和工业阶级，包括资本家和工人在内，都统统看成受土地所有者雇佣的工人，理论上走了回头路，无法分清工人和资本家的阶级界限。

杜尔哥分析了雇佣工人和资本家产生的历史过程。难能可贵地把雇佣劳动的发生过程同劳动者与生产资料的分离过程联系起来。但是，在分析其他除土地所有者（最初的资本家）之外的资本家的产生过程时，犯了错误。按照他的说法，除土地所有者外，其他人只拿工资，而工资等于必要的生活资料的价值。不可能有多余部分当成资本。那么，工业和商业资本家的产生就成了谜。为了摆脱困境，就说资本家的原始资本来源其精明、勤俭和节约。这也是后来"节欲"论的根源所在。

## （三） 工资和 "纯产品" 学说

工资决定于劳动者最低生活资料的观点，配第早已说过，重农学派经济学家也都坚持。但到杜尔哥这里，才第一次做出理论说明：工人出卖劳动的代价就是工资，工资高低不能由工人自己决定，而决定于买卖双方自由竞争的结果，这个观点不仅符合当时的实际，也将市场因素纳入工资的分析框架中来。他的纯产品学说的鲜明特点是把"纯产品"与劳动相联系，肯定它是农民的劳动产品，是超过劳动者所得工资的剩余产品。土地所有者占有纯产品，也就是无偿占有别人的剩余劳动成果。

## （四） 重农学派的经济纲领

第一，积极发展资本主义农业；第二，主张实行单一税的财政政策；第三，提倡自由放任，反对国家干预[①]。

---

① 丁冰，《政治经济学说史》，第 116 页。

# 第二章　亚当·斯密——古典经济学的创立者

亚当·斯密（1723—1790）不仅是英国古典经济学的主要代表之一，而且是完整经济学的创立者、"经济学之父"。他的思想，不论理论还是研究方法[①]，以及他对过往经济思想和与此相关问题的评价，都对人类发展进程和后世经济学有着深刻的影响，也是马克思主义的直接来源。1776年，《国富论》和美国《独立宣言》发表，后人视为影响人类发展最为伟大的两篇文字同出一年，虽不是巧合但都开创了历史。当年，英国国会辩论时，议员多以引证书中的结论为荣，而且一经引证，反对者也多不再反驳，可见对当时影响之大。就现在来说，该书仍然是市场经济的基础理论，不但很多西方人推崇备至，我们在走了弯路后能够踏上市场经济道路，也要从斯密那里获取营养，因为市场经济尽管有很多不尽如人意的地方，但却是迄今为止集中人类全部智慧所能找到的成功组织经济活动的经济制度，学习和研究斯密的思想，不应该推出反市场的结论，置历史规律于不顾。市场经济中的很多原则，斯密已有论述。如市场经济的四个要素——产权清晰、竞争机制、契约关系、信誉良好，流传至今，依然是好市场制度的标志[②]；市场是资源配置的主要手段，政府的作用只是斧正其不足却不能取而代之，等等。对下面两个问题的回答有助于我们客观地看待斯密：其一，斯密代表的是新兴资产阶级利益，那么他的思想是否遭到封建残余的反对，或者说其著作中有强烈的论战性质，看来并非如此，斯密没有贬损和过分指责与自己观点相反的人。其二，过去我国的此类教科书在论述斯密思想时，总拿马克思主义作为标准来评判，凡是跟后者观点稍有冲突，便被斥为"不科学""庸俗"。这就有些强求或冤枉斯密了，因为彼时马克思还没出生，不能强求斯密解释产业革命以后的问题，若一定要求前人的思想符合后人的标准，似乎不是历史唯物主义的态度。

---

[①]　可以将他的方法概括为：阐述经济现象和理论推论相结合，没有过多假设，多为经验式的阐发，他的理论则涉及经济学、经济史和学说史以及社会科学、人文科学的方方面面。

[②]　产权清晰：指依靠产权获得成果和利润，按照产权比例对收入进行分配，法律上对此有明确规定，执法机关必须按照法律办事等；竞争机制指由市场按照效率原则通过市场机制将要素配置给不同的产业及企业，使总供给等于总需求。

## 一、值得注意的生平和思想渊源

斯密这个姓氏，应该翻成史密斯。但在中国，没人更改，就是因为他名气太大，搞不好同别人混淆，倘若别的史密斯冒充本斯密，说出一些本斯密并不认可的观点，岂不是玷污了本斯密的名声？斯密虽然一生只出版了两本书，但都是穷极毕生精力写作，充满了给人启发的真知灼见。就拿《国富论》来讲，前后用了27年（从酝酿思想算起），每要脱稿，但碰到新材料，就又用相当长的时间进行修改和补充。所以发表时的分量得以保持。最后很多书稿都在临终前焚毁，按照他的想法，不能以思虑不周、论述不详的著述贻害后人，也坏了自己的名声①。

勤奋好学，并从别人那里吸取知识和营养。他一生未娶，与母亲相依为命。14岁考入格拉斯哥大学，17岁时又入牛津大学学习7年。深受老师哈奇森教授的影响。哈奇森认为，个人无论怎么精明能干，若是离群孤立，即使要获得最起码的生活必需品也不可能。所以，分工和交换是必不可少的。哈氏还断言，个人劳动的主要动机是自利和自爱，这对斯密探索人的经济行为背后的思想基础亦有重要影响；在牛津，他与休谟结为挚友。休谟认为，道德标准源于行为的结果即功利，而功利则应归之于快乐。很明显，他后来提出的人多自利，才能利他、利社会的看法，就是这种功利思想的发展；斯密后来辞去大学教授的职位，改任布莱克公爵的私人教师并陪同他去大陆旅游，在巴黎居住期间与知名人士多有往来，与重农主义者魁奈和杜尔哥交情深厚——两人关于天赋自由体系和自由放任思想对他产生深刻影响——《国富论》本来是要献给魁奈的，他后来的经济学中留有重农主义的痕迹也与魁杜二人对他的影响不无关系。

再举个例子，比如斯密和休谟。除了朋友关系，在学术理念上也有接近或从不同角度谈论一个问题的地方：

——休谟认为，公正和财产准则是人为自然产生的，而不是有意设计的产物。认为自然界是和谐的，"世间万物，精确地相似。奇特地为达到目的而调整手段，这远远超乎人类智慧的产物所能及"。那么，需要研究的是与自然和谐一样的"社会和谐"即社会经济的运行规律。

——斯密认为，自利虽然是人的经济本能，但一个基本的制裁制度的自发形成控制了个人的自私行为。通过不断的试错学习，人们建立了内部制裁和外部制裁来限制自私和自利行为——双层制裁机制。

---

① 欧内斯特·莫斯纳，《亚当·斯密通信集》，商务印书馆2012年版。

　　——英格兰思想传统中的经济自由：洛克的政治哲学、蔡尔德赞美商人的"自由与财产"、配第认为尊重自然规律、戴维南特说"贸易的本性是自由的"，等等。这些都是从个人利益出发达到社会利益最大化的思想。集体利益学说是以承认个人利益为基础的。

　　经济学史中有个"斯密之谜"，可以从此探讨他经济学说的渊源。斯密自牛津大学毕业后的 1748 年，接受爱丁堡大学邀请在那里讲授修辞学和文学，后来又在母校教授逻辑学和道德哲学。1764 年以后，才开始一心一意研究政治经济学。除《国富论》之外，斯密另一本所耗精力不亚于《国富论》的书就是于 1759 年问世的《道德情操论》。该书从人具有的同情心出发，论述了利他主义的伦理观。而在《国富论》中，斯密却从人的利己本性出发，论述了利己主义的利益观。为什么一个伟大学者在不同领域论述了两种自相矛盾的思想，这就是"斯密之谜"。显然，后来人们更重视《国富论》，把"看不见的手"作为市场经济的基本准则，但却忽视了"同情"也是人们道德行为的基础，否则社会就迷失了方向。如何解释这个矛盾？用今天的话说，斯密发现的并不是"市场失灵"，而是人们的私欲膨胀带来的问题，而这个私欲膨胀又主要是指"雇主们"和政府官员们[①]而非雇佣工人。斯密对后者抱着同情态度，就比如劳动分工一开始被他颂扬为国民财富的来源，但是后来却又被他说成是对劳动者工作的单调由此带来的无知和愚昧的罪魁祸首。所以，应该怎样深刻地理解斯密，怎样解释其著作论述中的"谜"？我认为，不能把他想象成一个极端自私自利的人，说同情就是虚伪就是唯心主义——是不是看到败德行为对社会经济对自然秩序的危害？如何把经济上的利己性与伦理上的利他性结合起来，这对我们今天都有意义。可以说，经济上的竞争与道德上的社会责任的关系是永恒的题目。竞争带来繁荣，竞争也能改变微观要素的功能和资源配置效率，这是全社会的共识，但是其最大的推动力首先在于微观的利益追求。然而，人们无节制的利益追求也会走向反面，在自己得利的同时忘掉社会责任和对正常社会经济秩序建设任务。为解决这个问题，斯密通过市场机制、法律和政府最低限度的作用以及他自己的模范行为——同情心的表现，将利己与利他联系起来，并做出了排斥利益集团及权力经济的结论。当然，斯密立场也存在某些断裂：他既是天赋自由的商业社会和市场经济精巧配置

---

　　① 　他认为雇主们靠耍手腕和采取集体行动"不把劳动者的工资提高到其实际价格之上"，而且还特别抱怨高工资对于提价的恶劣影响，使其减少销售数量，因此，商人利益与公众利益在相当大的程度上是对立的。他还认为政府官员是腐败、低效、轻浮和浪费，甚至受制于利益集团的群体——跟魁奈有点相似。

资源的发现者和阐述者，也是对这一社会的激烈批评者，他认为经济世界永远沾满污点，但同时也是社会发展的巨大推动力，这正是"斯密悖论"要表达的含义。

## 二、《国富论》的体系和研究方法

《国富论》的研究对象是经济世界，认为经济的出发点是利己心。在经济生活中，每个人都追求自己利益的最大化，通过市场机制的作用，可以实现社会经济的和谐发展。该书共分五篇，体系的主要内容如下：

- "看不见的手"的作用
- 分工理论
- 劳动价值论
- 反对殖民地政策
- 主张"自由放任"
- 政府的主要职责
- 教育的重要意义

《国富论》的主题，是研究国民财富怎样增长的问题。那么，什么是国民财富呢？是指一国人均的国民收入——斯密强调人均而不是总量。这里就有一个总财富和消费者人数多少的比例。斯密要解决的问题，就是如何增加这个"比例"。这又取决于两个因素：一、劳动生产率的高低。只有全社会都能提高劳动生产率，国民财富才能增进；二、从事生产劳动人数增加，减少那些只消费而不事生产的人和机构。全书围绕这两个问题说明和展开。第一篇，论述如何增进劳动生产力及有关经济范畴问题；第二篇，对促进财富增长的第二个基本因素，即对增加从事生产劳动的人数在总人口中所占比重这一因素进行了分析。不论是增加生产性劳动的人数，还是增进受雇劳动者的生产力，都离不开资本的增加。所以，这一篇对资本性质、分类、积累方法和用途等都做了分析；第三、四篇分别从经济发展史和经济思想史角度说明政策主张正确与否对国民财富增长关系极大。进一步论证促进国民财富增长的条件，批判了封建制度和重商主义，对重农学说也进行评议，主张经济自由；第五篇阐明了政府职能，一个贤明的政府怎样发挥促进国民财富增长的作用。我们主要对第一篇、第二篇和第五篇的问题做些讲解。

**材料1：关于财富的一些观点——列举斯密及其前后有代表性说法**

- 国民财富，指一国人均的国民收入。斯密说，一国的财富是由它的成员的平均福利来计算的，而不是由总额来计算的。斯密强调人均而非总量，总量再大，而人口太多，则国民也不能说富裕，另外，还可以看出在斯密的内心里，秉持"国富来源于民富"的理念。

- 培根——Knowledge is power。启蒙学派的领袖人物和百科全书派的代表，其著名论断"知识就是力量"，也就是创造财富的源泉。

- 霍布斯——Wealth is power。托马斯·霍布斯（Thomas Hobbes，1588—1679，英国的政治哲学家）认为，财富就是力量，国家的威权和国家与公民的契约才能保证财富。

- 古诺（安东尼·奥古斯丁·古诺，1801—1877）的财富理论。认为能卖得出去的就是财富，有交换价值就是财富。财富由交换价值决定，与劳动无关。富国就是人均交易额巨大。因此，财富总量就是一国供求曲线的交点——总成交量。这个概念虽有忽略生产是创造财富源泉之嫌，但是却指出财富要和需求挂钩，且给出数量标准。

- 康芒斯（约翰·康芒斯，1862—1945）说，经济学家既说财富是一种物质的东西，又说它是那种东西的所有权。他自己持后者的观点。这个说法把财富与制度相联系，因为所有权本来就是制度的基本概念，而物质的东西是正统派和快乐主义经济学的基础。

- 必须从根本上抛弃"财富等于有形物质"这个见解，财富也可能是无形的，如知识产权等。但是，财富必须有一个物质载体或落实到物质生活领域。另外，财富也取决于人的选择——与人的评价和需求有关，额外的水对想浇地的农民是额外的财富，但对深受水灾之害的人就不是[①]。

**材料2：我国的人均收入现在处于一个什么阶段，如何来评估这个问题，可以用一个指标，"追赶指数CUI"＝某国人均GDP/美国人均GDP。**

如果该指标高于55％，通常被认为是高收入国家，西欧国家一般在70％左右。如果低于30％，被认为是低收入国家，即便按照世界银行的标准可能已经是高收入国家了。

中国按照现价（2015年的大致数据）计算是：7500/50000＝15％。仍处于中等低收入国家。

就人均收入而言，也还有一个问题，虽然该指标可以说明国民财富与人口多

---

① 保罗·海恩等著，《经济学思维方式》，世界图书出版公司2012年版。

少的关系，但是却不能说明不同收入群体为什么能得到这样收入的原因，也等于将人群收入给划一看待了。比如，企业家群体和农民工群体的收入量与来源区别、知识分子和官员的收入量与来源区别等（樊纲，2015），所以仍然需要对不同群体进行具体剖析。

斯密研究方法的突出特点是二元论。即一方面使用内在分析方法——演绎方法，深入研究资本主义制度的内在联系，即资本主义制度的生理学。像价值、剩余价值、利润、工资和利息等范畴，在市场经济条件下，都呈现什么联系，怎样将这些通过一个逻辑程序展现给读者，方能使人理解资本主义制度下的市场经济全貌。显然在他的经济世界里，这些都是个人利益的表现形式；另一方面，他又使用外在分析方法——历史方法，把资本主义经济生活中外部表现的东西，加以描写、分类、叙述并归入简单概括的逻辑体系中，并力求与理论体系的要求合拍①。这两种方法在斯密著作中安然并存，相互交错，自相矛盾。我们说，这虽然体现为时代的局限，然而过度追求理论完整性，可能遇到信息不对称的矛盾，以至于很多地方无法自圆其说，这就是斯密的不足之处了。

## 三、主要思想的介绍和评价

### （一） 分工、交换和货币理论

围绕《国富论》的主题，斯密首先强调劳动生产率②的提高是分工所致。指出，劳动生产力的最大增进是分工的结果。分工情况下，平均一人一天可制4800枚针，倘若没有分工，恐怕一枚也造不出来。分工能提高劳动生产率的原因在于：劳动者的技巧因分工导致的专业化而提高；分工使工人固定于工作岗位，节省变换工种耽误的时间，使操作简单化，为改良工具和发明机器创造有利条件③。我们知道，分工需要成本——比如增加管理人员和管理部门，分工应该

---

① 仅就历史方法而言，也是好坏参半。斯密坚持了历史归纳和演绎的分析方法，用相当长的篇幅介绍了重商主义的贸易政策和英国的货币历史，从中抽象并阐明自己有关财政政策和自由放任的思想。你要不重视文献，那你如何能站在前人基础上有所前进呢？现在这种方法已经演化为用经济学观点分析历史——分析史学和量化历史、制度分析，或将生物学引入经济学形成演化经济学等。

② 在这里，生产率和生产力的区别被忽略，单位时间里创造使用价值的大小是生产率强调的问题，而要素的生产能力却是生产力的研究对象。也就是说，生产力和生产率相当于投入和产出的关系。

③ 斯密这里讲的是工场手工业内部的分工，未讲社会分工。但是后来他却论述到工场手工业内部的分工对社会分工的促进作用。

细到何种程度，斯密并没有明确论述。但可以明确的是，那时的资本家也兼任管理者，肯定认识到分工的收益大于成本，所以对分工有如此大的热忱。分工能够提高效率不假，但是分工受什么约束？斯密以制针工场的例子，导出一个结论：分工导致重复的操作，是提高"剩余"的关键。第一是有效节约劳动时间，降低成本，第二是提高生产效率。斯密在这里强调的是微观生产领域如何利用分工增进财富数量[1]问题，而非创新问题。当然我们说，能够重复的活动，都不属于"创新"的范畴，而创新的都得打破旧的常规，成为生产的前沿领域。如果生产成为学习和创新过程，不是重复，则不但要提高能力，而且生产过程中的职能划分也要调整。扩大一点，也可以引申到不同国家在分工中的地位——价值链问题，以及合作问题。而交易的"重复"，说明的是"市场秩序"良好和市场信誉卓著，与生产领域的"重复"[2] 不同，这些都是斯密给予我们的启示。

总结起来，可以看到，斯密将观察到的情况上升到理论，强调劳动生产率的提高是分工所致：

——分工能提高劳动生产率的原因[3]；

——这里讲的分工是工场手工业内部的分工，而不是社会分工[4]；

——这个时期的工场手工业与后来的机器大工业不同，它不是兴起于城市，而主要散布于农村[5]。

分工是由交换倾向引起的。斯密认为，交换（人和人之间交换劳动产品）由人的利己主义本性决定，一个人要获得别人的帮助，不能总是单方面乞求别人的恩惠，只有给别人好处，人家才会给你好处，这种交换倾向必然引起分工，即每人专门从事某种物品的生产。因为人类在交换中发现一个人如果专门从事某种工作所得到产品，用多余的产品与别人交换，比自己包揽一切工作得到的好处要多，于是他就专门从事某种专业。斯密还认为，分工程度的高低，要受市场范围大小的限制，与市场范围相联系的交通运输条件、城市和远方的市场需求都对分工有重要影响。这些无疑都是正确的。但是要按照他的逻辑，分工如果取决于交

---

[1]　实际上假设所生产的针都是一样的，只不过实行分工可以极大提高劳动生产率。

[2]　生产领域的"重复"以规模取胜但不强调创新。

[3]　提高人的劳动熟练程度和判断力；节约在不同工作环节之间转换劳动的时间；增加发明新工具的可能性；劳动生产率的提高是分工逐步深化的结果，比如从一个人做全部工序到一个人只从事一个工序的过程。

[4]　但是工场手工业内部的分工可以促进社会分工，农业的分工不如工业的分工细致。这是我国联产承包责任制的技术依据。

[5]　按照马克思的说法，原因在于农业中的劳动时间和生产时间不一致。

换的话，便是倒果为因了，产品还未生产出来，拿什么去交换？而且，交换如果是人类本性，那么这种本性产生于何处，就又成为疑问。

当代经济学家奈特在其经典著作《风险、不确定性和利润》（1922 年）中认识到，研究"我们所了解的人的本性"的重要性，对社会科学家来说，要理解人的行为，主要问题在于懂得他们怎样思考——他们在打什么主意，依此，可以说斯密也提出了人的行为出发点问题。另外，斯密只解释了个人利益是"经济人"行为的出发点，但是他未考虑到"利益量"的问题。这个问题，实际上是后来的边际主义者提出的，比如，人在做出生产和购买决策时，吸引他做出决策的，当是他评价最高的也就是利益量最大的地方。如果一再投入，便造成收益递减从而不再投入。然而，斯密对以下问题的论述比较充分，也给后人留下了充分的理论财富。比如，由于交换的力量引起分工，所以分工的范围总是受到交换能力和范围的限制；市场是交换的场所，交换对分工的反作用；市场主要指产品市场，越广阔越好。而要素市场则立足本地；城市和农村相比、运输条件的改善、贸易保护和自由贸易体制对交换的促进作用；农业生产力赶不上制造业生产力的进步，是因为后者的分工比前者更细更全面，等等。

**材料：从诺斯对斯密思想诠释中得到的启示**

在《西方世界的兴起》一书中，North 认为，利益追求是人类行为的永恒动机，创造发明活动也是如此，只有预期收益高于预期成本的发明项目，才会有人花费时间和精力去研制。计时钟的发明就说明这个问题。

在 15 世纪，确定远航中轮船位置需要测量经度，而测经度需要精确的计时钟。为了做出这个东西，西、荷、英等国都宣布给予巨额悬赏。这个事情涉及政权和商业的关系，在解释重商主义经济思想的章节里，我们曾经说过，当时的政权支持商人利益，二者相辅相成。由于资本主义出现，国家变得强大，代表资产阶级利益的政权就巩固了。但是直到 18 世纪，才由英国人哈里斯发明出来，获得这笔赏金。如果我们提出问题：哈氏未研制成功便染病身亡，该钟能否发明出来？回答是肯定的，不是舍哈氏无其他人也。因为高额赏金是刺激人们发明和研制的基本动力。这里面就出现两个问题：第一，谁出高额赏金，赏金来自何方？第二，赏金额不能太低。因为如果没有赏金或其额度太低，发明人就会因为其成果被人仿制，获得的收益就会大于他自己为发明支出的成本，不去从事研制。由于仿制具有"搭便车"的利益刺激——即少花钱也能受益的机会主义倾向，因此社会就不会有大的发明。只能靠经验积累而逐步取得进步，类似鲁班发明锯子那样简单偶然的创造。

由于那时还没有专利制度，North 因此认为，技术突破不是专利刺激的结果。而是遵循下述路线：

人们利用市场造成盈利机会→生产规模扩大→生产中精细分工→生产技术突破。

这个说法与斯密观点有异曲同工之妙——分工是提高生产率的灵丹妙药，也是技术发展的柱石，更是"自生能力"的体现。当然，也可以用此说明中国过去商品经济不发展的原因：在社会意识上，就反对商人和市场；小农经济自给自足的生产方式，没有规模；作坊式的工场手工业不可能存在精细分工；生产技术长期不变，有的只是"传统技术"，等等。

斯密认为，交换的发展必然产生货币，对于货币的论述，使古典经济学的货币理论达到最高峰。按照马克思从矛盾中提出问题的叙述方法，似乎斯密也应当在阐述价值理论后再阐述货币论，但没有那样做，而是从货币利于交换的现象出发，先说明了。在交换中，一物的相对价值较多，货币便是人们为了从中寻求一种便于记忆的能作为"共同衡量标准"的结果。在分工条件下，人在互通有无的时候，除了拿自己的产品，还得备些估计任何人都不会拒绝的物品①。这种物品就成为货币。斯密详细考察了货币发展的过程，天然地落到贵金属身上，后来发展成铸币；对货币职能进行了较全面的分析。坚持货币首先是商品，才具有价值尺度职能；认为货币具有流通手段职能。与休谟不同的是，他认为货币数量决定于流通中商品的价格总额，如果货币量（不是纸币）超过商品流通所必要的数额，超过部分就会自动退出流通领域，成为贮藏手段，这是他高于前人的地方；认识到纸币能代替金属货币起到媒介流通的作用，但看不到纸币与金属货币的本质区别、与信用货币的区别，是个缺陷②。

斯密最重要的发现之一是：一国内部和跨越国界的专业化和由此而来的贸易对增长至为重要③。所以，他对未来的经济前景持乐观态度。前提是，个人和企业可以在尽可能大的地理区域内自由贸易④。

寻找对经济增长的解释：斯密说，在一个**政治修明**的社会里，造成普及到最

---

① 物物交换到凭等价物交换——交换的范围和时间都扩大了，等价物是大家都遵从的，有点契约的意味。

② 丁冰，《政治经济学说史》，第 161 页。

③ 虽然斯密研究的是工场手工业内部的分工，但是我们可以扩展一步。

④ 只要运输成本小于相互贸易所获得的收益。

下层人民的那种普遍富裕情况的，是各行各业的产量由于分工而大增。这里就有两个问题，第一，在资本主义商业社会中，每个组织和个人都从事专业化活动，第二，大家都靠交换而相互联系和生活。马克思看到了资本为赢利而最终摧毁这个社会，但没有怀疑这个社会生产财富的能力和对文明的贡献。

但是，不能说分工和交换就是富裕起来的唯一原因，否则世界上所有国家通过这两个措施，不就都富裕了吗？实际上，作为一个自然历史过程，分工的发展必然是缓慢和渐进的，需要一定的技术和管理因素的配合，并不存在一个"人为"的设计，而且，也要考虑交易中的"成本"，如果交易成本小于分工成本，则分工必能深入，否则必拖分工后腿。关键在于要兼得二者好处，就要改进制度，然而制度能否改进，又要看人的认识积累和利益集团怎样进行博弈。

### （二） 具有开创性但比较混乱的价值理论

我们知道，商品交换必然涉及其自身的价值，商品在生产之后必然通过交换满足他人需要，然而商品的所有权又要求买卖双方都不能吃亏，解决这个两难问题的唯一出路就是等价交换，等价的基础就在于等劳动量即二者的价值相等[①]，斯密也是按照这一逻辑顺序进行论述的。在价值决定问题上，他最先明确区分使用价值与交换价值：认为使用价值是指特定物品的效用[②]，交换价值指人们由于占有某物而取得的对他种货物的购买力。

使用价值的决定自不必说，纯粹是个人问题。而所有商品交换价值的衡量尺度是劳动，确认一切商品交换价值取决于劳动，没有例外，这是斯密的科学贡献之一。这个观点也否定了配第只有开采金银的劳动创造交换价值，重农主义只有农业劳动才生产财富的观点。但正像硬币具有正反面一样，斯密同时又提出自相矛盾的两种价值决定：

第一，商品价值是由生产该商品所耗费的劳动决定。这个论断，区分了简单劳动和复杂劳动，是他价值理论中的科学成分；

第二，商品价值是由这个商品所能购买或支配的劳动决定的。斯密认为，商品价值由耗费劳动决定的观点，只适用于资本积累以前的初期的野蛮社会，即简单商品生产的情况。在分工确立的情况下，每个人需要的东西，大部分都要通过交换或者购买别人生产的物品来满足。因此商品本身的价值，取决于它能够购买

---

① 等劳动量在理论上没有错，但是在如何衡量时却很难，至今没有好办法。商品交换的历史，说明了买卖双方讨价还价是克服这个困难的途径。

② 满足需要的用处，是客观的，与主观效用论不同。

的劳动量，换句话说，自己的劳动量不能决定自己的价值，这个观点当然是错误的，因为，斯密所说价值决定于"能够购买或能支配的劳动量"，按照他的观点，是指购买一定商品包含的活劳动量，意为交换商品的劳动量才能决定自身的劳动量。为什么如此？原因在于他混淆了劳动和劳动力的区别，认为活劳动是由工资购买的，于是，所谓商品价值由购买劳动决定，无异于由工资决定。但我们知道，工资不过是劳动力的价值，维持劳动力再生产所需必要生活资料决定的，但在劳动过程中，劳动者支配的劳动所创造的价值要大于工资，所以区分劳动与劳动力，才能发现资本主义剥削的秘密。如果像斯密所说，商品价值由工资决定，就等于说价值由价值决定，必然陷入同义反复，进入逻辑上的死胡同。要说遗憾的话，斯密已经触及较少的物化劳动（工资）与较多活劳动不是等价的，他已经发现了资本主义剥削的根源，剩余价值生产与价值规律的矛盾，但是他却绕开这个矛盾。

第三，他还进一步认为，价值由生产费用决定。从上条引申，在资本主义条件下，既然商品价值不再由耗费劳动决定，而由购买劳动决定，那么资本家出卖商品所换回的劳动量，除了支付工人工资①，还包含利润与地租。于是商品价值就不再由劳动决定，而由工资、利润和地租三者共同决定了。他甚至还认为，由生产费用决定。

综上，我们可以看出，第二、第三和生产费用论都是引申、推论出来的。这反映了他看到矛盾要回避的思维逻辑，为了理论的完整和自洽甚至牺牲锋芒。但是从整体上说，第一点仍然是最重要的，是其思想的主流，否则也不可能有后面的论述。

关于自然价格和市场价格。斯密从收入决定价值观点出发，提出自然价格概念。认为自然价格与市场价格不一定相等。自然价格指的是与工资、利润、地租的自然率或平均率相一致的价格——按照马克思的理解，是与收入决定的价值相一致的生产价格。而市场价格是指市场上实际的售卖价格。二者的关系在于，由于商品的实际卖价受供求关系影响，有时高于或低于自然价格。如果高于，那么受到损失的生产要素就会退出市场，从而使市场价格上升到自然价格，反之就会下降，总之，自然价格是中心价格。我们看到，斯密在这里，实际上已经阐述了价值规律的表现形式和调节生产的作用，但是他把价格背离价值看成"意外事件"干扰的结果，而非一种常态。同时他也把自然价格等同于价值，就是把生产

---

① 代表了生产中所耗费的劳动量——如上条所说，是错误的。

价格与价值相混淆，看不到中间的过渡，当然也是个缺陷①。

## （三） 有特色而宏大的收入分配理论

斯密是从三种收入决定价值论转到三种收入分配问题。从逻辑上说没什么不对②。他认为，有了资本积累和土地私有这两个条件以后，每种商品的交换价值或价格由工资、利润、地租三部分或其中一部分构成，那么，全国全部劳动生产物的价格，也必然由这三部分构成，作为劳动工资、土地地租和资本利润，在国内不同居民即工人、地主和资本家之间分配。虽然，他第一次明确提出资本主义社会三大成员阶级，非常可贵，但是并非从占有生产资料角度划分，也把商品价值的构成因素与分解因素混为一谈③。

相当系统的工资理论。如同他的价值理论一样，其工资理论也是正确与错误并存。正确的或者说合理的观点是，工资是劳动者创造的劳动收入。不正确或不合理的观点是，工资是劳动的自然价格或价值，即劳动创造的全部价值。除此之外，他还有一些深具创见的思想：

• 自然价格实际指劳动力的价值，即维持劳动力再生产所需的费用；

• 最低工资具体化为维持工人本人生活费用的 2 倍，而且工资水平是劳资双方争议的结果；

• 提出自由人的劳动要比奴隶劳动便宜的观点。把工资的变动与国民财富和资本是否增加联系起来，认为二者变动成正比，并热情赞扬高工资；

• 对各种劳动者工资差别的形成原因进行分析，由于封建行会制度残余制约而缺乏平等自由竞争环境，造成行业、工种之间的差别，各行业的不同性质和特点也使工资有别。

作为资本主义经济范畴的利润理论。以往经济学家，不是没有这个范畴，就是把它放在利息后面研究，或者没有明确提及这是资产阶级的收入。而斯密避免了这个毛病。然而不足的是，他有两个互相矛盾的利润理论：一是认为利润是劳动生产出来的价值的一部分，相当于把利润看成劳动创造的全部价值中扣除工资

---

① 斯密已经注意到市场信号对资源配置调节这个当代经济学问题，如果信号失真或者人在市场信号面前无动于衷，就是市场失灵。比如，改变税种和税率对经济具有调节作用，但是有很多企业根本不纳税或者逃税，财政政策就无法调节经济，同样，改变利率也能够刺激人们近期的投资和消费行为，但对国企和私企的影响也存在本质差别，国企经常视而不见，不如私企灵敏。

② 当然斯密与马克思不同，他没有分析资本主义生产过程，因此也就没有把收入看成剩余价值的表现形式，就容易产生两种不同的说法——劳动决定价值和收入决定价值，同时并存的情况。

③ 晏智杰认为，斯密犯了把价值决定和价值分配混淆的错误。

后的余额，实际指剩余价值，而不是马克思政治经济学意义上的利润①。但是，当他把利润看成剩余价值的一个分支——另一分支是地租时，就否定了以往只把地租看成剩余价值基本形式的观点。斯密并且指出，当土地私有和资本积累后，资本所有者要从劳动者生产的全部劳动产品的价值中扣除一部分作为利润，而土地所有者也要从中扣除一部分作为地租。但是，在他比较正确的理论里面，也混淆了利润与剩余价值的区别，他没有研究剩余价值转化为利润的过程、利润转化为平均利润的过程等；另外，利润是生产费用的一部分，有时还把利润视为资本家的风险报酬。他不仅研究了利润的性质，还考察了利润率变动规律。利润增减与劳动工资增减都取决于社会财富增减，但变动方向相反。利润下降的趋势，是他所看到的且比前人高出一等的地方。但利润下降的原因，并非像他所说来自资本家之间的竞争，而是对劳动需求增加导致工资提高从而使利润下降，资本家之间竞争形成的是平均利润，倒不会使平均利润率下降。斯密在研究利润时，也分析了利息。认为利息是由于借入资本的人，从利用这个借入资本所获得利润中拿出一部分给予借出资本的人的报酬，因此是利润的派生收入。实际上把利息看成剩余价值的一种派生形态，还认为随社会资本和财富增加，同利润率一样，利息率也有下降趋势。这些都富创见性，但也都有缺陷。

有重农主义色彩的地租理论②。同前面各种理论观点一样，斯密在论述地租时，也有四个相矛盾的地租理论。一、地租是生产物或其价值的一部分。把地租看成与利润一样，是由工人的剩余劳动创造出来的，是剩余价值的基本组成部分，毫无疑问这是合理的；二、地租是商品价值的源泉之一。从收入决定价值的观点出发，将地租视为决定价值的因素，这个观点当然为错；三、地租是因为使用土地而支付给土地所有者的代价。因为土地私有权垄断，所以地租是由此产生的农产品的垄断价格，这也是对的；四、地租是自然力的产物，排斥劳动创造价值，且跟我们以前所说重农主义见解无异，当然也是不对的。

生产劳动、资本和再生产学说。按照《国富论》的主题，斯密把增加生产劳动者在总人口中的比重视为增进社会财富的第二个基本因素。欲增加生产劳动，就要增加资本即资本积累，即把资本投入什么领域、资本是怎样一个构成比例，斯密又回答了与之相关的三个问题。

---

① 利润是剩余价值的转化形态，理论上要将成本或生产费用分析之后才能得出。看得出，斯密的理论分析深入度不够。

② 陶大镛，《外国经济思想史新编》，江苏人民出版社 1985 年版。

• 生产劳动理论①。我国以往的经济学说史教材普遍认为，如同对其他问题有两重见解一样，斯密在生产劳动问题上，也有两种不同的观点。一是生产劳动是生产资本的劳动，即与资本相交换并能为资本家提供利润的劳动。相反，与收入相交换，例如家仆的劳动就不是生产劳动。有些人把妓院妓女的行为，也称为生产劳动，就更是荒唐；二是生产劳动是生产商品的劳动。这个观点，由于没能揭示资本主义生产关系，便被马克思解读为不科学和不深刻。斯密是否提出两种不同的生产劳动定义？晏智杰认为，应该从当时的历史条件出发，准确理解斯密阐述这个问题的角度：怎样增进国民财富即能否增加价值，而且增加到特殊的商品体上。因为当时生产劳动还限于物质的有形的产品领域，当然在这个领域投入的劳动同时也要体现到特定的生产关系，所以不能说斯密提出两种不同的生产劳动定义，将斯密思想作硬性的"二分论"。我认为，晏的说法更有道理②。

• 资本理论。资本是增加生产劳动从而增进财富最重要的手段（投资问题）。一是资本的性质。认为资本是能够用来取得利润的积累。接近资本是生产剩余价值的手段，还有就是认为资本是过去劳动的积累，意为生产资料，也不能说错；二是资本的分类。认为按提供利润或收入的方式不同，可把资本分为固定资本和流动资本两大类。每一项又具体为四。这类分法因为不能与剩余价值生产挂钩，也没有如马克思先有不变资本和可变资本的铺垫，因此被人认为不科学。但从斯密的使命上看，也无可厚非——他要说明的问题在于，如何在提高劳动生产率的基础上积累国民财富；三是资本积累。他归之于节俭，而不是勤劳。特别反对政府的奢侈浪费。反映了当时资产阶级致富的要求，具有进步意义；四是资本的用途。认为，虽然一切资本都可以用于维持生产性劳动，增加价值，但等量资本所能推动的生产性劳动，从而对一国年产品所能增加的价值，将随用途之不同而极不相同。农业最大，制造业其次，最后是零售商业。这就看出他没摆脱重商主义影响。

• 社会资本再生产理论。我们知道，经济学说史上，最先对社会资本再生产分析的人是魁奈和他的经济表。而斯密在这方面，反而比其前辈退后③。按照魁奈和马克思的分析思路，社会资本再生产的分析主要体现在两个方面，即实物形态是如何补偿——解决不了实物消耗和磨损的补偿，再生产怎样进行下去呢？

---

① 重商主义认为商业、重农主义认为农业是财富源泉，投入其上的劳动即生产劳动。

② 宋承先，《西方经济学名著提要》，第 98 页；晏智杰，《西方经济学说史教程》，北京大学出版社 2002 年版。

③ 陶大镛，《外国经济思想史新编》，江苏人民出版社 1985 年版。

价值形态是如何实现的——交换按照等价原则进行，否则再生产就会丧失动力。如果将这两方面说清楚，就要从实物形态上把产品分为生产资料和消费资料、固定资本和流动成本，货币即价值则起到"车轮"的作用促其补偿。但是，**斯密的主要缺陷就是"斯密教条"。** 由于从收入决定价值的观点出发，把一切商品的交换价值只分解为工资、利润和地租。也就是说，商品价值只由 V＋M 构成。排除了不变资本 C。斯密教条是把年产品价值（C＋V＋M）与年价值产品（V＋M）混为一谈了。由于没有生产资料，就给社会再生产分析带来困难。他利用总收入和纯收入的概念，又把 C 从后门塞进来，但是也不合逻辑。他也没有把社会产品分为个人消费与生产消费两大类。这些都是斯密理论中的逻辑和事实中的矛盾。

经济自由主义、国家的作用和赋税原则。斯密继承前人的思想基础，进一步从"经济人"的概念出发，对经济自由主义的理论和政策，第一次做了系统阐述[①]。

• 经济自由主义的理论和政策。斯密认为，人的本性是利己的，人们从事经济活动的唯一动机和目标，就是追求自己最大的经济利益。但人们又不能独立生存，需要互相帮助。只有自己能为别人提供服务和产品，去交换别人的劳动才能达到目的；互相交易、互通有无便成为人类所特有的自然倾向。

• 个人利益与整个社会利益是一致的。每个人经济活动的目的是追求个人利益，最终会使社会获得最大利益。甚至认为，一个人以追求自己利益为目的，往往比他出于追求公众幸福的本意还会更有效促进社会的利益。因为他受着一只"看不见的手"[②] 的指导，即受市场机制自发的调节，促使他尽力达到一个并非他本意想达到的目标。每个人都如此，结果是社会得到最大利益。因此，必须反对限制经济自由的种种障碍，充分发挥市场机制作用，建立合乎规律的自然秩序，就能协调个人和社会利益，促进财富增长[③]。

• 他以"看不见的手"为思想武器反对限制经济自由的封建制度和重商主义。主张实行自由放任政策。只要不违法，都可以按照自己的方法参与竞争。有以下方面：废除学徒规章和居住法，实行劳动力的自由买卖和流动；废除限嗣继

---

① 陶大镛，《外国经济思想史新编》，江苏人民出版社 1985 年版。
② 见《国富论》第四篇，称为"无形的手"——invisible hand。
③ 这个思想很有价值，"看不见的手"是神奇的。但是个人追求自己利益的最大能否促进社会利益的实现，如环境污染等外部负效应终归是存在的，另外，经济人的信息不完全也妨碍他们做出正确决策。这两个问题不解决，看不见的手难以有效地配置社会经济资源。当然我们也要看到，斯密时代的资源瓶颈不突出，环境问题以及市场规模比今天也小得多，因此，"看不见的手"发挥作用的条件就更为优越。

承法、长子继承法以及其他限制自由转让土地的规定，实行土地自由买卖；废除地域关卡税和其他税收限制，实行国内自由贸易；废除保护关税政策和对外贸易的商业禁令与特许公司的商业垄断，实行对外贸易自由。

• 国家政府的职能与赋税原理。虽然反对国家干预经济，但并非主张绝对经济自由。认为有损自然秩序，或个人无力及不愿经营的事业，应由政府出面干涉或经营。政府的职能就在于维护制度，确保资本主义经济自由发展，不必拘泥于个别企业的经济自由。

政府职能有三项：一是保护国家安全，不受外来侵犯；二是保护社会上个人安全，使其不受他人的侵害和压迫①；三是建设和维护某些私人无力办或不愿办的公共事业和公共设施②。

政府执行上述职能，自然需要一定费用。节俭和减少王公大臣、牧师和军队的开支。费用也要有合理的收入来源③。认为，国家各项费用应由受益人等分别负担，第一，国家为执行保护国家安全的国防费用，应由全社会负担；第二，为保护社会个人安全的司法费用，从法院手续费中支出；第三，建设公共事业和公共设施的费用，除与国防、司法有关的支出外，便利商业需要和保护商业利益的费用由受益的工商业者负担④，促进教育的则由受教育者和教会负担；第四，维持君主和王公大臣生活的费用，由全社会负担。

财政收入可来自税收和公债两方面。在税收上，最适合课税的对象是地租。税收四原则是他首次提出。

公债是政府为了弥补财政赤字所必要的财政收入来源，如果财政收支平衡或有节余，就无举债必要。除战争等不得已的原因，没有什么积极作用。这与后来凯恩斯的举债支出可以使社会致富的观点相反。

---

① 这是政府职能，维护正常秩序和私人产权的本意。比如，我如果看邻居饭馆不顺眼，去那里毁坏店里设施，那么政府公安部门自然会将我拘禁或是罚款了事；但我若是自己也办一个饭馆与之竞争，却是被鼓励的行为，因为它促进了供给，满足了社会需求。对于邻居来说，这两件事情给他带来的损失是一样的，但给社会带来的影响却大相径庭。

② 政府做好自己该做的事就行。

③ 涉及谁从收入中支出这些费用。

④ 谁受益谁承担纳税的原则。

# 第三章　李嘉图——古典经济学的杰出代表

## 一、李嘉图经济学说产生的历史条件及生平

经济学说史专家一般把李嘉图（1772—1823）定义为英国产业革命时期代表资产阶级利益的经济学家[①]，英国古典经济学的杰出代表和完成者[②]。何谓产业革命？就是用机器生产代替手工劳动的生产技术革命，起于 18 世纪下半期的英国纺织业，然后迅速扩展到其他部门。按照马克思的说法，"资本主义生产的本性，却是机器生产"。可以从发展角度理解这个观点，结合经济史学家麦迪森的研究，在 18 世纪之前，即使西欧那些发达国家也要用 1400 年的时间才能使人均收入翻番，快速的经济发展是 18 世纪工业革命爆发后才出现的现象。机器的使用，改变了经济发展模式：这种快速经济发展的本质，是劳动生产率和人均收入水平的不断提高，推其原因，则是技术的不断创新和产业不断升级使劳动产出和价值增加，伴随生产规模、市场范围、资本需求和风险扩大，各种相应的硬件基础设施和软件制度环境不断改善，降低生产和交易成本。从生产关系角度看，对利润和市场的追逐，对劳动生产率提高的渴求，在机器生产的基础上，资本有可能掌握全部社会生产——排挤旧式的小生产，完成了在生产上商业资本从属于生产资本的过程。恩格斯则将产业革命视为历史发展的主要坐标，它引起社会生活的其他方面，主要是阶级关系（社会成员的关系）发生变化，手工业者和农民破产，雇佣工人的队伍扩大。机器的使用，也使资产阶级对无产阶级的剥削强化。但是，当时英国社会的主要矛盾是工业资产阶级同地主阶级的矛盾，资产阶级力量的迅速壮大和地主阶级掌握政权的冲突此起彼伏。政治上，前者要求通过议会改革，取得多数；经济方面，主要体现在对谷物法的存废和货币改革的争论

---

[①]　意为当时资产阶级与地主阶级的矛盾是主要矛盾，资产阶级与工人阶级的矛盾还不尖锐，并未像以后那样上升为社会的基本矛盾。

[②]　古典经济学对资本主义经济的运行机理的分析，是以后庸俗经济学——以辩护为己任而不是以变革为己任的经济学无可企及的。将变革和辩护作为是否具有庸俗因素的观点，有一定的价值。

上[①]，李嘉图的论述反映了新兴资产阶级希望自由竞争，扫除发展障碍的要求。

李嘉图出生于伦敦犹太族交易所经纪人家庭。小时受过 2 年商业教育。14 岁开始就掌握了银行汇兑方面的复杂操作技术，后由于机敏和投机的天才，在 25 岁时，就成为拥有 200 万英镑以上的富翁。当生活不成问题后，他便离开交易所从事进修和科研。19 世纪初，由于当时英国出现的货币信用混乱，吸引了他的注意，加上早年从事交易所工作的经验，便开始研究经济学。他先后代表资产阶级利益研究货币流通（包括黄金价格）和谷物价格问题，并针锋相对地和地主阶级的代表辩论[②]，很彻底积极地坚持自己的立场。另外的一个特点是，他从当时的实际问题研究开始进入理论研究行列。他属于坚持将理论应用于实际但不管是否出问题的人，而且缺乏在政治生活中的妥协精神，因此，他在政治领域中的作用比起在经济理论中的贡献，简直不值一提。

李嘉图的主要著作，《政治经济学和赋税原理》费时不过 2 年，但他的积累非常多，而且该书是别人力劝下才写作并发表的。穆勒曾说，李嘉图是最谦虚的人，虽相信自己正确，但又自觉无力做出正确的表达和解说，更不敢想出版的事。的确，该书比《国富论》的章节结构、修辞行文、逻辑顺序上都差得多，阅读必须花费气力。但不可否认，书中表达的思想却是一贯的，不受其他因素左右，不像斯密两种矛盾的观点杂然并存。而且始终一贯地使用抽象法，把价值决定于劳动时间的原理作为分析一切现象的出发点（鲜明特点）。从这个意义上说，李嘉图创造前后一贯经济学说体系的能力要高于斯密。

我们在这里给大家提个问题：李嘉图时代的产业革命是推动经济增长的唯一因素吗？下面的解释能启发我们多角度地看待问题：它的确是一个重要因素，但并非唯一因素。在 19 世纪 20 年代产业革命前夕，关于财产权的制度及法律认定、科学理性主义的传播、资本市场的形成，这些和产业革命合成一流，推动了现代财富的增长[③]。

工业革命兴起的前提，是农业劳动生产率的提高，而农业劳动生产率之提高，又离不开圈地运动带来的产权变动的推动。过去说到圈地运动，总是说这是羊吃人的资本积累，而看不到其积极作用。正是圈地运动消除了公地上的公共权

---

① 陶大镛在《外国经济思想史新编》中说，关于谷物低价进口问题，李嘉图发表的一本小册子题目说明了他思想行进的方向：关于谷物低价对资本利润的影响的论文，表明限制进口的不明智性。

② 比如他和马尔萨斯，虽然个人关系不错，但观点却是泾渭分明。

③ William J. Bernstein，《繁荣的背后——解读现代世界的经济大增长》，机械工业出版社 2011 年版。

力，在土地上建立了排他性的个人产权，这才使得农牧业技术的改良成为可能。

艾伦—麦克法兰有下述观点：至少从 13 世纪开始，英格兰的大多数平民百姓就已经是无拘无束的个人主义者了，他们在地理和社会方面是高度流动的，在经济上是"理性"的、市场导向和贪婪攫取的，在亲属关系和社交生活中是以自我为中心的。那么我们就应当看到，至少从 13 世纪开始，英国农民就与欧洲大陆其他地方的农民有着显著的不同，甚至连封建主义最权威的阐释者马克—布洛赫也不得不承认，英格兰维兰制迥异于法国的隶农制，他指出：英格兰的农业变成了"个人主义"的，而法国的农业依旧是"共同体公有的"。

**参考材料**

按照"量化历史"的提法，人类历史中其实只发生了一件事，即 1800 年前后开始的工业革命。只有工业革命之前的世界和工业革命之后的世界之分，人类其他的历史细节当然也有意思，但不关键。为什么呢？从大的方面看，世界人均 GDP 在 1800 年前的两三千年里基本没有变化，工业革命之后才逐渐上升。微观方面，工业革命之后人类生活方式、社会结构、政治形态以及文化内涵都有本质性的大变革。

按照史学家麦迪森的估算，公元元年时世界人均 GDP 大约为 445 美元（按 1990 年美元算），到 1820 年上升到 667 美元，1800 多年里只增长了 50%。同期，西欧国家稍微好一些，但也只是从公元元年的 450 美元增长到 1820 年时的 1204 美元，英国作为工业革命的发源国也大致如此。而从 1820 年到 2001 年的 180 年里，世界人均 GDP 从原来的 667 美元增长到 6049 美元。由此足见，工业革命带来的收入增长的确是翻天覆地的。

这里让我们思考两个问题：第一是工业革命以后的增长体现为生产效率的提高，生产效率的提高靠什么？第二，制度在分工和管理方面导致的生产效率提高中的作用是什么？

文章原标题：《量化历史研究告诉我们什么？》，共识网 2016—01—15。

## 二、劳动价值学说

李嘉图毫不怀疑资本主义带来生产力的巨大进步，论述资本主义制度前提下财富的生产方式，是其著作的重要内容之一。而价值论，在他看来，又是理论上微观经济运行的基础，所以他在讨论价值的开始，用了这样一句话：商品的价值或其能交换的任何另一种商品的量，取决于其生产所必需的相对劳动量，而不取决于付给这种劳动的报酬的多少，劳动是决定价值的唯一要素。他以后的论述自始至终都没有放弃这个基础[①]。

第一，使用价值和交换价值的关系。李嘉图认为，使用价值很大的东西，可以没有交换价值，但是，没有使用价值的东西，一定不会有交换价值，他已经认识到使用价值是交换价值的物质承担者。

第二，他在论述价值由劳动时间决定的原理时，比前人有所进步。认为具有效用的商品，其交换价值有两个源泉：稀缺性和劳动量。前者在市场交换中比重很小，绝大多数商品的价值由生产它们所耗费的劳动量决定，而且成正比。他批评了斯密的商品价值由它所购买的劳动决定的观点以及价值由三种收入决定的观点，但是把资本主义关系看成永恒的自然关系，这当然是不对的。

第三，创造价值的劳动。李嘉图认定商品价值是由生产该商品所耗费的劳动量决定。因为生产该商品的劳动是自己付出的，而劳动成果即产品也是自己所有，他是双重的所有者，这就决定为此付出的劳动与产品中包含的劳动量必然等同，否则交换就不会发生；他还指出不同性质的劳动在决定价值上的不同意义。意思是说，复杂劳动和简单劳动在同一时间内，创造的价值不同；决定价值的劳动，除了活劳动，还有物化劳动，但应该将其作用区分开来。但他却不能说明，在同一生产过程中，新价值的创造和原有价值的转移问题[②]；他还认为，决定商品价值的劳动，是在最不利的条件下生产这一商品所必须耗费的劳动。

**参考材料**

中外学界早已将李嘉图的上述观点做了发展，比如，将劳动分为有效与无效的两种，二者的分野在于是否被社会所承认，这是我们以前所讲到的布阿吉尔贝尔公平价值思想；付出劳动是否更多占用资源，占用资源越少说明活劳动越有效；做出劳动决策时是否失误，如果将劳动投入到不该投入的或力所不能及的地方，将事半功倍，得不偿失；还要看到劳动创造财富的环境。如果不是市场经济，劳动成果未必能跟酬劳挂钩，劳动积极性势必被压抑，社会经济的蛋糕也不能做大；最后涉及简单劳动和复杂劳动的关系。按照李嘉图的说法，珠宝匠一天的劳动比普通劳动者一天劳动的价值更大，但是这个观点过于模糊，原因在于交换时，不可能有精确的测量。技术上不可能或隐瞒信息，针对于此的补救方法，是双方按照平等原则进行讨价还价，否则就不可能有交换的存在。

---

① 陶大镛，《外国经济思想史新编》，江苏人民出版社 1990 年版。
② 马克思认为原因在于他没有科学的劳动力和劳动的概念。

另外，传统劳动价值论无法解释新问题。举例来说，姚明在退出职业篮球赛之前，平均每打一次球的收入是 25 万美元，这相当于 5 个美国家庭的年收入，或者 30 个中国家庭的年收入。这对于习惯劳动价值论的人来说，怎么也难以理解打一场球所付出的劳动时间和强度、复杂程度值 25 万美元的天价数字。如果按照政治经济学教科书给的劳动价值论计算，一项经济活动的价值等于劳动时间乘以单位劳动时间的平均社会成本，那么，姚明一场球赛值多少呢？假如在美国姚明级别的人每小时劳动成本为 1000 美元，一场球赛按两小时算，也就是 2000 美元。

当然，劳动价值论具有局限性。跟 70 年前相比，最大的差别在于：70 年前，一场篮球赛只有现场观众享受，即使门票贵到 200 美元一张，有 1 万名观众，主办方也只能得到 200 万美元的收入，除此之外主办方没有其他收入；可是，今天的篮球赛与其说是给现场的观众打的，还不如说是给场外数亿人的美国与中国观众打的，这些观众可以通过电视、互联网视频观看实况，也可以在比赛之后通过互联网下载观看。

因为电视和互联网技术的发展，经济和体育打破了国界，带来了受众数量级的巨大变化，使同样一场球赛、同样多的劳动付出带来了截然不同的价值。

所以，姚明每场球赛的收入这么高，倒不是他比过去的球星多做了什么，而是现代科技和全球化秩序帮他做了很多，使他的人力资本增值，让他的劳动所能带来的价值大幅提升。[①]

第四，价值和交换价值。他批评了斯密把耗费劳动决定价值和购买劳动决定价值相混淆的错误，他所说的价值、绝对价值和实际价值，指生产商品消耗的必要劳动所决定的价值，而交换价值、相对价值和比较价值，是指商品的交换价值，即价值的表现形式。但有时亦相混淆。对于李嘉图来说，虽然常有概念模糊、界限不清的表述，但要阐明的道理却是一以贯之的，然而对读者来说，就要小心为是，得全面理解其思想，看清真意，不因某些表述问题把他归为"墙头草"和"骑墙派"之列。

第五，他的价值学说和理论体系存在两大无法克服的内在矛盾。一是价值规律同利润规律的矛盾：资本主义生产过程体现为资本与劳动交换，倘若该过程按照等价原则进行，就不会存在利润，如果存在利润，就破坏了价值规律，他看到

---

① 改编自陈志武，《为什么中国人的收入差距在急剧恶化》，共识网 2016－02－02。

但却无法解决这个矛盾。二是价值规律同平均利润规律的矛盾①，由于没有科学的劳动价值论和劳动力概念，他在解释时也陷入了不能自圆其说的窘境。

## 三、分配学说

他力图通过对各阶级之间分配问题的研究，阐明如何为资本主义生产的发展提供最有利的条件。研究的起点是工资，因为工资在社会产品份额中占决定性作用，不能补偿则再生产便无法进行。在给马尔萨斯的一封信中，他说，你认为政治经济学是对财富的性质和原因的研究——我认为它应该叫作对决定工业产品在它的形成中各阶级同意的份额的研究。如果说，斯密将生产理论置于其研究的中心，而李嘉图更注重分配问题。这是因为，他所处时代环境变化，让他更关心分配对于生产的反作用——整个社会经济结构从农业到制造业的转变，提出地主和资本家所得相对份额变动，与在产品生产过程中的贡献有关，否则，制造业发展的动力——劳动与资本的主角作用，就无法得到说明，更无法推动国家采取有利于结构转变的政策。所以他说，在社会不同发展阶段，土地总产品中的各个部分分配是政治经济学中的首要问题。显然，将分配问题提到重要地位，成为经济学说史中的转折点，是李嘉图开启的。

### 1. 工资学说

他为什么要论述工资问题？如前所述，因为自然界的物品是稀缺的。"同比例数量的劳动提供追加数量食品的困难的增加，也使工资提高"——意思是在生产粮食的过程中，由于贫瘠土地的使用，想要得到同样数量的粮食，就得付出更多的劳动，市场需要更多劳动，所以工资必然上升。而高工资刺激人口增长，进而使劳动供给增加，在其他条件不变情况下，又使工资转头下降；另外，他把劳动当成商品，错误地认为工人出卖的是劳动，因为没有劳动力这个概念。在他眼里，劳动的自然价格其实就是劳动力价值；他还考察了劳动的自然价格和市场价格的关系，实际上就是劳动力价值和它的货币表现即劳动力价格之间的关系②；他在工资理论中，最突出的贡献是对相对工资或比例工资的分析。从劳动价值论出发，他说明雇佣工人劳动创造的价值在工人和资本家之间进行分配：体现在产品价值中，工资的变动引起利润的相反运动，在技术进步的条件下，即使工资的绝对量有所提高，但只要落后于利润的提高，那么相对工资仍然下降。也就是

---

① 这个矛盾，我们将在李嘉图学派破产时再详加说明。
② 陶大镛，《外国经济思想史新编》，江苏人民出版社 1985 年版。

说，判断任何一个阶级获得的经济利益，不能根据他们所获得的产品的绝对量，而应根据其中他们能够支配的劳动量。在机器和农业改良的前提下，如果工资不能与利润同等水平提高，就可以说工资实际上是降低了。这个学说，大大超过前人理论，动态揭示了资本主义社会的经济关系。

### 2. 利润学说

他的利润学说，与其工资和价值理论的推论相关。按照李嘉图认可的英国古典经济学关于工资有一个自然基础的传统说法，在经济增长过程中，由于食物价值增长必然带来货币工资增长，在劳动生产率不变的条件下，对劳动的需求则有所增加。而制造业就不同了，制造品的价格早在确定的水平之上，生产它们不需要追加的劳动。因此，随着货币工资的增长，利润必然趋于下降。另外，他的利润学说，还有几个要点：一是他比斯密更一贯地坚持利润是劳动耗费的结果，生产过程中商品价值的增加，分为工资和利润，二者虽共处一个统一体中，但却是你多我少的关系；二是他虽然没有剩余价值的概念，但研究利润时，经常把用于生产资料方面的资本，即不变资本撇开，而只观察用在工资方面的资本即可变资本与利润的关系，所以实际上他有剩余价值理论的基本思想；三是详细研究了利润量的变动规律。工资变动是原因，利润变动是结果。引起这种变动的最终原因是生产生活必需品的劳动生产率的变动，这就揭示了工人与资本家利益的对立；他看到利润率下降趋势，但并非归因于资本有机构成提高，却认为是贫瘠土地投入，农产品价格提高，产品价值中更大部分被工资吸收的缘故。这显然是有错误的[1]。

### 3. 地租学说

李嘉图仍然从劳动决定价值的原理出发，说明地租来源。其一，地租的性质。认为地主从出租土地得到的全部收入并不都是地租。可取的是，把真正的农业地租和投资土地上的资本利息区别开来，地主在生产上没有任何花费，只是凭借对土地占有得到不劳而获的寄生收入；其二，在劳动价值论基础上阐明了级差地租的两种形态；其三，其缺陷是未区别封建地租和资本主义地租，把级差地租形成的条件看成原因，也没有绝对地租；其四，他的地租学说，既反映了级差原理的作用，也反映了边际原理的作用。根据级差原理，在不同地点生产的产品，在同一地点借助不同的劳动和资本投入生产的产品，其生产成本不同。根据边际

---

① ［美］亨利·威廉·斯皮格尔，《经济思想的成长》，晏智杰等译，中国社会科学出版社1999年版，第283页表。

原理，产品的交换价值包括了在扩展耕作边际之上即最贫瘠和位置最不利但其产品仍然满足现有需要的土地上发生的生产成本，或者说，价值包括在强化耕作边际之上即以需要满足生产需求的最后数量的劳动和资本的投入生产产品发生的生产成本[①]。这虽然是后人的评判，但也可以说，李嘉图的确有从量的角度阐述地租变动的初衷。

### 4. 货币学说

货币流通量决定于其价值的原理。他从劳动价值学说出发研究货币，接受斯密关于货币是商品的观点，把劳动时间决定价值量的理论应用到货币上，认为铸造货币的金银，同其他商品一样，也是有价值的，其价值也是由生产金银时所耗费的劳动量决定的，这是正确的；他揭示了流通中所需货币数量的规律，可用公式表示：

$$货币流通数量 = \frac{商品价值 \times 商品总量}{货币价值}$$

**货币数量论。** 以往货币数量论是一种用流通中货币数量变动说明商品价格变动的理论。根据这一理论，在流通中商品价值已定的情况下，货币的价值决定于货币的数量，因此商品价格的高低也决定于货币数量的多少。一国货币量增加，货币的价值就下降，商品价格上涨；反之，货币量减少，货币价值上升，商品价格下降。这个理论同他的劳动价值论相矛盾。货币的价值究竟由什么决定是问题的症结。李嘉图意识到这里的矛盾，于是做出这样的解释：第一，从国内黄金生产来看，如果产量增加，超过流通中所需货币量，黄金的相对价值下降，商品价格上涨，这样黄金生产就会减少，从而使黄金生产适合货币流通需要，黄金的相对价值提高到它的正常价值量。反之亦反。第二，从黄金在国际间流动上看，全世界的黄金是根据流通的需要按一定比例分配于各个国家的，这就需要取决于各国的实业和财富。在这种情况下，货币在一切国家具有相同的价值，就不会有货币的输出与输入。然而如果一国发现金矿，货币流通量过多，物价上涨，货币价值跌到金属价值以下，那么黄金就会输出，商品就会输入，直到货币流通量恢复正常为止。反之亦反。并认为，自由的对外贸易会自动调节各国流通中所需要的货币量，输出黄金可以减少流通量，提高黄金价值和正常水平。以上的理论自有道理。他把货币看成商品固然不错，但仅当成流通手段，忽视其具有的储藏手段职能，也抹杀了金属货币流通规律与纸币流通规律的区别。

---

[①] [美] 亨利·威廉·斯皮格尔尔，《经济思想的成长》，晏智杰等译，中国社会科学出版社1999年版。

**稳定通货方案。**在货币数量论的基础上，他又提出稳定通货的建议。认为金币和银币是不会超过流通需要的，但纸币有可能超过流通需要。纸币发行过多，必然引起通货膨胀。稳定的通货应建立在贵金属的基础上，但在流通中完全使用黄金，则是一种不生产的耗费。因此主张用一种与黄金等值的、随时可以兑换黄金的纸币代替黄金投入流通，这里所说的纸币，其实就是银行券，它可以兑换黄金。这反映了当时工业资产阶级的利益和要求。

## 四、自由贸易学说

**对外贸易与利润率。**他继承了斯密的国际分工和自由贸易学说，提倡"商业完全自由的制度"。在他看来，只有商业完全自由，个人就可以最有效地利用资本和劳动，社会利益就可获得最大限度的增进。同样，只要商业完全自由，各国就可以最有效利用自己的资源，世界上各民族的共同利益就可以获得最大限度的增进。在此基础上，他提出自由贸易与利润率的关系，认为，一国在对外贸易中取得较高的利润，不能提高本国的利润率。因为商业竞争会使对外贸易的利润平均化，特别有利的部门的利润会迅速下降到一般水平[①]。还认为，对外贸易的增长和国内的分配有重要关联——对真实工资是有利的。他否认对外贸易影响商品价值（与其劳动价值论一样），但是从分配角度看，贸易增加可以提高人的收入，这是从总的方面看的。但是，要使利润率提高，就必须设法降低工资，只有进口廉价谷物，从而使工人的生活必需品价格降低，才能使一般利润率提高。可以看出，他是站在工业资产阶级立场上，抨击谷物法阻碍资本积累，妨碍资本主义生产发展。

**比较成本学说**[②]。李嘉图的比较优势或比较成本学说，至今还是一条重要的经济学定律，具有广泛的应用性。即从比较成本的相对差别出发，认为在资本、劳动不能在国际间自由转移的前提下，各个国家应专门生产它们在生产成本上优势最大或劣势最小的商品，这样通过贸易进行交换，都能节省劳动，得到好处。

我们可采用下表说明李嘉图的比较成本学说

|  | U.S. | U.K. |
|---|---|---|
| 小麦（1 蒲式耳/人工小时） | 6 | 1 |
| 布匹（1 码/人工小时） | 4 | 2 |

李嘉图[③]的表与斯密不同的地方在于，英国不仅在小麦而且在布匹生产上也

---

① 陶大镛，《外国经济思想史新编》，江苏人民出版社 1990 年版。

② 宋承先，《西方经济学名著提要》，第 135 页。

③ 我们用的是美国教科书上的表，易于理解。

处于绝对劣势，但是交易也能发生，且双方共赢。该表说明英国在布匹上的劣势是 1/2 于美国，而在小麦上则是 1/6 于美国。所以相比而言，英国还有在布匹上的比较优势。换句话说，美国在小麦生产上的比较优势更大。英美都应该按照比较优势的要求，专注于具有比较优势的生产，实现完全的分工。

假设：2 个国家、2 种产品交换；劳动是唯一生产要素，且只在国内流动；自由贸易，政策不限制；双方生产成本不变，没有规模效益等。

过程模拟：如果美国出口 6 蒲式耳的小麦，换回英国的 4 码布匹，还不如国内自己生产，它不能接受出口 6 蒲式耳小麦换回少于 4 码布匹的情况。同样，英国也不能为从美国进口 1 蒲式耳小麦，而放弃 2 码布匹，那样是没有意义的。

为了说明两国共赢，假设美国为从英国得到 6 码布匹而出口 6 蒲式耳小麦（劳动时间相等，没有工资差别），美国可以多得 2 码布匹（或节约 1/2 小时的劳动时间），因为它在国内的交换比例是 6 蒲式耳小麦换 6 码布匹。英国当然也有利可图。因为 6 蒲式耳小麦得自美国，如果自己生产，需要 6 倍于此的人工投入，英国可以节省 6 小时的人工专门生产 12 码布匹。所以，英国可以多得 6 码布匹或节约 3 小时劳动时间。英国所获利益比美国大这个事情并不重要，关键是它在两种产品的生产上都处于绝对劣势的情况下，还能通过交换而得到更多利益[①]。

综上，可以说，李嘉图也像斯密一样，采取了由个人经济行为推广至国家经济行为的办法，来分析论证他所说的比较优势以及建立在比较优势基础上的贸易模型。

在李嘉图看来，在商品的交换价值由生产中所耗费的劳动量决定的条件下，每个人都会致力于生产对自己说来劳动成本相对较低的商品。他举例说，"如果两个人都生产鞋和帽子，其中一人在两种商品的生产上都比另一个人具有优势，不过在帽子生产上只领先于其竞争对手 1/5，而在鞋的生产上却要领先于其竞争对手 1/3；那么，这个具有优势的人专门生产鞋，而那个处于劣势的人专门生产帽子，难道不是对于他们双方都有利吗？"

评价：比较利益理论本质上是一种静态均衡理论，是从一定时点的国际比较生产力结构出发论证贸易的可能性及其增加生产总量的结果，并非以结构进步为对象，从本质上是排斥结构进步的。但它为现代自由贸易理论奠定了基础。

---

① 假定律师打字的速度是其秘书速度的 2 倍，那么该律师就具备在律师事务和打字两方面的绝对优势。然而，由于秘书没有法律学位不能从事律师职业，所以，律师在这方面具有更大的绝对优势或比较优势，而秘书则拥有打字的比较优势。根据比较优势原理，律师应用其全部工作时间从事律师业务而让其秘书专门打字。如果律师从事律师业务每小时可获 100 美元，同时他必须为秘书打字付出 10 美元/时的话，实际上如果他自己打字就会失去 80 美元/时。原因是他应当付出 20 美元给秘书（他打字速度 2 倍于秘书），不然自己无法获得 100 美元/时的律师事务收入。

# 第四篇

# 古典经济学说

## （下）

# 第一章　萨伊——经济自由主义经济学家

萨伊[①]及其思想在经济学说史上，存在不少争议。但这正说明他提出了新的东西，为人们开辟了新的研究视角。第一，对他究竟是什么经济学家的评价。一是作为"庸俗经济学开创者"的看法[②]，就是他不但扩大了斯密理论中的庸俗部分，即说明不了问题时就转了弯的循环论证、同义反复，而且也刻意掩盖资本主义经济的内在矛盾，为资本主义辩护，所以有些学者认为，李嘉图就要比萨伊好很多，虽然他也坚定认为资本主义是新生力量，但遇到矛盾的时候，还不回避，能够正确对待资本主义经济的弊端，萨伊所不及的正在于此；二是李嘉图本人的看法。李嘉图认为萨伊是大陆作家中首先正确认识并运用斯密原理的人，给了他极高的评价。按道理说，李嘉图应当最清楚萨伊思想中的斯密的庸俗，但却没有对萨伊持那样的评价。这是为什么？据传统说法，李嘉图和萨伊走的是截然相反的两条路，一个坚持发展斯密的科学部分，一个坚持和发展庸俗部分，二者泾渭分明，不能调和。但笔者认为这个说法过于牵强。长期以来，我们以"马克思主义斗士"自居，苛求前人的态度是不可取的，不能把前人的探索都用马克思主义的阶级斗争观点划线；第二，他用新的方法和理论，对解释现实经济问题，主要是对市场经济机制提供了新的说法。根据对普遍存在的事实，而非先验的假设出发，研究一国的致富之道。所以要用统计学对事情做出宏观的说明，而不是像重商主义根据局部事实得到结论，政治上的开明和经济上的个人自由主义这样的经济环境才是致富的社会原因，这就为实证分析为主流的西方经济学开辟了道路；第三，有人认为他不能揭示资本主义的内部矛盾，缺乏制度和生产关系分析那样的历史感。然而我们却看到，他的思想带有法国和重农学派的特色，相信资本主义经济的各个参与者如果可以充分发挥自己在市场经济中的功能，社会经济乃至政治就是和谐的，这是他一贯坚持的理念。

萨伊与李嘉图是同时代人，然而英法两国的国情和当时的形势却有很大差别，这是认识他们理论区别的重要因素。萨伊曾在英国商业学校学习，毕业后遵

---

① 让·巴蒂斯特·萨伊（Jean. Baptiste Say，1767—1832），法国第一位政治经济学教授，人类历史上第一位产业经济学教授。

② 这个看法源于马克思，过去也被我国经济学说史专家坚持。

从父命，在一家人寿保险公司任职，此时他接触到《国富论》，读后如获至宝。萨伊在法国大革命前后热烈拥护大资产阶级和革命，但是当代表小资产阶级和人民群众的雅各宾派上台后，就跟随大资产阶级一道反对革命，说明他的政治立场是拥护大资产阶级的。而且，法国当时大资产阶级的历史任务，需要的也不是像李嘉图那样的企图联合工人阶级对抗土地贵族势力的经济学家，而是萨伊那样力主劳动和资本协调一致发展资本主义的思想家，萨伊的思想迎合了大资产阶级的要求。1803 年，他发表《政治经济学概论》，解释斯密的经济学说，后来又在大学里讲授政治经济学，同时将斯密、李嘉图和马尔萨斯的著作翻译过来介绍给法国学术界。

萨伊认识到他生活在新的时代，从以前数百年到他经历的年代里，科学和技术进步极大提高了劳动生产率，同样的投入会带来更大的产出，或者可以用更少的投入生产同样的产出。对于他而言，科学技术成果的传播成为一个十分重要的问题。关键在于"低价格"，"一国的丰饶与商品的低价格成比例"，这和斯密的观点相一致，却和他的前辈重农主义者对农产品低价格的抱怨不同。显然，这与他看到资本主义在工业中的发展和结构变化有关，否则，他就不可能有此过人的见解。他还认为，如果生产成本连续递减，所有商品都会变成像空气和水一样的免费品，也就没有经济问题的存在了。这个观点，显然是对经济前景过于乐观。后来的凯恩斯亦认为，如果没有某些障碍，生产的经济问题会在 100 年内得到解决，而加尔布雷思在《丰裕社会》中则预示我们这个时代可以解决稀缺这个根本的经济问题，都同萨伊如出一辙，他们都对发展之中存在的"不确定性"及其危害估计不足。

## 一、政治经济学的对象、方法和重要性

**萨伊认为，政治经济学研究对象是财富的生产、分配与消费。**如果不把研究对象搞清楚，就不能使这门科学取得进展。他说，长期以来，研究社会秩序所依据的原则是政治学①，和阐明财富是怎样生产、分配、消费的政治经济学混为一谈，斯密奠定了国富民强的理论框架，但是政治经济学的研究对象仍有待推敲。萨伊把经济生活理解为顺次进行的三段论②，这与后来穆勒认定的四段论③一起，说明了一般经济学研究的内容，当然是有价值的。但是它隐含的意思是否定了生

---

① 萨伊认为，政治学是阐述政府和人民关系及各国相互关系的科学。
② 从生产经过分配进入消费。
③ 按照生产、分配、交换、消费这样的顺序。

产关系的历史性和过渡性，用一般的、抽象的生产、分配与消费代替资本主义的内容，否定了任何生产都是在一定生产关系下进行的、生产关系自身也都有演化变迁的历史。所以萨伊如此定义政治经济学的对象，的确有浅薄之嫌，但是从另一个角度看，假如对资本主义没有信心，也不会这样做。

就研究方法而言，他认为，应该采用哲理推演的方式。其优点在于，只承认经过仔细观察的事实，以及根据这些事实所作的精确推论。所以，政治经济学是阐明事件是怎样发生的实验科学。斯密能从观察到的事实出发，追溯支配这些事实的一般规律，而李嘉图却依据过于一般化的抽象原理来推论，并且不用实际经验来检验推论的结果，是一种直线式的推论，会导致谬误。分析萨伊的论述，促使我们思考下述问题：李嘉图遵从理论—理论的研究路线，追求理论的完整，但是与现实脱节，恐怕不可取；但是斯密依据的可观察到的事实是否充分，是否存在信息不足，在这种情况下，做出的推论是否正确，也有待推敲；但无论如何，萨伊从详尽事实出发再做出判断的说法，给实证经济学的发展指出了道路。

政治经济学的重要性在于既能使国家得到良好的经济制度的利益，又能提高公民管理企业的水平；它既能说明财富来源，又教导人民如何能取用更多的财富并不使富源枯竭；它既能证明人口增多，又能有更好的生活必需品供给。所以穷人和富人的利益都能得以满足，国内国外的对抗就是愚蠢的。这么看的话，就没有什么比研究政治经济学更为重要的事情了。

萨伊还对政治学和政治经济学做了对比，认为严格地局限于研究社会秩序所根据的原则的政治学，在长久时间内，和阐明财富是怎样生产、分配与消费的政治经济学混为一谈。然而，财富本来不依存于政治组织。一个国家不管政体怎样，只要国家事务处理得完善，就能达到繁荣。许多由专制君主统治的国家富裕起来，而许多由平民委员会议治理的国家却弄得山穷水尽。所以，财富的运行有其独特规律，自由和国家的少干预才能使财富的生产、分配和消费步入正确的轨道。

但是我们这里要提到一个问题：财富的生产和分配、消费怎能不依赖国家呢？

## 二、财富的生产

萨伊对一般的生产过程颇有研究，主要提出两个流传于世的思想。

**生产三要素论。**萨伊在论述物品生产过程的时候，首创生产三要素论。

首先是财富与生产的关系。他认为，财富具有内在价值，并和价值成正比。

生产不是创造物质而是效用。物品满足人类需要的性能就叫效用。有人认为他独开生面提出一种新的价值理论——效用价值论，效用是形成价值的基础，而不是劳动决定价值，创造有效用的物品就是创造财富。这么说固然不错，但忽略了不同生产方式下创造效用的实质，过于笼统和一般，与自然科学无二。而且，如果说效用决定价值，那么空气有效用但无价值的这个现象就无法解释。

其次是劳动、资本和自然力三种生产要素在劳动过程中互相协作，对产品价值都做出自己的贡献。并说事实证明，生产出来的价值都归因于劳动、资本和自然力的作用，但这三者往往不是属于同一人所有，它们的协作要通过租借来实现。由于它们协作创造了价值，因此通常必须为它们的使用支付报酬，对借用劳动力、资本和土地所支付的代价分别称为工资、利息和地租。所以说，与生产三要素对应的是其所有者获得的报酬，这没有什么不对，但要说三者都有生产性，就必然存在疑问。因为除劳动外，其他二者之所以具有生产性，前提是劳动加于其上，否则就是死的东西，诚如配第所说，劳动毕竟属于主动要素，没有劳动者的劳动带动，其他要素怎能自行生产和增值呢？

最后是取得任何产品的劳动都可以分成理论（研究这个产品的趋势和规律）、应用（应用上述知识来实现一个有用的目的）和执行（进行上述提示的操作劳动）三部分。三部分的利益相关与和谐有效才能得到产品。萨伊的这个说法，从管理和工艺流程上说没错，但却没有揭示出隐藏在这三者中冲突的原因，粉饰了当时深刻的社会矛盾。所以说，他的理论是社会科学的自然科学化，具有庸俗成分在内。

由于比较深入地研究了产品的生产过程，他还提出这样的观点：人类劳动还创造另一种价值，人们也愿用贵重和耐久产品与之交换，但它一生产出来，便立即毁灭，这就是无形产品。比如医生的意见是用诊费换来的。生产和消费同时发生，是这种产品的特点。强调这，是因为它特别重要，医生、教育人员、律师等也都属于生产劳动范畴，如果他们不存在，社会也不存在。所以我们说，萨伊第一次对宽的生产劳动理论做了粗糙的说明。当然他承认很多职业不可或缺，也不是说，从事这些职业的人越多越好。他提出的标准是，如不能扩大社会需求，此种职业便一定是多余的。

**萨伊定律。**简单地说，就是生产给产品创造需求，生产的种类越多越好。萨伊论证说，在以产品换钱、钱换产品的两次交换过程中，货币只在交换的一瞬间起作用，当交易最后结束时，我们发现总是以一种货物交换另一种货物。所以，商品是用商品来购买的，也可以推论，生产给产品创造需求。因为商品销路的呆滞或不畅不是因为缺少货币，而是因为缺少其他产品。因此，一种产品一经产出，就给与它价值相等的其他产品开辟了销路。一般不会有全面过程的生产性危机存在①。

由此，他又推出几个重要结论：第一，在一切社会，生产者越多、产品越多样化，产品便销售得越多越快和越广泛，生产者利润越大，价格总是跟着需求增长而上涨；第二，每一个人都与全体的繁荣有利害关系；第三，购买外国货绝不会损害本国产业和生产，因为不管用现金还是本国货物支付，都会给本国货物开辟销路；第四，鼓励消费对商业无益，而鼓励生产是贤明的政策；第五，政府干预和指导生产的规定对繁荣有害无益。因为生产者最清楚生产什么才能满足社会需求，从而获得自己的最大利润，因此产业和财富的健全状态是绝对自由②，政府管理如果利于企业发展的外部环境，便是有益和正当的；第六，政府经营生产事业将给国民财富的生产效益和企业竞争造成危害；第七，私有权是生产要素发挥最大生产力的重要条件。

我们认为，结合他的生产三要素论，可以这样理解萨伊定律：一个社会被生产出来的产品总会有相应的等量的需求。因为生产出来的产品价值意味着参与该商品生产的各要素取得等量收入（工资、利润、利息和地租），人们收入除去购买消费品，储蓄的金额会用于投资或者购置生产资料以赚取利润。所以，萨伊定律——总需求等于总供给的命题，可以表达为任何数量的储蓄必然全部转化为投资，不会出现需求不足引起的生产过剩。换句话说，这也就是萨伊"市场法则"的中心。如果接受他的观点，就容易产生这样的立场：无论市场出现怎样的麻烦，比如企业破产，大量的失业工人，政府都没有必要或可能去干预市场，市场最终会自行解决，干预只会导致市场的扭曲。该定律在 20 世纪 30 年代被凯恩斯判处死刑，但后来被里根政府所依赖。

## 三、财富的分配

在萨伊的理论中，分配占有重要位置，因为分配对于生产和消费都有巨大的反作用，也是连接二者的中间环节：

首先，需要分析构成分配对象的价值的本质③。萨伊认为，物品的价值基于其效用，没有效用而人们不需要的物品也就不会有价值。但是，有些效用很大的

---

① 宋承先，《西方经济学名著提要》，江西人民出版社，第 115 页。
② 可称其为经济自由主义，与斯密一脉相承。
③ 不能说萨伊首开效用价值论，但是他较多论述了一物品效用决定了它的价值。

东西，却不具有交换价值。所以，价值或可交换价值的依据，不仅在于效用，还因为要获得它必须付出的代价。即它们在生产上做出的努力。每种生产要素价值的大小与它在生产中各自提供的合作的重要性成正比例。各种生产要素的价值总和就是它们合作生产出的物品的生产费用。衡量物品价值或称可交换价值的唯一标准，是该物品换取其他物品的数量，这在商业行为上和一切以货币估定价值的行为上叫市价。市价就是由需求和供给来决定的，即价格随需求增加和供给的减少而成比例上升，反之则反。由此，我们看出，萨伊的生产理论是三要素和萨伊定律，而在交换领域，即商品价格由市场供求决定的，并指出影响供求的若干因素。这同斯密的劳动价值论几乎没有关系。说到这里，就产生了两个问题：第一，李嘉图认为萨伊是斯密思想在大陆的最好传播者，他为什么没有看出效用和劳动对价值决定的重要区别？看起来，萨伊只是强调了效用在价值形成中的作用，但并未提出效用价值论。第二，为什么效用价值论要比劳动价值论出现得晚？如果早问世，经济学将会成为什么模样？这就要从为什么人们先考察财富的创造源泉，然后再论及需要和消费问题这样的思维路径来思考了。

其次，需要确定价值一经创造，是根据什么规律在社会各成员之间进行分配，成为个人消费的收入和消费的源泉。产品既然是由劳动、资本和自然力三者协同共创，那么创造出的产品就构成了拥有这些生产手段的人的收入。怎样处理收入的权利乃是生产手段所有权的结果，而劳动所有权相比其他两样更不可侵犯，人们投入资本或积累的产品都是人们节俭的结果。

具有一定效用和价值的财富，作为参与生产的各生产要素的报酬，分配给它们的所有者，成为各阶级的收入。分配给地主的那部分价值叫地租，分配给资本的那部分叫利润，分配给工人的叫工资。所以每个阶级都从生产的总价值中得到自己的一份，这一份就是本阶级的收入。后人把这个思想称之为萨伊所创的"三位一体"公式。照此看来，工资、利息和地租都是自然形成的，都是生产要素所有权的出借和补偿的结果，的确有掩盖剥削之嫌。与此不同的是，马克思就高明一步，他深入挖掘了各种不同生产要素所有权究竟是怎么来的，又怎么通过生产过程实现的，将剥削这个概念建立在科学基础上。

萨伊还把劳动的收入分为三类：科学家由于培养费用高，因而收入应当高；资本家因为不可多得，也投入巨额的稀缺资本，他们所从事生产的报酬也应当高；而"执行的劳动"即一般工人的劳动报酬，因为其供大于求，维持生活和家属的费用不高，故而应当较低。我们可以看到萨伊将人的才能、工作与收入挂起钩来，已经接触到当今经济学家论述的人力资本思想，然而他当时做此探索，主要是从统治阶级的愿望出发的。

## 四、财富的消费

每年创造出来的财富，最终都要进入到消费过程。消费意味着，不论是生活资料的消费还是生产资料在物质生产过程中的消费，都必须得到补偿，所以它是再生产的重要环节，萨伊是经济学说史上，第一个对此进行了充分论述的经济学家。

**消费的特点。** 他认为，生产意味着效用创造，消费意味着效用消灭。效用一经消灭，商品本身的价值也就消失，但可以凝结在别的物质上重新存在。比如作为资本使用的价值、机器等，就是明显的例证，否则再生产势必遇到障碍；他提出个人和国家的年消费量概念，并把国家总消费分为公共消费与私人消费，它们既可以是生产性消费，也可以是非生产性消费；消费者同时又是生产者，富裕国家比贫穷国家有更多的消费，因为他们是更大的生产者，不会走到入不敷出的境地。在这里，他很少谈生产目的，因为有制度优越的前提。

**消费的结果。** 非生产性消费通常可以满足某种欲望，却没有再生产价值。生产性消费则反，能够为持续性的生产提供条件。消费者一般根据消费对他引起的损失和提供的满足的估算来决定消费量①。收入如果不都用于消费，必定可以节约。但节约没有固定规则，必需品和非必需品要随社会发展和变动而发展变动。但是收入只能通过生产性消费增加，绝不能通过奢侈性消费增加，节约是增加资本扩大再生产的唯一途径。

**公共消费的管理。** 萨伊认为，公共浪费比私人浪费更是犯罪。因为政府浪费的不是属于他自己的东西，他实际上是公共财富的托管人。但是如果存在纳税人监督，浪费必将减少。贤明的政府必须研究公共消费产生的利益，是否超过为此目的而牺牲的价值。国家消费的主要目的是维持公共事业和某些生产劳动场所。

**课税的要求。** 他认为，由于课税是将私人一部分充作公用，因此课税本身并不是再生产的办法，但是又必不可少，所以就提出危害最少的租税的几个原则：税率适度；在不增加国库困难的前提下，最低限度地烦扰纳税人；各阶层人民负担公平；在最小程度上妨碍再生产；有益于国民道德；抑制非生产性消费；等等。可以看出，以上系萨伊立足维护制度和促进发展提出的政策主张，比较切合实际，不是说教。

---

① 可以说这是消费理性的基本思想，它来自于信息完全。

## 五、萨伊的贡献和对他的评价

萨伊的生产三要素论、萨伊定律、分配和消费的观点，都揭示了一般生产的规律，你可以说这是浅薄的，因为毕竟没有从制度变迁和发现矛盾的角度提出论述问题。但如果我们从另一个角度——不苛求前人，善于发现其思想中有价值的方面，就能够得出比较科学的结论：在经济学说史上，萨伊的贡献是被低估了。作为供给方面最早的阐述者，他对生产要素、经济结构和科学技术以及管理包括人力资源等都有论述，如果供给得法，能够带动需求，经济就会正常运转，政府也就不必干预。另外，他赞同的是实体经济，货币的数量必须按照实体经济的要求来正常供应，否则就会对萨伊定律的实现构成威胁。萨伊虽没有像马克思一样从生产关系角度揭示资本主义的内在矛盾，但是这些对于解释经济发展、要素贡献和对现实经济运行的建议，不能不说比很多思想家包括马克思都有实际价值。

萨伊在理论上的前后传承作用。他是自由主义的经济学家，主要是从减少政府干预，让市场充当配置资源的主要角色，提出政府所获"租金"是破坏市场经济秩序的观点，有人认为这是他对经济学和政府管理经济的一个贡献，我们可以联系李嘉图和后来布坎南等人的观点，说明萨伊在其中起到的重要作用：

——李嘉图不仅说明地租是凭借所有权带来的收入，而且从人们对食物需求角度来看土地供给完全无弹性，来说明租金具有不断上升的空间，因此，垄断者将永远从中获利。但它不能保证对稀缺土地的合理使用。

——萨伊把上述思想扩展了。凡是能够获得政府的帮助而拥有权力，不管是从事贸易还是避免竞争时，从中得到的收益都可以视为"租金"；政府授权或政府保护垄断的成本包括：传统的效率损失加上寻租活动的机会成本。

——后来，布坎南等人把生产者为获得政府偏袒而相互竞争的行为定义为"寻租"。这种行为给个人带来丰厚的报酬，但对整个社会却不会产生经济价值。

萨伊还为后人开辟了新的研究方向。如奈特①在经济学上最重要的贡献是提出了利润理论。他继承了萨伊、克拉克和熊彼特的理论。萨伊区分了资本的收入

---

① 美国经济学家，芝加哥学派创始人。

和企业家经营收入——两者是不同的[①]。企业家通常运用一些他自己的资本，但是他作为企业家的收益必须在概念上与他作为资本家的收益区别开来。虽然企业家在各行各业中开展活动，但并非各行各业都要求同样的企业家天才，企业家总体上的稀缺和才能上的良莠不齐、他们各自承担的风险不同，可以解释他们总体上的高收入和其间存在的工资收入差距。如果他们使用的是外部资金，还要求他们具有良好的声誉。对于企业家的要求，萨伊看得比较清楚。后来奥地利学派的庞巴维克将时间因素加入经济分析，用现在物品和未来物品的时间差别说明利息，将利润当成利息的一种形式。美国经济学家克拉克认为利润是在动态经济中产生的，静态经济中产生不了。20 世纪 20 年代以后，关于利润存在的原因又出现两种新解释：熊彼特之企业家敢于冒风险大胆创新的报酬理论，奈特关于企业家应对"不确定性"是利润来源的理论——企业家应对风险是没有利润的，等等，都是以萨伊区分企业家和资本家收入的思想为源泉。

---

　　① 由于他那个时代产业资本的活力，他也就发现了康替龙曾经朦胧提到的企业家，他们都是新生生产力的代表，和传统资本家有所不同。这部分人主要指制造业中的主要的制造商、农业中的农场主、商店中的店主等。一般说来，是在所有三部门中承担直接责任与风险，并勤政管理的个人，无论他是用自己的资本还是用借来的资本。

# 第二章　马尔萨斯——特殊的古典经济学家

我们相信，大家对马尔萨斯的大名和思想都有一些了解或是懵懂的认识，这起因于其提出的人口论在我国遭受批判的情况。20 世纪 50 年代，原北大校长马寅初写出《新人口论》，提出人口增长也要有计划并控制过快增长的主张①，因为和当时流行的思潮不对号，当即就被诬为马尔萨斯主义者并受到无情的批判。"错批一人，多生几亿"，使人口成为我们当今现代化发展和资源约束的瓶颈。时至今日，我们也不能说，马尔萨斯提出的东西是科学，但的确有其合理的成分。所以，应该对马的观点进行研究，有的东西也可以借鉴。不管怎么说，自他的著作出版后，人口问题引起社会的广泛注意，并逐渐发展成为一门独立的科学。而继《人口原理》之后，他对经济问题又发表了一系列著作，本来当时已经被浩如烟海的经济学著作淹没，但是由于近百年后凯恩斯的大力赞扬和追捧，把近代有系统的经济思想的开始归之于他，于是其经济理论又为西方经济学界所重视。可见，他头顶经济学家和人口学家的桂冠，还是名副其实的。

从政治观点和阶级立场上看，他既是资产阶级的代言人，又是资产阶级化的封建贵族的忠实卫士②。当工业资产阶级与地主和贵族利益一致时，他拥护资产阶级的利益，反对人民群众和无产阶级。但当他们利益相悖时，他就站在地主贵族一边，反对资产阶级。这就是其特殊所在。他和李嘉图是同时代人，但是为什么提出相反的经济思想，这就是问题的症结。笔者认为，可以从两个角度思考：第一，阶级立场是从世界观那里来的。而世界观的形成又和出身经历等密切相关。马尔萨斯从统治阶级利益出发，自觉要求抛弃任何理想主义，提倡当时边沁鼓吹的功利主义，现实、自私甚至冷酷，这正是统治阶级思想家的有力武器。他认为要维护财产私有制，必须要承认即便在此制度下也不可避免的罪恶与贫困，社会在剥夺了穷人的生存权后才能发展和和谐，这是一种极端的思想，因此开始

---

① 按今天的说法，人口增长过快就有陷入马尔萨斯陷阱的危险。何谓马尔萨斯语境中的陷阱？人口是按照几何级数增长的，而生活资料仅仅是按照算术级数增长的，多增加的人口总是要以某种方式被消灭掉，人口不能超越相应的农业发展水平就称为马尔萨斯陷阱。但是英国等西方国家已经成功地绕过该陷阱，一个例证就是在人口增长上从过去的两高一低——高出生率、高死亡率、低增长率过渡到工业革命后100 年至今的三低——低出生率、低死亡率和低增长率。

② 晏智杰，《西方经济学说史教程》，北京大学出版社 2002 年版。

时不得不匿名发表其著作。但是，思想极端并不妨碍他与其他经济学家的交流。他与李嘉图既是争论对手，也是朋友，互相来往不断。第二，怎样认识当时的社会现实和社会思潮？当时最重要的社会现实就是产业革命在高潮时期并为资本主义生产方式奠定了机器大工业的基础，而机器工业的发展造成小生产者破产和群众失业。法国资产阶级革命爆发，又激励了英国人民的革命热情。在这个社会存在的基础上，英国和法国思想家高德文和康多塞提出了几个重要观点：人和社会经过变革可能达到完善，阶级和民族不平等终将消灭，作为社会前进主要动力的仁爱心将取代自私心；人类在生理上也可能趋于完善，因为人会认识自己由于乱生育和无限制增长带来的损失；人类贫困和罪恶的根源，在于人类社会制度及现存政治条例和财产制度，人类理应认识并铲除它。以思想家和教化者（牧师）自居的马尔萨斯，自然对反映社会现实的思潮高度敏感，他知道这些思潮对唤醒民众的意义。于是就对上述三个观点进行了一一反驳。他认为平等是不现实的，现实是不平等的。没有必要的刺激，就失去公共繁荣的动力；人口增长超过生活资料增长早就存在，人类生理完善到可以自觉生育只是一种推测；人类社会制度只是人类罪恶的表面原因，其根源在于人口论，人口迅速增加，必定给社会造成难以克服的压力和负担。基于上述，我们可以看到，他是思想家、斗士、辩护论者集于一身的人物。

## 一、人口理论

从辩论中产生。在经济学说史上，马尔萨斯是把人口问题进行专门研究的第一人。但是，他提出的这些思想，是在与其父亲的辩论中想到的。老马尔萨斯将当时风靡一时的高德文著作推荐给儿子，却不料想儿子对该书和法国革命持反对态度，两人遂展开了"炉边谈话"。本是父子二人辩论谁是谁非，但结果却帮助儿子理清思路。后来，《人口原理》以小册子形式出版，不过 5 万字，按照马尔萨斯的初衷，笔述较口谈更能表达思想，而且匿名发表。由于通俗易懂，适合统治阶级需要，就博得各方赞扬。就初版而言，并不是为了探讨人口原理，而在于指责高德文等人的社会变革思想，得到较好的社会反响后，他就将第二版的内容做了变更，从第一版的论战变成对人口原理的科学探讨，补充了新材料，字数也扩充到 20 万。

**基本思想**。尽管第二版与第一版的着眼点有所区别，第一版着眼于社会"将来"的改善问题，第二版强调"过去"和"现在"的研究，内容上强调"道德抑制"的作用。然而从基本思想上看，两版的观点和结论是相同的。即两个公理：

食物为人类生存所必需；两性间情欲是必然的，且几乎会保持现状。由此，马尔萨斯又做出进一步的推论，人口在不受妨碍时会以几何级数增加，而生活资料只能以算术级数增加；在一切时期一切国家中，存在对人口增长的种种抑制，使人口与生活资料的变动相平衡。这些抑制可分为两类：积极抑制，即通过贫困、饥荒、瘟疫和战争来提高死亡率以减少人口；道德抑制或预防抑制，用不结婚、晚婚和严守道德方法降低出生率以限制人口增长。

论证过程和提出马尔萨斯主义。马尔萨斯能够提出上述思想，当然也有其形成的来龙去脉。

他参照了穆勒（James. Mill）和休谟提出的相应观点[①]后，引用了一些对自己观点有利的数据和例证，得出这样的结论：人口的增殖力要无限大于土地生产生活资料的能力，这其中又包含两个可以说明问题的"级数"。首先是几何级数。其中一个例子是说，北美殖民地的人口每 15 年增加一倍。另一个是配第的，说十年人口也可能增加一倍。但是，在配第的《政治算术》里，我们却发现无此推测；第二是算术级数。需要算的是土地生产生活资料只以算术级数增加。他撇开美国，选择英国的个别事例证明说，由于优良政策开拓土地，并对农业实行奖励，该岛国的生产物在最初的 25 年增加 1 倍，但在第二个 25 年，就绝不能假设生产物增加 4 倍，最多增加 1 倍。即便耕种得像菜园子，也就是算术级数增长了。

马尔萨斯以土地肥力递减规律作为他人口理论的基础。马克思认为，这是他从安特森那里剽窃来的。马尔萨斯举例说，在有限的地域里，土地生产的增长率必定和人口的增长率有大不相同的性质。人口每 25 年增加 1 倍和从 1000 人增加 1 倍同样容易，可是，要取得维持所增长的 10 亿人口的食物就不会和取得 1000 人的食物同样容易了，人必然为空间所限制。当全部良田被占完以后，食物每年的增加额必然依靠已占土地的改良。人们必然明白按耕作进展的比例增加的年产量，和以前的平均增加额比较，必然是逐步减少下去。他承认土地肥力递减是一种趋势，虽然这种趋势可能被农业改进所抵消，但又认为农业改进不足以改变土地肥力绝对衰减下去的总趋势。这样，土地肥力递减规律便成为他的人口理论和自然史的基础。

在做了以上工作以后，马尔萨斯就提出三个根本性命题：第一，人口必然为生活资料所限制；第二，只要生活资料增长，人口一定会坚定不移地增长，除非

---

① 詹姆斯·穆勒，《政治经济学要义》；大卫·休谟，《政治经济原理研究》。

受到某种有力而又显著的抑制；第三，这些抑制，可以归纳为道德的节制、贫困和罪恶。这也就成为马尔萨斯主义的基本内容。

马尔萨斯又从上述命题出发，进一步提出如下观点①：第一，劳动群众的生活状况取决于他们的人口数量。如果人口增加超过生活资料增长，工人人数超过劳动市场的需求，工资必然下降和工人生活恶化，迫使工人结婚和繁殖减少，结果是工人人口增加停止。在工资低廉和工人人数众多的情况下，工人为维持收入必须加倍工作，就又鼓励资本家投资和发展生产。后来，生活资料的增长持续，于是生活改善工资提高，对人口限制又渐渐松弛下来，导致生活状况又趋恶化。周而复始，不断循环，成为自然规律；第二，反对济贫法，主张废除。认为，该法是供养贫民以创造贫民的措施，应予废除；第三，反对高德文等人关于社会改革的理论。认为，废除私有制，实行婚姻自由，改善和提高人们生活，势必刺激人口增加。因为在废除私有制的社会制度下，就要假设妨碍人口增长的贫穷和罪恶已被消除，因此人口必然会以前所未有的速度增长起来，可是生活资料的生产总是有限度的，所以即使建立起理想和平等的社会制度也很快归于瓦解。如此看来，高德文等人描绘的理想社会制度不过是"美丽的空中楼阁"。他又进一步认为，只有保持财产私有制以及个人担负起养育自己子女的责任，才能使人们节制，不妄行纵欲，生殖过多的子女。私有制不仅是限制人口增长最有效的制度，而且是发展人类能力和智慧，培养和提高人类德行的最良好制度。可以看出，马尔萨斯从人口控制角度论述私有制的优越性，与斯密从资源配置的角度论述私有制的优越性，目的都是一样的，都试图说明私有制是符合人类发展最自然的制度安排；第四，积极抑制和道德抑制。战争、疾病、饥荒、贫困和瘟疫等对人口增殖的方法是积极抑制，而无力赡养子女的人不要结婚，婚前保持贞操，通过降低人口出生率保持人口和生活资料的均衡比例是道德抑制，但他反对避孕。

我们不能说马尔萨斯理论是完全臆造，在经济学说史中，每个上榜的经济学家都是其所处时代经济生活和社会生活的卓越观察者和分析者，就连马尔萨斯也不例外。哈耶克评论说②，马尔萨斯假定，人类劳动力可以几乎被看作同质生产要素③，这在当时的经济秩序下与事实相去不远（理论上的两要素经济）。因此，基于这个假设，对回报减少原理最早发现者的马尔萨斯来说，这肯定说明了只要

---

① 陶大镛，《外国经济思想史新编》，第 205 页。
② ［德］哈耶克，《致命的自负》（The Fatal Conceit），冯克利译，中国社会科学出版社 2000 年版。
③ 即工资劳动者全有相同的性质，他们全都从事农业，有着相同的工具和机会。

劳动者数量一增加，就会导致我们现在所称的边际生产率的下降，因此工人的收入也会随之下降，在最好的土地被合理划分成小块土地时尤其如此。

当然，也不能否认，马尔萨斯在论证过程中，犯了几个基本的常识性错误：

第一，把人口的进化与动物的进化过程混为一谈。

第二，前提过于简单，显然没有考虑迁移和技术进步等因素①。

第三，人类的演化也是非血缘关系合作的过程，也未考虑。

另外，可以说，马尔萨斯人口理论的一个基本错误是，将历史上的个别事情上升到"规律"。1789年，马尔萨斯针对当时欧洲严峻经济形势所写的论文——《人口论》②，如果说还能解释18世纪末的大饥荒（他亲眼看到），可能得出这个结论——"工业化之前，当英格兰的人口增加时，人均产出就会下降；如果因为某些原因③产出增加了，人口就会随之增长，并最终造成人均收入的回落"。但颇具讽刺意味的是，马尔萨斯的论文刚发表后不久，这种现象就突然在西欧消失了④。

## 二、经济理论

除了人口论外，马尔萨斯的经济理论也是别具特色的，这主要取决于其看问题的立场和他论述现实经济问题的出发点，归根到底是为谁的利益呼喊辩护。19世纪初，工业资本家和地主贵族围绕着谷物法的存废发生纷争。以李嘉图为代表的产业资产阶级经济学家认为，在限制从国外输入谷物立法的条件下，地租就会提高，使粮价上涨，引起工资增加，利润降低，导致资本积累减少。而土地贵族的地租收入，又会被其消费，没有多少节余下来转化为资本。而站在土地贵族立场上的马尔萨斯却认为，地租是自然对人类的赐予，高额地租意味着国家富足、土地肥沃、农产品丰富，低地租则意味着相反的情况。还说，英国作为独立国家，应该使粮食自给自足。与李嘉图相反，他坚决反对废除谷物法。

李嘉图研究劳动价值论后，阐明了工资和利润、地租和利润的对立。深信资本主义生产方式最能促进生产力发展，如果暂时牺牲其他阶级利益也在所不惜，

---

① 技术进步虽然可以在某种程度上抵消"土地收益递减"趋势，但是技术进步的资源约束，比如超级稻比一般稻耗费的水多，这也是一个现在提出的问题。只有将迁移、技术进步和资源约束做统一的系统的动态分析，才能提出解决人口问题的办法。

② Essay on the Principle of Population.

③ 如发明了新的生产技术、发现了新资源或开发了新市场。

④ ［美］伯格斯滕（William J. Bernstein），《解读现代世界的经济大增长》2010年版。

在科学上他是无顾忌的。然而马却代表土地贵族利益因而是保守的，绝不能出让眼前的现实利益去获得长远未必得到的东西，不仅如此，他还要证明土地贵族对资本主义发展是完全必要的，同时也看出工资和利润的对立给工人阶级反对土地贵族和资产阶级以理论武器。所以，马尔萨斯一方面维护土地贵族利益反对资产阶级，另一方面又为了维护土地贵族和资产阶级的共同利益反对无产阶级。欲完成这个双重任务，可以说，推翻李嘉图经济学说就成为他亟待解决的重要问题。

从另外一个角度看，马尔萨斯经济理论的两个部分——人口问题和总需求不足问题，构成他《政治经济学原理》的主题。当 20 世纪 30 年代以后，总需求被认为是经济学的中心问题时，马尔萨斯的"原理"，才标志着他被承认为现代经济思想的先驱者。但是强调需求的经常体现为政府干预，马尔萨斯虽然并不怀疑斯密的自由主义基础，但是他也努力说明，甚至在自由放任之下，一个国家也会面临社会经济福利的种种障碍，最重要的一种便是人口压力，所以政策也要对之做出回应。

价值论和利润论。首先是价值论，马尔萨斯从反对李嘉图的价值学说入手。我们知道，李嘉图是斯密理论的伟大继承者，主要是继承斯密学说的科学部分。斯密有两种价值理论：一是正确指出劳动是一切商品交换价值的真实尺度。另一个是商品价值是由它购买的劳动决定，甚至认为商品价值由收入即工资、利润和地租决定。李嘉图坚持了斯密正确的即前一个观点，坚持商品价值由生产该商品所耗费的劳动量决定。但是没能解决斯密意识到的劳动与资本相交换与价值规律的矛盾（可以归结为他没有劳动力成为商品的认识），而且由于把价值和生产价格等同起来，因此又产生了一个无法解决的困难，即为什么资本的利润不是取决于企业使用劳动的多寡，而是等量资本得到等量利润。看到李嘉图理论中的这个矛盾，马尔萨斯认为机会已到，开始为推翻劳动价值论准备条件，先从斯密的关于商品所能购买的劳动决定价值和收入决定价值的错误观点出发，建立起他的价值论：第一，给出三种不同含义的价值概念——使用价值，是物品的内在效用；名义交换价值或价格，是用贵金属来估量的商品价值；内在的交换价值，是内在原因产生的购买力。他特别指出，如无其他说明，物品价值总是指这种意义上的价值。我们可以明确地看出其错误是马尔萨斯不知道价值和交换价值、价格之间的区别。根据马克思的理论，后二者都是价值的现象形态，价格是交换价值最发达的形态。像马尔萨斯这样，把价值混同于交换价值，忘掉价值的决定因素是劳动，自然得出供求关系决定价值的理论。当然他提出的供求论在经济学说史上是比较系统的。第二，供求论主张价值由供给和需求之对比决定。但是问题又出来了，假定供给和需求相平衡，在此情况下，商品价值由什么决定？他知道这个困难，所以要回避。但问题总是绕不开的，为了弥补供求论这个致命缺点，提出商品价值取决于"需求强度"的论点。就是说，在供求论中，他强调需求因素，而"需求强度"不外是指具有购买力的愿望而已。它以商品价格的存在为前提。这样一来，不是需求强度决定商品价格，反而是商品价格决定需求强度了。所以我们看到，马尔萨斯企图借此逃避供求论的困难，但又陷入循环论的泥坑：商品价格取决于供求关系，供求关系又是以价格为前提，转来转去，又从供求论转到生产费用论——生产费用是由工资、利润和地租决定，这不过是萨伊生产三要素的翻版而已。

他反对以商品生产所耗费劳动作为商品的价值尺度。认为，唯有在只使用劳动就能生产商品的场合，生产商品所耗费的劳动才是价值尺度，但这种情况极其罕见①。大多数情况下，人们不仅使用劳动，也要使用资本，使用资本就要求得到利润，因此利润也势必成为价值的一个因素。他吸取了斯密价值论中的错误观点，断定作为交换价值尺度的是商品所能换取的劳动，而耗费的劳动并不能是价值尺度。因此，与商品能够交换的价值组成就不仅是活劳动，还要包括过去劳动的积累，以及利润部分。如此说来，他是承认资本和劳动交换是不平等的。资本能够通过支配劳动，带来一个价值增值，但是把商品货币当成资本的价值增值，和商品本身的价值混同起来，把利润看作只是商品售卖的价格超过它在生产中所耗费的劳动的产物。并且认为，利润是高价出售商品得来的，而工资则是劳动的价值，它的水平取决于劳动者的供给与需求的关系，所以二者并不存在对立的关系。这就为反对工人阶级，又为土地贵族辩护的理论奠定了基础。

## 三、地租论

某些资产阶级经济学家在 19 世纪初就认为地租是由于对土地的垄断而产生

---

① 这是个思想，资本与企业家才能等都创造价值，是当代的思想。

的收入，它并不增加国民财富，只不过是把它从一个阶级转到另一阶级手里。而马尔萨斯对此持反对态度。

他把地租看成是纯粹由自然原因产生的。不是由于普遍垄断，而是由土地所产生、由人类生存所必需的生活资料决定的[①]。生活资料增加，人口增长；人口增长，就必然扩大对生活资料的需求。凭借土地生产出来的产品与其他产品不同，它能够不断生产出对它自身的需要。与其他商品的供求和价格调节不同。所以他认为，农产品价格超过生产费用的能力，就是地租的来源，它决定于土地自然和人为的肥力，以及特殊性质，而不是由于垄断产生。

与资产阶级经济学家不同，他认为地租上涨是社会发展的必然现象。是国民财富增长和社会进步的象征。引起地租上涨的原因有以下几点：第一，资本积累使利润下降；第二，人口增多使工资下降；第三，农业改良和劳动强度提高使生产一定产品所需人数减少；第四，农产品价格因需求增加而上涨，导致费用与价格间差距拉大。前三点都会引起生产费用降低，扩大农产品价格同生产费用价格差额，从而使地租上涨。第四点，他认为会给农业改良带来莫大的刺激，鼓励人们用更多的资本垦荒和提高产量，促进农业发展。

## 四、实现论（即有效需求论）

他的这一理论以其价值论和利润论为基础。首先，他对财富和价值的看法。财富是"对人类必要的，有用和适意的物质东西"；价值是人对生产出来的种种物品的需求愿望和购买力[②]。二者不同，所以不一定能带动增加。但是，财富如果继续增加，价值必须能够伴随增加。进一步认为，财富增加依存于生产，价值的增加依存于分配[③]，因此，财富和价值的关系就是生产和分配的关系，只有二者恰当结合起来，资本主义生产才可以发展。也就是说，生产和分配又是生产和消费问题。也就是供给和需求之间应当保持一致和平衡的关系。

其次，认为在资本主义社会中，促进财富增长的三个重要因素是资本的积

---

① 陶大镛，《外国经济思想史新编》，江苏人民出版社 1985 年版。

② 有效需求不足，生产出来的产品就不能全部售出，社会商品的总价值就不能实现，就会出现经济危机。

③ 分配不是指李嘉图所说的收入的分配，而是在产品市场上的实现。

累、土地的肥力和节约劳动的新发明。但是，在这些因素刺激下生产出来的产品增加后，谁来购买？无购买者就会出现生产过剩的危机。李嘉图和萨伊都否认资本主义社会普遍的生产过剩危机。他们认为，资本主义条件下，商品同商品相交换，供给就是需求，所以不会产生危机。马则认为，物物交换理论完全错误。事实上，商品绝不是只同商品交换，而许多和生产性劳动或私人服务相交换。很多商品与所要交换的劳动比较，其价值会因供给过剩而下跌。单靠资本家和工人的购买无法实现社会商品的全部价值，那么必须有第三者只作为买者，不是卖者，只是消费者而不是生产者才行——地主、僧侣、官吏等，必须有地租存在，并有赋税、国债等收入。

最后，保证财富增长，生产能力和分配手段（产品在市场上实现）必须结合。有三个条件：地产分割、国内和对外贸易、不生产而从事消费阶级的存在，对增加产品需求是必要的。

评价：马尔萨斯提出了如何保持总供给与总需求平衡的问题，但是为不劳而获者辩护。

# 第三章　李嘉图学派解体及其后主流经济学动向

从 1820 年到 1830 年的 10 年间，英国经济学界发生了一场拥护和反对李嘉图理论的斗争，出版了一系列具名和匿名的著作和论述，论战的焦点在于李嘉图的劳动价值论能否说明资本主义尤其是资本运动的现实，利润究竟如何产生以及怎样能够合法地归入资本家囊内。归根结底，李嘉图理论本身的矛盾导致了这场争论的发生，而他的追随者在与反对者论辩的时候，又曲解了李嘉图价值论的原意①，最终使李嘉图建立在劳动价值学说基础上的整个学说趋于崩塌，学派也由此而式微下去。

## 一、李嘉图体系的两个矛盾导致其体系的解体

### （一）　体系的矛盾和论战的背景

李嘉图学说中存在着他自己无力解决的两个理论矛盾，而这些矛盾也正是现实生活对理论的挑战。这两个矛盾是：价值规律和劳动同资本相交换的矛盾；价值规律同等量资本获得等量利润之间的矛盾。

关于第一个矛盾，按照价值规律的说法，任何商品交换都应该是等价的，劳动价值论也说明任何商品等价交换的基础是生产该商品所消耗的劳动量。但是如果用等价的说法来解释劳动和资本的交换关系，就会产生劳动果实都归劳动的付出者，而不存在利润的结论，如果这样，资本主义就不存在了。但是承认利润，又意味着它破坏了等价规律，也就是说，劳动价值论并不适用于资本主义这个最重要的交换关系。劳动价值论似乎与资本家得到利润这个现实水火不容。李嘉图没有明确察觉到这一点，当他把工资归结为劳动而非劳动力的全部报酬时，矛盾就已经存在，埋伏了不能自圆其说的因素。

关于第二个矛盾，由于李嘉图混淆了价值与生产价格，于是他的体系中又出

---

① 这被称作"拥护者的诡辩"，详见晏智杰，《西方经济学说史教程》，北京大学出版社 2002 年版。

现了第二个矛盾。即他认为，价值规律和平均利润规律①是矛盾的。表现在：按照价值规律的要求，假设两个资本家，如果他们的剩余价值率相等，则只要使用的劳动量相等，所创造的价值因而所获得的剩余价值（李嘉图称为利润）就应当相等；但按照平均利润规律要求，尽管这两个资本家各自使用的劳动量相等，如果投入资本的有机构成不同，因而投入的资本总量大小不同，或者由于资本周转速度不同，则各自所获得利润不等。就是说，资本有机构成高，表明投入资本总量较大，所得利润较多，资本周转速度较快，所得利润较多，反之相反。但李嘉图看到等量资本得到等量利润的事实，却无法解释。

李嘉图感觉到上述的矛盾，于是就修正了他的劳动价值论，以自圆其说。第一，按照劳动价值论，把"等量劳动生产等量价值"的正确结论修改为，由于资本有机构成和资本周转速度不同，等量劳动所生产出来的商品价值不一定相等；第二，按照劳动价值论，本来认为工资的变动只会引起利润（实为剩余价值）相反变化而不会影响商品价值变化的正确观点修改为：由于资本有机构成不同或资本周转速度不同，工资的变动也会引起商品价值的变动，工资增加就会引起资本有机构成提高，资本周转速度较慢的企业生产出来的商品价值相对下降。这些都证明他缺乏足够的抽象力，如果再进一步，是可以解释的。凡是事实与劳动价值论有冲突，他就认为劳动决定价值的原理不再适用，而没有想到劳动价值论也可能存在"变形"的情况。所以说，这种修正，标志了他的劳动价值论体系的破产。

论战的背景。19世纪20年代是英国经济学界围绕李嘉图价值学说和利润学说展开激烈争论的时期。一方面固然是李嘉图学说存在的上述矛盾，引起各派经济学家的不同意见。但更重要的是当时的社会矛盾使然。

当时英国社会的主要矛盾仍然是资产阶级和土地贵族之间的矛盾。政治上，资产阶级还未完全取得政权，经济上对"谷物法"存废的斗争尚没有止息，理论上，反对李嘉图地租学说的小册子继续出版。这些都说明新旧势力还在激烈地较量。

但是另一方面，无产阶级和资产阶级的斗争，正处于从幕后走向台前的前夕。资产阶级在自己力量不济，羽翼未丰满时，就力图联合无产阶级一道反对地

---

① 实际生活中，等量资本取得等量利润的平均利润规律是个客观存在，因为在资本家眼里，投入的不变资本与可变资本都属于成本，不管他投入到什么生产部门，都要求取得相同的利润，否则他就必然将资本转移出利润少的部门，因此利润在各个部门平均化以后的结果必然是各部门得到平均利润。但是，这也就说明，资本利润不同劳动而同资本成比例，利润同投入而不同劳动相关联。

主阶级，但同时也对无产阶级的存在抱有警惕，因为李嘉图的价值学说和利润学说已经揭露了他们之间的矛盾①。同时空想社会主义者欧文等人也用李嘉图的观点反对资本主义制度，因此李嘉图学说，对于资产阶级来说成为一种危险的学说②。

不论李嘉图学说的反对派还是拥护者，毋庸讳言，其目的都是维护资产阶级的利益，因为李嘉图自己就是以维护工业资产阶级的利益为己任。但是他们所使用的方法不同，一边是抛弃和批判，一边是重新注解。

## （二） 李嘉图学生对老师观点的解释 （庸俗解释） 导致体系解体

• 穆勒是李嘉图的密友，也是靠李嘉图帮助进入东印度公司作了职员，同时他又是边沁的朋友，曾于1821年出版《政治经济学纲要》，书中充分表现了其对李嘉图理论的庸俗化。该人又是政治经济学中"四分法"的创始者。被西方经济学家普遍接受。

第一，虽然坚持商品价值完全由劳动决定，但是劳动并非特指活劳动。他拐了个弯说，商品价值通常由供求而最终由生产费用所决定。生产费用则由劳动和资本构成，劳动指的是直接劳动，资本指生产资料是在过去劳动过程中生产出来的，是过去劳动的成果，是蓄积的劳动，所以资本也是一种劳动，也创造价值。直接劳动和蓄积劳动决定了商品的总价值，并未超出劳动价值论的范畴③。在外壳不变的条件下，内涵已经改变，这对李嘉图劳动价值论的庸俗化是够严重的。所以我们说，他认为直接劳动和蓄积劳动决定商品的总价值，并未超出劳动价值论的范畴——把资本也归入劳动范畴，更换了李嘉图劳动价值论的台柱，不论有意无意，其后果都是恶劣的。

第二，对李嘉图理论第一个矛盾的解释是错误的。穆勒认为，资本家购买劳动是普通商品交换，是等价交换。因为不论直接劳动和蓄积劳动都创造价值，工人和资本家都应当拥有未来生产的商品的一部分。工资就是工人得到的这一部分。是把将来生产出来的属于工人的一部分产品（产品价值一分为二）卖给资本家，资本家就把这一部分商品价值以工资形式付给了工人，这一交换和价值规律并不矛盾。可见，他没有区分劳动和劳动力，也不了解这一交换的本质特点。另

---

① 从劳动是价值的源泉顺理成章地推出一切财产应当属于工人阶级，利润是产品价值扣除工资后的剩余，二者是此多彼少的关系。

② 看得出来，资产阶级两面作战，有点力不从心。

③ 资本也归入劳动范畴。

外，他把工人工资说成是出卖未来生产出来的那部分产品的结果，那么，生产出来的产品究竟按照什么样的比例在工人和资本家之间进行分配呢？如果按照他的解释，劳动价值按照劳动决定，就是同义反复，工人的劳动还没有发生，怎么就能在产品价值中得到一定的份额呢？于是，他又说劳动价值是由市场上对劳动的供求决定，市场上的供求又取决于资本和人口的比例，前后矛盾。还认为，利润是由蓄积劳动产生。它是蓄积劳动的工资。资本家取得利润是由于他事先做了垫支，意思是说利润是垫支资本的利息。这已经完全背离李嘉图的体系；看得出来，他没有区分劳动和劳动力，也不了解这一交换的本质特点；他把工人工资说成是出卖未来生产出来的那部分产品的结果，那么，生产出来的产品究竟按照什么样的比例在工人和资本家之间进行分配呢？也完全违背了李嘉图的原意。

第三，关于李嘉图体系中的第二个矛盾——价值规律和等量资本获得等量利润的矛盾。李嘉图已经承认资本有机构成不同，固定资本的耐久性不同等，使同量劳动可以产生不同量的价值，并准备对其价值学说进行修正。在当时的论战中，关于新葡萄酒和陈葡萄酒的价格的争论很激烈。因为两者所耗费的劳动时间相同，但是，陈葡萄酒却比新葡萄酒贵很多，这不是说劳动创造价值和市场价格背道而驰吗？李嘉图的反对者欲借此推翻他的劳动价值论。而作为李嘉图信徒的穆勒非但否认这是一个矛盾，反而对此进行了歪曲的解释：陈酒价格或价值之所以高于新酒，是因为它多经历了一段"劳动"时间。在酒窖里，虽然人的直接劳动时间已经停止，但生产酒所花费的全部资本仍在"劳动"，或者说，包含在酒中的蓄积劳动仍在酒窖中创造价值。这就是说，资本也是一种"劳动"，也创造价值，利润就是资本——蓄积劳动的工资。这样就把劳动和资本的交换解释为普通的等价商品交换，从而构成克服劳动价值论同现实生活矛盾的基本证据。

• 麦克库洛赫也是英国 19 世纪李嘉图学派的重要人物，庸俗李嘉图劳动价值论的主要人物之一。他发表过大量文章和著作，编注过斯密和李嘉图的著作，但并未理解李嘉图思想的精髓。

第一，他承认劳动和资本交换是不等价的，但又认为这同价值规律不矛盾。他把价值区分为"真实价值"和"相对价值"。前者就是生产该商品所付出的劳动量①，后者是用此商品交换到的其他商品的量或劳动量。按照他的说法，通常情况下，相对价值等于真实价值。但实际上，相对价值即通过交换获得的彼商品劳动量总比生产此商品时所消耗的劳动量大，二者差额就是利润。没有利润而进

---

① 从逻辑上看，这个观点没有错误。

行的交换，如同借款不给利息一样不合理。在他看来，劳动和资本的交换并不违反价值规律。因为价值规律有等价和不等价交换两种情况。利润就是相对价值大于真实价值的结果。这实际上把利润说成是让渡利润了，忘记李嘉图等古典学者从生产过程中去解释利润源泉的传统，已经退回重商主义老路。

第二，在解释李嘉图理论中第二个矛盾，即价值规律同等量资本获得等量利润的矛盾时，他说，陈酒之所以比新酒贵，是由于陈酒放在酒窖里的时间比新酒长，在此期间，自然力仍在起作用的结果。所以自然力的作用使陈酒所包含的劳动量比新酒劳动量大。这就是说，他想用歪曲劳动含义的方法来解决李嘉图理论中的矛盾，其结果比穆勒还不如，并彻底背离劳动价值论，将自然力也等同于专属人类的劳动。至此，李嘉图理论的根基——劳动价值论彻底动摇，李嘉图学派趋于解体也就成为必然。之后，李嘉图学派再也不是政治经济学发展的主流了。

## 二、主流经济学的动向

这里所说主流经济学，已经不是斯密和李嘉图为代表的以劳动价值论为基础，以无所顾忌地阐述劳动和资本的对立，从而不利于资产阶级统治的理论。为资本主义的合理性辩护，为资本主义制度的不断微调提供理论，这是其后主流经济学的主干，主要人物是英国的西尼尔与法国的巴斯夏。

### （一）　西尼尔

西尼尔是教授，从事过各种社会问题和经济问题的研究，对当时英国制定社会和经济政策有一定影响。关于他的经济思想，有如下方面。

"纯粹经济学"。继萨伊后把政治经济学称为纯经济学。认为过去政治经济学包括的内容过于庞杂，凡立法行政甚至涉及哲学和伦理学内容，都应该从政治经济学中排除掉。经济学仅应研究财富的性质、生产和分配。那么，一个政治经济学家的职责，也应该是超然的，不同情贫困，也不羡慕富裕，不崇拜现有制度，也不憎恶当前的弊端，只能根据一些不需证明（观察和意识的结果）的基本命题进行推理，得出合理的结论。这实际上已经把经济学等同于技术科学，背离了古典经济学研究现实生产关系的思路。

所谓政治经济学依据一般事实得出的基本命题是：每个人都希望用尽可能少的牺牲取得更多的财富；限制世界上人数的，只是精神上、物质上的缺陷；劳动的力量和生产财富的力量，借助生产工具，可以无限制增长；农业技术不变的条件下，报酬不能随劳动的增加而成比例增加。我们看到，这些都是很肤浅的事实，西尼尔就是从此出发，抛弃一切价值判断，搞纯粹的实证经济学。

"节欲"论和"最后一小时"论。西尼尔的分配论是建立在他的财富论和价值论的基础上，而财富论和分配论不过是重复萨伊的三要素论和三位一体公式。但是他把萨伊使用的概念经过一番修改变成自己的了。

他提出的社会上三个阶级的三种收入，就说明分配问题。认为，由于劳动者的劳动是他运用自己的智力和体力，放弃了安乐和牺牲，工资就是牺牲安乐和使用智力体力的报酬。而资本家放弃了当前的享受，这种行为本身就是牺牲，补偿牺牲的报酬就是利润。因此，资本是牺牲眼前享受，也就是"节欲"[①]，是利润的源泉。

他认为，商品价值是工人和资本家共同牺牲创造的。价值也应当在二者之间分配。但牺牲是主观感觉，节欲也无法衡量，如何确定价值量？他采用价格代替价值手法，并说价值只是商品交换的关系，并经过供需双方自由竞争决定，因此竞争价格会在竞争过程中接近于生产费用即价值。毫无疑问，这是当时流行的供求价值论，并没有什么新鲜味道。根本上看，他认为资本来源于储蓄，储蓄也是节欲的结果，统统都是为剥削进行辩护。

"最后一小时"论。按照西尼尔的说法，根据现行的工厂法（1833 年通过），凡雇佣未满 18 岁的人的工厂，劳动日不得超过 11.5 小时，即每星期一到星期五每天 12 小时，星期六 9 小时，平均每天 11.5 小时。他说，在这样的工厂里，纯利润是最后一小时生产出来的。为什么？按照他的计算，工人在一天前 10 小时内所生产的价值全部补偿资本家所垫支的资本，余下 1.5 小时所生产的价值构成总利润，而最后 1 小时所生产的价值构成纯利润。既然纯利润由最后 1 小时生产出来，那么劳动日按照现行工厂法就 1 小时也不能缩短。

最后一小时论的根本错误就在于它混淆了商品价值的出现过程与价值的实际生产过程。从表面上看，人们可以把最先生产出来的商品价值部分看为是补偿垫支的资本或者生产费用，最后才是利润。在营业的计算上，也是这个顺序。然而价值的实际生产过程，既是新价值的创造，又是旧价值的转移，这是劳动的二重性决定的。工人在每个小时劳动中既补偿了资本家垫支的资本，又为资本家创造了利润，因此利润绝不是在最后一小时才创造出来的。所以，资本家不会因劳动日缩短一小时就消灭了对劳动者的剥削。而只可能减少一小时为资本家创造的

---

① 他强调节欲——为经济学贡献的新词汇，牺牲不是指储蓄的总额，而是指边际上的牺牲——做决定的那个变化点，详见：《The Evolution of Economic Thought》（经济思想的演化），第 100 页。

利润。

"最后一小时"论与"节欲"论互相补充、互相矛盾。节欲论证利润是资本家节欲的报酬，是合理的，而最后一小时论则进一步说明劳动日必需的足够长度，否则利润就没有保证；矛盾的地方在于，节欲否定了利润与工人劳动的联系，而最后一小时论又强调利润是工人最后一小时劳动的结果。

## （二）　巴斯夏的经济学说

以宣扬自由贸易和阶级调和闻名于世，马克思称他是庸俗经济学辩护论者中"最浅薄也是最成功的代表"。浅薄是说没有个人观点，只能剽窃（不完全是这样）。说成功，肯定是有成功的道理，资产阶级也不能只找那些漏洞百出的人。

经济自由主义。他的自由贸易理论主要源自古典学派的经济自由主义，尤其是李嘉图学说，但古典学派的矛头对准重商主义，具有反封建性质，而他代表资产阶级内部大资产阶级利益反对法国当时大量存在的中小企业，指责他们具有反社会倾向。

重复古典学派理论，认为自由贸易促进分工，分工增加生产、降低商品成本。除此之外，认为可从两方面考察社会：一是把社会看成生产者的总和；二是看成消费者的总和。前者不和谐而后者和谐。因为，生产者个人都具有反社会的倾向，都希望除自己以外别人都倒霉、无法经营，都希望社会生产不足以便自己垄断市场；而从人作为消费者来看就不同了。人都希望产品丰裕，市场供应充足，可以用低价自由选择，绝不希望有人垄断市场。由此结论，考虑生产者利益，即是考虑反社会的利益，考虑消费者利益，即是考虑全社会的利益。保护主义从生产者愿望出发，自由主义从消费者利益出发，两者相较，自由主义当然优于保护主义。

评价：除了充当资产阶级内部自由贸易派的旗帜，还是整个资产阶级反对社会主义的理论武器，针对当时的社会主义者认为自由竞争是资本主义罪恶的根源，他认为经济自由确实有一些弊病和缺陷，但不是经济自由本身带来的。相反正是经济自由没有充分实现的结果。

经济和谐论。特点是从正面歌颂资本主义，主旨是论证资本主义是一个利益协调的社会，对资本家和工人都有利。

从方法论上看，引用了古典学派的观点，认为资本主义以前的社会是人为、不自然的，而资本主义社会才是顺乎自然的社会，与古典学派不同的是，否认资本主义社会中的阶级对立和利益冲突。因为在这个社会中，谁也不强迫谁去替别人劳动，人人在自然愿望和利益的推动下，既为自己也为别人工作，和谐指的是每个人的利益与别人利益相适应而不相冲突。认为，这种自然与和谐社会组织形成，是受内部自然规律的支配和调节，而自然规律又取决于人性。他接受斯密关于在两种领域的利己和利他的说法，但希望把这两种对立的人性在经济领域中协调起来，借助上帝的力量，说明它们不仅不冲突，而且是互补的。

经济和谐是他全部学说的基本思想，交换论是经济和谐的出发点。认为社会就是交换，交换就是政治经济学。把资本主义社会首先看成商品流通的世界。利于把资本主义理解为平等、自由和公正的社会。认为交换是互利的，等价的，因而是公平的。

为了寻找一种可以充当经济和谐论的价值论，他抛弃了古典学派的价值论和萨伊的效用价值论，认为价值应与物质、效用和财富的生产过程完全脱钩，价值只是一种交换"服务"的比例关系，其中不包含物质或效用要素。商品生产也不是物质或效用的提供，而只是"服务"的提供。那么，计算价值量可以用两种尺度：一是服务提供者的努力和紧张程度，二是接受服务者所免除的努力和紧张程度[1]他就是用这种彼此服务、彼此省劲来解释价值和价值量的。认为很简单，根本不用劳动价值学说或者效用价值论。

在利润、利息、工资和地租方面，他都认为这是提供服务应得到的报酬。大家都互相需要，互相提供服务，交换又是等价的。也不存在剥削和劳资对立，社会是和谐的。

---

① 陶大镛，《外国经济思想史新编》，江苏人民出版社 1985 年版。

# 第四章　约翰·穆勒的综合体系

约翰·斯图亚特·穆勒（John Stuart Mill，1806—1873）是 19 世纪英国著名经济学家、哲学家和社会活动家。他在经济学、哲学和政治学甚至逻辑学和伦理学等方面都极负盛名，地位很高，对那个时代的很多思想潮流都产生过深刻影响。当然他的思想也有一个发展过程，当时很多现实问题也令其感到痛苦和不解。然而总起来说，他是一个伟大的并从多角度出发的探索者，其理论突出的特点是：视野宽广，思考新颖，对别人的思想观点都有涉及和发展。但是也不能不说，他对前人的思想的继承和发展并不是革命性的，对资本主义制度持某种批判的改良、包容的态度，其学说最大特点是折中调和集前人之大成，理论上的独树一帜不能说没有，但并不显著。然而，这并不妨碍他作为当时最负盛名的经济学家的地位。

## 一、折中体系建立的时代特征、理论发展轨迹和个人因素

为什么穆勒经济学理论体系的最大特点是折中这种情况？按道理说，具有鲜明特色、符合时代要求又是自己独立区别他人研究成果的体系，才是经济学大家的标准，不说马克思，就说魁奈、斯密、李嘉图甚至萨伊、马尔萨斯，都是如此。难道穆勒例外了吗？我觉得，应当从时代特征、理论发展轨迹和个人因素中去寻找原因。

从时代特征来说，在 19 世纪英国虽有一些短暂的社会经济危机，但整个社会处在繁荣发展时期。产业革命推动英国社会生产力蓬勃发展，英国整体国力又因外贸和殖民地而得到提高。在生产关系领域，19 世纪中叶英国受法国 1848 年二月革命的影响，宪章运动又再次爆发并进入高潮。这都标志着无产阶级已经成为一支独立的政治力量登上历史舞台，与此同时各类社会主义思想传播也比较广泛，有力地推动工人运动发展。但是，以英国为首的资本主义生产方式尚处于以自由竞争为特点的历史发展黄金时期[①]，因此，各种学说，各种反对派，尽管也

---

[①]　自由竞争和海外市场蓬勃发展，当时英国本土生产过剩的经济危机并不严重，也不用多少政府干预。

对资本主义进行无情的批判，但都不可能从根本上动摇资本主义生产方式的地位。一方面，当资产阶级处在上升地位的时候，对自己也充满信心，当然也就可以在一定程度上正视问题，不害怕来自国内各阶层各党派的挑战。在国际上，"英国在世界资本主义的位置达到顶峰，另一方面，它面临着新的'沸腾着'的问题，尤其是社会主义日益加强的挑战"①，日不落帝国的面貌需要改观图新。上述这些因素，都为折中调和思想体系产生提供了丰富的条件。

从理论发展轨迹上看，各家思想学说都不会对社会变革熟视无睹，而是对之提出自己的解释，力图影响变革进程。一般说，社会发展受激进思想推动，其过程也是各种思想产生的温床。在自由竞争思想已经得到确立成为主流的情况下，也就是说在资本主义的历史地位进一步稳固的大环境下，思想界也需要结合资本主义的现状，进一步对自由竞争原则进行检验，同时对以往各派学说进行一番总结。其实理论的演变轨迹就是这样，隔一段时期就得有一个用所谓"不偏不倚"的态度对他人学说评价和综述的集大成者，这样人的名气往往极大，否则不可能完成时代赋予他的"任务"；当然，不论是谁，都不能百分之百做到不偏不倚，但是凭借他们自己特有的容忍态度，可以调和各派观点争议，折中理论分歧。

从穆勒个人的成长经历上看，这个任务也要落在他的身上。个人条件赋予他完成这个任务的所有要件：他的父亲老穆勒、李嘉图、萨伊和边沁都对他产生过或多或少的影响，他几乎像是众星捧月似的被人抬起，成为多少思想家的共同代言人。但是在这个过程中，他并非被动地吸纳别人的思想，而是有自己的分析评价。尤其是他在 24 岁的时候遇见泰勒夫人，相识 20 年后当泰勒去世后才与其结婚，泰勒夫人对人道主义、对人类进步的希望和信念、对自由的热爱和对妇女权利的积极捍卫，都对他思想的形成有影响。他接受了这么多的思想，包括他后来深入研究的社会主义思潮，认识到对社会进行改革但不推翻它是必要的，也是可能的。所以，总结穆勒的成长道路，可以看到一个规律：书读多了，又能从不同的人那里吸取营养，自然就有了包容、大度心态，不再局促于偏狭、心眼窄小之境界，这样才能综合诸子百家，汇千家学问于一炉。当然人们可以指责他对经济学发展没有突出贡献，但是我们说，集大成也的确不可缺少。这么说源于学界对他的好评：他的巨著《政治经济学原理》在马歇尔的《经济学原理》问世（1890年）前，纵横学界 40 余年，一直是具有统治地位的教科书。

---

① 罗尔，《经济思想史》，商务印书馆 1981 年版，第 346 页。

## 二、政治经济学的对象和方法

### （一）　对象

与以往许多经济学家一样，他把政治经济学的研究对象确定为"财富的性质及其生产与分配的规律"。但为使自己的经济理论服从政治上改良主义，他在一定程度上背离了古典学者关于分配规律取决于生产关系的正确观点，将生产关系和分配关系割裂开来。

他认为，生产规律具有永恒的自然规律的性质，可以从两方面看，在物理方面，生产何种产品取决于物质的性质，政治经济学不去研究这些；在生产的社会方面，却是政治经济学的研究对象，但这一部分并不大，且受前者制约。而分配规律可以是暂时的，可以随着人类意愿变动。穆勒认为，"财富的分配却不然，这显然是社会制度问题……分配依存于社会的法律与习惯"①。

既然分配方式取决于法律和习惯，可以由人的意愿而变动，那么，资本主义社会的分配不均以及由此引起的社会问题，就可以通过调整分配途径来解决。他实际上是主张在维持资本主义生产制度的前提下，对分配制度进行改良以符合缓解社会矛盾、促进发展的目的。我们认为，这个说法有其合理的一面，因为对比生产方式，分配问题一般是表面上、人们最有意见的、最为迫切的关乎生存的收入的获得与分配问题。我国改革开放的逻辑也是这样，先从分配和农村改革搞起——家庭联产承包责任制，就极大地刺激了农民的生产积极性。资本主义国家同样如此，分配制度的改良或改革，能够缓解社会矛盾，人们也能得到一些"甜头"。可见这么做有道理，也反映在资本主义在根本制度不变的前提下特有的生存弹性。如果我们全面地看待穆勒的折中主义理论体系，以及其改良主义的政策建议，就是建立在对生产规律与分配规律的不同性质的分析上——改良资本主义的落脚点是分配问题。这就奠定了他既有锋芒②但又锋芒不足③的折中特点。

穆勒认为，分配关系是历史关系，这是他在政治经济学上的进步。但是不对的地方在于：生产规律并非不可变，而且具有根本性质，生产决定分配，生产因

---

① [英]斯图亚特·穆勒，《政治经济学原理》，赵荣潜译，商务印书馆1991年版。
② 他在这里尖锐批判资本主义分配制度。
③ 他将分配和生产割裂开来，欲维护资本主义生产制度。

素的变化①使分配变化更具新特征②；不能将生产关系和分配关系相互割裂。"一定的分配关系只是历史规定的生产关系的表现"，把生产形式看成绝对的，而把分配形式看成相对可变的，是多么愚蠢——这是马克思的意思。

## （二） 方法

在撰写《政治经济学原理》时，穆勒提出，政治经济学不仅仅是从事理论研究的抽象的思辨科学，它还属于"社会哲学"的一个分支，与其他分支有错综复杂的关系。因此，任何经济学上的假设和论断，都只在特定条件下成立。由于人的行为由多种因素决定，所以政治经济学也要从人的天性、心理、精神和社会关系、社会制度等各角度来研究，这个说法颇为新颖，也为今后经济学的发展奠定了基础。我们早就知道，经济学和经济分析不能脱离其他社会生活领域而存在，如果脱离开这些鲜活的社会生活，而奢谈所谓的经济学理论，那一定是"灰色"而浅薄的。

穆勒肯定斯密的《国富论》是最佳的经济学著作。其优点在于把原理同实际运用相结合③。他认为可以用古典学说为基础，联系当时的社会实际，系统阐明政治经济学原理。

## 三、生产理论

穆勒将自己的社会改良思想建立在对社会分配制度的调整上面，但是他对生产也做了很多研究，只不过强调的几乎都是生产的"物理方面"，总起来看，这些研究有将社会科学混同于自然科学，将生产关系混同于生产力之嫌，但是同萨伊一样，他在研究生产方面却有些建树。有三个要点：生产要素论、决定劳动生产力的各种因素、生产增加规律。

## （一） 生产要素论

但凡生产，就需生产要素。穆勒信奉萨伊"生产三要素说"，认为在任何社会里，劳动、资本和自然资源都不可或缺。关于劳动，他认为劳动并不创造物质，只生产效用。效用分为三类：生产第一类效用的劳动，就是通常讲的生产物质产品的劳动；生产第二类效用的劳动，就是培植自身或他人的体力和智力的劳

---

① 指技术、组织、制度等。
② 比如掌握新技术的人可以暴富。
③ 这里他将理论推论与对现实不加整理式的罗列混在一起。

动；生产第三类效用的劳动，就是给人提供一定的快乐或避免烦恼痛苦。劳动又可分为直接劳动和间接劳动。这最后一种划分的意义不大，因为二者是一体的，是随着机器生产而来的管理问题。

穆勒十分关心经济增长，自然就重视生产劳动与非生产劳动问题。他一方面说生产性劳动只包括生产物质产品的劳动，另一方面又认为间接有助于生产物质产品的劳动也是生产劳动。如果按照前一标准，教育家、医生、政治家的活动不是生产性活动，但用后一标准，由于他们的活动为物质生产创造了有利条件，就是生产性劳动。

关于资本，他认为资本是由蓄积而保存下来的用于维持生产性劳动的物质性物品。我们一看便知，这是把资本代表的生产关系与构成资本的物质组成部分混为一谈——这也是马克思的意思，但他谈的是一般问题，是从使用角度去看待资本的。然而他又和那些认为资本具有生产力的人不同——比如他的父亲詹姆斯·穆勒就是以资本具有生产力观点见长。他指出：资本并不具有生产力，唯一的生产力是劳动生产力。资本的生产力是资本家借助于自己的资本所能支配的实际生产力的数量。也就是说，他在把资本看成物的同时，也依稀看到它是一种生产关系，只不过没有深入研究罢了；他还把资本来源归结为"节省"——从西尼尔节欲论引申，看得出他和当时流传的英国经济学的渊源关系；积累资本需要再生产，他呼吁扩大再生产；应当将资金用于雇佣劳动者，才有益于劳动者，而劳动者乃是最重要的生产要素；采用机器提高劳动生产率，增加财富扩大总生产带动相关产业发展也就扩大就业，等等。

关于生产的第三个要素，穆勒认为是生产的"自然要素"，这里应该包含一个系列，但是它们都不包含在劳动生产物之内，其中土地最重要，因此自然要素都可用土地代替。可以套用现代经济学关于"四个生产要素"即劳动、资本、土地和企业家才能的说法，土地即包含所有自然要素。

## （二）　决定劳动生产力的各种因素

穆勒经济理论的一个亮点是，他总结了决定劳动生产力的要素，在这里边，既有自然优势又有制度优势，既有主观努力又有社会环境，值得我们仔细研究并着力培育。另外，还应该注意到其中的关系和替代性问题——并不见得这些要素都齐备才能实现发展目标，因此怎样利用现有的要素、弥补尚且不足的要素，就至关重要。这些要素有：

——有利的自然条件；

——较大的劳动干劲和生产积极性；

——较高的技能和知识；

——整个社会的知识水平和相互信任；

——社会为其成员提供的保护，人的安全感。

他发展了斯密的思想，在论述决定劳动生产力的因素时，指出分工与合作尤其城乡合作是十分重要的，还初步论述了规模经济问题。

### （三） 生产增加的规律

首先，生产增加是一个经济发展问题，按现在的说法是 GDP 的增长问题，事关结构改善和增长速度、生产要素质量和数量变动同社会生产力发展之间的关系。现在的人对此还在进行深入研究。但可以说是穆勒首先破题，他指出劳动变动的内部因素乃是人口，他对人口推动生产发展的看法基本上是乐观的，但同时也指出应当限制人口增长，人口增加会受到"工资铁律"[①] 的硬性调节；

其次，对生产要素增加也抱乐观看法。资本积累取决于"剩余"[②]。生产发展、良好的社会环境、自由安定的政治制度等都是资本积累的重要因素。如果能够拥有这些条件，资本的供应是足够的[③]；

最后，土地要素增加，在生产技术不变的条件下，土地报酬递减就会存在和发生作用。所以为使土地产出持续提高，必须更新生产技术。这也是合理有价值的思想。

## 四、收入分配理论

穆勒认定收入分配状况的改善，不但能够惠及百姓，减少社会矛盾，也能促进生产发展。他的理论虽然没有说到根子上——不是对资本主义制度进行根本性的改造，但在很大程度上代表了下层阶级的利益，体现了对百姓的同情，因此有其独到价值。

### （一） 所有制理论

穆勒对空想社会主义的主张表示了容忍，认为社会主义者的合作生产和公平

---

① 劳动者的工资水平决定于其最低生活资料，高于它，劳动者便会增多，低于它，劳动者则不会增多。

② 这是今天的说法，即社会纯产品。

③ 可以从穆勒的思想中吸取营养——我们现在是需要把积累的货币变成各种资本，如人力和知识——创新能力建设等。

分配要求也可以去设想。但毕竟是设想，不是现实。能够设想就是因为穆勒知道，空想社会主义者像自己一样也看到现实资本主义的弊端。同时他也知道私有制也不完善。因此对资本主义进行改良而不是革命是合适的。他肯定劳动和资本的私有权，而否定对土地私有权，因为按照他的看法，劳动和资本是自己创造的，而土地是自然的赠予，反对不是靠劳动而来的继承。我们说，这个观点是正确的，在当时不但反映了处于上升阶段的资产阶级要求，也反映了劳动者对劳动权利的要求。

## （二） 工资理论

穆勒在对工资的论述中，既采纳李嘉图学说，又宣扬马尔萨斯的人口理论。他认为从长期看，存在从配第到李嘉图的"自然工资"，即工资只能由劳动者最低生活费用决定；但从短期看，工资由劳动市场的供求来决定。他把这种供求关系解释为资本同人口的比例。有两个变量在其中起作用：一是人口指工人阶级的人数；二是资本指用于直接购买劳动的那部分流动资本。简言之，工资由工资基金与从事雇佣劳动人数的比例决定。工资基金是用来雇佣工人的资本，社会上总有一部分资本是预定用来支付工资的，通常是维持工人所需最低生活费用决定，因此是一个固定的量。那么，从长期来看，工资就主要决定于工人人数了。济贫不是办法，会增加劳动人口，而普及教育和向外移民，才是最终的解决办法。

## （三） 利润理论

总的来说，他的折中主义特色在这里表现得十分突出。

首先是利润的性质。一方面，他接受李嘉图的观点，认为利润是剩余产品，取决于工资和工人生产出来的全部产品的比例，另一方面，把利润分解为"利息、保险费和管理工资"，将利息看成"节欲"的报酬，保险费是"投资风险的报酬"，管理工资是资本家领导生产付出"劳动"和技能而应当得到的收入。这些言论承认了利润的合理性，但勾销了利润源自剩余价值的正确看法①。

其次他批评了利润来自流通领域的观点。指出这是从表面上看问题，没有抓住问题的实质；同时认为只要"劳动生产力"所生产的产品多于耗费的产品，即使不存在交换的地方，利润仍然存在；这个观点强调利润来自生产领域，但同时

---

① 按照他的看法，如果生产者的队伍扩大，经营管理者投入企业家才能也要得到报酬，也就是说，他们共同创造了剩余价值。

也说明他认为利润可以脱离资本主义社会形态而成立，缺乏历史感；此外，他对"劳动生产力"的解释极其错误，说工人之所以有剩余时间创造利润，是因为工人的饮食、服装、材料和工具的寿命比生产它们所需要的时间长，等等。

在利润与工资的比例关系上，他接受了李嘉图的正确观点，揭示了两者之间的对立；他也看到利润率下降趋势。但他是用利润是投资风险报酬的观点来解释的。认为随着社会进步，投资风险小了，相应的报酬也就小了，人类变得深谋远虑和自我克制，能为将来目标而牺牲现在的放纵行为，这也促使资本家在较低利润率的情况下进行资本积累。

## （四） 地租理论

他同意李嘉图的级差地租理论。认为地租是耕种优等土地所得报酬的超过部分，而这部分之所以落入地主手中，是因为资本家之间的竞争。好像地租的出现是一种价格现象。

他也同意斯密的观点，认为地租是垄断的结果，是以地主占有土地为前提，因此地租是不劳而获的收入。但他已经不像李嘉图那样锋芒毕露地反对地主阶级了。

# 五、价值论

穆勒认为，他所处时代的经济学，在对价值规律的解释方面，理论是完整的，没有什么值得现在或将来的思想家去澄清了。当然，穆勒这个说法，反映了一个现实——此时劳动价值学说已被从萨伊以来的经济学家抛诸脑后。所以他的价值论实质是生产费用论。

## （一） 否认价值实体存在，用交换价值代替价值，认为价值是一个相对概念

在价值决定问题上，他把价值分为市场价值和自然价值。市场价值取决于供求关系，而自然价值又分为三种：一是供给绝对有限的商品；二是商品数量可以大量增加，但单位生产费用不变；三是农产品。由于二、三类商品占社会商品的大多数，所以它们的价值决定于生产费用。

## （二） 关于生产费用的构成

既然价值决定于生产费用，他进而分析生产费用的构成，认为就是劳动[①]。

---

① 这里明显具有他父亲和麦克库洛赫等人的思想痕迹。

但这个劳动，不仅指直接投入生产商品的劳动，还包括生产资料所含的过去劳动。他信奉萨伊的生产效用论，因此劳动也是生产效用劳动，当具体谈到资本主义生产时，就用工资代替了劳动，又归结到工资加利润①。由此可见，其价值论绝非单纯，而是包含多种价值论的杂烩。

## 六、国际贸易理论

很多经济学家认为这是穆勒理论里最有创见的篇章。在他看来，商品的国际价值不能简单根据产品的成本费用决定，因为国际市场不同于国内市场，资本和劳动不能越过边界自由流动。在这种情况下，商品的价值决定便只受供给与需求规律的支配。

例如：假定 10 码毛呢的生产费用在英国相当于 15 码麻布，在德国相当于 20 码麻布。那么，在自由贸易条件下，不考虑运输费用，两国间的贸易格局将是英国毛呢与德国麻布交换。再假设当两种商品的交换比例为 10 码毛呢换 17 码麻布时，英国对麻布的需求恰好等于德国的供应量，那么毛呢与麻布的国际价值的比值是 10∶17。如果此时供给和需求发生变动，商品的国际价值也将在一定范围内波动，波动的上下限最终要受到生产费用的制约。具体地说，10 码毛呢最多能换到 20 码麻布，最少也不能少于 15 码。由此可见，他的国际价值由供求决定的理论，是建立在生产费用论基础上，是把价格当价值，把影响价格波动的供求规律当作国际价值形成的规律。

他在国际贸易理论中要解决的问题，是要说明劳动生产率的提高对国际贸易利益分配产生的影响。以上述英德两国贸易为例，假定德国生产麻布的效率提高，用同样生产 20 码的生产费用生产出 30 码，这个利益将属于谁？他认为要取决于供需情况，如果英国对麻布的需求量较以往大，那么德国将是受益者，反之英国也可以得到好处。

他信服李嘉图的比较成本学说，主张自由贸易，认为，对整个人类而言，国际贸易大量增加有助于人的素质提高，有利于观念变革和制度更新，对不发达国家，甚至能起到相当于产业革命的效果。

## 七、动态经济学、民主主义和社会主义倾向

他的《政治经济学原理》的第四篇从动态分析社会经济进步对生产和分配的

---

① 工资和利润分别是劳动和资本的报酬。

影响，总的说来自李嘉图①，但增加了很多新内容。

## （一） 动态经济学的思想

穆勒根据生产三大要素（人口、资本和技术），来考察社会进步对分配的影响。他认为由于资本积累、市场竞争、技术进步和收入递减规律等综合作用，在经济发展过程中，地租将上涨，从而使地主阶级受益。对于工人阶级，如果人口得到控制，社会发展也将使生活得到改善。但利润有下降趋势，最终必然会使财富停止增长，社会进入静止状态，他认为这样很好，不存在竞争，收入均等，生活悠闲。他对政府经济职能的说法与斯密同，特别重视高等教育。

## （二） 民主主义和社会主义倾向

穆勒从年轻时就宣传自由和民主，攻击各种形式的专制；在 19 世纪 30 年代后，他放弃边沁的功利主义，但终身信奉的信条是：促进最大多数人的最大幸福；为妇女和劳动人民鸣不平。

他系统研究过社会主义作家的著作，心虽向往，却摇摆不定，说：不能指出哪一种制度会成为人类社会的最终形式。

总起来看，穆勒的经济思想呈现的复杂性和矛盾，是他所处时代的反映，也是经济学从揭露矛盾向维护制度转型的反映。与其他经济学家不同，他是一个有争议的人，即便维护资本主义制度，也不是完全替资本主义辩护，而是希望对之进行适当的改造。所以马克思认为，不能把他等同于一般的辩护士。值得肯定的是，他具有强烈的民主主义倾向，同情劳动人民，晚年憧憬社会主义，认为社会主义能够在很大程度上解决资本主义的固有矛盾。

---

① 前面已说，李嘉图是他家的常客，少年穆勒深受李嘉图思想影响。

# 第五章　马歇尔——古典经济学的集大成者

阿尔弗雷德·马歇尔（1842—1924）是享誉时代的经济学大家、当代微观经济学的创立者。从前面讨论的边际学派的微观经济学思想，萨伊、穆勒等人的理论，可以看出从他们伊始，经济学已经逐渐转变成为现在所称的新古典经济学，而马歇尔便是创新性地集他之前一切所长的标志人物。新古典主义意味着一种新形式的古典主义。意为：在决定商品、劳务与资源的市场价格时，强调需求与供给两个方面的作用①，同时又强调做决策和确定价格时使用边际分析的方法，这是他们与古典学派的最大区别。

马歇尔不愧为新古典经济学最大的代表人物，他的主要贡献在于他试图并成功地把古典经济学与边际主义的想法结合起来。他患有忧郁症，并对自己作品要求过于苛刻，所以有些有价值的观点早已形成，但想仔细考虑加工后出版，结果是顾虑太多，削弱了原来理论的倾向性。所以，有人认为他的思想观点发表后都很普通，没有什么新意，其实不然，这种完整理论的建立，本来就是十分困难的，需要对各种观点结合现实去分析和归纳。另外他同时又是数学专家，将现代图表广泛应用于经济学，为经济学的系统化和走进千家万户，提供了可能。根本上看，他是继穆勒后经济科学最大的综合者，在很多方面都有自己独到的解释和贡献。

马歇尔还认为，经济学家像其他科学家一样，要收集、整理和分析事实，找出其中的差别。要寻找经济现象之间的相互联系及因果关系。如果不存在障碍，任何一个原因都会导致一个明确的结果。所以，经济学不是一些具体的事实，而是一种发现具体事实的工具。用经济学的观点观察和分析社会经济现象，更是马歇尔的高明所在。

## 一、马歇尔经济理论体系的特点

作为微观经济学完整理论的创建者，马歇尔经济理论最大的特点是综合性。

---

① 古典学派强调的劳动价值论都是强调劳动和生产要素、成本等供给方面，而边际效用学派只强调消费方面。

由于身处从自由竞争时代向垄断时代的过渡时期，给经济学提出了新的课题，适应环境变迁，就要对过往至今的思想进行分析借鉴，他成为继穆勒后比穆勒更大的集大成者。具体地说，有如下特点。

## （一） 以心理分析为基础

马歇尔认为经济学说要研究人类生活的动机。这类动机可分为两类：追求满足和避免牺牲。其实这不外乎就是边沁"苦乐主义"范畴的东西。

那么，应该如何衡量动机一类的主观东西呢？马歇尔大胆地说，用货币，舍货币用其他不行。虽然在他的著作里，对此没有做更多的解释，多为归纳前人的东西，但其特点却是比较细致，有几点值得注意：

第一，早期边际主义用效用决定价值。他们认为，如果对你来说一双鞋的用处是一顶帽子的 2 倍，你就会为鞋支付双倍的价格。而马歇尔说，因为你愿意为鞋支付的货币是你愿意为帽子支付货币的 2 倍，便可以下结论说鞋子对你来说产生了 2 倍于帽子的效用。经济学中对偏好或动机精确的货币测量使经济学成为最精确的社会科学。

第二，在做决策时，应该用货币衡量效用。举个例子来说，虽然不能将两个人各自吃一个汉堡所得到的效用直接比较，也不能对一个人在两个不同时间分别吃一个汉堡所得到的效用量加以比较，但是如果看到一个人在考虑应当将一笔钱究竟是用于买一个汉堡、一瓶饮料还是一块糖时，我们可以发现这个人期望从中获得同等的快乐程度。这就是说，可用货币衡量边际效用，即在决策时衡量，实现物有所值的目的。

第三，考虑到许多人的行为时，应当应用大数原则。两个收入相等的人并不一定能从其收入的使用中获得同等益处，但是在考虑许多人时，个人的特性会趋向相互抵消。

第四，增加一单位货币，对穷人而言会比富人产生更大的边际效用[①]。一方面在于穷人最初只拥有较少的货币量，因此他们更加珍视新来的货币；另一方面是相对而言，货币对于穷人比富人更加稀缺，因此随着其边际消费量的增加，穷人的满足程度下降的速度很慢甚至不变。实际上，马歇尔的这个思想可以用作政策分析——调整收入分配的政策。

---

① 马歇尔，《同一先令衡量的动力计算起来应是穷人比富人大》，《经济学原理》，廉运杰译，华夏出版社 2005 年版，第 15 页。

## （二）　赞成渐进的社会改良主义

马歇尔认为，资本主义私有制是合乎人类本性的社会制度，自由竞争是最好最有效的经济制度，矛盾和冲突都可以在这里得到解决，但解决过程是长期渐进的，不能有飞跃。可以说，马歇尔在这里开了先河，因为以后有影响的西方经济学主流学者都赞成这一点。

## （三）　强调"连续原理"

这其实是上述一点的补充。马歇尔认为各种经济现象之间没有严格的区分，只有连续的数量关系。比如工人和资本家没有质的差别，只有追求金钱数量多少的区别，二者之间的界限并非不可逾越。

## （四）　强调"边际增量"分析方法

这一点上面已经谈到。马歇尔已经将此熟练地应用到其经济学理论体系中。分析方法从属于论述主题和目的需要，马歇尔在这方面具有开创之功，指出这一点非常重要，因为经济生活中没那么多的质变，而边际增量决定了总效用是多还是少，向什么方向发展。人们对经济生活的观察，一般也是侧重于变化速度，而不是看总量是增加还是减少。如我们说，中国经济发展在世界经济增长中占 1/3 的贡献，就是指增量，而存量的变化则远远没有那么显著。然而即令这样的增量，足以让世界上的一部分人感到威胁。所以我们说，增量指的是变化，与以往不同的变化，当然也包括所谓"超常规"发展以致到临界点的变化。如在需求不变时，任意一个生产要素使用量增加超过一定的"边际"，就会使报酬递减。而供求平衡时，边际产量的增加又会为生产费用的相应增加所抵消。这就是马歇尔的思想给予我们的启示。

## （五）　强调"均衡"分析

均衡是物理学中的概念。指当一个物体受到方向相反的两个外力作用，这两种力量恰好相等时，该物体由于受力平衡而处于静止状态，这就是均衡。在经济学中，均衡主要指经济中的各种对立的、变动着的力量处于一种力量相当、相对静止、不再变动的境界，这是"静态均衡"的本意。实际上，马歇尔是用边际方法引入均衡分析，他举例说，可以在一个人以自己的劳动来满足自己的一种需要当中找到欲望和劳作之间均衡的简单例证。当一个小孩采黑莓自己吃时，也许会暂时觉得采黑莓本身就很有趣。在比较长的一段时间后，吃的乐趣大大补偿了采摘黑莓的辛苦。但是他大吃一顿以后，就不愿多吃了。他开始对采摘工作产生厌倦，那也许是种单调而不是疲劳的感觉。最后当他的玩兴和对采摘黑莓的厌恶与吃的欲望相抵时，就达到均衡。而他从采摘黑莓中能得到的满足达到最高限度①。

无论从市场需求者还是供给者角度看，其消费抑或生产行为都受边际效用递减规律和要素收益递减规律支配，产生所谓需求者或生产者自身均衡，除此之外，在某种产品的需求和供给之间也有均衡问题——局部均衡，马歇尔对所有这些问题都有比较全面的论述，但这些都属于局部均衡，当然我们不能苛求他更多地论述一般均衡问题——如瓦尔拉斯那样。现在我们知道，经济学中的均衡有局部和一般均衡之分。局部均衡是假定在其他条件不变的情况下分析一种商品或一种生产要素的需求与供给达到均衡时的价格决定，即把研究范围限定在某一时期的某一市场，并假定该市场与其他商品市场之间互不影响。一般均衡是假定在各种商品和生产要素的需求、供给和价格相互影响下分析所有商品的供给和需求达到均衡时的价格决定。马歇尔强调的是局部均衡，也是其经济学体系的中心概念和范畴，并认为经济中的各因素终究会达到均衡，不会被自身矛盾的综合爆发所炸毁。

**参考材料：马歇尔经济学的定义及其启示**

Marshall defined economics as：Political Economy or Economics is a study of mankind in the ordinary business of life. It examines that part of individual and social action which is most closely connected with the attainment and use the material requisites of wellbeing. Thus it is on the one side a study of wealth；and on the other，and more important side，a part of the study of man.

关于经济学的定义，马歇尔的比其他教科书的要更好更全面，除了指出经济学是研究人类日常经济生活的学问，还强调是社会科学的部分，是研究人类社会与个人追求"较好生存"，并且比高度聚焦于"财富"更重要的"人学"的一个方面，比现在的经济学更加高明。而现在流行的经济学的两个特点是：主流经济学越来越理性化、抽象化、形式化；也越来越远离社会生活，晦涩难懂，仅仅研究资源配置的学问。

---

① 马歇尔，《经济学原理》，华夏出版社 2005 年版。

## 二、效用与需求

马歇尔经济学说的中心，在于说明商品的均衡价格是如何形成的，供求关系的变动是其市场机制的主要内容。与古典学派不同，他没有价值理论，而是用价格理论代替价值理论；而且，他在说明价格形成理论时，既采用古典学派的生产费用论，又运用了边际效用学说，从供给和需求两方面说明。所以，先概述他的效用与需求学说。

### （一）　对效用的分析

首先是总效用。认为人们需要商品，是为了通过对该商品的消费取得效用，以满足欲望。他是基数效用论者[①]，认为总效用可以加总求和，公式表示如下：

$$U = \sum_{i=1}^{n} U_i$$

总效用是他消费每一个商品取得的效用的总和。实际上，马歇尔自己也知道，效用本身是无法直接计量的，所以他认为可以通过价格体系由货币来计量[②]。但是，当这样做的时候，还必须假定货币的边际效用是不变的，就是说，不考虑货币购买力的变化，否则，问题又变得复杂起来。

他研究效用理论，是为了说明边际效用决定需求及其变动规律。认为，当一个人购买商品时，他刚刚被吸引购买的那一部分，可以称为他的边际购买量，因为是否值得花钱，他还处于犹豫不决的边缘。该人边际购买量的效用，可以称此物对他的边际效用。接着，他就顺着逻辑思路，说明边际效用递减规律。他认为，一个人购买某种商品，当该商品已达一定量时，他所取得的效用随着所购商品量的增加而递减[③]。我们可以这样理解马歇尔的思路：边际效用递减规律决定了需求变化规律，由于他假定效用可以用货币计量，从而把需求转化为需求价格，把边际效用递减规律转化为边际需求价格递减规律。如此，他就提出"需求的数量随着价格的下跌而增加，随着价格上涨而减少"的一般规律，并用需求表和需求曲线说明该规律。

---

①　序数效用认为，效用不可计量并加总求和，只能用序数第一、第二等表示满足程度的高低与顺序，是用无差异曲线分析研究消费者行为，而基数效用论则认为效用曲线上的各点斜率相同，即为一条直线。

②　这在前面已讲。

③　这是戈森第一定律。

注意，马歇尔讲的需求曲线，是一个消费者对一种商品的需求，是个人的需求曲线（规律）。那么，市场需求规律是怎样呢？市场上任何一种商品的购买者不会是一个人，每一个茶叶的购买者都有一个需求表和需求曲线，在每个可能的价格下，马歇尔把所有购买者对茶叶的需求量加总，就得到市场需求量；将不同价格下的需求量列成一个表，就是市场需求表。根据表画的曲线，就是市场需求曲线。所以市场需求曲线可以定义为：在其他条件不变的情况下，在一定时期内，某种商品的各种可能的价格水平下，全体购买者所愿意购买的数量。它是自左上向右下倾斜的，也就是说，商品价格和需求量呈反方向变化。（见下图）

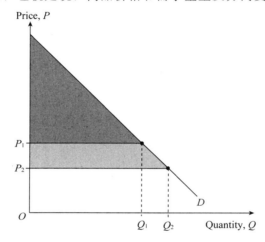

## （二） 需求弹性 （需求的价格弹性）

这个概念被人们认为是需求学说上的重要创造。是用来考察某一商品的需求量对于该商品的价格变动所做出的反应程度[1]。其中有三种情况：弹性大、不足以及等于1[2]。

## （三） 消费者剩余

马歇尔之后的经济学家杜普伊在分析公用事业的效用时，认为存在着高于使用者所支付的费用的效用——"公共产品"，他称之为"保留给消费者的效用"，

---

[1] 价格为自变量。

[2] 弹性问题在微观经济学中有详尽的论述，这里不赘言。我们只想说，弹性原理对理解很多问题和政策都是有用的。如政府对需求缺乏弹性的商品——烟、酒等，而不是对富有弹性的商品如鸡肉征税，这样产生的税收收入会多一些。

其含义就是马所说的消费者剩余。按照马歇尔的原意，消费者剩余指消费者对一种商品愿意支付的最高价格超过他实际付出的价格的差额。假定消费者购买 1 磅茶叶的价格是 20 先令，说明他从这 1 磅茶叶中所得到的满足与他以这 20 先令用于购买其他商品所得到的满足程度一样大。当茶叶价格跌到每磅 14 先令时，他实际支付 14 先令就买到对他至少值 20 先令的茶叶。由此获得 6 先令的消费者剩余。

该概念说明，在自由竞争条件下[①]，消费者在购买商品时可以获得的一种福利。所以，这个思想演化成当代福利经济学的一个重要内容。

## 三、成本与供给

他研究成本，是为了说明供给，成本分析是其供给理论的基础。他承袭了古典学派的生产费用论，但又有很多自己的创新。

### （一） 成本概念

成本由两部分构成，劳动和资本。劳动成本并非生产中以时间计算的劳动耗费，而是劳动者在生产过程中主观感觉到的痛苦，即所谓"负效用"。因为在他看来，劳动与效用是同类性质的现象，效用给人带来满足，劳动给人带来痛苦。资本，被他看作是资本家延缓享受的一种牺牲，他用与西尼尔的"节欲"论相似的概念"等待"来表示。这样，劳动的"负效用"和资本家的"等待"构成马歇尔的真实成本。

由于"负效用"和"等待"是不可计量的，所以他把生产的真实成本转化为生产的货币成本，以货币表示的"负效用"和"等待"，就是商品的生产费用，而生产费用就是生产要素相应的供给价格。比如固定资本的折旧、原材料价格、工资和利润等。

### （二） 供给表和供给曲线

我们可以参照需求表和需求曲线的设计做出。但是由于供给价格和供给数量与需求的变动恰好相反，因此供给曲线就是一条自左下向右上倾斜的线。马歇尔认为，不能完全利用供给表的数据，因为供给表的编制与需求表不完全相同。其不同点在于，供给价格的变动还要看生产的扩张过程处在报酬递增还是递减阶段。

---

① 马歇尔特别强调这个条件，如果是垄断的市场环境，那么对消费者就是不平等的。

然而他所提供的供给曲线只说明供给价格和产量增加成正比或同方向变动的情况。

## （三） 生产成本

在分析生产成本时[①]，马歇尔的贡献是把总成本分为主要成本和补充成本。主要成本就是现代经济学中所说的可变成本，包括原料、工资以及机器设备上额外耗损的成本，在短期内[②]，其变动规律是随着产量变动而变动，如果产量是 0，也就没有可变成本。而补充成本是现代经济学中的固定成本，包括折旧、高级职员的工资等。它的变化规律是不随产量变动而变动，与主要成本截然不同[③]。

## （四） 生产扩张过程中报酬递增和递减情况对成本的影响

所谓递减，是指增加可变成本要素投入到不变的固定成本要素上时[④]，会造成报酬递减现象；而递增是指产出增长大于投入增长的情形。

具有亮点的地方在于，他论述企业规模报酬问题时，讨论了内部经济与外部经济问题。企业的内部经济，指由于单个企业增加了产量或扩大了规模而取得的利益，比如规模扩大或产量增加时，其补充成本便分摊在更多的产品上，规模大的企业更便于从事发明和创新，降低销售费用，分工精细，提高生产效率等。所以可以做出结论，规模大的企业能够降低所生产产品的供给价格，在市场竞争中取胜。而外部经济，是指一个企业由于其他企业的发展而取得的利益，相当于本企业从他方借力的意思。主要指如果本企业地理位置优越，交通运输便利以及经营信息灵通等，就能给自己带来好处。对于这些改进，他给予很高评价，他认为，英国在 19 世纪的进步中所取得的利益，3/4 来自交通运输发展和水电成本降低。这相当于微观经济主体的发展必须借助完善的外部基础设施，外在环境对于企业发展是至关重要的因素。

## 四、均衡价格论

此理论是马歇尔经济学的核心，也是他论述需求和供给后的必然结论。

---

① 我们在学习政治经济学时知道，成本的组成部分对周转和产量有不同的影响。

② 短期被定义为可变要素投入可以增加或减少，而固定设备成本保持不变的时期，长期就是所有成本都是可变的，所有成本必须得到补偿。所以，长短期并不专指时间，而指要素是否能够调整的问题。

③ 这和当代经济学中关于长短期成本的划分是一致的。短期成本等于主要成本，长期成本等于补充成本。

④ 类似连续追加劳动到规模不变的土地上时发生的情况，参考前面对马尔萨斯思想的介绍。

**（一） 强调均衡，供求双方力量趋于一致、达到均衡，商品的价格就决定下来**

从下图看，交点是指这时商品的需求与供给相等，商品的需求价格与供给价格相等[①]。我们在前面已经说过，马歇尔认为商品的需求价格是消费者对一定量商品所愿意接受的价格，是由这一定量商品对买者的边际效用决定的。而商品的供给价格是生产者为提供一定的商品所愿意接受的价格，是由生产这一定量商品的劳动者的"负效用"和资本家的"等待"决定的，即由生产费用决定。当某一商品的需求价格大于供给价格时，生产者就增加供给量，使需求价格下跌，从而使供求趋于一致；当该商品的需求价格小于供给价格时，生产者就会减少产量，使需求价格上升，也将使供求趋于一致。在均衡价格的形成过程中，商品数量是独立变量，而价格则是从属变量[②]，为了达到供求的平衡，需要调整的是商品数量。当商品的需求价格与供给价格相等时，产量就不再增加，也不减少，达到均衡状态。此时产量是均衡产量，价格是均衡价格。

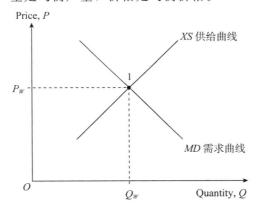

**（二） 这种均衡是稳定的均衡**

这里的意思是说，如果价格与均衡的价格稍有偏离，将有自动恢复的趋势。就像时钟的钟摆在它的最低点附近来回摆动一样。比如，当某种商品的价格上升，消费者便减少购买量，而生产者看到有利可图则增加生产量，这一下一上的相反力量拉动该商品的市场价格重归均衡轨道。价格下降时候，也可以依此类推生产者和消费者行为以及由此形成的均衡价格。

---

① 供给与需求曲线交于一点。
② 虽然这也是一个鸡生蛋、蛋生鸡问题，但是从消费者剩余或是生产者剩余角度看，开始的步骤是对消费量或生产量采取的行动。

### （三） 在说明均衡价格时，引进了时间分析

因为时间长短不同，对均衡价格有不同影响。考虑的时间越短，越需要注意需求对价格的影响，而考虑的时间越长，就更要注意生产成本对价格的影响。马歇尔区分了三种均衡：①暂时的均衡。这一类的均衡价格称为市场价格。在这种情况下，供给只限于现有商品的数量，所以这种均衡价格在很大程度上取决于市场对该商品的需求量，而不受生产成本的影响[①]；②短期的均衡。这一类均衡价格是在短期内通过供求两方面的调整而达到的"正常价格"。在这样的时期内，当需求增加时，企业有时间充分利用现有生产设备，增加原材料的投入，增雇工人，以增加产量，适应市场需要。但是时间还是比较短，企业还是不能增加新的生产设备，改进技术。所以，体现在图上，供给曲线比较陡，但与 $x$ 轴夹角不是90度；③长期均衡。这一类均衡价格是长期内由于商品的需求和供给的共同调整而达到的"正常价格"。由于这种时期有足够的长度，生产者可以调整各种生产要素的投入，也就是说，长时期中，主要成本和补充成本总额都发生了变化，商品的供给充裕。时间越长，供给方面对需求增加做出的反应越充分，价格上涨的幅度越小，体现在图上，供给曲线由左下方向右上方的倾斜度较平坦。

### （四） 深入分析了报酬不变、报酬递减和报酬递增条件下，正常需求增减以及正常供给增加对价格产生的影响

（1）正常需求增加，是指在任何价格下都能找到买主的那种需求数量的增加。造成这种需求增加的原因有：商品日益时新有了新用途；可以充作其替代品的商品供给长期减少；社会财富和一般购买力的长期增长等。由此又会产生三种情况：第一，商品生产遵循报酬不变规律。在这种场合下，需求增加只增加产量，不改变价格。因为遵循报酬不变规律的商品的正常价格完全由它们的生产费用所决定。因此，供给曲线是一条平行于 $x$ 轴的横线；第二，商品生产遵循报酬递减规律。在这种场合下，对商品需求的增加，将使其价格上升。因为随着产量增加，边际生产费用会增多，产量虽然也在增加，但增加的没有在报酬不变规律下那样多。所以供给曲线向右上方升高；第三，商品生产遵循报酬递增规律。在这种场合下，对商品需求的增加，将使产量增加，因为报酬是递增的，产量增加

---

① 陶大镛，《供给来不及调整，供给曲线是垂直的》，《外国经济思想史新编》，江苏人民出版社1995年版。

的时候，生产费用将下降，从而使商品价格降低。在报酬递增阶段，供给曲线逐渐向右下方倾斜，产量增加，价格下降。

（2）正常需求减少下的情况，也可以看到价格不变、价格下跌和价格上升三种情形。这里需要借助前述图形，把新曲线和旧曲线变动位置表示出来就可以观察到。

（3）正常供给增加时，在上述三种情况下，价格变动也不相同。正常供给增加指按各种价格可以供给的那些商品数量的增加。其原因也是多方面的。如果正常需求不变，正常供给增加总会降低正常价格，因为供大于求时，商品只能减价出售。但在报酬递减规律下，因为生产困难，价格下跌很少；在报酬递增条件下，生产增加便利，产量有大的增加，从而使价格有大的下降。而在报酬不变时，价格下跌程度会在上述二者之间。

## （五） 对马歇尔均衡价格理论的评价

主要强调两点：第一，该理论同时分析了需求变动和供给变动对价格形成的影响，并且对不同的时期长度对价格的影响，以及商品生产处于报酬递减、递增和不变的场合下对价格的影响，分别加以论述，确有独到之处。其价格理论的完整性超过前人，也更加接近资本主义市场的实际情况，成为当今微观经济理论的主要基础。第二，均衡价格理论实际上是将均衡思想运用于市场机制，并且说明市场参与者按照市场信号进行博弈，在这个过程中，市场资源得到了合理的配置。所以，斯密的"看不见的手"在马歇尔这里得到进一步的发展。

但是，这种价格理论的主要缺陷是不能说明在均衡条件下价格是如何决定的，把价值和价格统一到生产费用上面，然而，供求一致时的价格决定，就解释不了。马歇尔把边际效用递减规律作为需求规律的基础也不对，因为需求的首要条件是国民收入总量大小及其在社会各阶级间的分配和再分配，接下来才能在既定的购买力条件下谈需求规律，否则变成本末倒置。

## 五、垄断理论

应该说，马歇尔的均衡价格理论是以完全自由竞争为前提，并以"代表性企业"为分析对象。但他所处的时代，是自由竞争资本主义走向垄断时期，各种垄断形式已经出现。他看到了这种情况，所以不得不考虑垄断存在对价格及收入分配的影响。

## （一） 垄断的含义

马歇尔所说的垄断，是一种商品只有一个供给者的情况，当今市场结构学说认为这是"完全垄断"，而非"寡头"。垄断者的目的，就是要限制该产品的产量，提高价格，使价格达到这样的水平：除了补偿他的生产费用，还能获得最大限度的纯收入，即垄断收入。商品生产费用加垄断收入，就是垄断条件下的供给价格。

## （二） 垄断的后果与影响

马歇尔认为，从表面上看，似乎垄断产量总是小于竞争产量，垄断价格总是大于竞争价格，但是消费者在购买垄断企业的产品时不会比在竞争条件下支付更高的价格，因为有两个因素使垄断企业的成本要低一些：一是可以减少广告费上的支出，二是比小企业有更多的资金用于改进生产方法、增加机器设备，取得全部收益。只要垄断者经营有方，并且拥有无限的资本支配权，就可以做出结论：非垄断企业的价格比垄断企业高，而自由竞争结构下生产商品的均衡产量小于垄断条件下需求价格等于垄断价格的那一产量。

## （三） 形成原因

如果垄断者把价格定高，就会吸引别的生产者进入该行业，从而使自己失去垄断地位和高额垄断收入。一个垄断煤气供应的生产者把煤气价格定低一些，一旦设备运转，即使有电力和石油公司暗中与之竞争，人们也多半会继续使用煤气。这样就可以增加销售量，产品畅销后就会补偿他稍微的低价带来的损失。垄断者的利益和消费者的利益是可以调和的。垄断的存在并非坏事。

## （四） 马歇尔提出垄断理论的目的

既然垄断并非百害无利，所以马歇尔就要说服英国政府，不要对垄断采取抑制政策，相反要采取鼓励政策。更深的含义是，在美国这个后起的资本主义国家，垄断组织迅速发展，经济实力及在世界中地位的上升，威胁英国"世界工场"的地位。所以只有效法美国的垄断企业那样不断扩大规模，才能富强。当然，他也看到垄断经济的潜力和活力。实际上是为英国垄断集团的利益服务的。所以，在某种意义上，他的判断是正确的。因为垄断是历史发展的必然趋势。

马歇尔之前，没人认真研究过不完全竞争问题，所以他的研究还属于初步探索，不仅不完整、不精确，比起后人来有很多欠缺。他的重点在于研究完全竞争经济条件下的经济问题，但并未回避不完全竞争的存在，并做出精心的论述，这是他很有贡献的地方。

## 六、收入分配理论

完整的经济理论必须包含生产、市场（交易）和分配这几个部分。关于生产和市场，马歇尔依据均衡价格理论对前人的理论有所发展，同样，在收入分配方面，其所用的分析工具也是均衡价格。

### （一） 总的看法

他认为，收入分配就是将国民收入按照各生产要素带来的纯产量（贡献）进行分割。因为四种要素①共同创造了国民收入，所以要解决的是份额大小的问题，确定份额大小的标准是要素价格，可以应用他的一般均衡论解释。

### （二） 工资

工资并不是由劳动的边际生产力独自决定的。它同其他生产要素一样，也依赖于需求与供给。在其他条件保持不变时，如果劳动供给增加，劳动的边际生产力就会下降②，从而拉动均衡工资率下降。所以，边际生产力自身并没有决定工资水平，因为工人数量变动会产生各种不同可能的边际生产力。工资水平只有在工资率（边际要素成本）等于企业出售边际产品（边际收益产品）而获得额外收益时才能达到。

### （三） 利息

马歇尔认为，利息是资本要素的均衡价格。从需求方面看，资本的需求价格是资本家使用资本所愿意支付的代价，是由资本的边际生产力决定的，也就是说，由边际资本所提供的净产量决定。而资本的供给价格，取决于资本家的"等待"和"牺牲"，也就是借贷资本家同意放款的价格，利息就是其报酬。他还认为，利率③的上升减少了机器的使用，因为资本家避免使用年净剩余小于利率的所有机器。而较低的利率会增加资本投资。

---

① 劳动、资本、土地外加"组织"——企业经营管理能力。
② 劳动供给曲线将和劳动需求曲线交于劳动需求曲线的更下方。
③ 取决于资本的供给与需求是否均衡。

### （四） 利润与地租

利润是"组织"或"企业经营管理能力"的均衡价格。马歇尔认为，企业家担负组织和领导企业的全部责任，因此是"高度熟练的产业阶级"，也是一种稀缺性资源。企业家所做工作是"企业经营和管理"，它的需求价格是全社会对企业家组织管理和经营这种不可或缺的工作必须付出的价格或代价。而这种价格又决定于"企业经营管理能力"的边际生产力[①]，也就是我们能够理解的企业家在最合理使用、安排其他各种要素条件下，所能获得的收益。它被包括在总收入之中。所以，马歇尔在这里，将利润说成是企业家经营管理能力的报酬，与"凭借占有资本所获得的收入"区别开来，反映了那时资本的所有者和管理人员分离的事实，并且运用市场均衡价格理论说明后者的收入——利润，这是一个很大的突破。

地租是使用土地的代价。马歇尔认为，由于土地是资本的一种特殊形式，其供给是固定不变的，而且没有生产成本，因此，土地没有供给价格，地租只受土地需求的影响[②]。

如此只需要分析土地的需求价格，它也取决于土地的边际生产力，即取决于土地边际耕作的"纯产品"。马歇尔认为，在"土地报酬递减规律"作用下，必定会出现这样一个边际：在该边际上的投资所得到的收入，除了补偿生产开支，只能提供正常利润（资本利息），没有剩余，该投资是一系列报酬递减的土地投资中报酬最低的一个，是资本家投资的界限。这个边际上的土地产品决定全部农产品的价格，决定了地租量。因为以前各次投资的收入，都会与边际收入间产生级差地租。他称这种差额为"生产者剩余"或"地租"，与后人所说"经济租"同义。

又比如说，工人[③]与积累财富的所有者[④]都可以得到生产者剩余。可以回想一下，一天最后一小时工作时间的厌恶程度决定了所有工作小时的工资率水平，因此，前面那些小时中工人得到的工资收入大于他们为了工作而愿意接受的最低工资水平。类似的，马歇尔还认为延迟消费是一种牺牲，利息率必须足够高以带

---

①  这是将克拉克的边际生产力理论应用到企业家这种生产要素的报酬上面，即企业家的报酬与其经营管理能力之发挥所带来的产量。

②  体现在图上，供给无弹性，是垂直线。

③  获得工人剩余。

④  获得储蓄者剩余。

来储蓄的边际供给。既然所有储蓄所得到的利息率都是相同的，那么一部分储蓄者所得到利息收入就必然会大于他们愿意牺牲的效用量，这是储蓄者剩余。

总之，作为新古典经济学的集大成者，马歇尔创造性地运用了均衡价格理论，来分析生产、交换和分配领域的经济问题，从而将微观经济学推向了在他那个时代的最高峰。用他的理论来描述资本主义经济的现实，让人们看到那个时代微观经济运行机制，马歇尔的确功不可没。但是，这一套经济运行的理论，还有相当大的局限性，比如经济的内在矛盾是什么，就没有论述。就微观经济而言，分配取决于边际生产力固然不错，但是还取决于什么，为什么制度等问题在他那里不受重视，这些都是马歇尔的不足之处。

# 第五篇

# 新古典学派及其在当代的发展

# 第一章 德国历史学派的演变

在经济学说史上，德国历史学派的出现和他们所提出的政策主张，不仅为人类的经济思想和社会进步贡献了一朵奇葩，而且因为切合了当时德国资本主义发展的历史任务，促进了德国"后进国家"异军突起，最终变成了"先进国家"，在这个过程中，历史学派的作用不能小觑。但是，在历史学派产生伊始时却没有此种荣耀。其"先驱"李斯特时期，它被主流经济学界认为是"异端"，不但在自己的祖国不被人所待见，在英法等国，更被诬为旁门左道，屡遭抢白。然而，过了20～30年，当该学派进入到"历史学派"时期，其思想观点便逐步显出威力，在其祖国和美国、日本等国，一鸣惊人地变成统治者依赖的"官房学说"，为这些国家制定并实施的赶超战略立下汗马功劳。后来的经济学也表明，历史学派的主张是当今发展经济学和演化经济学的鼻祖，对创新经济学、制度经济学、比较经济学这些当红经济学具有开拓之功，也是各国具有不同发展模式的最早提出者，而且对自由主义与保护主义关系，如何在特定的发展阶段，采取不同的政策这样一类经济学永恒题目之解答，历史学派都有自己的思路与贡献。

## 一、历史学派产生的条件与特点

政治经济学作为科学体系，本来是英国资产阶级（市民）社会的产物——市民社会关心的问题，主要是政府与市场的关系，市场配置资源所需要的条件以及公民应该具有何种权利义务，责权利怎样相配等。这些问题和其他社会科学问题一样，始终处在历史发展过程当中，鉴于特定国家中公民社会发展的水平之不同，对这些问题的回答肯定带有不同国家的特点——每个国家面对的时代发展课题都有别于其他国家；政治经济学又以最能够代表不同阶级阶层的利益而见长。比如，重商主义者关心"一个国家如何能够积累更多的金银"，而古典经济学家关心"如何能够提高国民财富"，究竟是代表政府还是资产阶级的利益也是他们的重要区别。所以，看待每一个经济学说，不能停留在其思想和理论本身，而必须看到它的社会历史背景和它的目的何在。

从思想史角度看，以往经济思想是建立在17－18世纪占统治地位的自然法和启蒙主义的思想基础上的。但是在18世纪后期以后，世界上发生了美国独立运动、法国大革命等重大社会历史变动，导致人们对过去社会观、自然法思想，有了新的反思和觉醒。人们开始怀疑自由竞争和国际贸易等英法古典经济学宣扬的政治经济学原理是否为通行的"世界经济原则"，开始强调地方各个国家的历史个别性与特殊性，试图用符合自己特点的"国民经济学"取代政治经济学，按照现在的观点，他们极力反对英法古典主义鼓吹的不受政府控制的自然秩序，主张在政府积极干预下形成所谓"建构秩序"以获得发展和赶超的成就，跻身强国之林，这就是德国历史学派的思想温床和使命。

从社会政治背景角度看，德国资本主义的发展，不同于英法等先进国家，主要就是它的农业资本主义发展的"普鲁士道路"模式。该模式的特点，在于发展资本主义必须破坏封建农奴制度，但不是通过革命方式，而是经由贵族地主自下而上的一系列改革实现的。这虽为资本主义发展创造了条件，但同时也大大加强了封建贵族的政治经济实力。所以长期以来，贵族地主阶级在德国政治生活中的支配地位和资产阶级的软弱，使统一德国和摧毁封建制度的基本任务，由于资产阶级的背叛而告终。德国资产阶级发展资本主义的愿望，就希望得到国家政权的强有力的支持。

从当时经济发展的角度看，1806 年神圣罗马帝国解体后，直到 1871 年以前，德意志全境始终是世界上分割最甚的诸侯列国。每个小邦都拥有相当于一个独立国家所具有的政府、军队、法庭、财政制度、货币和外交等各自为政的权力。经济分割、关卡林立、流通阻塞，庄园经济是当时德国经济的基础。城乡分割，商品经济很不发达，宗教战争使经济停滞落后。国家分割，缺乏统一的保护国内民族工业成长的关税制度和贸易政策，英国的廉价工业品如潮水一般涌进德国市场，德国民族工业遭受致命摧残。所以，19 世纪初叶以来，德国民族的历史课题主要在于如何促进祖国统一和国民经济现代化，这也规定了资产阶级经济学的性质和特征。

德国历史学派经济学的演变分为四个时期：第一，草创时期。德国最大的国民经济学家李斯特是主要代表；第二，旧历史学派；第三，新历史学派；第四，历史学派的解体。总的来说，其共同特点有四：第一，竭力强调各民族经济发展自己的特色，否定英法古典政治经济学原理的普遍意义；第二，力图用历史方法代替抽象方法，否定理论概括的科学意义；第三不仅为资本主义辩护，也竭力美化封建制度及其残余，论证资产阶级与贵族地主利益的一致性；第四，宣传精神因素，将民族国家说成是代表民族精神的主体，在经济生活中起决定性作用①。这是与我们上述的几个历史发展角度相关的。

当今，随着西方主流经济学危机的加剧，曾经被视为"异端"的诸多学派，日益吸引人们的注意并等待着被重新发现。作为一个在经济思想史上有着重要影响和历史悠久的学派，德国历史学派近年来也不断地引起人们的重视。为什么人们愿意到他们那里去吸收营养？我们认为，他们对自主创新的、适合本国发展特点同时又能指导本国政策制定的经济学，有着"重新导向"的作用，是发展和改革可以借鉴的理论源泉，其中很多观点，特别是怎样建设一个经济强国的理念，值得我们深入研究。

## 二、历史学派的先驱——李斯特

### （一）　生平和著作

弗里德里希·李斯特（Georg Friedrich List，1789—1846）是 19 世纪前半期德国新兴产业资本在意识形态领域的代表。在年轻的时候，他就既不想在学校做正规的研究——如果做正规研究，就得按老套路办事，也就很难做出别具一格的成果，也不想像他父亲一样做个制革工人——一辈子默默无闻下去。后来他成为一名政府职员，到 1816 年升任副部长。一年后，又接受了大学教授职务，但因为所持政治观点与当政者不同而被解职。在这以后，他开始积极促进在德国联邦建立一个强大的政治与商业协会。1820 年，他被选为他所在联邦的议会议员。他提议进行大家认为非常激进的管理和金融改革，赞成废除公路通行税、什一税、封建财产税和消费税等，他提议审判而不是陪审团裁决，减少文职机构的官员数量，征收单一的直接收入税来满足政府开支需要，等等。然而，政府将这些观点的表达视为叛国罪，宣判他入狱 8 个月。之后他被放逐，去了美国，成为农场主。他的保护主义观点在美国比在德国被更广泛地接受。1832 年他作为美国驻莱比锡领事返回祖国，因为参加全德关税同盟运动，又遭政府迫害而失败。之后迁居巴黎，1840 年又返回祖国。晚年倡议英德联盟。李斯特一生在反动封建势力迫害下，颠沛流离，流亡国外达 22 年之久，终因贫困交加，于 1846 年冬日大雪纷飞的夜晚，孤身一人，进入山林用手枪自杀。

他是一位反对欧洲封建专制的战士和坚定的爱国民主主义者。在经济学说史

---

① 　晏智杰，《西方经济学说史教程》，北京大学出版社 2002 年版，第 214 页。

上，他对英国古典经济学提出了批判和修正，是德国国民经济学的创始人。为了发展和保护本国的幼稚工业，提出科学保护本国产业的关税政策，这种主张对发展中国家的经济成长，至今仍具有现实参考意义。

其著作有《美国政治经济学大纲》《经济学的自然体系》《政治经济学的国民体系》等。

## （二） 政治经济学应当是一门什么样的科学？

他认为，政治经济学不是要去研究资本主义经济的内在联系或者说是资本主义社会的"生理现象"，而要研究各国国民经济的具体发展道路。因为英法古典学派的最大缺点就是世界主义和忽视经济发展的民族特点。也就是说，他们只研究各国经济发展的一般规律，而忽视各国经济发展的具体情况和特殊道路①，十分不可取。与之截然相反，李斯特体系的中心概念就是国民经济学。而国民经济学的基本任务，就是规定一个民族的经济发展条件，这是他经济学说的基本思想。由此我们看到，自李斯特始，"国民经济学"就和斯密为代表的"世界主义经济学"在研究目的上存在着根本的对立。

李斯特的国民经济学说是其经济学说的上位概念，他的其他学说便也体现出这个上位概念的特点，比如分工学说。他把国民经济的内部分工与世界经济分工加以区别——在古典经济学那里，世界经济分工是国民经济分工的扩展形式。他主张最大限度加强国内分工，认为这能促进生产力发展，同时对世界各国分工的过分发展却表示担心，认为这会加强个别国家对世界经济的依附，并且在国际形势变化、战争和政治纠纷的情况下，对各国国民经济发展起不利的影响。另一同古典学派不同之处在于，古典学派把整个世界看成一个统一的工厂，从世界范围看，只要对生产力发展有利的国际分工，哪怕造成个别国家如英国内部个别产业的缩减，也应当拥护，而国民经济学则只从本国利益着眼，在世界经济中持"零和"观点。所以我们初看起来，古典学派的观点具有世界眼光，也代表人类经济发展的方向，不像国民经济学只代表一个后进国家急欲赶上先进国家，热切地为本国发展准备条件那样。该学说之所以具有这种局限性，当然同李斯特所处的德国历史环境有关：由于经济落后，在国际市场上无法同英法等先进国家竞争，工业资产阶级就要在保护关税的基础上实行联合。李斯特就是代表德国工业资产阶

---

① 自李斯特起，关于是否存在世界各国经济发展的一般规律的争议，就正式开始。按照我们经验主义理解，虽然各国经济发展的路径不尽相同，发展战略各异，但采用市场经济的制度和体制，以实现国民富裕和国家强盛的目标，却是共同的普世性原则。

级利益，认为经济学应该成为研究各民族经济发展道路的科学。

我们以为，李斯特否认资本主义经济发展具有一般规律的说法固然不对。但关键在于，符合现实令人相信的经济学应当建立在什么基础上？必要的问题是，研究一般规律，更重要的是和本国的国情相结合①，否则这种研究将变得毫无价值，成为空中楼阁，失去研究对社会发展的促进作用，当然也就没人相信。我们看到，后来德国在李斯特计划的指导下，30 多个分散的公国将关税逐步解除——除了对国外产品征收高关税②，还有一个就是关税同盟，以及将铁路视为工业化进程中的双生子。关税同盟于 1834 年建立，第一条铁路建于 1835 年。李斯特为本国资本主义的发展阶段和步骤绘制的蓝图，在他去世后十余年时间里，终于得以实现。这对发展中国家经济成长仍具有现实意义。

## （三）　关于生产力学说

他理解生产力，有从物质、精神、自然、个人、政治的多领域观察角度，而不是简单地从产品的生产过程着眼，因为决定一国生产能力的，肯定有多种因素，换句话说，要理解某个特定的生产过程，掌握它的来龙去脉和内部机制，还要站在更高的、更加广阔的平台上面去俯瞰它们，这是很有见地的思路。更为可贵的是，他对生产力的认识高出别人一筹："财富的生产力比之财富本身，不晓得要重要多少倍"③；因此，在国际贸易上，某种产品是否需要进口，不取决于这种商品的价格高低，而在于是否有利于本国这种商品生产力的发展。如果某种商品从国外进口比本国生产便宜，进口从表面上看很合算，但其结果却阻碍了本国生产力的发展，使国民经济永远处于落后和从属的地位。所以对这种商品，应当实行保护关税政策，借助国家力量来限制外国进口。虽然起初会使工业品的价格提高，但经过一段时期，生产力提高了，商品的生产费用就会下降，商品价格甚至比进口货更便宜。

李斯特认为能力培养对国家生死攸关。他说，力量的确比财富更加重要。为

---

① 比如前几年经济学界和各国发展战略研究机构热议的华盛顿共识和北京共识，就是各执一端的典型。

② 这体现出李斯特的思想——国内市场重于国际市场、国内分工是参与国际分工的前提。

③ 这说明了国家经济竞争力的基础，值得重视。从表面上看，国家经济竞争力是以具有市场竞争力的产品表现出来的，然而这种产品是怎样来的，李斯特回答了这一问题，即生产财富的能力——各种要素的水平和培养机制、管理水平和社会制度等，都决定了生产财富的能力；另外，生产能力的增长和 GDP 的增长起码要同步，不然，将陷入竭泽而渔的"贫困陷阱"，发展不可持续。

什么呢？只是因为国家力量是一种动力，新的生产资源可以由此获得开发，生产力是树之本，可以由此产生财富的果实，而结果子的树比果实价值更大。这样看来，力量比财富更加重要，因为力量的反面——软弱无能，足以使我们丧失所有的一切，不但使我们既得的财富难以保持，就是我们的生产力量，我们的文化，我们的自由，还不仅是这些，甚至我们国家的独立自主，都会落到在力量上胜过我们的那些国家手里[①]。

我们可以从李斯特的思想推论，对于德国这样一个在当时相对落后国家而言，怎样发展生产能力，除了最开始的政策保护，关键是发展先进的生产技术，这一点至为关键：不仅因为资源严重匮乏——资源缺乏本来是个发展的瓶颈，但也是个动力；如果不迎头赶上，就有被先进国家从经济上肢解的危险。本着这样的想法和正确的发展战略加上德国人的奋斗精神，到19世纪末，德国已经成为世界上技术最先进的国家，后来的日本同样如此。在1900年，德国和美国显然已经取代英国成为世界上最强大的工业国家。美国得益于国土面积、资源和人口，总体实力远在德国之上，但德国的"物理和化学技术"却更先进。而英国却躺在财富和陈旧的经济方式、方法上睡觉[②]。

**对生产力学说的评论。**李斯特的生产力学说和由此而来的保护关税政策，同古典学派的国际分工学说和自由贸易政策针锋相对，古典学派的国际分工理论的目的在于证明自由贸易对各参与国都有利，这个思想建立在英国当时首屈一指的国际竞争力和世界工厂地位之上。而李斯特则从经济落后的德国实际情况出发，符合当时德国资产阶级迫切需要抵制先进国家的商品竞争，利于自己发展商品生产和推销的要求。他强调国内分工高于国际分工，注重特定民族生产力发展，认为没有国家支持，就不可能发展生产力。这和古典学派把世界经济看成一个统一的经济体系，进而反对国家干预的主张是大不相同的。

李斯特的生产力学说对德国资本主义工业发展起到了积极作用，这对我国也有深刻的借鉴意义。但是他把生产力的概念扩大了，把风俗、宗教、道德都包括进去，而按照马克思的意思，这些应该是"上层建筑"范畴，它们虽深受生产力发展状况的影响，但是毕竟和直接的生产要素运动规律有所不同，不认清这一点，在抓生产力建设的时候，就不容易找到要点，很可能会知难而退。

---

[①] 弗里德里希·李斯特，《政治经济学的国民体系》，华夏出版社2009年版。
[②] 托尔斯坦·凡勃伦对此也有明确的论述。

**思考材料：李斯特生产力理论强调的方面**

从国内看，有四个因素是必不可少的：

第一，"任何一种工业，靠了勤奋、节约和技术，不久总有所成就，总有利可图的"。这就说明，态度、技术和少消耗是生产能力发挥必需的 3 个要素，相反，投机取巧或入不敷出只能削弱生产能力；

第二，"任何一个在农业上、文化上已经有了发展的国家，其幼稚的工业如能加以适当的保护，不论开始时怎样缺点累累，成本高昂，通过实践、经验与国内竞争，其产品一定能够在任何方面与国外竞争者的老牌产品相匹敌而毫无愧色"。李斯特认为，当一个国家已经有了农业的基础和文化积累，发展工业生产能力就成为赶超的必然；国家通过关税政策对幼稚工业加以保护，而幼稚工业的发展则要靠实践、经验和国内竞争三条途径；

第三，"任何一种工业的成功总不是孤立的，总是与许多别的工业的成就相辅相依的"。工业国家必须存在多种共同发展的产业，可以说，这是最初的产业结构思想——各成员必须形成互相支持之势，类似迈克尔·波特的"钻石模型"[1]，工业化绝不能靠个别产业单独冒进；

第四，"任何一个国家，对于工业如果能代代相传，历久不衰，把前一代留下的工作由后一代紧接着继续下去，这个国家的生产力就必然会发展"。李斯特提倡国民应该有一种前仆后继的精神，一种技能必须有所传承和发展的机制，这些都不能"断代"。

从生产力和国际贸易的关系上，李斯特认为，"按照他们（斯密和萨伊）的说法，英国应当到能够按最低价格供应最高质量的商品的那些地方，去采购它所需要的东西。它以较高代价来自己制造那些它可以在别处买得到的东西，同时却把那部分利益让给大陆各国，这分明是件傻事"。但是按照我们的理论，情形却刚好相反，这个理论我们把它叫作"生产力理论"（The Theory of the Powers of Production）。英国执政者对于这个理论所依据的基础并未加以审察，然而当他们执行着输入天然产物、输出纺织品的原则时，实际上却采用了这个理论。

英国执政者所注意的并不是价格低廉的、经久存在的那些工业品的取得，而是在于代价虽较高而能够长期存在的制造力的取得。事实的确是这样，力量的确

---

[1] 迈克尔·波特，《国家竞争优势》，中信出版社 2007 年版。

比财富更加重要。

　　与李斯特思想具有异曲同工之妙的还有汉密尔顿（Alexander Hamilton）的例子。他在 1791 年美国制造业报告中，将财富、独立和安全都同手工工场的兴盛相联系，而工场为求发展需要国家的有效保护。他说，一个年轻国新兴工业遇到的最大障碍是外国的出口补贴制度，外国实施这一制度的目的是要"它们的企业能在其商品的进口国低价销售并排挤所有的竞争对手"。格兰特[①]依此认为，在数个世纪中，英国从被它推至极端的保护主义制度中得益，毫无疑问，它今天的强大来自于这个制度。200 年后，英国认识到实行自由贸易有好处，因为它感到保护主义已不能继续给它带来利益。但是先生们，我对我的国家的了解使我相信，再过 200 年，当美国从保护主义体制中得到它所能得到的一切之后，它也会实行自由贸易。所以，不管汉密尔顿还是格兰特，与李斯特如出一辙，他们并不是一味的保护主义论者，其一，保护措施是为了竞争力服务的，只要有了有力的后者，就都会采取自由主义的政策；其二，对外进行贸易保护的同时，是对内的自由贸易，去除横亘在各地区的关税壁垒。对内对外政策做一体化考虑，这就是历史给我们的启示。

## （四）　经济发展阶段学说

　　为了给保护关税政策寻找理论根据，李斯特除了提出上述生产力学说，还提出经济发展阶段学说。各国经济发展都顺序经历了五个时期：蒙昧时期[②]、游牧时期、农业时期、农工时期[③]、农工商时期。

　　李斯特论证说，一个民族的经济发展到哪个阶段，标志是在国民经济中起主导作用的那个部门。比如，西班牙是单纯的农业国家，处于农业阶段，主要部门是农业；英国工商业发达，处于农工商阶段，主要部门则是工商业；德国则处于农工阶段，它的工业发展起来，但并不巩固，美国也同德国相同。在划分经济发展阶段的同时，他又提出扶持发展的保护关税政策理论：关税的基本任务，就是扶持一国的工业，这是为了给在世界经济中保证一国得到独立发展的条件。当然，关税只是一种临时措施，当一国在工业尚不巩固之前，在竞争力相比他国还显薄弱之前需要关税，德美需要，英国则不需要。显然，这些论点符合当时德国

---

① 南北战争中征服南方的美国总统。
② 原始未开化的狩猎时期。
③ 农业兼工场手工业时期。

资本主义发展的需要。但是在李斯特眼里，完全以生产力来划分经济发展阶段，忽视了生产关系的区别，再以各经济部门的作用大小为依据来说明生产力，而不是以生产工具为判断标准。凡此这些，必然片面理解人类历史发展的真相，难以阐明经济变动的规律。

这就是李斯特经济发展阶段的要点。我们看到，李斯特实际上开辟了一条以主导的经济部门为基础划分发展阶段的思想，而从现在的观点看，我们还可以从不同生产要素的需求说明发展阶段。比如，在采集狩猎阶段，对土地的需求就是最主要的；而到了农业阶段，对劳动力的需求上升为主要；在工业阶段，对于资本的需求替代了劳动①；而在后工业时代，知识和技术成为投入中最主要的要素。

还有人以制度划分发展阶段。诺斯说，第一次经济革命之所以称其为革命，不是因为它把人类的主要活动从狩猎和采集转向了定居农业；之所以称其为革命，是因为它为人类的基本比例关系创造了一个转变的动机。这一转变起源于两个制度的不同所有权。若对资源的所有权是公共的，则人们没有动机去学习先进的技术和知识。

## 三、旧历史学派

旧历史学派是德国历史学派发展的第二个时期，即 19 世纪 40－60 年代形成的学派，通称历史学派。历史学派的代表人物都是大学教授，又是用历史方法，摆出教授博学多才的架势和某些陌生材料对理论进行包装，抹去收集材料的一切棱角，使它们在一本书里和平相处。所以，在理论上没有多少建树，至多是在方法论上稍有创新。给人的印象是，教授都有渊博的学问，他们对事实都很清楚，对历史数据多有分析。其主要代表人物有威廉·罗雪尔、卡尔·克尼斯、布鲁诺·希尔德布兰德。其著作基本上论述的是国民经济学的内容，但比李斯特差得多。下面分析他们的主要论点。

### （一）　否认经济发展的普遍规律和"世界主义"

认为古典学派的主要缺点是"世界主义"，认为各国经济发展中不存在共同的普遍规律，而是每个国家都有自己的特殊条件所决定的独特发展道路。把政治经济学看成仅仅是研究某一个国家具体的国民经济学。否认它首先是一门理论科

---

① 资本密集型的大机器工业。

学的意义。历史学派的制胜法宝就是堆砌大量的历史材料，乍看起来十分详尽，却没有告诉人们究竟是什么道理使然。

### （二） 历史统计方法论的弊端

在方法论上，我们知道政治经济学与自然科学不同，很难在实验室中通过实验的方法模拟自然界的情况，更难以在纯净条件下分析人尤其是集体行为，必须用抽象力，即抽去表面、个别和特殊的现象，寻找事物的本质联系。古典学派之所以对资本主义经济的内在结构进行分析，提出价值、货币、工资、利润和地租等，做出伟大的贡献，从方法论上说就是运用了抽象力。而历史学派却与之相反，他们认为研究政治经济学，根本就不能用抽象方法，其理由是，古典学派轻视经济和其他社会生活领域，尤其是法权、伦理和文化等，也忽视了经济活动的主观伦理动机。我们认为，这么说是冤枉了古典学派，因为古典学派用抽象法从社会总体中抽取社会生产关系并对它们进行了研究，活生生的社会是其研究的起点，他们并没有不顾现实。而历史学派，强调用历史方法简单描述现实，即叙述历史事实的方法。就是"历史—生理学方法"。他们所说的政治经济学是"社会经济或国民经济的解剖学和生理学"。即对一国国民经济进行表面的、具体的描述和所谓解剖，就像在生理上的解剖归类，拒绝揭示经济结构的质变过程，把人类历史归结为经济现象单纯的量变，没有突变。他们似乎是从事实出发，但所用材料也未必准确，有不少是歪曲的。例如，用生产三要素——自然、劳动和资本所起的支配作用不同划分为经济发展的三阶段；或以交换形式不同，把人类经济历史划分为自然经济、货币经济和信用经济三阶段，都抹杀了生产关系在其中的支配作用，借以证明资本主义生产方式和私有财产制度的永恒性。

### （三） 否认资本主义的剥削关系

由于对资本主义生产过程没有进行深入研究，历史学派对其中体现的人和人的关系即生产关系，就没有自己的创见。他们搬来萨伊的"三位一体"公式和西尼尔的"节欲"论[①]，历史学派的代表人物罗雪尔采取了拟人化的手法，将生产三要素改为三位"生产活动家"，要素所有者的收入与要素报酬合一，以此说明资本家收入合理化，并用所谓事实说明资本家的勤俭和对企业有成效的经营管

---

① 萨伊说生产三要素在生产中都提供了生产性服务，因而创造了各自的收入。

理，反对恩格斯当时所著《英国工人阶级状况》中对资本主义剥削的揭露。除此而外，他们还指责空想社会主义轻视历史，说他们不知道新社会是从旧社会中产生出来，对旧社会加以破坏是不对的。

综上所述，可以说，历史学派在理论上乏善可陈，闪光点也很稀少。但既然它是个学派，得到世人认可，总有可取之处即启发人们思考的地方。我想有二：其一，它告诉人们，较高形式的文明不要鄙视较低形式的文明，因为都处于历史发展的不同阶段，别人的明天只是你的今天而已，你有什么理由歧视人家？反过来说，较低文明到底发生在什么地方，与较高文明的差距在哪？如果发生在生产关系和政治制度上，倒可以以此为据，推动改革进程；其二，如果历史学派不贬低抽象的理论，同时又用较多的历史材料来说明，便使理论更能服人。罗雪尔自己也说，他没有贬低抽象理论，而是为它寻找理论依据，但事实上，他对于二者没有做到很好地结合。

## 四、新历史学派

有人称新历史学派为讲坛社会主义——不但嘲笑他们光说不练，而且对他们鼓吹改良主义经济思想也嗤之以鼻。然而，如果从演化的角度看待其改良思想，从有效地缓解社会矛盾的立场出发，他们的这些思想便有了可取之处。

属于讲坛社会主义的教授大都是旧历史学派和代表人物的弟子和接班人。但施穆勒①把自己的理论体系说成是"经济学的确立"，称上述三人的理论体系为旧历史学派，自己的叫"新经济学"。属于该阵营的大都是享有盛誉的社会政策论学者和社会改良主义者。

### （一）　新历史学派产生的历史背景及与旧历史学派的不同

19世纪70年代后，新历史学派形成的原因在于，德国产业资本逐渐壮大，开始走向垄断资本主义，内在矛盾尖锐，劳资问题严重。工人运动在马克思主义的激励下，日益壮大。为对抗马克思主义，缓和社会阶级矛盾，他们一方面继承旧历史学派的遗产，另一方面提出各种社会改良方案。认为只要求工人克制和节约，还是不能解决问题。必须从意识形态上批判"世界主义"以及古典学派关于"经济人""利己心"的理论前提。

---

①　新历史学派的掌门人和主要代表（1838—1917）。

这就涉及新历史学派与旧历史学派的区别：在理论上更加强调经济学家不应从事探讨经济发展规律；更加反对运用抽象方法，主张用历史统计方法代替旧历史学派的历史生理方法分析社会经济现象；更强调心理和道德因素对社会经济发展起决定作用。

### （二） 社会改良主义的思想和主张

关于社会改良政策的理论基础，施穆勒认为，劳资间的对立，不是经济之间的对立，而是感情、教养和思想之间的缝隙，因为经济上，劳动者的生活条件已经比几世纪前提高不少，经济已经没有问题，问题在于他们的生活条件能否促进他们的道德进步，他们是否知足。工人所以反抗资产阶级，是因为他们的道德有问题。据此而提出的改良主张有：国家实行社会保险，救济失业；实行工厂法，缩短劳动日和改善劳动条件；修改税率，多少限制资本家财富积累，缓和劳资矛盾；宣传阶级和平，等等。并把这些称为社会主义。显然，他们不满意现在社会状况，但又不主张打破现存的关系，提出在维护资本主义经济、政治制度前提下的社会改革措施。但是问题在于这些措施没起多大作用。

### （三） 完全否认经济发展的普遍规律

他们比旧历史学派更走向极端。施穆勒说，现象是不会重复的，因此也就没有规律。他认为每个民族都按照特殊道路发展，至多有某些类似，但不能说有规律。这在实际上就否定政治经济学有任何理论研究的可能性，而把这门科学归结为不需要理论综合的国民经济发展史。

### （四） 历史统计方法

他们在研究上采取的方法是，不仅描述一般历史事实，而且大量运用统计资料和当时相当发达的统计学方法，从数量上对历史事实更准确地进行比较和描述。同旧历史学派相似，其目的也在于堆积历史材料，用这些反对一般经济发展规律。

### （五） 认为心理、 道德和伦理在经济中具有决定作用

新历史学派认为，旧历史学派仅从自然技术方面研究国民经济，从国土、地理的自然限制下分析国民经济的现状及走向，但问题在于这个特殊性不明显，很

难说明国民经济即此非彼。他们认为，从语言、历史、道德情感方面出发进行研究更为重要。这就提出类似鲁迅所说的国民性问题——它到底是什么、由什么决定等。应该说，新历史学派在这方面具有开创之功，提出一个新的研究视角，经济问题只有同伦理道德结合起来，才能得到说明。可见马克斯·韦伯的《新教伦理与资本主义精神》，这本书值得一读。

总之，不管新旧历史学派，他们对于建设资本主义的国民经济，使德国走向现代化的目标方面，始终是一致的。今天对于他们的重新评价和认识，对发展中国家仍有很大的价值。德国历史学派经济学对美国和日本的影响很大，美国制度学派就深受影响。日本资本主义的成长也是如此。当然历史学派由于缺乏货币方面的经济理论①，面对"一战"后恶性通货膨胀的危机束手无策，经济学家纷纷离开，也是导致历史学派破产的原因之一，我们就不谈了。

**参考材料：**

熊彼特精辟地归纳了德国历史学派的基本特点：（1）对社会生活的整体性和各组成要素之间不可孤立的相互联系的信念；（2）对发展的关注；（3）对社会有机的、整体的视角；（4）对人类动机多样性的认识；（5）对事件具体的、个别的而非一般本质的兴趣；（6）历史相对性。

罗雪尔的历史方法清晰地反映在他的《历史方法的国民经济学讲义大纲》之中。在这本小册子的序言中，他将自己的计划与德国历史法学传统联系起来，即萨维尼—艾尔霍恩的历史法学方法，这与李嘉图的抽象演绎方法不同。罗雪尔认为只有在邻国发展状况这一更为宽广的脉下，通过深入地研究一国的发展史，才能深切地理解该国的文化和制度特征。这就意味着一国在不同的发展阶段需要不同的国家政策，在某一时期适用于一国的政策不一定适用于其他国家或者该国的其他时期。很明显，罗雪尔的理论与李斯特反对"世界主义"的立场是一脉相承的，并且罗雪尔为李斯特的主张提供了一个更为一般的框架。在德国历史学派看来，经济学是一门历史的和地理的科学，具有时间与空间的特定性，与其他社会科学之间存在着密切的联系，所有这些认识都是历史方法的内涵。不重视德国历史学派的伦理方法是无法深入理解该学派的历史方法的。新历史学派的代表人物施穆勒称自己的方法是"历史—伦理"方法。他认为人类文化的基础条件是一个

---

① 　像前面所说，他们只注重本国资本主义发展的条件，而不注重经济学一般的理论建设。

宗教与伦理的体系，经济只是人类文化的一个组成部分，如果没有作为社会规范的习俗、法律与伦理的历史发展的知识，就无法理解经济生活。而伦理以习俗、法律与道德的形式体现在社会制度当中，它在很大程度上决定了制度变迁与经济绩效。在施穆勒看来，人类社会的演化是伦理与经济相互作用的结果，即经济与经济制度之间的相互作用对人类社会的演化有着重要的作用，而经济制度又是调控市场中企业活动的经济政策的载体。盐野谷佑一认为，"施穆勒伦理方法的力量体现在历史的视角当中"。伦理不仅使得历史研究具有了意义，为历史研究指明了方向，而且也是经济理论与经济政策的结合点。由此可见，伦理方法并不是宣扬某种主观的价值判断，但明显地与"经济人"假设相对立，因为此方法强调了人类动机的多样性，其中包含了人的偏好等是不断变化的看法。

# 第二章　制度经济学的发展脉络

　　回顾整个经济学说发展史，除了在新古典经济学分析阶段中，制度变量被作为一个既定的假设前提外，其他多数经济学思想以及流派都或多或少地将制度分析的传统在其研究过程中保留和传承下来。这是因为，制度作为经济理论的一大柱石，其作用至关重要。土地、劳动力和资本这些传统天然要素，在生产技术和偏好既定的前提下，有了制度才能发挥作用，反过来看，各种天然要素如果能够发挥作用，也在很大程度上取决于制度的优劣以及制度环境的适用程度。经过长期的理论发展与积累，经济学界早已形成一套较为成熟的理论范式来分析制度的社会、经济影响及其功能。本章将集中探讨制度经济学①的发展脉络，介绍和评价其中一些重要的理论。

## 第一节　制度经济学的历史发展线索和时代背景

　　在当今西方经济学体系中，能够归入到"制度经济学"名下的，并非指一个完整、成熟的经济学流派，而是指在经济学领域中那些使用制度分析方法，并强调制度因素在经济学研究过程中具有重要意义的经济学家，而这些经济学家很有可能属于不同时代、不同子流派。美国虽然是制度经济学重镇，代表人物云集，但其新、老制度经济学思想，实际上源于德国历史学派和欧洲边际主义和均衡学派，我们可将其进一步划分为两条线路的发展脉络：第一条线路为"演化学派"，

---

　　①　对于整个经济学的制度分析而言，制度经济学的发展主要沿袭两条主线而展开。第一条主线为由19世纪上半期欧洲的空想社会主义开展的、对资本主义制度的批判和对社会主义制度的构想，然后至马克思经济学体系的产生与成熟，进而延伸至前苏联和东欧的经济学，以及中国当前关于经济体制改革的经济学思想和观点的综合；而第二条主线可追溯至德国历史学派，后来发展至美国老制度经济学思想，并最终促就新制度经济学的全面发展。当然，在这两条主线不断推进的过程中，它们并非是相互隔离而独立演绎的，二者也有相互影响、相互促就的特点。另外，在这两条主线之外，还伴有其他制度思想或者学派的产生，如以缪尔达尔（Karl Gunnar Myrdal）为代表的瑞典学派；以青木昌彦（Aokik, Masahiko）、保罗·米尔格罗姆（Paul Milgrom）等人为代表的比较制度分析学派。除此之外，还有新政治经济学以及以詹姆斯·道（James A. Dorn）和阿马蒂亚·森（AmartyaSen）等人为代表的发展制度经济学。而本书所探讨的"制度经济学"主要是指第二条主线中的美国新老制度经济学。本章主要探讨由德国历史学派所衍生的美国新、老制度经济学的发展历程。

主要是由德国历史学派衍生而来，并以凡勃伦（Thorstein BundeVeblen）、康芒斯（John Rogers Commons）和米契尔（Wesley Clair Mitchell）为代表的美国旧制度主义，再历经以艾尔斯（Clarence Ayres）、贝利（Adolf Berle）和米音斯（Gardiner Means）为代表的"过渡阶段"的延续和发展，进而形成以历史、制度演进为主要研究方法的新制度主义，代表人物主要有加尔布雷思（John Kenneth Garlbraith）；第二条线路为"新古典制度经济学"，其发展起始时间不仅稍早于"新制度主义"，而且延续了新古典经济学边际、均衡分析方法，以资源配置为主体，并创立了"交易费用"分析范畴的新制度经济学，其主要代表人物有科斯（Ronald Harry Coase）、诺斯（Douglass C. North）和威廉姆森（Oliver Williamson）等人。

从历史环境上看，美国制度主义形成于 19 世纪下半叶到 20 世纪初，即西方社会和经济的急剧转型期。南北战争结束后，到 19 世纪末，美国已完成第二次工业革命的"向电气时代的全面推进"，由此，美国整体社会生产力水平大大提升，资本主义生产的社会化程度大大加强，而同期国内垄断组织也应运而生，如钢铁、铁路、石油等垄断企业也逐渐成为国内经济主宰。由于联邦政府在此期间所采取的高额关税的做法极大地保护了脆弱的国内市场，对国内经济采取自由主义政策，再加上此时对他国一系列战争和购买，美国的国土面积和国内市场迅速扩大，经济总量在世界范围内遥遥领先，短短数十年内，将以农为主的产业结构转型为以工业为主，门类齐全、领先于世的产业结构，国民经济的质素发生飞跃。然而，在经济发展的同时，也陆续出现一系列社会问题，比如日益严重的社会两极分化、银行信用缺失等，而联邦政府依旧奉行自由放任的宏观政策，推动社会矛盾进一步激化，其至发展到不可调和的地步；在微观层面上，普通工人劳作时间未减反增，面临不断加剧的失业风险，而相应的医疗、保险、教育、工作条件也没有得到显著改善，矿难频发、腐败严重、环境恶化、食品安全问题凸显等，凡此均致使美国社会阶级矛盾十分尖锐，罢工运动不断发生。此种局面的扩展对当时资产阶级的利益和统治极其不利，迫切需要有一种新的理论来为其进行辩护。而此时，与其说当时的主流经济学对此种需求"置若罔闻"，还不如将这种不作为解释为"束手无策"。新古典经济理论所追求的自由放任与当时美国式经济政策所主张的"贸易保护主义"，不但无力解释现实问题，更提不出合理的解决对策，经济学界自此进入了"理论的第一次危机"。于是，以托尔斯坦·凡勃伦（1857—1929）为代表的，注重制度分析和强调"制度因素"对经济发展的作用，并以批判与改良现有资本主义制度和主流经济学为目的的早期美国制度主义就在这样的历史背景中应运而生，形成了以后所有制度经济学家所遵循的"凡勃伦传统"[①]。因此，客观上讲，在这个政治、经济、文化、社会快速转型时期，美国旧制度主义的出现并非偶然，是19世纪末美国资本主义发展所带来的矛盾尖锐化的产物。

正是由于美国旧（早期）制度主义反对当时的主流经济学理论，对现存资本主义制度的弊端进行揭露与批判，并主张进行"制度"改革，才使得制度经济学从凡勃伦开始就一直扮演学术"异端""另类"的角色，不被主流学界所认可。除了凡勃伦以外，美国旧制度主义的代表人物还有康芒斯、米契尔等人。他们的共同点是，都着重从社会制度演进的角度论述制度与经济发展的关系，并强调制度因素对经济、社会发展的意义，但他们的论证思路和观点结论却不尽相同，稍后对此将有详细介绍。不可否认的是，凡勃伦所开创的制度学派在20世纪初的美国经济学界中产生较大影响，不但在学界开了新风，也积极影响政策制定，如1929—1933年间，西方世界所爆发的世界经济危机，使得正统微观经济学的自动均衡理论彻底陷入了无法自圆其说的解体状态，为美国旧制度主义的发展营造了有利氛围。在此期间，美国有一批自称"青年一代"的资产阶级经济学家，大力推广"制度趋势"的研究，其中部分学者甚至参加了罗斯福"新政"的制定，为美国经济的发展起到积极作用。然而，在凯恩斯的《就业、利息与货币通论》出版后，由于凯恩斯经济学更适合国家垄断资本主义发展的需要，逐渐取代了新古典经济学在经济学界的主流地位，成为新的正统经济学。与此同时，由于早期制度主义缺乏统一的论证框架以及在垄断资本主义的论证方面较为薄弱，因此依旧停留二堂，在学术理论界扮演"异端"的角色，没有进入主流视域。

在凯恩斯经济学蓬勃发展之际，美国制度主义学派也没有偃旗息鼓，依然处于不断发展的过程之中，我们把这一阶段称为美国制度主义的"过渡阶段"。在20世纪30年代到50年代的过渡期间，制度主义经济学主要代表人物有贝利、米音斯、伯恩汉和艾尔斯等。他们继续追随"凡勃伦传统"，并发表一系列学术成果，构成了美国旧制度主义与新制度主义之间的桥梁。在制度经济学发展史上，起到至关重要的链接作用。

---

① 所谓"凡勃伦传统"，主要有两点：首先是批判资本主义社会的弊病，主张从制度或结构上来改革资本主义社会；其次是批判正统的资产阶级经济学，建立以研究制度演进过程为基本内容的经济理论。

第二次世界大战结束之后，在马歇尔的微观经济学与凯恩斯的宏观经济学的基础上综合发展而来的后凯恩斯主流经济学，对战后资本主义国家的经济发展产生重要影响，凯恩斯经济学也因此进入了全盛发展阶段，即 20 世纪 40 年代后期至 20 世纪 60 年代中期之间的 20 年"凯恩斯时代"。然而，至 20 世纪 70 年代，由于经济发展迅速，生产过剩的问题日益凸显，尤其是"大滞涨"现象的爆发，使得忽视制度因素的后凯恩斯主流经济学对此局面无能为力，理论经济学界自此进入了"经济理论的第二次危机"，这种困境为经济学"异端"的发展提供了新契机，新制度主义经济学应运而生，以加尔布雷思为代表的新制度主义重拾"凡勃伦传统"，一方面注重对文化、法律、政治、经济等"制度"因素的考察，另一方面也对当时资本主义制度的现状进行批判，并提出了相应的改革措施与思路。可以说，新制度主义与早期旧制度主义并无本质区别，如他们都以制度为研究对象，注重经济发展和安全的制度环境，但是由于所处时代不同，所面临的具体社会问题不同，现实必然赋予制度主义一些新的特点。例如，与旧制度主义流行的时期不同，在 20 世纪 70 年代，资本主义面对多种病症同时发作的局面，一方面经济发展停滞不前，另一方面，社会失业、通胀问题日益严重，而这在过去没有同时出现过。部分经济学家认为，学界唯有另辟新径，寻找一条全新的、非凯恩斯的路径才能破解当前难题。从这个角度看，新制度主义就是为了适应这种时代需求而生。不同于早期旧制度主义——其处于垄断资本主义的发展阶段，经济学家根据当时比较低的科学技术和经济发展水平以及政府在经济生活中的作用，研究企业的权力结构来为垄断资本服务；新制度主义学派则是处在垄断资本主义进一步发展的时期，国家垄断资本主义有了很大发展，特别是出现了混合经济，经济学家就应当根据新的情况，着重研究社会的权力结构，强调国家调节经济，突出科学技术革命，提出更加具体的措施来为垄断资本服务，这也充分体现了生产关系与生产力发展的必然要求。另外，由于新制度主义将制度定义得更为广泛，他们所说的"制度"不仅包括有形的机构或组织，如国家、公司、公会、家庭等，也包括无形的制度，如社会习俗、所有权、社会意识、生活方式等。因此，新制度主义实际上是扩大了传统旧制度主义的研究范围，涵盖了政治学、社会学、心理学等学科内容，当然，这也在一定程度上使新制度主义理论研究失去明确的研究对象，进而阻碍了新制度主义理论形成一个统一的、系统的经济理论进入主流经济学视域。

以上即为以加尔布雷思为代表的美国新制度主义学派的发展脉络，后来也有学者将这一学派冠名为"演化学派",他们主要是继承了以凡勃伦和米契尔为代表的旧制度主义的传统,主要研究制度对社会经济生活的重要作用以及制度演化的过程,尤其强调技术进步在制度演化过程中的重要性;除了注重"制度演进"研究的新制度主义学派以外,当今新制度学派还存在另外一条线路——"新古典制度经济学",也有学者将其简称为"新制度经济学派",其主要代表人物有科斯、诺斯、威廉姆森等人。在方法论方面,新古典制度经济学派与早期旧制度主义有所区别,他们首创一套全新的制度分析范式——不仅注重从现实世界存在的问题出发,而且侧重于从微观角度的交易成本、产权理论入手,利用新古典经济学的逻辑和方法来开展制度研究,因此,新古典制度经济学把自身理论视为对新古典经济学的发展,因而也被主流经济学所广泛接受。

与美国新旧制度主义思想产生机制类似,新古典制度经济学思想的萌芽也具有其现实基础和历史必然性。首先,在 20 世纪初至 30 年代期间,西方国家所出现的两次企业合并浪潮以及苏联十月社会主义革命后计划经济体制实践为新古典制度经济学思想的萌芽奠定现实基础。企业合并浪潮的频发现象诱导科斯在其《企业的性质》一文中相继提出两个问题——"既然传统经济学认为,市场是资源配置最好的机制,为什么还会出现企业以及企业合并现象?"以及"如果企业合并可以节约交易费用,为什么还存在市场交易;所有生产活动为什么不能在一个大企业内部予以完成?"他最终使用了交易成本和组织成本的概念回答上述问题,并由此开启通往新制度经济学世界的大门。从现实上看,苏联推行计划经济体制之后,便为新制度经济学提供了难得的制度研究素材,及至后来即 20 世纪 80 年代末期苏东剧变起,一些原本采用计划经济体制的国家在苏东剧变之后纷纷进行体制改革,向市场经济体制转型,在这个过程中,关于经济体制及其转型的很多现实问题也需要经济学家给以解释,新制度经济学的应用与普及面临一片生机。其次,市场经济虽然经历了几百年兴旺,但随之而来的一系列失灵问题也显露无遗,如外部性、信息不对称、公共品供给短缺等,也为新制度经济学的研究提供了契机。可以说这些失灵现象一直存在于客观现实中,然而最初并没有引起经济理论界的广泛关注。而直到新制度经济学的兴起,制度研究者通过进一步修正新古典经济学关于"经济人"的假定,并且提出交易成本的概念,才使经济学的研究更加贴近现实,更为重要的是,让现代经济学的方法同样适用于制度分析进而大大拓展了新古典经济学的研究领域。

# 第二节 制度学派主要思想介绍

## 一、美国旧制度主义的思想介绍

### （一） 凡勃伦的制度思想

托尔斯坦·B. 凡勃伦（Thorstein Bunde Veblen，1857－1929）出生于美国威斯康辛州的一个挪威移民家庭。在他 8 岁时，他的家庭变卖家产举家迁移到了明尼苏达州，并购置 290 英亩土地和成群的牛羊。因此，凡勃伦自小经历了美国中西部农场由传统自给自足经营模式向现代商品经济的过渡过程。凡勃伦在 17 岁进入卡尔顿学院开始接触斯宾塞（Herbert Spencer）的"社会达尔文主义"思想，并师从约翰·贝茨·克拉克（John Bates Clark，边际学派在美国的代表人物，最早的美国经济学会会长）学习经济学。在卡尔顿学院获得学士学位后，凡勃伦于 1881 年来到约翰斯·霍普金斯大学，但由于不适应学校的保守氛围且最终没有获得奖学金，凡勃伦后来转至耶鲁大学，并师从威廉·格雷厄姆·萨姆纳（Willam Graham Sumner），并最终于 1884 年获得哲学博士学位。之后的 7 年内，凡勃伦一直处于失业状态，直至 1890 年，他才在康奈尔大学的经济系谋得一份工作。1892 年，其老师劳克林（J. Laurence Laughlin）受邀在芝加哥大学创办经济系时，凡勃伦随之一起转至芝加哥大学任教并担任芝加哥大学《政治经济学杂志》编辑。在芝大为期 14 年的教研工作期间，凡勃伦发表了两部重要著作《有闲阶级论》（1899）和《企业论》（1904）。尔后由于抛弃新古典经济学基本框架的理论观点和桀骜不羁的性格，尽管才华横溢，凡勃伦在芝大的处境并不十分利好，他最终于 1906 年离开该大学。随后，凡勃伦又先后在斯坦福大学、密苏里大学从事教学工作，他将自己的理论观点系统化，出版了《劳作本能和工业技艺的本能》等著作。后来，凡勃伦与韦斯利·米契尔等学者筹办了社会研究新学院，力图将自己的理论运用于高等教育实践，还相继发表许多评论性文章，撰写著作数部，如《科学在现代文化中的地位》（1919）、《工程师与价格制度》（1921）等，他于 1929 年辞世。

#### 1. 凡勃伦制度主义思想的来源

首先，在 19 世纪后半叶，达尔文主义（包含社会达尔文主义）对当时学术研究产生重要影响。凡勃伦深受其影响，认为经济学应该研究社会变化过程及其对经济行为的影响，应该是进化的科学。他所理解的进化的经济学"必须是关于由经济利益所决定的文化成长过程的理论，必须是关于由进化过程本身所表述的经济制度的累积变迁序列的理论"（凡勃伦，1919）。其次，除了达尔文主义外，德国历史学派对凡勃伦的制度主义思想的影响也是根深蒂固的，凡勃伦在卡尔顿学院的老师克拉克就曾师从海德尔堡大学的卡尔·克尼斯。然而，凡勃伦在接受德国历史学派的部分思想外，也批评了他们的局限性。他说："没有哪种学派比历史学派更远离演化科学……他们用数据的列举和对工业发展的描述来填充自己，而不是提供一个一般性的理论，或者将他们的结果融入到一个和谐的知识体系中去。相反，任何一门演化的科学，都是一门严密的理论体系，是关于过程的理论，是一个演化序列。"[1] 再次，美国的实用主义哲学毫无疑问对凡勃伦思想的哲学基础的搭建产生重要的影响。如实用主义哲学反对事先做假设和判断，并对当时经济学流行的享乐主义进行了批评。而在与实用主义哲学的交流过程中，凡勃伦发现应该将所研究的内容放在社会中去考虑，这样才能搞好研究。他认为科学是一个不断渐进式推动的过程，而不是先设立一个假设前提就做出判断。至于怎样才算科学，需要用社会认同感来检验。而且，对科学进行恰如其分的解释是非常有必要的，包含了很多的逻辑和技巧。最后，在凡勃伦的制度主义思想中，其社会主义成分主要来源于爱德华·贝雷姆（Edward Bellamy）和卡尔·马克思（Karl Heinrich Marx）。比如通过对贝雷姆的乌托邦和身边现实情况的对比，凡勃伦受到很大的启发，为其制度主义思想构建提供了许多灵感，从此他主要研究经济学并开始经济学的写作，在他的著作《有闲阶级论》中，能找到贝雷姆所描绘的乌托邦的影子。马克思的学说更是对凡勃伦制度主义产生了重大的影响。凡勃伦的诸多研究都借鉴了马克思的思想，他成功地将这些思想融入自己的研究和著述当中。许多人认为凡勃伦把马克思的理论直接转化成自己的思想，例如怀特·米尔斯（C. Wright Mills）居然写道："凡勃伦的研究我们可以认为是对当时的美国思想和学术进行的马克思化修改。"[2] 但是，凡勃伦本人对马克思的部分思想也抱有怀疑、否认的态度。比如，在对洛伦茨（Max Lorenz）的一篇名为《马克思主义的社会民主》的评论中，凡勃伦认为，马克思主义也存在某些不足："尽管对历史的唯物主义解释指出了社会发展是如何……通过一种起因于经济结构和经济功能之间失调的阶级斗争……但它在任何地方都没有指出，在这

---

[1]　《凡勃伦科学在现代文明中的地位》，商务印书馆 2007 年版，第 103 页。

[2]　Mills，C. Wright，The Marxists（Harmonds worth：Penguin），1963：38.

个过程中起作用的力量是什么。它否认人的判断力和寻求一种更好的适应性的努力可以提供这样的一种力量，因为他把人当作环境的产物。这个缺陷使其陷入……对人性以及人在社会发展中地位的一种误解。唯物论将人视为纯粹的社会存在，人在这一社会进程中完全只是传递和表达社会规律与社会变革的媒介（Medium）；然而事实上，人作为个体，实践着自己的生活。因此，不仅唯物论的缺点被展现出来，而且完善这个缺陷的条件的手段也被指明。对上述不足修正后，唯物论就不仅成为关于社会与经济变革手段的理论，而且成为作为生命充分发展的社会进程的理论。"[①] 而在关于阶级的概念方面，凡勃伦倾向于回避使用阶级（class）的概念转而采用阶层（caste）概念，并且尽可能不谈资本家和工人的阶级冲突和资本家对工人的剥削。这样看来，在凡勃伦的视角中，不同阶层只是一种潜在的社会矛盾，并非不能调和。

**2. 社会演进观**

在社会演进理论方面，凡勃伦参考了达尔文的生物进化思想，并将其应用到了社会演进分析中，他认为，社会的演进实质上是制度的一个自然淘汰的过程。在当时的理论环境中，很少学者提及或者研究本能问题，即使有谈，也是将本能当作论述观点的既定前提，比如斯密认定利己本性是人的经济行为的出发点。但是在凡勃伦的理论中（注：见凡勃伦《有闲阶级论》，商务印书馆 2000 年版），就论述了人的生物学本能与社会经济演化的关系。他认为，本能经常被压抑或者转换，只有在特定环境中，诸如恐惧、模仿或者性冲动等系列本能才能被触发并引起反射、推动和冲动。而这种经由遗传获得的特定倾向为社会化发挥现实作用构成必要条件。可见，凡勃伦是赞成并且也吸收了詹姆斯对人类思想和行动中关于习惯和本能作用的强调。因此，在《有闲阶级论》中，凡勃伦在对人类行为的解释中也高度强调了本能和习惯的作用。他把本能视为人类目的和偏好的基础，同时本能也为思考和行动提供基本促进动力。由于本能为行动提供具体目的，并在实现该目的的行动过程中起到重要的辅助作用，因此，遗传本能在后天培养过程中扮演不可或缺的关键角色。他还认为，先天本能与后天培养（习惯）和行动之间是互相补充和支撑的关系。但是，尽管先天本能的作用如此强大，在面对更为剧烈、复杂的人类进化过程中，它还需要习惯与之配合才能使人类适应一个变化的社会和自然环境。如果将本能理解为简单的并且直接指向某种具体的客观目

① Review of Max Lorenz, Die Marxist ische social demokratie, in Journal of Political Economy, 6 (1), December, pp. 136－137. Reprinted in Veblen, 1973：167.

的，而习惯在追求这些目的过程中，在适应复杂性和不可预测方面是一个变通的方法。凡勃伦将习惯定义为基于本能之上，理性思考以后所产生的行动的一部分，并且，习惯和其所驱使的对于具体环境的理性和思考能力，也会产生新的习惯和行为。在这样相互作用的过程中，结合本能的促进，培养新习惯的能力在自然选择的过程中也不断扩大了人类的适应能力。而在《有闲阶级论》中，凡勃伦尤其强调这种适应能力在社会演进过程中的作用，他将社会演进视为一个因果积累的过程，而构成该过程的基础取决于人类逐渐培养起来的、对物质环境和约束的适应能力而不是一种理性的算计。"文化的发展是累积的习惯形成序列，其方式和手段是人类本性对这样一些要求的习惯反应，这些要求发生着无节制的累积性变化，但是累积性变化又在某种程度上保持着前后一贯的次序——无节制是因为每次新的变化都会产生一个新环境；累积性意味着每一新环境都由以前环境的变化而来，使所有的受到既往事物影响的东西都具体化为引起某种结果的要素；所谓前后一贯，是因为人类本性的主要特征……人能够做出反映习惯得以形成的本性特征，实质是始终不变的。"[①]

而在制度的定义方面，凡勃伦也谈到了制度与社会演进的关系。凡勃伦把制度定义为一种流行的精神态度，归结为在人类本能心理的基础上所产生的一种思想习惯，这种思想习惯是对过去环境的适应，是以往过程的产物，因此制度无论如何变化，都具备一定的滞后性，甚至我们可以将制度视为一种"保守因素"，如此一来，制度就构成了一种阻力，而社会进步也就是不断突破这些阻力的过程。但是，由于本能是天赋，而基于本能所产生的思想和习惯系后天逐渐形成，因此，制度的本质也不能变化。基于此，凡勃伦认为，社会经济的发展只有演进，而不会发生突变。

### 3. 制度的演进及变迁

凡勃伦制度主义思想的最大特点是将达尔文理论与社会经济分析二者创造性地结合起来，形成了经典的"达尔文—凡勃伦"范式，并被当代经济学家部分继承发展起来。具体地说，凡勃伦将达尔文主义的三种机制运用到他的制度主义思想中[②]。首先是变异机制。凡勃伦认为，"文化的发展是一个承袭性累积的进

---

① Veblen，Thorstein. The Limitations of Marginal Utility Reprinted in the Place of Science in Modern Civilisation，New York：Russel & Russel，231—251.

② 尽管凡勃伦本人没有明确列举这三个机制，但是 Hodgson 对凡勃伦的这种创新分析方法进行归纳，并命名为"达尔文—凡勃伦"范式，详见 Hodgson（2003），"Darwinism and Institutional Economics"，Journal of Economic Issue，March，2003。

程"，但是，他也强调"每一新的进展都创造新的条件，这些新条件的出现使总体的承袭过程必然包含变异"[1]，凡勃伦将这种新变异产生的原因归结为人类"天生的好奇心"（Instinctive Curiosity）[2]。如此一来，凡勃伦在累积因果进程中引入了变异的条件因素，这无疑开启了路径依赖和路径歧异分析的思想大门。

其次为承袭机制：凡勃伦将制度的承袭机制定义为制度的相对稳定性和跨时持续的特性。基于此，"制度是以往进程的产物[3]……他并不能完全适应目前的要求……因此，制度……总是相对保守的因素，这是社会惰性、思维惰性和保守主义的根源[4]"。可见，在凡勃伦的制度主义思想中，这种承袭机制构成了制度演进的主要障碍。他由此认为，变异机制构成了制度演进的促进因素，而承袭机制则是演进的主要障碍，制度的整体演进过程则实质是变异机制最终克服承袭机制的表现。反过来，我们可认为，承袭机制又是变异机制存在的基础，制度的承袭机制实现了人们对于行为的稳定预期，而正是这种稳定预期才使变异机制的基础——个人的"天生好奇心"转变为现实的基础。脱离了这种承袭机制及其所带来的稳定预期，个人的天生好奇心很可能流于空想或者妄想[5]。这就是"达尔文—凡勃伦"式的制度变迁承袭机制，即后来诺斯的路径依赖思想的主要灵感来源。

再次为自然选择机制。凡勃伦将达尔文的自然选择机制应用到社会经济领域，但是他反对将达尔文的选择机制理解为先验的（Predestined）、有一定对错规范（Normal）的"自然"选择法则。他没有提出最适者生存的选择原则，相反，在他的理论中，更强调多种程度的适应性共存的现象。同时，他特别反对目的导向和理性设计，而强调过程导向和缘由累积，正如他所言"许多微小变化这么汇聚——或正在汇聚——的结果，这是环境的改变而不是理性设计所带来的结果，这里甚至也许根本不存在主要行为者对效果的任何预见"。[6] 基于自然选择的观点，制度变迁也是一个适应环境改变的过程，但是这种变迁的结果并不总是

---

① Veblen，The Place of Science in Modern Civilization and Other Essays，1919：126.

② Veblen，The Instinct of Workmanship，and the State of the Industrial Arts. New York，Macmillan，1914：36.

③ 凡勃伦，《有闲阶级论》，蔡受百译，商务印书馆 2009 年版，第 125 页。

④ 凡勃伦，《有闲阶级论》，蔡受百译，商务印书馆 2009 年版，第 138 页。

⑤ Hodgson，"The Hidden Persuaders：Institutions and Individuals in Economic Theory"，Cambridge Journal of Economics，Vol 27，2003：289.

⑥ Veblen，Absentee Ownership. New York，Augustus M. Kelly，1923；转引自卢瑟福，《经济学中的制度》，中国社会科学出版社 1999 年版，第 285 页。

公平的，这里就出现了一个如何衡量制度变迁效果的问题。凡勃伦提出了一个衡量标准就是"生活的便利程度"[①]，他认为，只要能提供共同体整体的生活便利程度，就是好的、进步的制度变迁。

### 4. 对新古典主义经济学的批判

基于对以上内容的研究，我们可以提出一个"达尔文—凡勃伦"范式，即强调整体演进（而非个体反应）、缘由累积（而非理性设计）、过程导向（而非目的导向）和移动均衡（而非稳定均衡）的经济学分析架构。这是凡勃伦对经济学的主要贡献。看得出来，这个范式与新古典主义的牛顿式经典理论的区别十分明显。新古典经济学继承了古典经济学的传统，在研究问题之前都会预先假设和给定偏好，如假定理性人、利润最大化和追求均衡等，其最终目的是达到均衡或者帕累托最优。这种目的设计在凡勃伦看来实属荒谬至极。他尖锐地批判道："人类在社会中的生活，正同别种生物的生活一样，是生存的竞争，因此是一种淘汰适应过程，而社会结构的演进，却是制度上的一个自然淘汰过程。"因此，凡勃伦强调演进是一个动态变化的过程，是不断变化发展的，不存在一个一成不变、先验的、可复制的状态，以此诘责新古典经济学的核心。

从区别上看，新古典经济学认为资本主义制度是一种永恒的、美好的制度。但是 19 世纪末到 20 世纪初，美国在完成工业化以后，社会贫富差距进一步拉大、阶级矛盾十分尖锐，各种罢工运动此起彼伏，而新古典经济学对这种局面无能为力。凡勃伦认识到这个问题，凭借着敏锐的经济学判断力，他趁势对正统经济学发起攻势，提出市场的不完美性，倡导把心理学、社会学等跨学科理论知识引入到经济学的分析过程中，采用制度分析的方法来对现实矛盾进行剖析，以此去除新古典经济学脱离实际、无法操作的理论范式，使经济学在相当大的程度上得以更新。

对于凡勃伦制度主义思想的评价应该从学术价值和历史意义两个方面来进行。就历史现实而言，凡勃伦制度主义思想是美国特定历史和文化背景的产物，反对主流经济学是其思想的主要特点之一，符合美国在 19 世纪末期由一个农业国向现代工业强国转变的历史要求，对美国经济的发展起到了一定积极作用；从学术价值的角度来说，随着时间的推移，凡勃伦著作的深远影响日益显现出来，西方经济学界不得不重新对凡勃伦做出评价，而目前如日中天的新制度学派其思想的灵感更是来源于凡勃伦，凡勃伦的经济思想和研究思路早已融入经济学庞大的体系之中。

---

① 凡勃伦，《有闲阶级论》，蔡受百译，商务印书馆 2009 年版，第 142 页。

## （二） 康芒斯的制度思想

约翰·罗杰斯·康芒斯（John Rogers Commons，1862—1945）师从 20 世纪威斯康星大学教授、美国政治经济学家、 "威斯康星理念[①]" 的主要推动者之一———理查德·伊利（R. T. Ely），先后于 1888 年和 1915 年在美国奥柏林学院分获文学学士、法学博士学位。在任教期间，主要教授经济学、社会学相关课程。然而，作为 "威斯康星理念" 最重要的阐释和实践者，他曾被作为 "激进分子" 而被叙拉古大学解雇。后来在其老师伊利的支持下，于 1904 至 1932 年在威斯康星大学任教。作为制度经济学方面有特色的威斯康星传统的奠基人，康芒斯从他的实践的、历史的和以实验为根据的研究中，尤其在劳动关系和社会改革方面，出版个人专著如《财富的分配》（1893）、《工联主义和劳工问题》（1905）、《劳工与管理》（1913）、《资本主义的法律基础》（1924）、《制度经济学：它在政治经济学中的地位》（1934）等。20 世纪初，康芒斯开始进入政府部门工作，在 1901 至 1902 年间，任美国工业委员会研究员。尔后，他又在联邦和州产业委员会供职，是美国劳动法规联合会的创建人，活跃于全国公民联盟、全国消费者联合会（1923—1935 年任主席）和美国经济协会（1917 年任会长），并于 1920 至 1928 年间任全国经济研究局局长。作为罗伯特·M. 拉·福利特（Robert M. La Follette）领导下的威斯康星进步运动的一名主要顾问和建筑师，康芒斯积极参加州和联邦政府的顾问工作。他在起草诸如产业关系、行政机构、公用事业管理、工人补偿和失业保险等方面的重大问题的立法中起了很大作用。

### 1. 康芒斯制度理论的基础

作为一名旧制度主义的重要代表人物，康芒斯的制度思想搭建在一系列富有创新性的基础理论之上。而这些理论中，有三个概念尤为重要：交易（Transaction）、业务规则（Working Rules）和运行中的机构（Going Concerns）。

与正统经济学一样，康芒斯也把稀缺性作为其经济学分析的前提，然而与正统经济学不同的是，康芒斯从稀缺性出发论述的目标是交易，而正统经济学从稀缺性出发论述的问题是资源配置。有特色的是，康芒斯区分了 "工程经济学" 与

---

[①] 威斯康星传统，有时也称 "威斯康星理念" 或 "威斯康星思想"，它是世界高等教育史上具有划时代意义的思想，它主张高等学校应该为区域经济与社会发展服务。由此，世界高等教育的职能从教学、科研扩展到社会服务，形成了高等教育的三大职能。该理念于 20 世纪初提出，大致内容即威斯康星大学在教学和科研的基础上，通过培养人才和输送知识两条渠道，打破大学的传统封闭状态，努力发挥大学为社会服务的职能，积极促进全州的社会和经济发展。威斯康星大学以其卓越的成就受到世人的称赞，为各州大学所效仿。"威斯康星思想" 创造性地提出了大学的第三职能——为社会提供直接的服务，使大学与社会生产、生活实际更紧密地联系在一起，高等教育的社会服务职能同步得到强化。

"制度经济学"。他认为，"工程经济学"研究的是基于资源的稀缺性，如何通过生产行为与技术条件实现净收入的扩大，因此"工程经济学"强调人与物的关系；而"制度经济学"则关注在净收入取得以后，如何通过"交易"来实现净收入果实的分配。可见，"制度经济学"的研究对象是"交易"，强调人与人之间的关系。但是，由于社会净收入的稀缺性，"交易"在提升个人净收入的同时，并不会带来社会净收入的增加，因此人与人之间的关系必然存在某种"冲突"。据此我们便可以解释，为什么康芒斯将"交易"作为制度经济学的研究单位——因为，只有这个名词才可以涵盖冲突、依存和秩序这三种成分[1]。而在"交易"的类型定义上，康芒斯认为存在三种交易类型——买卖的交易、管理的交易和限额的交易[2]，它们几乎涵盖社会经济生活中的所有活动，进而将制度经济学与法律、经济学、政治学、伦理学等社会科学有机结合在一起。在这些不同的交易类型中，制度经济学需要解决的首要问题就是解决相互依存的参与者之间的争议和纠纷，在冲突的个人关系中创造秩序，"业务规则"便由此产生。康芒斯是这样定义"业务规则"的："他们指出个人能或者不能做、必须这样或者必须不这样做、可以做或不可以做的事。"[3] 当某种"业务规则"规定某人"能"做某事，这就意味着集体行动赋予了他们能够采取某种行动的权利，换言之，在经济上或者社会关系中，他们拥有某种能力或者权利而处于一种安全的状态；反之，如果某种"业务规则"规定某人"不能"做某事，这就意味着他就此进入某种"无能力"的经济状态或者"无权利"的社会关系中。可以说，社会经济生活中所有的交易关系都由业务规则来规范，可见"业务规则"是集体行动的准则，所有这些控制、解放和扩展个人行动的集体行动，便是制度。在此层面上，康芒斯又提出一个新的概念——"运行中的机构"（Going Concerns），它是各种类型的交易通过业务规则组织在一起所形成的。在使用和分析该概念时，需要将其区分于"组织"。如果说"组织"是"消极的、不活动的概念[4]"，那么"运行中的机构"则可以理解为一种"积极的、活动的概念[5]"。而社会制度既包括消极的、不活动的组织，也包括积极的、活动的"运行中的机构"，二者共同构成了社会制度。

---

① 康芒斯认为社会关系包括三层，一是冲突，二是依赖，三是秩序。因此，研究社会关系的制度经济学就需要寻找一个单位工具可以同时包含这三层维度。

② 康芒斯，《制度经济学（上）》，商务印书馆 1962 年版，第 70—82 页。

③ 康芒斯，《制度经济学（上）》，商务印书馆 1962 年版，第 89 页。

④ 康芒斯，《制度经济学（上）》，商务印书馆 1962 年版，第 86 页。

⑤ 康芒斯，《制度经济学（上）》，商务印书馆 1962 年版，第 86 页。

根据他对制度功能的定义①，制度是将具有相同信仰的个人组织到一起，在一个共同的秩序下提供和分配物质产品，因此，制度的最终目的实质为创造秩序。而交易一旦通过业务规则结合形成运行中的机构或者制度后，康芒斯的分析对象就不再集中于"交易"，而是"制度"，正如他所说："法庭建立了一个个人和社会相结合的概念，即运行中的机构，他作为一个单位而行动，虽然他是强加给个人的……当我们客观地、不带偏见地考察个人主义的快乐和习惯时，我们必然认识到经济理论真正的单位不是个人，而是有……交易中的个人组成的运行中的机构"②。因此，可以说，康芒斯的理论起始于"交易"，但是最终落脚点仍是"运行中的机构"，或者说是"制度"。

**2. 康芒斯关于法律与经济学的理论**

康芒斯对当今法经济学的影响是不容忽视的。受其老师伊利的影响，在对经济生活的分析中，他尤其重视法律制度的功能，尤其是习俗和法律以及产权等因素相互交织在一起所形成的制度及其体系对经济生活的影响，这一系列观点都深刻体现在他的著作中，如《资本主义的法律基础》（1924）、《制度经济学：它在政治经济学中的地位》（1934）。因此，有后来学者不仅认为康芒斯"开创了法学经济学的跨学科研究"③，还将其著作称之为"法经济学制度学派的经典"④。康芒斯关于法律与经济学的论述主要包括三大理论：康芒斯的集体行动的理论、利益和谐的理论和法制决定论。在研究之初，他就申明，自己的制度研究并不是关注微观、个体对象，如商品或者劳动，也不是任何物质层面的财富，而是集体行动，他认为，"集体行动，不仅通过立法而且通过解释立法的习惯法判决，承受商业或劳动的管理，并且按照法院认为是否有利于公众利益和私人权利，支持或是制止个人行为"⑤。因此，在康芒斯看来，集体行动的意义就体现在经济生活中，为了约束和指导个人行为，为个人行为制定的一个行为规则，该规则应符合社会利益，并且尊重私人权利，其中最为重要的就是"法律"。从前面有关康芒斯关于"交易"的定义中，我们得知，康芒斯的"交易"包含三种社会关系：冲突、依存和秩序。关于"冲突"这一维度，其他的经济理论总是消极对待这一

---

① 康芒斯将制度的功能定义为三种："首先，作为老师，制度通过教育和以信仰的形式进行的劝说，塑造个人的特征；第二作为组合的劳动，制度将自然转变为物质产品，满足这些信仰；第三，作为仲裁者，制度安排个人在社会组织中的地位。"（康芒斯，1996）

② Commons，John R.（1996），Commons Selected Essays，edited by Malcolm Rutherford and Warren J. Samuels，London：Routledge. P335.

③ 邹薇，《康芒斯制度经济学的重新研究》，《经济科学》，1996（3）：67—71。

④ 魏建，《当代西方法经济学的分析范式研究》，西北大学博士学位论文，2001，第122页。

⑤ 康芒斯，《制度经济学（上）》，商务印书馆1962年版，第12页。

"不和谐"因素，要么忽视，要么把消除"冲突"作为理论分析和行动规划的目标。但是，康芒斯则积极对待"冲突"这一客观事实，他认为，不同经济个体、不同阶级之间的"利益冲突"是可以协调的。在此基础上，他提出了"利益和谐理论"以研究如何从冲突中产生秩序。为了论证这一观点：康芒斯引用了威斯康辛州的"失业保险法案"一例：为了解决最初威斯康辛州的雇主与工人组织之间的利益冲突，由州产业委员会出面，协同劳资双方一起制定州失业保险法案，最后通过多次集体谈判，达成了一个符合双方利益的协议，使原本对立的劳资双方的利益冲突得到了协调。由此可见，冲突的背后往往存在一种可能的、潜在的共同利益和相互依赖。康芒斯进一步认为，只要创造出合作的氛围或者寻找到共同利益的契合点，通过集体的谈判，冲突总是可以得到协调，社会秩序也随之建立起来。而在其法制决定论中，康芒斯认为，在所有现代社会的利益协调方式中①，法律制度，作为一种关键性制裁方式，在社会经济发展过程中起到决定性作用。在对资本主义制度发展史进行梳理与分析的基础上，康芒斯总结道：推动资本主义制度发展的关键性力量就是法律制度，如美国从工业资本主义向金融资本主义发展的过程中，"反托拉斯法"扮演了一个不可或缺的角色，而在这一过程中，最高法院起到关键"执行者"的角色。二者的有机结合抑制了辛迪加资本主义在美国的发展，进而使美国走向了与德国、意大利法西斯国家不同的金融资本主义道路。因此，在其《制度经济学》中，康芒斯认为法制创造了"美国的资本主义"，并总结道："这是美国的资本主义。不是世界大战的革命以来共产主义和法西斯主义的行政统治权，也不是1689年以来英国的立法统治权，而是1900年以来最高法院的司法统治权。它的行政工具不是独裁者的命令，而是法院的禁令。"②

### 3. 康芒斯的产权理论

以科斯、威廉姆森等新制度经济学家为代表的现代产权理论在一定程度上吸取了以康芒斯为代表的旧制度主义的产权思想。可以说，康芒斯是最早且系统对产权进行了理论分析的制度经济学家之一。尽管科斯本人对于康芒斯的理论在一定程度上予以否定和批评："老制度学派的代表康芒斯（Commons）、米契尔（Wesley Mitchell）等都是一些充满大智慧的人物，但是，他们却是反理论的。他们留给后人的是一堆毫无理论价值的实际材料，很少有什么东西能被继承下来。"但另一方面科斯也从旧制度学派那里"偷师学艺"，如康芒斯所提出的"交

---

① 康芒斯认为，现代社会有三种利益协调方式，也是制裁方式：经济协调、法律协调和伦理协调。
② 康芒斯，《制度经济学（下）》，商务印书馆1962年版，第566页。

易"概念、"财产与财产权利"的区分等思想，都被后来的新制度经济学家从不同程度上吸收殆尽。关于财产权和财产的区别，康芒斯提出，只有识清二者本质以后，才能准确识别"交易"的实质并非物质的转移，而是所有权的转移或者变更的本质。而康芒斯对"产权"的定义是从稀缺性冲突出发，他认为由于稀缺性价值的存在，资本主义产权主体的各种社会交易才由此发生，因此可以将"未来的稀缺性"作为一种标准来衡量一份产权是否可能进行交换。可见，"未来性"及其相关概念——"时间""预期"等在康芒斯的产权理论中十分重要。他认为，物资只是从过去到现在时间点的物质积累，而只有从现在时间点开始赋予其未来性之后，它们对于人类才能标志其所有权的存在。可见，在康芒斯理论中，财产或者纯粹物资，总是存在于过去，它们本身没有未来性，而产权或者所有权就是对物资的未来使用或者出卖的现在的权利。关于产权的形成，康芒斯认为人们理性的设计和非理性的习惯成分共同决定了产权的发生机制。一方面作为一种集体行为对个体的控制，产权总是要体现集体的目的性，这是"理性的设计安排"；另一方面，作为一种业务规则，产权制度的渐进或者突变总是滞后于客观事实，比如现在看来可能是低效率的某项产权制度，若要对其调整却非易事，可能需要"数十年或者上百年"的时间才能实现，因此，产权的形成过程既包括人们理性设计的因素，也包括人们非理性的习惯成分。而关于产权制度作用或变迁的过程，康芒斯认为产权是建立在个人行为的基础上，所依据的是"愿意的原则"①。从这个角度看，产权内容会因个体间利益、谈判力量等因素的变化而发生改变。康芒斯的产权理论实际上也体现着一种由"均衡"到"不均衡"，再恢复至"均衡"状态的制度变迁思想。

除了凡勃伦、康芒斯以外，美国旧制度主义中还有一位代表人物即韦斯利·克莱尔·米契尔（Wesley Clair Mitchell，1874－1948）。作为凡勃伦的得意门生，米契尔除了继承凡勃伦的制度思想以外，他更加重视事实，以统计资料验证制度主义理论，因此，在旧制度主义学派中，米契尔被划分为经验统计派。他通过将凡勃伦的制度研究同经济周期结合起来，用以说明资本主义经济及其运行。例如他把资本主义经济的基本特征归纳为货币经济，并以此为基础解释他所提出

---

① 康芒斯的"愿意的原则"既强调意思真实、形式合法，不得损害社会、集体及第三者的利益，又承认"愿意的原则"之中也可以包含着力量不均等的压迫和强制，而只要这种不均等能够保证一个相对稳定秩序的实现，那么某项产权安排就是可行的。

的商业循环：从复苏发展为繁荣，繁荣孕育着危机，危机将产生萧条；随着萧条的进一步加深，新的复苏将会出现。因此他提出了"在经济不断发展的过程中，结合固定资本的不断更新，资本主义经济危机将呈现出周期性往复出现"的现象。我们认为，该结论在当时的学术背景下，是值得肯定的。总体而言，米契尔的经济周期理论可以概括为四点：首先，米契尔认为经济波动是由货币原因引起的；其次，经济周期不仅会表现在集体活动中，而且还会扩散到整个经济体系；再次，除了危机时期外，波动与预期利润关系密切；最后，波动不是由轻微、偶然的平衡破坏所导致，而是由经济系统本身引起。

　　毫无疑问的是，凡勃伦、康芒斯和米契尔的制度理论为美国制度主义奠定了坚实的基础。尤其在两次世界大战之间，旧制度主义在美国得到了长足的发展和巩固，同期制度主义者对美国经济政策的制定产生了重要影响，该时期被后来学者称为美国的"制度主义运动"（Institutionalist Movement）。该时期的制度主义运动者不仅强调经济研究应该致力于解决社会存在的诸多现实问题，同时他们也重视经济学的科学性和可检验性，要求经济学必须能够进行度量、观察和经验检验，而这种种努力和事实都表明当时的制度主义者对于正统经济学的质疑和否定的态度。但是，随着新古典经济学在美国的进一步传播和普及，旧制度主义与新古典经济学的较量，最终以前者退出而告终。尤其在进入 20 世纪 40 年代之后，旧制度主义在理论界越发孤立和被动：以往与之密切相关的学科，如社会学、心理学、法学、哲学等学科要么与之脱离而独立发展，要么自身发生重大转型。在失去了这些学科的支持后，旧制度主义面临十分窘迫的局面：它的理论基础正受到来自它原来所依赖的那些学科内部的挑战，它过去所依赖的那些学科，现在正在逐渐抛弃它[①]。而紧接着的凯恩斯理论的兴起对于当时的旧制度主义而言，则更是雪上加霜。一方面，米契尔的经济周期四阶段论不能从根本上解释当时的经济大萧条，另一方面，凯恩斯经济学对大萧条的解释则更具有现实说服力，如此一来，旧制度主义在 20 世纪 30 年代起开始进入下坡路阶段。

## 二、新旧制度主义的"过渡阶段"思想介绍

　　总体而言，旧制度主义的产生是对美国当时经济生活的一种反映。当时的美国经济危机频发、工人罢工普遍、各种矛盾激化，而新古典经济学所倡导的资本主义制度的"无法替代性"和"完美性"显然不能对当时面临的矛盾予以解释，

---

①　张林，《新制度主义》，经济日报出版社 2004 年版，第 81 页。

这为旧制度主义的萌芽奠定了一定的现实基础。毋庸置疑的是，旧制度主义在经济学说史上独树一帜，以其特有的方式解释了资本主义制度的矛盾和弊端，并开创了从社会制度角度进行经济学研究的新局面。然而，至 20 世纪 30 年代以后，旧制度主义开始走入一段下坡路，一方面是因为 20 世纪 30 年代后期迅速崛起的凯恩斯主义对经济发展的影响日益扩大，它所主张的国家干预政策为许多国家政府所采用；而另一方面则归咎于其自身理论及方法论建构缺乏系统性与统一性，同时也没有过多分析现存经济政治制度的性质和功能，这就大大降低了该学派在当时经济发展实践中的影响。然而，就在旧制度主义面临瓦解的混乱局势中，克拉伦斯·艾尔斯（Clearance E. Ayres）始终坚守制度主义传统的阵地，分别于 1944 年、1961 年先后出版了其代表作《经济进步理论》（The Theory of Economic Progress）和《通向理性社会：工业文明的价值》（Toward a Reasonable Society：The Values of Industrial Civilization）。在这两部著作中，艾尔斯完整地阐述了他的工具价值理论，并在此基础上形成了被后来制度研究者们所追随的"凡勃伦—艾尔斯传统"。1966 年，他理所当然地当选为新制度主义者的学术组织——"进化经济学会"的首任主席。艾尔斯在旧制度主义衰落的阶段中不但没有放弃制度主义传统，并且还在很大程度上，继承和发展了制度主义传统的分析方法，并在此基础上建立了一个清晰的理论体系，为后来"新制度主义"的兴起和发展奠定了基础。

## （一）艾尔斯的制度思想

### 1. 艾尔斯的工具价值理论

正当 20 世纪 40 年代旧制度主义举步维艰之际，艾尔斯不仅没有放弃制度分析传统，并且在凡勃伦传统的基础上，进一步提出了其制度思想的核心——工具价值理论。该理论在吸收了哲学及其他相关学科的发展成果之后，不仅继承了凡勃伦理论体系的精髓，同时也在凡勃伦理论的基础上，进一步明确了价值判断的标准，提出了工具价值的具体内容，并解答了凡勃伦理论中一些有待进一步明确的问题。因此，可以说，工具价值理论是"凡勃伦传统"在新、旧制度主义的过渡时期中的最好延续，而之后的"凡勃伦—艾尔斯传统"也因这一理论而得以形成。

与西方的正统经济学不同，艾尔斯的工具价值理论的哲学基础不是建立在二元论、静态哲学基础之上，而是更多地借鉴了杜威的哲学思想：将社会视为一个生命过程。类似于人类生命过程中所包含的行为与技术两个环节，社会生命过程中也包含两个方面：制度方面与技术方面。而社会生命过程的制度方面与人类行为模式有关，更多受社会传统和过往习惯支配。因此，它是静态的，所关注的中心问题是如何保留过去遗传下来的信仰、阶级差别以及身份特征；而社会生命过程的技术方面则与工具、科学知识和实验有关。艾尔斯认为，这一层面是动态的，并且是世界发生变迁、进步的主要动力，与之前的制度作用方向相反——制度方面的视角是向后的，而技术方面的视角是向前的。因此，艾尔斯的工具价值理论认为，"遗传"的制度与现实的技术之间存在冲突，而这种冲突在某种程度上又左右着制度结构及其演进方向的修正。结合"技术—制度二分法"，艾尔斯对美国现实经济体系做出了解释：他认为美国经济是一种"价格经济"（Price Economy）和"工业经济"（Industrial Economy）的混合体，前者关心的是"货币势力"（Money Power），具体表现为货币、销售、契约等金融事务，因此，价格经济是一种以"仪式行为"为基础的，以保护由习俗、道德观念所维系的权威和特权为导向的"力量体系"；而后者作为美国经济体系中唯一真实的创造性力量，其不仅反对传统的信仰和态度，也反对阶级差异和身份差异，因此，作为"生产体系"的工业经济应不断反作用于价格经济的制度基础，并不断地迫使价格经济向工业经济的方向进行修正。因此，艾尔斯更倾向于认同技术而非价格才是经济体系的核心。在技术行为和制度行为两股力量的冲突、较量的现实生活中，他提出"技术进步理论"，相信技术发展最终能够克服制度的阻力，进而促进社会经济长足发展。除此之外，他还率先提出了工具固有的特征——组合使用，据此论证了技术发展和工具创新的内在动力和自发进步特征。正是工具的自发组合要求引致了更多的发明创造不断涌现，进而导致了自发的技术进步。同时，他又以西欧的工业革命为例，进一步论证了技术发展一方面取决于工具的自发组合特征，而另一方面也取决于历史因素，即技术进步有它的历史必然性——是现实世界所有文明积累的必然产物。因此，结合了工具的自发组合特征和技术进步的历史分析后，艾尔斯坚信技术行为或者工具行为必将克服制度行为或仪式行为的阻力，最终实现制度的调整。

以上就是艾尔斯的工具理论和技术进步理论。由此出发，艾尔斯进一步提出了他的价值理论，即价值的衡量标准取决于是否有利于技术过程的连续性。他认为，生命过程是一个充满连续性、不断积累的认知与实践过程，而这一过程的基础是工具和技术的使用和创新。因此"文明的连续性就是工具的连续性"，任何有利于技术过程连续性的东西、决策或者行为都是具有价值的。由此可见，由于制度、仪式等行为构成了工具、技术的创新和发展的主要障碍，因此，任何能够消除或者削弱仪式或者制度因素的东西或者行为都是具有价值的。为了能够使得"价值"的表述更为具体，他进一步将技术过程明确为自由（freedom）、民主（democracy）、安全（security）、丰裕（abundance）、平等（equality）、优秀（excellence）六个相互联系、互为条件的特征。而这六个特征也与技术、工具行为的持续性互为条件，实现了以上特征，人们也就进入了具有真实价值的工业生活模式。

**2. 凡勃伦—艾尔斯传统**

通过本节第一部分的介绍，我们知道凡勃伦的制度思想仍然存在一系列不可忽视的缺陷，这也是导致旧制度主义走向衰落的原因之一。然而当艾尔斯提出了工具理论、技术进步理论和价值理论之后，在一定程度上完善了凡勃伦的制度主义体系，进而形成了后来制度主义中的凡勃伦—艾尔斯传统，适当弥补了制度主义的缺陷。该传统大致涵盖以下几个基本要素。

首先，是进化的、实用主义的方法。凡勃伦的基本方法主要是继承了达尔文的进化思想，而艾尔斯主要是继承了杜威的实用主义哲学，然而这两种方法并非互为矛盾，而是相互融合和统一的，如实用主义哲学同样强调进化和过程，艾尔斯则着眼于工具和技术在这个进化过程中的意义和重要性。因此，凡勃伦—艾尔斯传统的方法论基础便是将社会作为一个进化的过程来研究，由于强调过程，该传统更加关注整体分析和历史分析，如个人作为社会文化的产物，个人的角色、价值甚至习惯都是社会环境所赋予的，并且社会中的任何个体和阶段都具有自己的社会历史根源，都可以从历史中发现特定的因果关系，并且在这个积累变迁的过程中，技术或者工具起到了决定性作用。

其次，凡勃伦—艾尔斯传统实则是反制度的制度主义。凡勃伦将制度定义为传统的思维习惯，而艾尔斯则认为制度是传统的社会习俗，因此，他们高度默契地将制度理解为过去经验或者传统的产物，结合艾尔斯的工具理论，凡勃伦—艾尔斯传统认为制度是留恋过去的意识行为模式，因而对进步的工具模式构成阻力或者障碍。而该传统极力要解释的一个现实问题是：如何最大限度地发挥工具或者技术行为的潜能，进而实现一个富有价值的工业社会模式。然而其中最大的制约因素便是滞后的制度或者仪式的存在。由此可见，坚持凡勃伦—艾尔斯传统的制度主义者具有浓厚的反制度特色。

最后，凡勃伦—艾尔斯传统坚持工具价值和社会价值。该传统与当时的正统经济学类似，认为经济学应该研究价值，但是凡勃伦—艾尔斯传统强调这个价值不是个人价值，而是社会价值，因为个人是社会的产物，个人行为只有嵌入到社会中才具有意义或者才被赋予价值，因此研究个人价值没有任何意义。同时，凡勃伦—艾尔斯传统所倡导的经济学是一个关于"评价"的经济学而不是关于"选择"的经济学，即通过工具价值理论来对无最终目标的经济现实或者进化过程中的诸多行为、决策进行甄别或者比较，评价个体或者系统行为是否符合其价值标准，进而对其进行校对和调整，而这显然区别于关注"选择"的正统经济学的学科理念。

以上几点便是凡勃伦—艾尔斯传统的理论硬核。正是由于这个硬核存在，经由后来的制度主义者的进一步丰富和论证，最终形成了西方经济学说史中一个重要的非主流学派——新制度主义。

## （二）　贝利、米音斯和伯恩汉等人的制度思想

无论在 20 世纪 30 年代经济危机以前还是之后，旧制度主义都没有上升到主流经济学之列，然而其制度分析传统并没有因为凯恩斯主义的崛起而销声匿迹。在此期间，除了艾尔斯以外，还有其他的制度主义者继续追随着凡勃伦传统，不断发展和完善制度主义，如阿道夫·贝利（Adolph A. Berle）、加德纳·米音斯（Gardiner C. Means）以及詹姆斯·伯恩汉（James Burnham）等人，以他们为代表的经济理论"构成凡勃伦和加尔布雷思之间的桥梁"[①]。

在贝利和米音斯共同撰写的《现代公司和私有财产》（1933 年）中，二人明确证明了现代资本主义公司的特征，并突破性地提出了所有权与控制权的分离现象。他们认为，美国企业大多数股权分散，企业控制权实际上掌握在经理层手中，这就造成了所有权和控制权的分离，公司权利从资本家手里转至经理人手中……种种这些变化导致资本主义产生了新的形式，贝利将其称为"集体资本主义"或者"人民资本主义"[②]。通过论证所有权和控制权的分离，二人由此揭示了现代企业内部结构特征，为后来新古典制度经济学的委托—代理理论提供了基础性命题。后来，贝利和米音斯又分别进一步研究了企业控制者的权力行为对经济行为的影响，如米音斯对权力行为与通货膨胀的关系进行了研究，并提出了"管理价格假说"（Administrated Price Hypothesis），该假说认为大企业通过运用其经济权力，可对工业品价格进行管理控制，进而使得工业品价格在经济周期中表现出相当高的稳定性。这一观点可从美国 20 世纪 30 年代期间经济大危机并没有导致工业品价格大幅度下降的现象得到证明。而贝利后来不仅从企业权力结

---

①　埃里克·罗尔，《经济思想史》，1973 年版，第 586 页。

②　阿道夫·贝利，《没有财产的权利》，商务印书馆 1962 年版，第 22 页。

构角度进一步分析经济问题，同时也强调了法律制度对企业所有权的影响。

詹姆斯·伯恩汉，是从旧制度主义向新制度主义过渡期间的又一位代表人物，他在其制度学说中对资本主义社会的发展前景提出了自己的看法。一方面，鉴于资本主义社会当时所存在的大量失业和经济萧条现象，他认为资本主义由于其自身缺陷，将不会是一种永恒的社会制度；但另一方面，考虑到当时各国社会主义政党的实践要么以失败告终，要么并非符合马克思主义对社会主义的定义[①]，真正意义上的社会主义到底何在？他由此否定了资本主义将被社会主义取代的观点。伯恩汉还提出了，除社会主义制度以外，现阶段资本主义社会制度的另外一种替代形态，即经理社会。他指出，不论生产过程中的所有权如何归属，经理阶层作为当代社会中管理着实际生产过程的主导者，将会是社会的统治阶层。虽然一方面强调经理阶层地位突出性，但另一方面，伯恩汉也提出这样的社会同样存在弊病，比如一旦经理阶层权力过大，成为社会的新的利益特权者，那么压迫和被压迫、统治与被统治的关系依旧存在。他寄希望于用比较民主的方式完成由资本主义社会向"经理社会"转变的设想和行动。

正是基于艾尔斯、贝利、米音斯和伯恩汉等人的努力，制度主义经济学并没有因为 20 世纪 30 年代后期凯恩斯主义的盛行而销声匿迹，他们成功地搭起了一座在"凡勃伦和加尔布雷思之间的桥梁"[②]。

## 三、美国新制度主义的思想介绍

在经济思想史中有一个值得注意的现象是，美国旧制度主义在问世后不久，就迅速进入了一个沉沦期，使人们重新关注制度经济学理论及其结论的应该归功于新制度主义者的努力。在新制度主义阶段，比较突出的人物有加尔布雷思、缪尔达尔及包尔丁等人。我们选择加尔布雷思、缪尔达尔的制度思想予以介绍和评价。

### （一） 加尔布雷思的制度思想

加尔布雷思（John Kenneth Galbraith，1908—2006），作为新制度主义的重要代表人物，不仅是美国著名的经济学家，也是美国历史上一位积极的政治活动家、外交官，同时也是一名活跃的小说家、专栏作家。加尔布雷思一生笔耕不

---

① 伯恩汉认为，按照马克思主义的定义，社会主义社会应该符合 3 个特征：无阶级、完全民主和国际性，因而，当时各国社会主义政党并非真正意义上的社会主义。

② 罗尔，《经济思想史》，1973 年版，第 586 页。

辍，著有大量的专著、文集、小说和自传。而其中的四部著作在经济学领域中产生重要影响，如《美国资本主义：抗衡力量的概念》（American Capitalism：The Concept of Countervailing Power，1952）、《丰裕社会》（The Affluent Society，1958）、《新工业国》（New Industrial State，1967）、《经济学和公共目标》（Economics and the Public Purpose，1973）。尽管加尔布雷思曾在早期先后于安大略农学院和加利福尼亚大学伯克利分校接受了正统的经济学训练，但是他对当时主流的经济研究方法和主题抱有高度怀疑的态度，这从他的著作中展现无遗："加尔布雷思写书，不使用大量的统计图表、数学公式或长句……他与其他经济学家之不同在于，加尔布雷思按照事物表现的具体状况来描述，而别人则透过明显的表面现象去寻求抽象理论予以解释。比如同样是回答一加仑汽油的定价原因，加尔布雷思认为是埃克森石油公司规定的价格。而其他经济学家会提及汽油和其他能源的供求机制，同时还会谈到生产成本、资本边际效率等问题。虽然前者回答的专业性程度较为有限，但似乎大多数读者更愿意接受这样的论述。"[1] 可以说，加尔布雷思并不属于一名技术经济学家，在某种程度上，他属于经济社会学家，他更愿意将经济学看成解释现实世界的学问。因此，人们将他作为新制度学派中"社会学派"的代表人物[2]。比如，他尤其强调权力在真实世界中对经济和社会的决定性影响。

**1. 权力转移理论**

通过早期在农业调整管理局（Agricultural Adjustment Administration，AAA）不断积累的工作经验，加尔布雷思逐渐意识到权力的重要性。从其后来的著作中，我们也可以发现，权力的重要性几乎贯穿了加尔布雷思经济学研究的始终。他认为，现实经济生活中，权力归属于掌握最重要的生产要素的个人或者群体，换言之，谁掌握了最重要的生产要素，谁就掌握了权力。在这个基础上，他继续论述道，随着社会、经济处于不同的发展阶段，最主要的生产要素的重要性是不断改变的，因此，"权力"在不同的社会经济发展阶段中也会相应地发生转移，而不是自始至终归属于同一个阶层或者群体。例如，在前资本主义阶段，最重要的生产要素当属土地，因此权力就集中在地主手中；而随着资本主义工业化的进一步发展，资本逐渐取代了土地而成为最重要的生产要素，因此，拥有大

---

①　金慰祖，《西方评论家笔下的加尔布雷思》，《外国经济参考资料》，1981（9），pp. 38—39。
②　新制度（主义）学派代表人物，根据他们分析方法和研究对象不同，人们将其分为四个小流派：（1）心理－生物学派，代表人物是凡勃伦；（2）社会法制派，代表人物是康芒斯；（3）经验派，代表人物是米契尔；（4）社会学派，代表人物是加尔布雷思。

量资本的资本家便逐渐成为社会中掌握权力的强势阶层；然而，随着社会经济的进一步发展，在后工业时期，随着汽车、钢铁等垄断工业的发展，技术的重要性逐渐凸显出来，而社会权力也逐渐从传统的资本家手中转移到了以专业知识、技术管理人员为代表的"技术结构阶层"手中。而在大企业、集团内部，这种权力的转移也相应地使得公司内部的人际关系和利益分配悄然发生变化。

### 2. 二元体系理论

为了解释现代社会经济的运行，加尔布雷思将现代资本主义经济分为两个既相互区别又相互联系的部分：一个是有组织、有计划进行生产、经营和销售的经济体，即由若干大公司、大集团组成的"计划体系"；一个是由分散的、其一切生产经营活动由宏观市场力量支配的零星业主、农场主、个体生产者所组成的"市场体系"。前者不仅可以操纵市场价格，同时也能支配消费者，而后者命运则不幸由市场变化所决定，它们影响市场价格和成本的影响极其有限，同时对消费者和政府的影响也微乎其微。基于对权力归属问题的强调，加尔布雷思提出二元体系理论的根据，不是企业拥有资本大小和销售额的多少，而在于权力的掌握。而正是由于计划体系内的大企业、大集团资助了导致技术变革的研究和开发，因此，这两个体系在权力和地位上都是不平等的。而更为糟糕的是，新型经济稳定、增长政策都是按照大集团、大企业的利益制定的，显然，这将进一步恶化权力和收入的不均等现状，并进一步加强经济结构、社会发展的不平衡问题，比如，使得掌握更多资源和权力的计划体系中的军工、汽车、钢铁等部门与市场体系中的城市服务、卫生保健等民生部门之间的差距继续扩大。而正统的新古典主义的理论仅仅适合于市场体系的分析，而处于现代经济中心的计划体系却遭到传统理论分析的"有意"忽略和抛弃，这也正是加尔布雷思与新古典模型决裂的主要表现。

### 3. 新社会主义理论

结合其"权力转移理论"和"二元体系理论"，加尔布雷思进一步分析了现代工业系统的社会制度问题并提出自己的政策主张。他认为，现代工业系统中的不同技术组织形式代表了两种不同的社会制度：社会主义制度和资本主义制度。随着经济和科学技术的不断发展，经过一系列"社会革新"，比如通过限制资本主义计划体系的权力，而同时提高市场体系的地位，就能够在两个部门实现权力和收入的均等化，即实现"新社会主义"，进而改善小企业和个体经营者所处的不利境况，通过赋予他们新的自由信念，而将其从工业制度的影响中解放出来。至于如何进行"社会革新"，加尔布雷思提出两方面设想：首先，就是改革两大体系之间的关系，实现二者间权力的均等化，这就需要一方面加强市场体系的权力，尤其是提高市场体系中的企业组织化程度，提高其在经济活动中的话语权；另一方面，要削弱计划体系的权力，避免进一步出台、实施偏向于大企业、大集团的政策法规，限制垄断企业、集团的过度发展，并采用激励性政策诱导它们在资源和技术的使用上服从公共目标且利于民生。其次，通过出台一系列政策法规，实现收入的均等化，比如包括收入—物价管制政策、计划经济政策、人力政策以及反托拉斯政策等其他福利措施，这些虽为应急类措施，但这些政策的根本目的是限制大公司大企业的活动，避免计划体系的权力过分集中而有损于市场体系。

## （二） 缪尔达尔的制度思想

作为瑞典学派的创始人之一，冈纳·缪尔达尔（Karl Gunnar Myrdal，1898—1987）经济学说可以分为两个阶段，第一个阶段发生在 1925 年至 1933 年，在该阶段中他还是一个理论经济学家，此期间的研究主题还是与瑞典学派保持一致，主要侧重于对动态宏观经济理论进行研究，尤其是对维克赛尔的经济理论进行研究、修正和发展；而第二阶段起始于 1933 年到 1987 年，在西方资本主义经济大危机爆发之后，瑞典经济也受到严重影响，学界发现传统经济理论对现实问题不能进行完美解释，于是，缪尔达尔开始积极参与政治，他的研究兴趣也从理论经济领域转向政治领域，俨然变成一名政治经济学家。在第二个阶段的中后期，他把自己直接归属到"制度主义者"行列中，并且利用"制度"视角来审视经济发展问题，取得累累硕果。作为一名发展经济学先驱，缪尔达尔的发展经济学与制度经济学是交织在一起的，尤其在他第二个研究阶段中，通过制度因素来研究发展中国家问题，进而在制度经济学和发展经济学方面做出重要贡献。

### 1. 循环累积因果关系原理

该原理被认为是缪尔达尔从事制度经济学研究的重要成果之一，也是他后来从事学术研究的一个重要假设和分析工具。该原理的大致内容是：社会的发展过程是动态的，各种因素相互交织、相互累积、相互影响并且互为因果，呈现出一种"循环累积"的发展态势。如果其中某一因素发生变化（初始变化），势必会引起社会经济系统中的另一因素发生变化（次级变化），而该"次级变化"又会反过来加强"初始变化"，并由此导致后续社会经济发展过程在"初始变化"与"次级变化"之间循环发展，并且形成一种"非均衡的""非守恒的""累积性的"循环发展模式。同时，缪尔达尔又将这种循环累积因果关系发展的趋势分为"上升"和"下降"两种模式，最初他利用这两种循环模式解释了"白人对黑人的歧视"和"黑人生活水平低下"二者之间互为影响且互为因果的循环累积因果关系①。后来，他又将这一原理适用到整个社会制度的分析，尤其是解释国家间、地区间日益扩大的发展水平差异。缪尔达尔认为，收入水平过低和资本匮乏是导致发展中国家落后、贫困的两个重要因素。由于收入水平过低，人们的生活质量得不到基本保障，比如卫生、教育和营养等各方面均严重落后于世界平均水平，结果该地区人口和劳动力素质普遍较低；而劳动生产率偏低所带来的人均产出水平过低，又进一步抑制收入水平的提高。如果没有其他外生变化，这种状态将会以"向下"的方式，即"恶性的"循环累积的方式持续进行下去，难以产生累积向上的力量。因此，他给出的药方是，这类国家和地区，如要摆脱这种因果循环关系，须给自己的经济体系施加某种向上发展的制度变革，例如对现有的土地关系、等级差别、收入分配制度、教育制度进行改革，并以此产生一种向上的累积循环力量，进而试图扭转落后、贫困之局面。

**2. 将制度因素引入发展经济学**

缪尔达尔认为传统经济理论关于"发展"的定义过于狭隘②，他认为，"发展"的内涵不仅包括经济层面的发展，还应涉及社会、文化进步。传统经济理论曾认为，由于一国内各地区的生产要素以及商品可以自由流动，这势必使得地区间的劳动力要素报酬以及利润率趋于相等，进而实现地区整体发展水平均衡提升。然而，如此假设却不能解释现实中地区、国别发展差异显著的事实。在此基础上，缪尔达尔提出了"二元经济结构理论"用以分析发达地区优先发展对其他落后地区的双重作用：首先，"扩散效应"描述了发达地区优先发展能够在一定程度上刺激周边落后地区经济发展：当发达地区发展到一定程度后，由于人口密集、自然资源紧张、生产资本过剩等问题，其经济发展势头将伴随着规模不经济、负外部性等现象的不断产生而出现下滑。在这种情况下，过剩的资源将会向周边不发达地区流动，同时由于发达地区经济发展减速，社会需求将在一定程度上由不发达地区予以满足，进而刺激不发达地区得以发展，最终发展的结果便是

---

① 缪尔达尔认为："白人对黑人"的歧视是"黑人生活水平低下"的主要原因，但"黑人低下的生活水平"所带来的贫困、无知、无序、不体面又会加强"白人对黑人的歧视"，如此循环往复，便形成一种向下的累积循环发展模式；因此，如果白人对黑人减少歧视，黑人的收入便会提高，就有可能改善他们的教育、卫生、影响，而这些因素的改善又会进一步提高黑人收入和待遇，而随着经济状态和条件的改善将会使得白人对黑人的歧视进一步减少，如此循环往复，便形成了一种向上的累积循环发展模式。

② 缪尔达尔认为，传统经济学将"发展"定义为国民生产总值的水平及其增长的速度的提高。

地区间的差异逐渐消失；其次，"回波效应"则描述了发达地区由于种种原因会引起其他地区的衰落，进而给其他落后地区的发展带来不利影响。这是因为，存在显著地区发展差异的背景之下，落后地区的生产要素会倾向于向这些收入更稳定、更可观的发达地区回流和聚集，进而产生一种进一步扩大地区发展差异的运动趋势①。因此，综合"扩散效应"和"回波效应"，发达地区对落后地区的最终影响将取决于两种效应强度的较量。例如，缪尔达尔认为，发达地区对不发达地区尽管存在"回波效应"，但这种趋势不会一直持续下去，因为同时期"扩散"效应也在发挥作用，并且当经济发展到一定程度时，在没有政府干预的情况下，"扩散效应"的作用将会逐渐超过"回波效应"，地区间差异才会逐渐消失，但在此之前，发达国家（地区）和不发达国家（地区）并存的现象在很长时间内都会广泛并客观存在，尤其是不发达国家内部，与发达国家相比，其内部地区发展差异可能更为严重②。

　　以上就是缪尔达尔的二元结构理论的大概内容，除此之外，在其发展经济学部分，缪尔达尔还进一步分析了不发达地区落后的原因，例如初始条件的差异，这些初始条件包括政治、制度、气候、自然资源、人口膨胀以及贸易地位、条件的不利和恶化等，而这些初始条件的差异不仅限制、阻碍了不发达国家的进一步发展，同时也意味着这些国家不能简单照搬发达国家的增长模式和发展经验。另外，缪尔达尔还从"社会与经济的不平等""人口爆炸以及劳动力资源利用不足"的角度剖析了不发达国家持续落后的原因，例如，"整个不平等结构是由种姓制度、民族界限、民族歧视、裙带关系，以及一整套社会禁忌等支撑的。累积因果关系的恶性循环就是这样被持久化了。现行的制度结构阻碍了社会、地区和职业流动性的增强，使社会和经济生活中的分隔持久化。这就是经济增长的主要障碍"③（注：缪尔达尔在他的《亚洲的戏剧：南亚国家贫困问题研究》中曾这样概括）。最后，他还通过不发达国家内部的"腐败以及软政权"问题论述了其落后的原因。在他的眼里，"软政权"表现为："缺乏立法和具体法律的遵守与实

---

①　例如，由于某种原因引起某一地区出现经济衰退，并由此落后于周边其他地区。该地区则将相继出现工人失业增多，收入和需求相应减少的经济衰退迹象，并且新的企业或者投资将由于经济的不景气而不会再次注入这一地区；如若同期周边的某一地区正常发展，更会出现劳动力向这些收入更稳定、更可观的地区发生流动，即产生所谓的"回波效应"，这无疑将进一步加剧地区间不平等的状态。

②　缪尔达尔认为，这是因为经济越发达的地区或者国家，所带来的扩散效应就越显著，因此地区间的差异程度会被相应削弱。

③　缪尔达尔，《亚洲的戏剧：南亚国家贫困问题研究》，首都经济贸易大学出版社 2001 年版中译本，第 87 页。

施，各级公务员普遍不遵从交给他们的规章和指令，并且常常和那些他们本应管束其诸行为的有权势的人串通一起"[①]。缪尔达尔认为"权力集中在上等阶层手中"构成"软政权"形成的主要原因，这种权力的集中本应该能够创造平等法律和政策的环境，然而其归属者——地位至高无上的阶层却尽可能阻碍着这种可能，因此，在具有"软政权"特征的国家中，政府及其行政控制充斥着不同程度的松散性和随意性，而这种松散性和随意性又进一步被处于经济、社会和政治层面中的上等阶层所利用，极易形成"官商勾结"，最终的结果就是"腐败"。而"腐败"的盛行又通过既得利益进一步反哺和强化"软政权"，因此，缪尔达尔认为，"软政权"和"腐败"之间极易形成一种循环累积因果关系："软政权"滋生了"腐败"，而"腐败"又反过来强化"软政权"。而这样一种恶性循环无疑将阻碍着落后国家社会平等改革目标的实现，在严重的情况下，还会危及国家政权的稳定。

### 3. 社会改革理论

通过对不发达国家落后的制度和结构因素进行剖析，缪尔达尔进一步提出一系列社会改革思想。

首先，在经济均等化方面，他主要论述了在不发达国家中实现经济均等化的必要性。比如他认为，收入的不均等不利于一个国家高储蓄的实现，更为严重的经济不均等还会带来资本外逃。另外，社会平等与经济平等也能构成循环因果关系，例如，一定程度的社会不均等不利于经济发展以及收入分配，进而加剧经济不平等程度，而经济不平等又不利于教育、营养、医疗机会的获取进而带来更大的社会不平等，反之亦然。因此，社会平等与经济平等两个变量之间，若有任何一方得到改善，均能给经济发展带来一种良性、向上的循环力量。除此之外，更为平等的氛围可以为一国创造一种特殊的价值，即有利于促进和提升国家凝聚力。因此，为了促进不发达国家更快更好地发展，经济平等化改革势在必行。

其次，在农业改革方面，缪尔达尔认为，不发达国家农业生产率普遍较低的原因在于大多数不发达国家中社会不平等程度更高，且经济分层化现象也较为普遍，要改善这种现象，就必须赋予劳动者更多的机会，以达到一种激励效果，因此，根据不同地区的实际情况推动与之匹配的"土地改革"就在所难免了。在缪尔达尔看来，土地改革的具体方法和形式要结合所在地区的实际情况而定，比如

---

① 缪尔达尔，《世界贫困的挑战：世界反贫困大纲》，北京经济学院出版社 1991 年版中译本，第 196 页。

可以把土地平均分配给雇农或者其他各类无地农民，或者通过兴办农业合作社来达到土地资源的共享，或者将土地直接归为国家或地方所有，等等。凡此这些重大改革，在他看来，必须由不发达国家自己来操作，发达国家在此过程中最多就是不去强化不发达国家内部那些阻碍、干扰这一系列土地改革的利益集团的力量即可。另外，缪尔达尔在其社会改革理论中也提到了"人口控制"的必要性。他认为，人口增长不仅降低人均收入和生活水平，进一步抑制劳动生产率的提高，从长期来看，劳动力规模的扩大又会进一步加剧不发达国家劳动力资源低效利用的现状，进而带来巨大的就业压力。以上导致的一个共同结果就是，人口增长会进一步恶化社会分层现象和不均等问题，进而与不发达国家的落后局面形成一种恶性循环因果关系。可见，控制人口对于任何一个不发达国家而言都迫在眉睫。再次，对于教育改革的看法，缪尔达尔认为，"国家越穷，教育状况越是不妙，部分原因直接在于贫困，供教育政策所支配的资源较少……除此之外，这些国家还更加不平等，在受过教育的上等阶层和大众之间还存在更大的隔阂"[①]。基于此，不发达国家的教育改革也刻不容缓。而在关于如何推进不发达国家的教育改革问题上，缪尔达尔更加强调教育质量的保证，而非教育规模的盲目扩大，同时他认为，不发达地区还应该加大对教师培训、成人教育、技术职业教育等环节的重视，进而为儿童基础教育以及社会专业技术行业提供有力的人力保证。最后，缪尔达尔还强调，教育改革自实施起，需要经过很长一段时间才能初见成效，因此不发达国家的改革者对于教育改革应该循序渐进，不应急功近利，切不可简单、机械地依据投资回报率的思想来比较教育改革与其他投资项目的优先性。

最后，关于权利关系改革方面，针对软政权和腐败对于经济发展的巨大危害，缪尔达尔尽管没有提出具有针对性和总结性的解决方案，但是"重组强大而有力的社会纪律"，进而"硬化现有政权"是摆脱落后国家发展困境的前提。所谓硬化政权，首先是减少现有法律体系漏洞，使得法律更为有效地发挥调节、监督、决定人们行为的目的，这就要求国内政党、各种组织以及学者要减少或者降低立法、执法过程中脱离实际的、充满随意性的因素，加强法律体系的严密性和可操作性。另外，几乎所有国家在行政改革和公务员队伍优化方面都要有所推进，而行政改革主要体现在通过合理规划或理性协调等方式，减少行政过程中相机抉择的成分，正如同缪尔达尔所言，"应该没有必要让相机抉择控制占如此大

---

① 缪尔达尔，《世界贫困的挑战：世界反贫困大纲》，北京经济学院出版社 1989 年版，第 172 页。

的优势。如果管理控制得到更好的计划和协调，实行非相机决策控制就有更大的余地，特别是，就可能避免政策冲突造成的那些控制"[1]。最后，在硬化政权中最为关键的一步就是腐败治理，并且同其他方面的努力相比，整治腐败应该放在高度优先的地位。

## （三）总结

在思想渊源方面，新制度主义承袭了凡勃伦的基本思想，更多从制度方面或者结构方面来剖析资本主义社会，但是新旧制度主义之间依旧存在如下几个方面的区别：首先两者所处的时代背景不同，凡勃伦所处时代的美国，社会矛盾与阶级斗争较之后来要相对缓和，影响范围也较为狭窄，因此凡勃伦提出的粉饰资本主义制度的理论是顺应了那个时期资产阶级的需要。而以加尔布雷思为代表的新制度主义者所处时代资本主义社会矛盾越来越多，程度也越来越严重，尤其在"二战"后长达20年的"黄金时代"结束以后，新制度主义者们认为有必要在经济理论研究方面有所突破，寻找一条既非凯恩斯的，也非数量分析的研究现代资本主义的途径；另外，新旧制度主义相比，新制度主义更侧重于解释、解决现实经济问题，其在政策目标和政策实施方面更为具体、系统。例如，加尔布雷思的"权利转移论""公司新目标论""生产者主权论"等都是针对当时经济运行中的现实问题所提供的解释与解决思路，而这个特点在旧制度主义中则表现得不够明显；最后，在理论研究方面，新制度主义还受到凯恩斯主义的影响，例如，国家干预经济的思路、工资价格螺旋上升趋势以及通过人力政策、收入政策来调整资源配置以及经济运行效率的建议等思路都带有浓厚的凯恩斯主义的色彩，而这一特点与优势是先于凯恩斯主义出现的旧制度主义所不具备的[2]。

总体而言，新制度主义强调集体行动，反对传统资产阶级经济学脱离实际的抽象法，主张根据各国具体的历史材料来分析社会经济问题。但是，由于新制度主义立足于唯心主义，不仅否认了经济关系的基础性和决定性，同时还拒绝承认社会发展存在着不以人们意志为转移的客观经济规律，这又使得它的研究对象和研究方法的科学性大大降低。

---

[1] 缪尔达尔，《亚洲的戏剧：南亚国家贫困问题研究》，北京经济学院出版社 1992 年版，第 142 页。
[2] 贺卫、伍山林，《制度经济学》，机械工业出版社 2003 年版，第 51—52 页。

## 四、新制度经济学的思想介绍

20 世纪 60—70 年代以来，除了以加尔布雷思、缪尔达尔为代表的新制度主义学派以外，还存在另外一个子学派——"新古典制度经济学"，也有学者将其简称为"新制度经济学派"，其主要代表人物有科斯、诺斯、威廉姆森等人。新制度经济学的兴起给新古典主流经济学的发展带来了重要的影响，这主要体现在其方法论的承继方面[①]。在这一方面，新古典制度经济学已显著脱离早期旧制度主义，它提出了一套全新的制度分析范式——不仅注重从现实世界存在的问题出发，而且侧重于从微观角度的交易成本、产权理论入手，利用新古典经济学的逻辑和方法来开展制度研究。科斯、诺斯等新古典制度经济学家也正因此先后获得了诺贝尔经济学奖，这一切无疑表明新古典制度经济学已被主流经济学所广泛接受。

### （一）　科斯的制度思想

罗纳德·H. 科斯（Ronald Harry Coase，1910—2013）生于伦敦郊区威尔斯顿，18 岁进入伦敦经济学院攻读商业学士学位，师从阿诺德·普兰特（Arnoid Plant，1898—1978）。当时伦敦经济学院（后简称 LSE）正处于学术黄金期，一些来自欧洲大陆和美国的新思想能够被很快吸收并转为开展相关研究工作的基础和工具。而身处如此开放的学术氛围中，尽管科斯对经济理论和这一系列分析方法深感兴趣，但是受其老师的影响，他更加注重用其所学来分析、理解真实经济体制及其相关问题。在 1931 年，科斯通过 LES 的商学士考试，并于同年获得伦敦大学的一笔欧奈斯特·卡塞尔爵士旅行奖学金，自此开始了为期两年的旅美留学生活。而正是这一段留学经历为其后来的力作——《企业的性质》（1937 年）奠定了宝贵的思想基础。在结束为期两年的留美生活后，科斯返回英国，并先后执教于利物浦大学和伦敦经济学院，其间发表了他的第一篇学术研究文章《企业的性质》。"二战"爆发以后，英国学术活动普遍受到制约，科斯也于

---

① 一直以来，包括科斯和诺斯在内的几乎整个新古典制度经济学阵营均不认可自己与美国旧制度主义之间存在某种血缘继承关系。科斯在其《新制度经济学》（1998）中曾经说过：美国旧制度主义是"反理论的，而且缺乏一种可以把他们所收集到的事实凝聚在一起的理论，他们几乎没有任何东西能够传承下来"。而诺斯也在其《新制度经济学》（1986）一文中提出："新制度经济学必须是理论性的，否则它将走上旧制度经济学因缺乏理论上的聚集点而灭亡的道路。"

1940 年进入政府机构从事统计工作。"二战"结束后，科斯于 1946 年重返伦敦经济学院，负责主要经济学课程《经济学原理》的教学工作，其间借助于洛克菲研究员经费赴美对其广播业开展进一步研究，并于 1950 年出版专著《英国广播业：垄断的研究》。次年，科斯在获得伦敦大学理学博士学位后，移居美国。在美国，科斯先后执教于布法罗大学、弗吉尼亚大学、芝加哥大学，并在早期针对美国广播行业、对美国联邦通信委员会展开深入研究，通过一篇《联邦通讯委员会》（Federal Communication Commission），引发了经济学历史上最具有传奇性的辩论之一。当时芝加哥大学的一些经济学家认为该文的部分观点需要修正补充，而科斯不为所动，还专门围绕文中争议去了一趟芝加哥为自己的观点辩护。而这场辩论的直接结果便是引导科斯返回伦敦经济学院后发表另一篇成功之作——《社会成本问题》（The Problem of Social Cost，1960）。正是该文与科斯早期的《企业的性质》（1937），共同为科斯赢得了 1991 年的诺贝尔经济学奖。在 1964 年转入芝加哥大学以后，科斯担任了《法律与经济学杂志》主编一职（1964－1983），其间先后发表了一系列广为引用的重要论文，如《耐久性与垄断》（Durability and Monopoly，1972）、《经济学中的灯塔》（The Lighthouse in Economics，1974）等。1979 年，科斯在芝加哥大学退休，并被选为美国经济学会杰出会员，且保留芝加哥大学法学院法学与经济学资深教授职位。退休之后，即使在获得诺奖以后，科斯并没有停止其科研工作，先后于 1988 年、1994 年出版了《企业、市场和法律》（The Firm，the Market，and the Law，1988）和《论经济学和经济学家》等论文集以及论文数篇，《企业、市场和法律》主要整理了科斯有关"企业的性质"主题的重要论文，而《论经济学和经济学家》则主要收集了科斯关于经济学研究以及经济学思想史方面的研究成果。

纵观科斯的学术生涯，正如威廉姆森所说，"他坚持把自己的卓越天分主要用于对现实世界的制度结构的思考和分析，并以一种朴素的、缓慢的、分子式的和确定的方式把它们表述出来"。科斯经济思想对于现实世界的制度结构的思考和分析虽然从某种程度上保留了新古典的特征，但他既不是对新古典主流经济学的简单发展，也不是对旧制度主义的自然延伸，而是从根本上改变了经济学的某些前提与假设，革新旧的推论方法。因此，他的思想对制度经济学具有革命意义。

**1. 交易成本思想**

在科斯的研究成果中，具有重大、划时代意义的作品当数《企业的性质》与

《社会成本问题》这两部鸿篇。两部论文的一个共同创新之处在于，他首次提出了交易成本的范畴和分析视角。尽管作为"交易成本"概念的首创者，科斯本人并没有对交易成本的定义和范畴给出具体说明。这也体现了所谓的"科斯风格"——他坚持"人和人的定义总是不一样的。只要我说的概念别人能理解就行。人们有不同的理解，有些我不同意。但这没关系，随着时间的推移，一些分歧会消除"[1]，可见，科斯不仅对自己的理论高度自信，同时接受并尊重理论争论，以高度包容的姿态面对不同于自己的观点和理论。尽管科斯没有明确给出交易成本的定义和范畴，但是在《企业的性质》和《社会成本理论》两部论文中，科斯也给出了他本人对交易成本的理解，他认为，交易成本应该是市场的运作成本，即论文中所表述的"市场成本"，该概念与后来相继提出的其他有关"交易成本"的概念相比，属于较为狭义的一种界定。例如，他在《企业的性质》一文中认为，所谓交易成本，应该首先包括发现相对价格的成本，如在获取市场信息、分析处理市场信息、寻找交易对象以及了解市场价格等过程中所发生的相关费用；其次，是交易谈判和签约过程中发生的费用，比如包括与交易对方商谈、考察对方的信誉、分析对方的底牌，以及讨价还价等环节所必须支付的费用[2]；最后，就是由于市场中的不确定性和风险所带来的其他一切费用。而后来，在《社会成本问题》一文中，科斯又进一步将交易费用的概念泛化，并指出交易费用应该是人们在度量、界定和保障产权、发现交易对象和交易价格、讨价还价、订立并执行、监督交易合同等过程中所发生的费用。可见，在他眼中，交易成本仍然是指价格机制发挥作用，或市场运行所发生的相关成本。而对于交易成本的产生及大小的决定因素，尽管科斯没有给出一个确切、系统的描述，但是在《企业的性质》一文中，他也注意到了这个问题，认为，经济活动的不确定性、风险、机会主义行为和信誉都能够影响到交易成本，前三者都能够导致并提高交易成本，而且企业的出现就是为了减少此类交易成本，信誉或者商誉是一个合理的企业降低交易成本的途径之一。

科斯提出了交易成本概念的直接目的，在于通过这个概念来分析现实经济问题，在《企业的性质》一文中，他从交易成本的视角解释了企业的起源和边界问

---

[1]　盛洪，《又读科斯》，《读书》，1996年第3期，第22—30页。

[2]　在《企业的性质》一文中，科斯有时也将企业、组织内部交易发生的费用划到交易成本中，但更多的情况下，他将此类费用称为组织成本或者行政成本。

题。他认为，企业和市场是经济组织开展经济活动的两种可相互替代的选择①。围绕特定经济活动，如果企业内部化交易所发生的组织成本小于由外部市场完成该项交易所发生的交易成本，企业的存在也就具有意义。并且"在企业内每增加一单位交易所带来的交易成本的增加等于在市场中减少一单位交易所带来的交易成本的减少，企业的规模或者企业的边界也就确定下来并趋于均衡"。② 而在《社会成本问题》以及后来的《社会成本问题的解释》中，他依旧通过交易成本的思想解释了现实世界中的法律及相关制度中存在的价值问题，并且通过交易成本的比较，进一步论证了相关的法律制度及其效率是如何影响到经济体系运转的方式和效果③。可见，以上两篇文章均是从交易成本的视角来分析现实经济问题，它也进一步构成了科斯后来的企业理论、产权理论和法经济学的基础。而后继的新制度经济学家也陆续将交易成本分析方法成功扩散到经济学的其他应用领域，进而形成了一种新的经济学分析范式。

**2. 企业理论**

科斯主要是从交易成本的视角，通过回答三个问题来构建他的企业理论：

首先，企业为什么会存在？科斯之前的企业理论也都从不同的角度，如先后从劳动分工、市场垄断、不确定性、规模经济和政府管制等视角，论述了企业的本质和产生，对此他一一进行了评价并提出了自己的看法。在其《企业的性质》（1937）中他将企业理解为一种雇主和雇员之间的"法律关系"或者"契约关

① 如前所述，由市场通过价格机制配置资源是需要付出成本的，比如前文所提到的市场中寻找价格、双方谈判、订立执行并监督交易合同等环节所耗费的成本，而这些费用往往在资源配置的过程中由于服从"以价高者得"的原则而居高不下。而企业作为市场的一种替代，其"科层式"的内部机制，通过企业家的权威、计划和命令，尽管会产生相应的组织内部的"行政成本"或者"组织成本"，但这种"行政成本"或者"组织成本"的发生却可以节省由外部市场开展相同活动所带来的交易成本，这也是企业替代市场而存在于现实世界的主要原因。在《企业的性质》中，科斯也进一步论证了企业规模的问题：企业之所以没有把现实中的所有交易均囊括其中，是因为企业在不断扩张的过程中，其内部的组织成本或者行政成本也在不断增加，而一旦企业内部组织成本超过了同样的交易由外部市场完成所发生的交易成本数量时，企业就不会自己生产而是将此活动交由市场中其他企业来完成，即向市场中的其他企业购买以完成生产计划，而这个过程其实就是企业控制甚至是减小规模的具体表现，而在这个过程中，企业内部的组织成本相应减少，而在外部市场所发生的交易成本却由于不断外包而逐渐增大。

② 何一鸣、罗必良等，《企业的性质、社会成本问题与交易成本思想》，《江苏社会科学》，2014年第4期，第46—54页。

③ 例如，在《社会成本问题》中，他提出了如果现实世界中的交易成本为零，权利的初始配置并不影响社会的最终总产值，这也是后来学者归纳的"科斯第一定理"；而科斯对于这一归纳并不满意，因为他始终反对"零交易成本假说"，因此，在后来的《社会成本问题的解释》一文中，他进一步提出，当存在交易成本时，权利的初始配置将决定资源的最终配置效果甚至很可能影响到社会总产值发生变化（科斯第二定理）。

系"，其内部不再依赖于市场的"价格机制"，而是通过企业内部的行政命令和管理协调来实现资源的配置。企业之所以会存在，科斯认为有两方面原因，第一个原因便是，运用价格机制即通过市场来配置资源是需要耗费成本的，该成本即为市场中的交易成本，因为不仅协同各生产要素之间达成一系列契约要耗费成本，并且短期内重复发生的某一项交易活动在没有企业之前也需要重复签订合同，而这个过程也需要耗费一系列成本。因此，如果可以通过一项长期契约来替代一系列短期契约的签订，势必在很大程度上降低交易成本。① 可见，交易成本的存在以及企业对交易成本的节省，是企业取代市场而产生的主要原因；企业产生的第二个原因就是产权清晰。这在后人所总结的"科斯第二定理"中有所体现，可以表述为：如果市场中的交易费用不为零，财产权利的初始界定会对经济制度运行的效率产生影响。由于市场配置资源存在交易费用，在后期可能出现的权利转移或者合并的过程中必然会发生不同程度的交易费用，因此，在后期重新分配初始产权的过程中，交易费用的产生及增加必然会导致部分交易的流失，因而，这种初始所有权的确立对社会而言是一种绝对的损失。基于此，科斯后来在其《社会成本问题》一文中，又进一步论证道："采用一种替代性的经济组织形式以低于市场时的成本而达到同样的结果，这将使产值增加。"而这里"替代性经济组织"我们可以理解为"企业"。可见，解决市场交易困境的一种方式就是将这种交易过程从市场转移至企业内部完成。但是企业内部交易的前提也必须是产权明确，否则会带来一系列诸如内部管理、协调秩序错乱以及利润分配不公等问题。

其次，企业的边界或者规模如何确定？继"企业为什么存在"的问题之后，科斯依旧使用交易成本的概念来解释企业的边界问题。而这个问题又可以细化为三个问题：第一，企业的边界或者规模为什么会扩大？如前所述，在规模之初，在企业内部完成某项交易的组织成本低于市场完成该项交易所要发生的交易成本，企业则会选择由企业内部配置资源来完成此项交易，企业的组织规模也随之扩张。当然，他也强调，企业的不同质使得同行业内企业之间由于不同的企业条件和结构可产生不同的管理费用，进而导致不同的企业边界。但是，既然企业的

---

① 比如，没有签订长期契约之前，雇主需要每天到劳动力市场去寻找雇员并签订短期契约，这不仅耗费巨大成本，同时还必须克服未来的一系列不确定性，因为明天或者后天能否再次顺利雇用到雇员以及雇员的质量都无法通过短期契约来得到保障。而如果雇主与雇员之间签订一个长期契约，不仅可以节约重复谈判、签约的费用，同时也可以在一定程度上克服未来的不确定性，并且在此过程中，基于契约合同，雇主有权在一定程度上控制雇员并且保证雇员的收入，如此一来，企业便产生了。因此，正如科斯在其《企业的性质》（1937）一文中所言："当资源的导向（在契约限度内）以这样的方式变得依赖于卖方，则我称之为'企业'的关系就出现了。"

存在能够节约市场交易成本，为什么企业没有包揽现实世界中所有的生产环节呢？这就是第二个问题——企业边界或者规模的扩大为什么会停止？依据科斯的企业理论，企业在内部开展生产经营活动时也会产生一系列交易成本，我们称之为组织或者管理成本。而随着企业规模不断扩大，上下级科层间的委托代理链条不断拉长，计划制作、实施、命令传递、生产控制以及质量监督等环节所发生的组织成本也在不断增大，而与此同时，该企业的市场交易成本又由于外部缔约、交易数量的减少而不断下降，于是企业内部组织成本与市场交易成本在一个此消彼长的过程中一定会出现一个均衡点，一旦达到该点，企业的规模也就确定下来并趋于平衡。但是依据科斯的企业边界理论，一旦企业的规模确定下来，这个"稳定的"规模却只是相对和暂时的，这就涉及第三个问题——企业规模的稳定性。科斯认为有三个因素能够影响企业规模稳定性：市场中的交易成本、企业内部的组织成本以及同行业其他企业内部的组织成本。以上三种因素中的任何一项或几项发生变化，都将导致企业边界的重新界定。

最后，企业的本质是什么？当科斯在 20 世纪 30 年代把交易成本引入经济分析之时，限于当时个人知识、社会阅历、理论发展水平，他仅仅回答了企业为什么存在、企业的边界问题，至于"企业的本质"这一问题尚未做出系统回答，却是他的梦想所在："就是建立一种能使我们对生产的制度结构的决定因素进行分析的理论。在《企业的性质》中，这项工作只做了一半——说明了为什么会存在企业，但没有说明企业所担当的功能是如何在它们中间进行分工的。"我们可以进一步挖掘，在他的这两篇代表论文中，对于"企业的本质"这一问题科斯也或多或少地给予描述。例如，在《企业的本质》中，科斯将企业理解为"价格机制的替代物"。他认为，市场中的交易成本过高将使得企业家在一定范围内通过权威、指挥的方式来协调各种生产经营活动。通过雇主与雇员签订长期合同来界定"企业家的权限。在这个权限下，他就可以指挥其他生产的要素"[1]。而在《社会成本问题》一文中，科斯对于"企业"的理解似乎更加清晰："企业就是作为市场交易来组织生产的替代物而出现的。在企业内部，生产要素不同组合中的讨价还价被取消了，行政指令提到了市场交易。那时，毋需通过生产要素所有者之间的讨价还价，就可以对生产进行安排……就是企业要获得所有各方面的合法权利，活动的重新安排不是用企业对权力进行调整而是作为如何使用权利的行政决

---

① 罗纳德·科斯，《企业的性质》，载《现代制度经济学》，盛洪主编，北京大学出版社 2003 年版，第 106 页。

定的结果①。"由此可见，科斯将行政指令和雇佣关系中的权力理解为企业的本质，同时，他也同意企业问题归根结底是一种"契约安排"的选择。尽管市场也是由各种各样的契约关系构成，但是科斯所强调的企业"契约"具有控制、指挥和干预权力的本质特征，这显然不同于市场"价格机制"中的契约关系。而基于"控制""指挥"等一系列词语能否揭示雇主与雇员关系的本质，后来一些学者，也包括科斯本人对此进行了质疑和修正。例如，在其1988年的《企业的性质：起源、含义与影响》一文中，科斯对于半个世纪之前的结论再作修正——"我1937年的论文的主要弱点之一是由于使用雇主与雇员关系作为企业的原型造成的。它所描述的企业性质是不完整的，更重要的，我相信它误导了我们的注意力……"②尽管"雇主与雇员"的法律理解与"企业"的经济学概念有所区别，但是不可否认，这两种概念之间存在一致性，而这种一致性主要体现在科斯是从经济学角度对企业与市场之间存在的差异的再强调。

### 3. 产权理论

科斯早在其《联邦通讯委员会》（1959）一文中，就点明产权对于经济学的重要性。例如，他在对"美国无线电频率使用"的研究中就明确表示，在美国政府介入之前，美国无线电领域频率使用如此混乱的真正原因不是资源的有限性，也不是政府的不作为，而是无线电频率使用权限制度，即产权制度的缺失。如果初始产权界定清晰，利益相关者们便能够利用价格机制来配置诸如无线电、土地、劳动力等一切稀缺资源。相反，如果缺失有效的产权制度，任何人对所涉及的稀缺资源都可以宣布占有、使用等权利，如此一来，外部性问题所带来的社会、经济秩序出现混乱而不可控的局面以及市场交易不能顺利开展等问题势必在所难免。而对于产权的定义方面，科斯并没有在其研究过程中明确定义，但是综合其著作，我们会发现科斯对于"产权"的理解可以表述为"一组在系列约束条件下能够运作某种资源的权利束"。例如，在《联邦通讯委员会》一文中，他认为"美国无线电频率"这种资源归国家所有，即国家拥有其占有权，通过政府界定和一系列市场交易后，该资源可转让给出价最高者，这意味着该人即可对该资

---

① 罗纳德·科斯，《社会成本问题》，载《现代制度经济学》，盛洪主编，北京大学出版社2003年版，第14页。

② Coase, Ronald H, The Nature of the Firm: Origin, Meaning, Influence. Journal of Law, Economics, and Organization, 1988, 4（1）: 3—47. 转引自［英］霍奇森，《科斯主义的混乱：企业的性质和历史特性问题》，载［美］米德玛编《科斯经济学：法与经济学和新制度经济学》，罗君丽等译，格致出版社、上海三联书店、上海人民出版社2010年版，第32页。

源宣布和行使使用权和收益权。因此，不难看出：科斯将"产权"理解为一组可以进一步分解为占有权、使用权、收益权和转让权等子权利的权利束。可分解的产权虽然能够提高其运作的灵活性和效率，但同时也增加了其结构及运作前提的复杂性，导致产权运作成本的非统一性。换言之，由于产权是可分解的，便可以理解为同一产权由于其具体分解组合存在多样性，因此，其最终所实现的权能也具有多样性，而每一种权能在其所处的具体约束条件下以各自不同的运作方式得以实现。关于产权的运作方式，科斯认为市场交易是产权运作的最基础方式，除此之外，企业内部交易、政府直接管制以及法院判决等都是可替代的制度安排形式，而每一种具体的产权运作方式都有其各自缺陷或者成本，如通过市场交易来运作产权，势必存在市场交易成本，在这种情况下，只有产权运作后的收益大于相应发生的市场交易成本后，这种运作方式才能被视为有效率的；如通过企业内部交易来调整、转移产权，企业内部也将发生相应的行政成本或者组织成本，但是如果企业内部运作产权的行政成本过高，那么由单个企业及其内部解决产权的调整或者转移都将由于低效率而不被采纳；政府直接管制以及法院判决尽管能够避开市场交易的弊病来运作产权，但是政府行政机制本身也是存在成本的，尤其当官僚色彩变得尤其浓厚之时，作为一个"超级企业"，其内部所产生的巨额行政成本以及判决成本也将导致产权运作的低效。至于选择哪一种运作方式或者组合形式来转移与调整产权将取决于人们的成本收益判断。1960 年科斯发表《社会成本问题》，继续他在《美国通讯委员会》中的研究，进一步探讨外部性问题，并提出了著名的"科斯定理"。然而，科斯本人并没有使用这一术语，也没有对这个定理给出一个确切的表述，所谓"科斯定理"是由其同事、另一位诺贝尔经济学奖得主斯蒂格勒通过提炼一系列案例概括出来的。

综合其他学者对该定理的理解，"科斯定理"的内容可以概述为两部分：首先，科斯在其 1959、1960 年的文章中提出："没有权利的界定，就不存在权利转让和重新组合的市场交易。但是，如果定价制度的运行毫无成本，最终的结果（指产值最大化）是不受法律状况影响的。"换言之，如果不存在交易费用，资源配置及社会产值最大化的实现与法律的权利界定无关，以上过程和结果可以通过相互协商、自由交易实现——这也是其他学者所理解的科斯第一定理（注：可以参考一个通俗的例子，见本章最后）。尽管部分学者认为这样的表述存在同义反复的问题，但是科斯第一定理的意义在于引发人们对产权问题的进一步思考：它引导人们继续思考如果交易费用不为零时，产权界定和资源配置关系的进一步演变情况，而科斯本人也认为，所谓"科斯第一定理"可被视作对交易费用大于零的经济世界进行分析的道路上的一块"垫脚石"。在这个基础上，科斯第二定理可表述为："如果存在正交易费用的情况下，产权的初始界定在诸如资源配置的过程中以及最终能否实现社会产值最大化极其重要，因为只有在这种产权调整后的产值增长大于其所带来的成本时才能被实施调整。"换言之，科斯第二定理强调在交易费用为正的现实经济中，产权的初始界定对于资源配置效率的过程尤为重要，其可直接影响最终产值能否实现最大化。由此可见，科斯定理（注：两个定理分别以交易费用和产权界定为出发点，论述和对方之间的关系）的本质在于揭示产权制度安排、交易费用数量以及资源配置效率高低三者之间的关系。

**4. 法与经济学思想**

作为法经济学芝加哥学派的主要代表人物，科斯同时也是现代法经济学的奠基者、创始者，其论文1960年《社会成本分析》的发表被视为现代法经济学诞生的标志[1]。随着科斯将法律与经济有机结合，现代法律经济学逐渐衍生出来两大分支：首先，在新制度经济学中，以科斯为代表的法经济学思想侧重于研究制度因素（如企业，市场，当然也包括法律这一最为广泛的社会制度）对经济系统运行的影响，因而被称为经济学的法律分析；其次，法经济学的另外一个分支——以大法官波斯纳为代表的经济分析法学，则倾向于利用经济学的方法和概念来研究法律系统的运行，故而被称为法律的经济学分析。以上两个分支分别以法学打开经济学"黑箱"和以经济学打开"法学"黑箱，因而形成了现代法律经济学的两种理论分析方式，成为法律经济学发展史上的重要里程碑。而作为现代西方制度经济学的重要组成部分，科斯的"经济学的法律分析"将"交易费用"作为一个基础性的核心概念和理论视角分别从权利的相互性（具体包括权利边界的界定问题、外部性侵害的解决方案等内容）、雇主和雇员的法律关系（主要涉及企业本质的论述）以及科斯定理等方面论述了法律、制度于经济体系运行的影响。更具体而言，科斯的法经济学强调既然市场交易存在交易成本，那么为了使交易可行，人们可以通过专业化分工或者建立相关法律制度等方式来降低交易成本，而法律经济学所要研究的正是法律制度体系对于现实交易过程中的交易费用的影响，法律制度及其体系的选择或建立到底能增加还是降低交易费用，进而使交易变得更加困难还是更加容易？由于前面三大部分都有相应的详细论述，此处不再赘言。尽管与"法律的经济学分析"相比，"经济的法律分析"不论在国际

---

① 　也有人将1958年芝加哥大学法学院的《法律与经济学》杂志的创刊视为法律经济学诞生的标志。

领域还是我国国内层面均没有得到进一步的关注和检验，这一欠缺与我国经济转型所取得的巨大成就和存在的深层次问题所能够提供的大量素材和现实案例形成鲜明的反差，无疑为进一步丰富"现代法经济学研究"以及重新繁荣"经济的法律分析"提供有利的现实基础和广阔空间。

### （二） 诺斯的制度思想

道格拉斯·诺斯（Douglass C. North，1920—2015）生于美国马萨诸塞州的一个普通家庭，父亲为某人寿保险公司经理。在其小学和中学时期，诺斯跟随父母辗转若干国家和地区，曾先后在美国、加拿大、瑞士等国家居住过，并最终回到美国，在加州大学伯克利分校攻读学士学位并于 1942 年取得"政治学、哲学和经济学"三学位（a triple major）。从伯克利分校毕业以后，诺斯成为了一名商行领航员，在为期三年的航海经历中，诺斯拥有了大量时间进行阅读及思考，且进一步明晰自己的人生目标——成为一名经济学家。航海归来后，诺斯随即进入伯克利分校继续学习，并于 1952 年获得经济学博士学位，博士论文选题为有关美国人寿保险史方面的研究。诺斯在取得博士学位后的同一年里便进入华盛顿大学担任助理教授，并开始了长达一生的研究生涯。在 1960 年升任教授前后的三年期间，诺斯同时担任了华盛顿大学经济研究所执行所长一职。在尔后长达半个多世纪的学术研究生涯中，其先后任教于美国赖斯大学、英国剑桥大学、华盛顿大学圣路易斯分校，并于 20 世纪 80 年代后先后兼任斯坦福大学行为科学高级研究中心研究员、美国胡佛研究所高级研究员等职务。纵观其一生学术成果，诺斯主要著作有《1790—1860 年美国的经济增长》（The Economic Growth of the United States，1790—1860，North，1961）、《美国过去的增长与福利：一种新经济史》（Growth and Welfare in the American Past，North，1974）、《制度变迁与美国的经济增长》（Institutional Change and American Economic Growth，North & Lance Davis，1971）、《西方世界的兴起》（The Rise of the Western World：A New Economic History，North & Robert Thomas，1973）、《经济史中的结构与变迁》（Structure and Change in Economic History，North，1981）、《制度、制度变迁与经济绩效》（Institutions，Institutional Change and Economic Perform-ance，North，1990a）、《理解经济变迁过程》（Understanding the Process of Economic Change，North，2005）、《暴力与社会秩序：诠释有文字记载的人类历史的一个概念性框架》（Violence and Social Orders：A Conceptual Framework for Interpreting Recorded Human History，North、John Joseph Wallis & Barry R.

Weingast，2009）等。除了上述著作外，诺斯还在一些重要刊物上发表了诸多学术论文，进而构建起他的新经济史理论和制度变迁理论。可以说，诺斯通过将经济史与经济理论进行融合，同时推动了两个领域的发展，例如，在其前期研究生涯中，他将经济理论用于经济史的分析进而开创了新经济史的全新研究视角，而在其后期的研究生涯中，他又反过来利用大量的经济史素材以及案例来研究制度变迁的问题，进而开创了新制度经济学派中的另外一大理论分支。因此，毫无意外的事实是，1993 年的诺贝尔经济学奖由于"开创性地将经济理论用于经济史研究，并为解释经济与制度变迁创立大量研究方法"而授予诺斯与另一位美国学者罗伯特·福格尔。而在制度经济学领域中，诺斯的制度思想可以被进一步具体细分为制度理论（制度生发理论、制度变迁理论）与国家理论。

**1. 制度生发与变迁理论**

从诺斯早期的《经济史上的结构与变迁》到后来的《理解经济变迁的过程》，我们会发现，诺斯的制度理论（尤其是制度生发观）经历了较为明显的转变——从理性建构到认知演化的转变，其制度分析方法也经历了从演绎推理到经验分析的转变。例如，早期诺斯将制度定义为"制度是社会的博弈规则，或更规范地说，它们是一些人为设计的、形塑人们互动关系的约束。"[1] 很显然，在这一定义中，如果我们将人与人之间的互动理解为博弈，那么在这里我们就需要区分"博弈参与人"和"博弈规则"：依据以上定义，诺斯认为推动制度变迁的主体是博弈参与人，主要包括普通选民、社会各组织及政治企业家等，而博弈规则（亦即制度）是由博弈规则的制定者（政治企业家们，也可理解为统治者）在各博弈参与者行动之前通过理性建构设计或规定出来的。因此，在诺斯早期看来，制度主要来自统治精英头脑中的理性建构——这也构成了其早期的制度生发观，例如，在其《制度、制度变迁与经济绩效》一书中他承认："制度有可能是由人们创造出来的，比如美国宪法……"[2] 虽然，《经济史上的结构与变迁》使得诺斯获得巨大成功，但是这并未使得诺斯停止对制度起源及其本质的探索，在其后来的《制度、制度变迁与经济绩效》一书中，我们发现，诺斯开始"扭转"，更具体而言，是"丰富"其早期的制度生发观，试图从演化理性的视角来补充其现有的制度生发研究。例如，在《制度、制度变迁与经济绩效》一书中，诺斯强调："制度可以是由人们创造出来的，如美国宪法；也可以仅仅是随着时间推移而演

---

[1]　诺斯，《制度、制度变迁与经济绩效》，格致出版社 2008 年版，第 3 页。

[2]　诺斯，《制度、制度变迁与经济绩效》，格致出版社 2008 年版，第 4 页。

化出来的，如普通法。我对创造出来的制度和演化出来的制度均感兴趣……"①
与之相对应的是，诺斯将制度变迁区分为"渐进式（连续性）变迁"与"革命式
（非连续性，主要表现为革命或武装政府）变迁"。他认为："战争、革命、征服
以及自然灾害都会导致不连续的制度变迁……但是，关于制度变迁的最重要的论
点是……绝大多数制度变迁都是渐进的。"② 这便意味着制度生发与调整主要表
现为演化特征。

在《制度、制度变迁与经济绩效》一书之后，诺斯延伸其研究主线，即从之
前的制度生发与变迁的外在表现特征分析逐渐深化为对制度生发、变迁机制的内
在机理的进一步探究，也即这种表现为"演化、渐进式"的制度的生发与变迁现
象的内在动力源是什么。而这一阶段的研究努力也不断强化诺斯在制度分析上的
演化取向，并且他越来越重视人们的信念（Beliefs）、认知（Cognition）、心智结
构（Mental Construct）和意向性（Intentionality）在制度生发与变迁过程中的
重要性。例如在 2005 年出版的《理解经济变迁》一书中，基于人类认知模式对
制度变迁的作用，诺斯指出："与达尔文的进化论相反，人类演化变迁的关键是
参与者的意向性。达尔文进化论中的选择机制并非由有关最终结果的信念所决
定。相反，人类的演化由参与者的感知所决定；选择、决策是根据这些感知做出
的，这些感知能在追求政治、经济和社会组织的目标过程中降低组织的不确定
性。经济变迁在很大程度上是一个由参与者对自身行动结果的感知所塑造的深思
熟虑的过程。"③ 可见，诺斯认为，参与者们为了降低诸多现实世界中的各种不
确定性，必然会形成自己对其他参与者的行动以及与之对应的、各种可能出现的
结果之间关系的信念估计。而在诺斯看来，这种信念估计与制度框架之间存在着
密切联系："信念体系是人类行为的内在表现的具体体现。制度是人们施加给人
类行为的结构，以达到人们希望的结构……因此，经济市场的结构反映了制定游
戏规则的那些人的信念……信念和制度的密切关系尽管在一个社会的正式规则中
表现得很明显，但是这种关系在非正式制度——行为规范、习俗和自愿遵守的行
为准则——中体现得最充分。"④ 可见，在诺斯的后期制度观中，人类的信念体
系在制度框架中的作用至关重要，或者说人类的信念体系决定了制度的生发和变
迁，但是为了进一步挖掘制度生发和变迁的微观基础，诺斯接下来分析的问题就

① 诺斯，《制度、制度变迁与经济绩效》，格致出版社 2008 年版，第 4 页。
② 诺斯，《制度、制度变迁与经济绩效》，格致出版社 2008 年版，第 122 页。
③ 诺斯，《理解经济变迁的过程》，中国人民大学出版社 2008 年版，第 2 页。
④ 诺斯，《理解经济变迁的过程》，中国人民大学出版社 2008 年版，第 47 页。

是"人类的信念又是如何产生的？"诺斯认为，决定个体间决策、选择的信念主要来源于人类的心智结构，即个体在行动之前对环境所做出的一种预测或期望。因此，作为一种事前的主观预期，人类信念与心智结构具有一定的稳定性。但是，心智结构也是可以被修正、改进甚至是被彻底否定的，这就取决于其所包含的预期内容是否与现实环境反馈保持一致，一旦这二者存在不一致，心智模式就需要被进行一定程度的修正，而修正的过程，我们称之为"学习"。可见，诺斯后期的制度生发观强调包括个体学习和社会学习在内的人类的信念学习过程。他把制度生发解释为人类相互之间交往行动的"学习"过程，也即一种策略试错与收敛过程，而这种信念"学习"过程常常采用的是一种经验分析与归纳的思考路径。分析至此，我们会发现，诺斯后期的制度分析上越发注重可检验的经验根基[①]，与其早先所采用的新古典的演绎体系相去甚远。

**2. 国家理论**

在诺斯之前，西方理论界中有关国家的理论有两种解释：契约理论和掠夺（剥削）理论[②]。诺斯认为，这两种国家理论各有利弊，如在理论缺陷方面，契约理论只强调了国家产生之前契约订立的功能以及利益各方的得利情况，而对于之后契约如何实现以及被执行等细节，尤其是之后利益各方的得利情况则没有给予相应说明；而掠夺（剥削）理论则相反，尽管其对国家成立之后的统治者从其选民中榨取租金的得利情况予以一定说明，但是忽视了契约最初签订的得利分析，并且该理论忽视了国家与选民之间的互动关系。在现实中，选民也能在一定程度上通过追求自身利益最大化来制约国家行为，同时，国家也能在追求自身利益最大化的同时实现社会总福利的提高，因而国家与选民之间很有可能是一种"正和博弈"而非"零和博弈"。因而，在诺斯看来，这两种理论都是不全面的，

---

① 在过去几十年中，认知学领域的研究大大加深了我们对大脑、心智与行为之间关系的理解，尤其是"认知神经学"领域的研究及发现，这为通过个体认知来理解制度生发与变迁提供了良好的跨学科经验研究支撑。

② 在所有的国家契约理论中，以霍布斯的契约理论最为推崇，而其中最为基本的两个假设：首先，国家产生之前的社会属于"一切人反对一切人"的自然、无序状态，人们出于自利目的不断与他人产生矛盾、争夺甚至是斗争，即所谓"霍布斯丛林"假设，即国家之所以产生就是为了使人们摆脱这种"自然状态"，订立契约的产物。如此一来，人们通过相互约定、订立契约来保护自己的人身、财产安全，同时也通过契约把自己的全部或部分权利交由一个代理人或者代理组织，由他们代替委托人的人格，为委托人提供必要的保护，而这个代理机构即为国家。契约理论主要描绘了国家产生前的社会状态以及对国家产生过程进行假设性描述，并且缺乏确凿的历史事实予以支撑。而与契约理论不同的是，国家理论倡导从历史史实中找到国家起源的证据，并且其把国家视作一种工具，国家所维护的是统治者的利益，更具体而言，国家是一个集团或阶级的代理机构，其职能是为该集团或阶级的利益剥削其他集团或阶级，榨取其收入。

他所提出的"暴力潜能论"试图通过一种动态逻辑将契约理论和掠夺（剥削）理论统一起来：该理论将"暴力潜能"视为一种资源，如果这种资源在国家内部各主体间平等分配，则该国属于"契约性国家"，而如果"暴力潜能"在国内各主体间不平等分配，则该国可被视为"掠夺性国家"。而诺斯这个基于"暴力潜能分配论"的国家理论具有三个特征：首先，在这个模型中，国家由于其所处于的利用暴力"规定和强制实施所有权的地位"，因而被视作享有行使暴力权利的比较利益的组织，并且该组织的最终目的是使得统治者福利或效用最大化；其次，国家为实现统治者效用最大化目标依据"成本—收益"原则行事，并且该目标的实现有赖于四种关系："统治者—选民关系""统治者—代理人（官僚）关系""国家—其他国家关系"以及"统治者—国内替代者关系"。而在这些关系中，第一种关系实则包含两个目标，第一即国家为选民或选民团体提供、区分不同的所有权，并制定相应有关所有权竞争和合作的基本规则，进而通过所有权的运作实现统治者租金最大化目标；第二即在现有的所有权框架中，减少所有权运作过程中的交易费用，以实现社会产出、福利的最大化。然而，这两个目标在现实中很难协调统一发展，其矛盾与协调则表现为经济的发展与停滞，诺斯举例说明："从再分配社会的古埃及王朝到希腊与罗马社会的奴隶制到中世纪的采邑制，在使统治者（和他的集团）的租金最大化的所有权结构与降低交易费用和促进经济增长的有效率体制之间，存在着持久的冲突。这种基本矛盾是使社会不能实现持续经济增长的根源。"① 在第二层关系中，统治者原本希望通过授权代理人来运作现有的所有权结构，然而在很多情况下，代理人未必完全依照统治者的意愿与规章行事，这势必会降低统治者的垄断租金。正如诺斯所言："统治者在其代理人头上或多或少耗费一些垄断租金，在某些情形下，代理人与选民在瓜分某些垄断租金时存在着共谋。"② 而在第三、四层关系中，统治者在国际上和国家内部都存在潜在的替代者或者是竞争者。选民将依据收益—成本原则决定是继续支持一国现有统治者，还是转向其他国家或支持国内其他潜在统治者。最后，基于以上四组关系，诺斯总结两点：以上四种关系均处于不断变动的状态，一旦发生某些外生冲击，如技术变革、人口变化等事件，国内相对价格调整，导致选民的机会成本将随之变化，进而导致现有四种关系的两端力量发生重新调整，最终有可

---

① 诺斯，《经济史中的结构与变迁》，陈郁、罗华平等译，上海三联出版社 1994 年版，第 25 页。
② 同上。

能导致国家调整现有的所有权结构甚至是统治者执政，即所谓国家调整或者变革。但在另外一方面，国家也会处在一定的稳定或者停滞状态。诺斯认为，如若国内选民所面临的相对价格体系（机会成本）由于没有发生较大调整，或者在选民中间广泛存在的"搭便车"问题①，进而对国家规章制度冷漠顺从，以上所述原因均会导致国家处于相对停滞、平稳的状态。

作为一名经济史学家，诺斯获得成功的关键不仅在于他从经济史的视角提出了一套完整理论（如制度生发以及变迁理论），并且还在于他成功地把这套理论应用于经济史的分析之中，使得这二者相得益彰、共同发展。例如，诺斯新经济学史中的一个关键词即为"制度创新"，他认为，制度创新是对经济发展史最基本的描述和定义，也是经济增长的根本原因。除了对该命题进行理论演绎、描述外，他还采用了大量的历史案例予以佐证，比如在其《西方世界的兴起》一书中，诺斯与罗伯特·托马斯通过比较四个国家——"竞争失败"的法国和西班牙以及"经济增长"的英国和荷兰——的经济发展史，分别从正反两面有力地论证了制度创新的重要性——只有实现制度创新、建立高效率的所有权结构，才能实现国家经济增长，在国际、国内竞争中站稳脚跟。而在制度创新的过程中，诺斯认为：由于国家决定一国所有权结构、影响社会的意识形态，从而国家在制度创新与经济发展的过程中具有举足轻重的作用，因此可以理解的是，国家理论在诺斯的制度理论中至关重要。通过"暴力潜能分配"模型，诺斯解释了国家的存在是对无序社会、无效率产权的有效解决路径，进而是经济增长的关键，但同时国家处于自身租金最大化的目标又是人为经济衰退的根源所在，这个就构成了诺斯"国家理论"中著名的"诺斯悖论"。由前所述，诺斯将国家"暴力潜能分配"模型与"制度创新"结合起来，并以此考察法国、西班牙、英国以及荷兰四个国家的经济发展史，最终为国家兴衰、制度变迁提供了强有力的解释。

## （三） 威廉姆森的制度思想

奥利弗·威廉姆森（Oliver Williamson，1932— ）生于美国威斯康辛州的苏必利尔镇，青年时代曾求学于麻省理工学院（获学士学位）、斯坦福大学（获硕士学位）、卡内基—梅隆大学（获博士学位）。在获得博士学位后，威廉姆森先后

---

① 单个人反抗国家的费用往往大于所获收益，因此，出于"搭便车"心理，个人总有从他人反抗中无偿取得好处的侥幸投机心理。

执教于加利福尼亚大学伯克利分校（1963年受聘执教于该校经济系）、宾夕法尼亚大学（1969年受聘执教于该校公共政策和城市政策学院，1971年被任命为该校经济系主任，尔后1976年再度连任系主任并兼任该校组织创新研究中心主任）、耶鲁大学〔1983年受聘为该校高登·提迪（Gordon B. Tweedy）法和组织经济学教授并兼组织和管理学院院长〕，最后于1988年又回到加州大学伯克利分校，同时被聘为研究生院教授和埃德加·凯瑟（Edgar F. Kaiser）商学、经济学和法学教授，直至2004年退休。其中，1966年曾在美国司法部反托拉斯局短暂工作，由于与一批年轻律师密切接触，此段工作经验使他对法学有了更多的了解，也为其日后"纵向一体化"以及"市场限制"研究方向的确定奠定基础。1994年当选美国科学院院士，1997年被选为美国政治和社会科学院院士并当选为美国法与经济协会主席，1998年被选为国际新制度学会主席，并于1999－2001年连任两届，2004年获得德国莱顿沃德（H. C. Recktenwald）经济学奖，2009年获诺贝尔经济学奖。威廉姆森长期耕耘在经济学、法学、管理学的交叉地带，被称为重新发现"科斯定理"的人，又被称为"新制度经济学之父"。

威廉姆森的主要研究领域集中在企业理论和产业组织理论，其主要学术贡献为对科斯经济理论的进一步深化和发展，尤其是对科斯本人并没有具体论述的"交易成本经济学"进一步细化，并将之发展成新制度经济学的一个重要分支，为企业产生和边界问题的分析提供一个有用的框架，同时也对企业内部的组织问题、企业垂直一体化以及垄断之于经济效率的影响问题进行系统考察。其主要著作有《生产的纵向一体化：市场失败的思考》（The Vertical Integration of Production：Market Failure Considerations，1971）、《市场与层级制：分析与反托拉斯含义》（Markets and Hierarchies：Analysis and Antitrust Implications，1975）、《交易成本经济学：合同关系的治理》（Transaction—Cost Economics：The Governance of Contractual Relations，1979）、《资本主义经济制度：论企业签约与市场签约》（The Economic Institutions of Capitalism：Firms，Markets，Relational Contracting，1985）、《企业的性质：起源、变革和发展》（The Nature of the Firm：Origins，Evolution，and Development，Williamson & Sidney Winter，1991）《反托拉斯经济学》（Antitrust Economics，1987）、《治理机制》（The Mechanisms of Governance，1996）、《产业组织》（Industrial Organization，1996）等。

### 1. 交易费用理论

交易费用理论是一种以交易为基本分析单位，研究经济组织的比较制度理论。尽管"交易费用"这一概念最早由科斯提出，但是该概念后来能发展成为一个理论体系还要归功于威廉姆森。尤其是在其《市场与层级制：分析与反托拉斯含义》《资本主义经济制度》以及《治理机制》等著作相继出版以后，威廉姆森重新界定了交易费用分析方法，并以此为视角分析经济组织以及反托拉斯等现实领域，进而建立了一个完整的理论框架体系——交易费用经济学。

科斯在其《企业的性质》（1937）一文中正式提出交易费用这一概念，他认为，价格系统的运作并不是没有成本的；相反，在其运行过程中，存在所谓的交易费用。而正是交易费用的存在，企业才得以出现。自此，"交易费用"概念的提出在经济学领域中掀起了一场革命。然而科斯后来并未就此话题深入下去，既没有给交易费用一个确切的定义，也没有提出一个可测度交易费用的具体方法，这也是该概念在提出之后的三四十年内，没有进入主流视域的原因之一。在阿罗提出"交易活动是构成经济制度的基本单位"这一制度经济学的根本认识，并将交易成本定义为"经济系统运行的费用"之后，威廉姆森接受阿罗的说法，并在其基础上通过"交易费用"这一工具来分析现实经济组织。威廉姆森形象地将"交易费用"理解为经济运行过程中的摩擦力，但在具体剖析及应用"交易费用"这一概念之前，他首先要解决一个问题——"交易费用"的度量问题。关于如何度量"交易费用"，威廉姆森所做的努力包括两个部分：首先他系统论述了人的特性，提出了关于"理性"的假定以及"合同人"的行为假设；其次，威廉姆森首次论述了"交易"的特性，并提出了关于"交易"的三个维度。关于"人"的假定，威廉姆森首次将"理性"区分为三个层次：强理性、中等理性和弱理性。他认为，新古典经济学理论中的"经济人"即为强理性或者是完全理性，经济人不但通晓过去、现在及未来，还具有超强的计算能力，但是威廉姆森认为，也正因为强理性假设，导致在新古典经济学中的组织、制度因素被人为贬低，因为在这样的理性环境下，企业或者消费者都不过是一系列函数，各微观个体追求最优化是人之常情，以至于各种组织行为及其配置、运行效率等问题被完全忽略，甚至假定为既定不变的前提。而"中等理性"即为"有限理性"，即由于生理条件的局限性和所处环境的不确定性与复杂性，从事经济活动的各行为主体，尽管抱有追求理性的愿望，但实际上只能有限、部分地实现该愿望。基于此，威廉姆森认为完备的缔约行为是不存在的，并提出可以通过不同的治理结构来提高既定交易活动的效率的观点。关于弱理性，威廉姆森认为弱理性、程序理性或者有机理性则倡导在现实中，为达到某一具体目的，"摸着石头过河"的机会主义比洞察一切、精心策划更为有效和可行。

关于交易的界定，威廉姆森认为："当一项物品或劳务在技术上'可分结合部'① 发生转移时，交易就发生了。"如此一来，"交易"就不再局限于之前人们所理解的"所有权的转移"问题，不仅在组织之间，甚至在组织内部的诸多活动都可以纳入交易的分析范围，进而"交易费用"问题就广泛存在于组织之间、组织内部用以分析企业问题以及产业组织问题。基于交易的不同组织方式，威廉姆森进一步区分了交易费用的种类：一种是市场中，不同组织之间所发生的交易费用，比如起草和签订契约的费用、契约执行中根据具体情况的变化对契约予以调整的费用，以及解决契约纠纷所发生的费用；而另一种在企业中，组织内部、行政过程中所发生的费用，包括行政管理费用、行政效率损失等。除此之外，威廉姆森提出了关于"交易"的三个维度——资产专用性、不确定性和交易发生的频率——用于区分不同类型的交易，进一步提高交易分析方法的可行性。所谓资产专用性，即在某项具体交易中，交易的投资但凡涉及专用性质，那么该项投资挪用其他用途的可能和价值就大打折扣，进而资产专用性与沉没成本有关，依据专用性高低可将交易所涉及的资产分为高度专用性、中度专用性、低度专用性以及通用型资产。如果所涉资产专用性较高，那么投资方的利益就可能受到交易另一方以"退出交易"相威胁而受到损失，这种类似"敲竹杠"的机会主义行为无疑会削弱专用性投资的收益情况以及初始投资的积极性，进而不利于经济绩效的保持与进一步提升。而"交易的不确定性"涉及交易环境的不确定性和交易者行为的不确定性，而这两种不确定性与当事人的"有限理性"以及"机会主义"有关，不同的交易活动所涉及的不确定性也是千差万别，进而从多方面干扰着经济生活。而交易频率的高低也将影响到经济生活的运行，比如规制结构的选择。经常性发生的交易比单次交易更容易补偿交易规制结构的成本，进而有利于最适宜的规制结构的选择。

基于以上分析，威廉姆森的交易费用理论认为，当存在不同的交易模式时，交易各方须选择总成本（交易成本和生产成本）最小的治理模式，这就意味着，他的交易费用理论主要采用比较制度的分析方法，并成功将该理论的应用进一步深入到企业性质、纵向一体化以及产业组织理论、法律经济学等领域。

**2. 交易费用理论的应用**

威廉姆森将其所构架的交易费用理论广泛地运用到企业性质、纵向一体化、公司治理与产业组织领域的分析，通过将组织理论与经济学的结合，成功地促进了"组织经济学"这一交叉学科的发展。威氏交易成本理论认为，任何交易都是

---

① 技术上可分结合部指的是技术上不可分的实体之间发生联系的区域。

通过契约关系进行和完成的，这些契约即可形成一系列不同的治理结构，而交易成本理论的目的之一就是要用不同的方式将治理结果和交易特征匹配起来，以节约交易成本，实现最大的效率收益。由此，威廉姆森利用"交易费用"这一概念在企业理论与契约理论之间搭起了一座桥，成功地将科斯的企业理论转化为稳定的契约理论。而在交易三维度的基础之上，威廉姆森进一步分析了契约安排及其治理结构选择的问题。他认为，通用型资产（不论交易频率高低）均适用于古典契约关系①，且主要依靠市场治理机制来进行治理；而对于混用性或者专用性资产，如果交易频率较低，此时所发生的是新古典契约关系②，而相应的治理机制应该是三方治理机制，即当事人双方再加上第三方参与的共同治理机制；而对于发生频率较高的混用性或者专用性资产，此时发生的是关系型契约③，且混用性资产对应的治理机制应为双边治理，即当事人双方参与的治理机制，但是涉及发生频率与资产专用性均高的资产，治理机制应该是一体化治理，即要么兼并，要么形成企业，由其中原当事人一方统一进行治理的机制。

在科斯的基础上，威廉姆森从资产专用性和个人机会主义的角度出发，进一步推动了现代企业理论的发展。他认为，企业和市场都是可以相互替代的备选治理模式，并将企业描述为一种等级治理机构，其是与市场形成对照的一种管理等级制的组织，这种管理等级制表现为以科层组织来对资源进行配置的机制，因此，企业在经济活动中具有"指令性"和"自制性"的特性④。企业为什么存在？威廉姆森利用"资产专用性"及其两个衍生概念"有限理性""机会主义"来回答这个问题。正如之前所言，他认为，但凡现实中涉及任何一种资产专用性，事前的竞争将被事后的垄断所取代，从而引发攫取专用性资产准租金的机会

---

① 古典契约：依据美国法学家麦克尼尔（Macnei）的契约分类法，契约行为可以分为古典契约、新古典契约和关系性契约。古典契约对应于传统经济学中的完全理性的市场交易，因此，古典契约条件在缔约时就得到明确、详细的界定，并且界定的当事人的各种权利和义务都能准确地度量，契约执行和结果，都能够以毫无争议的文字写入契约条款。其所涉及的交易往往是一次性的。古典契约法强调法规、正式文件以及交易的自行清算，其对经济活动的治理起到全方位的最终作用。

② 新古典契约：新古典契约关系的一个主要特点是灵活性。新古典契约在筹划阶段即留有余地，其条款是不完全的，因此，该种契约为当事人留下重新谈判、重新签订契约的空间。第三方介入予以的调节、契约的重新谈判以及签订，包括私下调节是新古典契约关系的主要特点。

③ 关系性契约强调专业化合作和长期契约关系的维持，在这种安排中，过去、现在和预期未来的当事人之间的关系非常重要，其条款往往是不完全的，即只有在经济的原则下根据当前情况部分地规定交易的属性和条件，而对于那些虽然涉及双方利益，但是在契约签订时，某些涉及将来情况的条款若需予以明确或规定所需成本颇多或者根本不可能时，则这些条款可留待将来由交易双方在进行过程中相机处理。

④ 企业的"指令性"和"自制性"表现为企业的最高管理层有权对下属各科层组织发布具有强制性的指令，并监督他们按照指令行事；而企业的各科层组织则按照指令从事各自的独立活动。

主义行为。而这种机会主义行为必将在一定程度上降低契约双方的专用性投资效率，并使得契约的谈判和执行成本等一系列交易费用增加，从而增加交易难度。缓解这种状态的一个有效途径即为纵向一体化。例如，在企业中，权威性的指令、监督以及长期雇佣关系则可以制伏这种机会主义行为，进而降低交易成本，因此，企业得以产生。同样，在企业的边界和规模方面，威廉姆森的理论分析也是对科斯思想的深化。他认为，交易的三个维度——资产专用性、不确定性和交易频率共同决定了企业的边界及其变化。随着这三种因素的不断加强（要么资产专用性更高，要么交易频率更大，或者不确定性更大），内在化的必要性将随之提高，换言之，企业组织会逐步取代市场交易，进而企业的边界将会越来越大。但同时企业也不会无限扩张，在这里，威廉姆森与科斯的观点一致，他也认为，企业的规模会达到建立企业所节约的市场交易成本与企业内部的协调管理成本相等的那个均衡点，所不同的是，威廉姆森通过一个经济模型论证了企业的成长边界取决于总费用的大小，而非单独通过生产费用或单独通过组织管理费用的角度来说明企业成长的边界问题，这较科斯的相关论证要更加全面和精确一些。除此之外，内在一体化也存在反竞争的可能，比如纵向一体化会减少改变交易对象的灵活性，同时也可能存在进入壁垒效应，尤其是地位稳固的现有企业出于策略考虑，有可能运用纵向一体化阻止其他企业进入。

以上是对新制度经济学中的科斯、诺斯以及威廉姆森主要制度思想的介绍。综合看来，新制度经济学内容虽然丰富，但其基本逻辑的核心部分却是一目了然的，可以用"交易费用"和"产权"两个关键词来予以概括。它虽源于新古典经济学理论，但又超越"黑板经济学"，致力以"交易费用"与"产权"为出发点来解决现实经济与制度问题。我们知道，在现实经济世界中，人们不仅要与自然界打交道来获取经济利益，更重要的还要通过人与人之间的合作来获取更多的利益。一旦合作就涉及产权使用与转移以及经济收益分配的问题，解决这一问题的一个有效途径即通过谈判、缔约而达成契约。换言之，合约本身意味着人与人打交道时关于合作本身与收益分配而达成的协议，因此在制度经济学中，合约本身就可以理解为一种制度安排。由此看来，制度经济学的特点可以概括为两点：第一，其运用新古典经济学的原理分析制度，将新古典经济学的原理拓展到制度研究领域，以解决现实经济问题；第二，新制度经济学更注重制度在经济增长中的作用，强调社会经济发展、经济绩效与制度创新与变迁的内在联系。虽然新制度经济学解释了制度与经济增长以及与个人目的之间的关系，但是其分析的落脚点还是个人，分析的是个人如何受制度的影响，如何稳定或者优化制度，因此新制度经济学对于行为的分析又回到了新古典的个人功利主义去了，例如，诺斯认为决定产权结构的国家并不是人们想象那般高尚、具有公共服务意识，它只不过是功利主义的化身，既要追求统治者的租金最大化，又要通过较低交易费用的产权安排，实现社会总产出的最大化。同时，新制度经济学倡导的仍然是自由主义特色，这从科斯的"灯塔"中的制度安排以及其他新制度经济学家对于"私有制"的偏好论述中也能够体现出来。总体而言，新制度经济学仍然是以新古典的个体功利主义和自由主义传统为主导，其理论体系架构依旧无法超越新古典经济学这一基本思维框架，这正是新制度经济学能融入主流经济学，被主流经济学予以认同甚至尊重的原因所在。然而，新制度经济学其理论发展上也存在瓶颈，其中最为关键以及最难解决的便是交易成本。对于不同的制度选择，我们采用哪一种主要依据交易费用最低的制度安排；同样，如果考虑到制度的动态变迁，制度的演化路径同样也应该由交易费用及其比较来决定。因此，交易费用的测度，尤其是交易费用的产生——究竟是由经济系统内生出来，还是外在给定而来，对于回答何种制度优越的问题就至关重要。当然，近年来由于认知科学和心理学引入新制度经济学，极大推动了这一问题的解决——一旦引入认知、学习环节，交易成本也就内生化，并决定了人们的制度选择。正如诺斯所言，我们必须从认知科学领域、从心理学领域再挖掘对制度的理解。因此，可以预见，经济学、法学、政治学、社会学、认知科学等众多学科的融合和交叉将会是制度经济学研究未来发展的一个主要趋势。

**参考材料：科斯定理的案例分析**

假定一个工厂周围有 5 户居民，工厂的烟囱排放的烟尘因为使居民晒在户外的衣物受到污染而使每户损失 75 美元，5 户居民总共损失 375 美元。解决此问题的办法有三种：一是在工厂的烟囱上安装一个防尘罩，费用为 150 美元；二是每户有一台除尘机，除尘机价格为 50 元，总费用是 250 美元；第三种是每户居民有 75 美元的损失补偿。补偿方是工厂或者是居民自身。假定 5 户居民之间，以及居民与工厂之间达到某种约定的成本为零，即交易成本为零，在这种情况下：如果法律规定工厂享有排污权（这就是一种产权规定），那么，居民会选择每户出资 30 美元去共同购买一个防尘罩安装在工厂的烟囱上，因为相对于每户拿出 50 元钱买除尘机，或者自认了 75 美元的损失来说，这是一种最经济的办法。如果法律规定居民享有清洁权（这也是一种产权规定），那么，工厂也会选择出资 150 美元购买一个防尘罩安装在工厂的烟囱上，因为相对于出资 250 美元给每户居民配备一个除尘机，或者拿出 375 美元给每户居民赔偿 75 美元的损失，购买防尘罩也是最经济的办法。因此，在交易成本为零时，无论法律是规定工厂享有排污权，还是相反的规定即居民享有清洁权，最后解决烟尘污染衣物导致 375 美元损失的成本都是最低的，即 150 美元，这样的解决办法效率最高。

# 第三章　边际革命及其理论进展（上）

边际效用学派是 19 世纪 70 年代到 20 世纪初期西方经济学中影响最大的学派，它的出现，掀起了一场经济学说史上的革命，古典经济学因它的面世而终结，现代经济学则因应用它而到来。

什么是"边际效用学派"？它是对在上述时期创建、发展和宣扬边际效用价值论以及以此为基础的其他经济理论的人物和学者的统称。虽然他们对价值论的表达、论点和思想深度等方面各有不同，但是在价值论上有大体相同的看法——该理论的核心，即坚决主张把价值理论的着眼点、立脚点和归宿点从古典学派倡导的劳动或生产成本一类的客观物质要素转到人的主观欲望及欲望满足上来，所以它们都具有强烈的主观主义理论色彩。另外，边际效用价值论还强调用孤立主观的抽象分析方法来搭建经济理论体系。

尽管古诺、杜普伊、屠能和戈森对边际分析做了开创性工作，为边际革命做了准备，但是边际主义作为一个清晰的经济学思想流派，形成了整套理论，正式起源于英国的杰文斯、奥地利的卡尔·门格尔和法国的瓦尔拉斯，后被奥国学派的庞巴维克和维塞尔和意大利的帕累托及美国的克拉克等人发展。鉴于这些学者都对边际理论做出突出贡献，但考虑他们理论阐述上的角度相异、在分析现实问题时不同的侧重，所以我们准备用两章[①]对他们的思想进行介绍和评价。

边际革命的发生有深刻的社会历史原因，并非像某些人所言，是专门为了反对马克思主义而来到世上的。也并非单纯是经济学的数学化的结果，因为门格尔就坚决反对在经济学中应用数学。在经济学说史上，当有些人运用主观概念和分析发展到一定阶段[②]，就一定会有人提出改造和重建理论经济学的任务——他们对古典经济学和标榜继承古典经济学的穆勒都持批判态度；众所周知，心理分析等科学的发展，古典经济学的衰落，社会主义和其他"异端"的兴起，也对这个革命有很大甚至是决定性的影响。众多因素横陈，只用其一说明其发生的必然性，必然陷入"一叶障目，不见泰山"的境地。这里，首先介绍早期的三个人。

---

① 先介绍前三人——姑且算是早期，后介绍后三人——姑且算是晚期的思想，从时间顺序和学术渊源上看也能成立。

② 开始是经济学中的潜流，后来则浮出水面。

他们三位学说的共同特点是：都把个人在消费领域中表现出来的欲望及满足，视为经济生活一切规律的出发点和本质。

# 一、杰文斯的"最后效用价值论"

威廉·斯坦利·杰文斯（William Stanley Jevons，1835—1882）是边际效用学派在英国的奠基人。代表作是 1871 年问世的《政治经济学理论》。他的理论有几个层次[①]。

## （一）　认为经济学应以研究人类追求最大享乐的规律为己任

应当首先研究人的感情以及与此相关的效用。他认为人的感情无非是快乐和痛苦两大类。而苦乐数量取决于其强度、持续时间、确定性及远近等因素[②]；并且指出苦乐情感的变化有规律可循，包括：①随着享乐持续时间延长，享乐量会递减[③]；②现在预期的感情之强度，必定是未来的实际感情及间隔时间的某种函数，它必随实现时刻的临近而增加；③未来事物具有不确定性，所以对任何未来事物所带来的感情量应当打一定的折扣。这三条的关系是，后两条是对前一条的引申，又和前一条互为补充。

## （二）　从苦乐论到效用论

关于怎样从苦乐论进到效用论，他提出下述基本论点：

（1）效用之有无及其变动均以物品与当事者的需求之间的关系为转移，当事者的意志是一物是否有用的唯一标准，这是对效用典型的主观主义的解释[④]；

（2）"效用不与商品成比例[⑤]：同一物品，其效用随我们所已有的量的多少而变化"，就是说，随着物品占有量增加，欲望则逐渐降低，作为对物品主观评价的效用也就随之减少[⑥]；

---

[①]　宋承先，《西方经济学名著提要》，第 236 页。

[②]　边沁，《西方伦理学名著提要》，第 229 页。

[③]　边际学派的一个先驱者戈森提出的定律认为，人的某种欲望会随其不断被满足而递减。

[④]　苦乐就完全是自己的心理体验，效用也是如此。他拒绝对不同人们之间的愉快和痛苦加以比较。但是，他认为，单独的个人可以对一种商品连续单位的效用进行比较。

[⑤]　在这里，他并不强调商品的质，而是强调消费商品的量。

[⑥]　但这个问题要看物品满足人的需要时的可分性，比如食品服从于随着消费量的增加满足程度递减的规律。而按照马歇尔的说法，用一辆汽车为例，人们得到第四个轮胎的满足程度将远远大于前三个轮胎的总和——这就是所谓的不可分性。

（3）区分总效用和效用程度。总效用指某物品所能满足的欲望总量，取决于物品数量和人对其各增量的欲望强度，而效用程度是指该物品的某一单位所满足的欲望强度[①]；

（4）消耗的每一单位同种物品给人带来的效用有别。在同一物品的各个效用程度中，应特别重视"最后效用程度"的意义。它表示的是边际效用。杰文斯认为，最后效用程度这个概念足以在经济学中产生一个转折，即从古典经济学家坚信的劳动—成本价值论转向新古典的边际效用价值论。

杰文斯及其追随者认为，以上所说他的边际效用递减规律，从主观效用价值方面解决了困扰古典经济学家的水与钻石的悖论。斯密认为水的用处大但其交换价值甚小，钻石相反，这种现象岂不是违反了劳动价值论关于效用（使用价值）是价值的物质承担者一说？杰文斯认为，以物品使用价值大小判断其价值量，是说不通的。但是，用边际效用递减规律来说，尽管水的总效用比钻石的总效用大，但是钻石的"效用最后程度"或者说边际效用要比水的边际效用大得多。在总效用的情况下，宁要全世界的水，但是在水的充足供给情况下，就宁愿要一颗额外的钻石而不要一单位的水[②]。

## （三）理性选择：等边际效用规则

杰文斯还应用其边际效用概念发展并形成一个理性选择的总体理论。例如，大麦可以有两种不同用途，制酒与喂牛。设想它的总存量为 S，并用 X1 和 Y1 分别代表制酒与喂牛这两个用途的数量。使 X1＋Y1＝S。人们也许可以设想，如果连续地支出小量大麦到比如 X1 上，久之他就会发现，可能有另一种人性的选择就是支出一定量到喂牛上，这样能够发现给自己提供最大好处的时刻。结果是，这种商品一个单位的增加在一种用途上所产生的边际效用与在另一种用途上产生的边际效用完全相同。换言之，我们必须使在两种用途上的效用最后程度相等[③]。

---

[①] 晏智杰，图18－4"杰文斯的边际效用递减规律"，《西方经济学说史教程》，北京大学出版社 2011 年版，第 299 页。

[②] 这是杰文斯的解释，瓦尔拉斯则是从物品的稀缺性方面着眼，越是稀缺的物品价格越高——详见后面所述瓦尔拉斯的观点。

[③] 我们可以这样认为，效用理论可以用来解决一个家庭或个人如何将商品合理分配于各种用途加以使用的问题。当一种商品有两种以上的用途时，要取得最大效用——因为每种用途带来的效用都是递减的，就应当使分配在每一种用途上的商品量所得到的最后效用程度相等。

他的这个例子实际上是戈森第二定律的特例①。在这个例子中，不管它们的用途如何，但是价格相同。期望效用最大化的消费者将会以这样的方式配置其货币收入，即花在所有商品上最后一个货币单位的边际效用是相等的。用公式表示：

$$MU_x/P_x = MU_y/P_y = \cdots = MU_n/P_n \qquad (MU：marginal\ utility；P：price)$$

就像上面所说，在这里边际效用递减的作用是非常重要的。如 X 商品的边际效用与其价格的比率大于其他商品边际效用与价格的比率，那么理性的消费者将会购买更多的 X 商品和更少的其他商品。然而随着 X 商品的增多，其边际效用不断递减，而其他商品由于被消费了更少的单位导致其边际效用不断上升。最终边际效用与各自商品价格的比率相等，而消费者的总效用达到最大化。

## （四）　交换理论②

他还用他的效用最大化原理解释得自交换的利益。说，假设贸易团体 A 只有谷物而另一团体 B 只有牛肉。交换如何使双方都得利？他认为，在这种情况下，又一次是等边际效用规则起了作用。因为 A 团体只有谷物所以谷物的边际效用和价格的比率会很低，而同样是 A，牛肉的边际效用与价格的比率会很高。等边际效用规则明确表明它通过获取牛肉，放弃谷物将得益。同样，团体 B 面临的情况与 A 相反。

那么，双方交换在哪一点上停止？他说，答案是通过交换不可能再获得进一步的效用的那一点。更进一步说，当在边际上，1 磅牛肉与比方说 10 磅谷物具有相同的效用并且 1 磅牛肉在市场上能交换 10 磅谷物的时候（价格相同），贸易将会停止。即，如果 1 磅牛肉的价格是 1 磅谷物价格的 10 倍，每个人将消费这两种商品直到一点，在这一点上 1 磅牛肉的边际效用是 1 磅谷物边际效用的 10 倍。或者用代数语言表达，当两个贸易团体两种商品的边际效用的比率或价格的比率相等时，交换将停止进行。

总之，杰文斯是从主观价值论出发论述了效用在交换和消费中的作用。可以给予我们的启示是，随着物品增多，给人带来的效用递减，这是一个普遍现象，

---

① 边际效用学派的先驱戈森认为，享乐最大化就是不论享受何种商品，在他享乐终止时，每一单个的享乐量是相等的。这里描述的也是人们日常的一种体验和行为方式，即在物品、货币、资源不足以满足人的全部欲望时，为使欲望满足最大化所采取的资源等配置方式——他说明这个道理时并不知道戈森已经有过论述。

② 《经济思想史》，The Evolution of Economic Thought，p174.

杰文斯说明了这个问题，而不管从主观还是客观的角度去解释效用或价值；由于效用递减规律的存在，它能够反作用于交换过程和交易量的就是团体①的等边际效用规则；通过消费过程中的主观评价，交换过程中的交易量和时间判定，则团体中任意一方的生产和资源配置也就不能不按照市场原则进行——对于贸易对象生产和消费量的调研和评估是非常重要的，否则自己多余的产品将无法按照合理价格销售，必定蒙受损失。

## 二、门格尔的主观价值论

卡尔·门格尔（1840—1921）是边际效用学派的奠基人之一，也是后来形成的奥地利学派的创始人。他的最主要经济学著作是 1871 年问世的《国民经济学原理》，其理论核心是以"满足最小欲望的效用"价值论为具体形式的主观价值论。归纳起来，有以下层次：

### （一） 理论出发点——个人欲望及其满足

财货是他提出的基本概念，也是欲望及其满足的基本条件，包括财货和经济财货。财货是他经济分析的第一步，因为财货是欲望得到满足的必要条件；接下来，他进一步分析经济财货，经济财货的本意是，供给量小于需求量的财货，才符合"经济"使用财货的条件，假如供大于求或供求平衡，则无须经济使用。另外，财货和经济财货都是完全主观的。

如同财货的经济性质一样，财货的价值性质也来源于财货需求量大于供给量的结果。也就是说，财货的价值决定于需求与供给关系，而且完全不存在于经济人的意识之外，是完全主观的。

### （二） 利用表做的结论

既然价值的说法如上，他就认为价值量表现为财货所能满足欲望的意义。也就是说，价值量的大小和欲望的满足程度是对应的。随着财货消费的增加，其边际效用下降，满足程度也必然下降②。横档设计了 10 种③商品各种不同数量单位的边际效用值。纵档是消费单位，表明消费增量对总满足程度的提高呈递减的

---

① 实际上这个团体指的是各执一种对方需要的贸易产品的双方，而不是消费者自己对自己的评价。

② 晏智杰，表 18—1 "门格尔的边际效用递减表"，《西方经济学说史教程》，北京大学出版社 2011 年版，第 293 页。

③ 罗马数字从 I 到 X。

态势。

该表①要说明的问题是：第一，总的看来，最重要的消费品是食物，所消费第一单位的食物被假设可以提供的效用为10。如果同一天又消费了第二单位的食物，它的效用就降为9，而第11个单位的食物给该人带来的总效用的增加为0；第二，第五列显示的是香烟，我们对香烟需要的紧要程度相对食物要低得多。所以消费第一单位香烟带来的满足程度是6，当超过6单位后，比如到第七，更多的消费并不能增加总效用；第三，假设该人想花掉＄10，而每单位的任何商品都将花费＄1，这＄10应该被如何处置？应该使用前面说明的等边际效用原则，确定的答案是，4单位商品Ⅰ，3单位商品Ⅱ，2单位商品Ⅲ，和1单位商品Ⅳ。在这个组合上，全部＄10都被花掉，而每件商品的边际效用和价格的比率都是7/1＄。

该表②有两个暗含的假设：第一，每种商品的每一单位都代表相同的货币支出，或者相同的努力与牺牲③；第二，经济人不仅能够以序数的方式来排列满意程度，也能以基数方式排列④。序数排列是说，任意一天花在食物上的第一美元所带来的满足程度要比花在食物上的第二美元或表中任何其他东西上的第一美元带来的满足程度要大，它表明一件物品比其他物品在价值形式方面要排列得更高。而基数价值，指花在食物上的第一美元所带来的效用正好是花在食物上的第六美元或花在香烟上的第二美元所带来的效用的二倍⑤。他从表中得到一个有趣的结论。假定一个人仅仅能够提供7单位食物，该人满足其食物的需要就只能在满足的重要性方面从10单位的边际效用到4单位边际效用的那些食物需求中获取。而其他食物需求，即重要性方面从3单位的边际效用到1单位的边际效用，将得不到满足。对这个人而言，7单位食物的效用究竟有多大？杰文斯会把从第一到第七单位的边际效用相加，结果是49。而门格尔的答案为28（4×7），即最后一单位的边际效用数乘以单位数。为什么？他回答说，每一个单位都是相似的，因此每个单位与边际单位具有相同的效用。如果一个人每天只有1单位的食物，他几近饿死的状态将会使那一单位带来极高的效用，但是如果一个人拥有7

---

① 晏智杰，表18-1"门格尔的边际效用递减表"，《西方经济学说史教程》，北京大学出版社2011年版，第293页。

② 同上。

③ 对每一单位的主观评价相等。

④ 基数是后一个数与前一个数的满意增长程度是相等的。

⑤ 这种确切比较的有效性当然是有疑问的。

个单位，就没有任何1个单位的食物将会给他带来比边际单位更多的满意程度。所以，门格尔认为，较少的商品会提供比较多商品更多的满足。于是，较少的商品会比较多商品在出售时要求较多的货币。不过，当代经济学家一般接受杰文斯的说法。

该表要说明的问题有三：第一，最重要的消费品是食物，消费食物越多给人们带来的边际效用越少，总效用的增加逐渐放慢；第二，对其他消费品而言，人们对其需求的紧要程度相对食物要低[①]；第三，假定人们要花费固定的收入，又要买到最多种类的消费品，应当遵循的原则是什么。

### （三） 归算论

什么是归算论？这起源于对生产要素的定价。我们已经知道，边际主义者强调的是消费需求，特别是主观心理方面在决定价格上的重要性。边际效用与总效用的概念指的是消费者需求，因此，仅限于消费品与服务。而生产中"高阶"产品，如机器设备、材料、土地的价格由什么决定？他认为，这些产品也对消费者产生满意程度，尽管是以非直接的方式。消费者对一块铁的边际效用是由铁所制成的最终产品如一个顶针的边际效用所决定，因此，铁的有效性是由顶针的有效性归算给它的。这样，边际效用原理也就被扩展到整个生产与分配领域。比如地主所得地租是由那块土地上种植的产品的边际效用决定的。生产要素或者其替代品被分配使用那些支配其交换价值的价值。生产手段的现值等于他们将要生产出来的消费品的预计价值。

归算理论是对劳动价值理论和实际成本价值理论的一种抨击。他说，一种最基本的错误就是认为，对我们来说，商品获得价值是因为这种对我们有价值的商品在生产中被使用了。这种错误的看法，不能解释土地服务的价值、劳动服务的价值、资本服务的价值[②]。相反，生产中使用物品的价值毫无例外地必定是由它们帮助生产的消费品的预计价值所决定的。他否认一般劳动的价格是由维持劳动力及其家庭的最低生活费用决定的。而劳动服务的价格，也是由它给人带来的满足程度决定。

与杰文斯和瓦尔拉斯不同，门格尔关注的是人的主观评价怎样使竞争型的市场有效地运转起来，而不是对边际效用的一种数学表达。他解释了市场价格和其

---

① 如香烟要低得多。
② 只能解释物质生产过程。

他市场现象是作为这种主观评价无意识的结果而形成的。他关心的是价格形成而非价格决定、过程而不是数学上的均衡。即便那些公共制度，在没有公共意志的情况下，也可以自发形成，这似乎是对斯密"看不见的手"的进一步解释。

## 三、瓦尔拉斯的"稀少性"价值原理和一般均衡论

里昂·瓦尔拉斯（1834—1910）是边际效用学派的三位奠基人之一，又是洛桑学派的创始人。他的理论伴有系统完整的数学表述和论证，因此成为数理经济学的早期代表人物。我们对他的思想进行整理和归纳，有下面几层意思：

### （一）　对价值起源的解释

瓦尔拉斯认为英国的解答[①]把价值的起源追溯到劳动，太过狭窄，且没有把价值归到实际有价值的东西上；法国萨伊等人把价值追溯到效用，解释得太广泛，将价值归到实际上没有价值的东西上。二者都不足取。唯有自己父亲等人提出的，把价值追溯到稀少性上面，这才是正确的答案。所谓"稀少性"，指的是数量有限的物品对我们的有用性，或消费一定量商品所满足的最后欲望强度。直接地说，把被满足的最后欲望强度叫作稀少性，英国人称此为最后效用程度，德国人称边际效用。

### （二）　对"稀少性"的证明

他说，需求量随价格上升而下降，这就是需求规律。表现这一规律的需求曲线呈下降趋势。为什么？他说，因为随着物品数量减少，欲望满足强度增加[②]，从而使效用量增加，需求量随之增加，这就是说，需求曲线下降是由效用曲线的特点决定的。

接下来，他区分了总效用与边际效用。前者表示消费一定量商品所满足的欲望总额，后者表示消费一定量商品所满足的最后欲望强度。在此基础上，他进一步分析在一定的价格条件下，从两种商品的消费中获得最大效用的条件，即两个商品的稀少性之比等于它们的价格之比（正比）或交换量之比（反比）。其公式如下：

$$\Phi_{a,1(d_a)} = (p_a) \cdot \Phi_{b,1}(q_b - d_a \cdot p_a)$$

---

① 从古典经济学的先驱到他之前。

② 与杰文斯有别，杰文斯是从连续消费某种物品造成边际消费欲望下降着眼的。

它表示拥有商品 B 的所有者在价格为 $p_a$ 时，得到最大效用的条件：等式左边表示他从购进商品 A 中得到的稀少性，右边表示他从剩下的自有商品 B 中所得到的稀少性。将此公式一般化，可得：

$$\Phi_{a,1}(q_a, 1 + x_1) = p_a \Phi_{b,1}(q_{b,1} - x_1 p_a)$$

$$\Phi_{b,1}(q_b, 1 + y_1) = p_b \Phi_{a,1}(q_{a,1} - y_1 p_b)$$

其中 $x_1$ 和 $y_1$ 分别表示通过交换而增加到 A、B 两种商品的原有量（$q_{a,1}$，$q_{b,1}$）上的增量（正或负）。总的结论仍然是，为获得最大满足，价格（$p_a$，$p_b$）必然等于有关商品的稀少性之比。

总之，在瓦尔拉斯看来，物品要有价值，必须既有用，又稀少。"稀少性是交换价值的原因，是一种绝对的现象，是个人和主观的，交换价值则是实在的和客观的"。这就是他主观价值论的基本思想。

## （三） 一般均衡论

如果把只涉及两个商品交换时的价格决定原理[①]扩大到所有商品相交换的价格决定，便有了他的一般均衡价格论。人们认为这是他对边际效用学派和一般经济学的最大贡献。其前提和根本观点是：各种商品的价格是相互联系和相互制约的，而其最终原因在于稀少性。

假定有 A、B、C、D……$m$ 个商品，每个商品的价格都用其余所有商品来表现，这样，每个商品就有（$m-1$）个价格（自己不算），$m$ 个商品共有 $m$（$m-1$）个价格；由于每一次交易都只有两个商品，所以，全部商品便有 $1/2m$（$m-1$）个市场。根据稀少性价值原理，在完全自由竞争市场条件下，为使各商品交换者获得最大限度的效用，必须使所有商品的市场交换价格都与其稀少性的比例相等，这就叫一般均衡。

所以，该理论的指导思想是，一切商品的价格都是互相联系、互相影响、互相制约的。任何一种商品的供求，不仅是该商品价格的函数，也是其他商品价格的函数。任何商品的价格都必须同时和其他商品的价格联合决定，所有商品的价格恰好与它们的供给和需求相等，竞争市场就实现了均衡——瓦尔拉斯语境下的一般均衡。这时的市场价格就是均衡价格。

一般均衡论为我们提供了一个分析现实经济问题的框架，从包含商品和生产要素两方面在内的经济整体上考虑价格和产量的相互作用，以实现市场机制配置

---

① 孤立的、局部的均衡。

资源的任务。比如石油价格上涨：如果按照局部均衡的方法，人们将只考虑石油生产数量减少和采掘成本上升，而其他问题都设想为不变，单就石油的数量和价格的关系说事，来调整供给与需求的关系。但是如果从一般均衡论角度，就可以看到油价上升，人们就会尽可能地多消费煤，煤的均衡价格和数量将被打破，新的需求将形成；人们也可能因为油价上升而少出游，多呆在家里，那么对书籍的需求就会上升，书价和书的数量因此受到影响。以上是替代型的需求变动。还有一种是互补型的。比如油价上升导致用车减少，洗车就减少，洗车价格不下降的话就不行。当然对各项生产也有连带性的影响。比如目前的油价上涨，导致企业成本增加，GDP 增长因此放慢，等等。总之，瓦尔拉斯通过论述一般均衡，将人们观察和分析现实市场经济的视角，做了很大的延展，系统全面地揭示了价格这只"看不见的手"在配置资源中的作用。

## 四、对上述三人思想的评价和待研究的问题

三人都把商品价值归结为人对物品效用的主观心理评价，都以类似于后来"边际效用"的术语作为商品价值的衡量尺度，这是他们的最主要成果，也是他们作为边际效用学说奠基人的基本依据，虽然他们谁也没有用过这个词，但同样可以说明他们为价值论研究开辟了一条新的途径；从他们对边际效用论的分析结构上，有人特别强调数学在经济学上的应用，但是也有人不仅不用，反而怀疑它的合理性——门格尔就是如此；他们对古典学派都持批判态度，但是激烈程度不同，杰文斯最强烈，而瓦尔拉斯最温和。

在他们的思想中，还有几个值得研究的问题。因为这些不但是他们的成果，也是需要研究并进一步得到破解的地方：

第一，关于主观效用的测定。虽然三人都或明或暗地假定可以测定，但谁也没有做过实际的测定，他们主张的基数效用论也遇到重大障碍①。

第二，关于主观效用在个人之间能否比较。这对边际效用也特别重要，但这也好像是个死结。杰文斯就说，每个人的心对别人来说都不可思议，感情不可能有公分母。但我们不能执着于杰文斯的思路，因为现代市场研究的经验表明，在收入的相同阶层之内比较，或者在同样志趣的人群中比较，是一个可行的方法，这也是市场细分的基础。所以，我赞成从主客观两个角度看待效用问题，完全主

---

① 谁都知道这问题重要，但谁都说不清楚。因为这个问题是一个死结。序数效用是后来经济学家采用的，但序数效用的数学证明仍然不算完美。

观或完全客观都不利于问题的解决。

**参考材料：用边际思想来回答现实问题**

一、假设你的一个好朋友在晚上 9 点给你打电话，说是要来你这里诉诉衷肠。但你正在准备明天的学说史考试，否则无法通过。朋友再三恳求，你也说不行。搞得朋友很伤心，说难道学说史考试比我还重要吗？如果你掌握了边际作为经济学的一种思维方式，便可以很轻松地告诉他，我的决定仅仅是在边际的意义上是这样的——意为，我从来都是帮助你的，只是在今天这个晚上，不能与你交谈，一晚不尊你意不能证明不是你的朋友。引申一步，可以说你的朋友犯了一个常见的错误：用"非此即彼"的方式想问题——要么是学说史，要么是朋友。作为我们来说，通常决策时，也很少面临这种非此即彼的选择。当我们被要求做出选择时，会发现，从现有的境况出发，往往是此多彼少或者彼多此少，而不是断然拒绝或轻易赞成，经济学思维拒绝用非此即彼的方式，而是注重具体事情的边际收益和边际成本的比较，这是因为你所提供的东西都是稀缺的，否则别人也求不到你头上，换作自己也一样。

二、由于计划经济下的商品供给是短缺的，为了平息老百姓的不满，20 世纪 50 年代的匈牙利在不改变社会经济制度的前提下，搞出一个"一厂两制"的模式。在 8 小时工作时间内，为计划和国有经济而生产，产品按照计划规定的价格出售；8 小时之外，经理可以带着工程师和工人，组成一个小组，可以租赁本厂的设备和其他条件，用市场价购买原料，产品也按市场价出售。这两个价格是有差别的——当然市场价要高一些，生产符合市场需要的产品也更能赚钱。这也是一种"边际改变"，在相当大的程度上缓解了社会普遍存在的稀缺问题。

# 第四章　边际革命及其理论进展（下）

19世纪80年代后，边际效用学说迎来了蓬勃发展的时期，特别是奥地利学派和洛桑学派的出现，数学和心理分析的发展，都提高和加强了边际学派的声威和影响，由原来"异端"变成主流的态势越发清晰。

20世纪初，在马歇尔将生产成本分析为中心的供给理论和以效用分析为中心的需求理论相结合的新经济学体系产生之前，边际效用理论又有很大进展。主要有以下方面：

1. 将边际效用论通俗化和系统化，主要是门格尔的两位学生、奥地利学派的代表维塞尔和庞巴维克在著作中完成的；

2. 从基数效用论转向序数效用论，和应用无差异曲线，主要是洛桑学派的另一位主要代表和创建者帕累托的贡献；

3. 对边际效用价值论等边际学说的综合阐发，主要是瑞典学派创始人威克赛尔的工作；

4. 边际主义分配论最终形成，标志边际主义学说的完成。最大代表是美国经济学家克拉克。

## 一、将边际效用论系统化和通俗化：庞巴维克和维塞尔的基本观点

杰文斯、门格尔和瓦尔拉斯是边际效用学派的早期代表人物，他们主要从不同角度表达了边际效用的意涵以及在经济生活中的应用。但是，这些思想和观点，却没有放在一定的逻辑和体系当中，也不够通俗易懂，所以其影响力必然大打折扣。这些未竟事业的完成，归功于庞巴维克和维赛尔，是他们发展和逻辑化、通俗化了边际效用理论。

### （一）人的欲望及其满足是一切经济活动的出发点，包括价值论在内的一切经济分析的出发点

为满足欲望必然遵循戈森定律，主要是前面已说的两个方面：一是欲望会随其不断满足而递减；二是在资源（时间、货币、物品及生产要素等）有限条件

233

下，为达到最大满足而对各种物品的边际欲望趋于相等（等边际效用规则）。

人的欲望按照对他（她）的重要性分为不同等级。例如首先是维持生命，而娱乐相对来说就不重要；在不同等级的欲望中，人对该种欲望的需要以及对它的感觉又有从强到弱最后到零的变化。门格尔的欲望分级表已经对此做出说明。

### （二） 物品对满足人的欲望的意义就是其效用；效用是物与人的主观感觉的关系，完全是主观的；效用有无及大小，完全以人的感觉为转移

物品效用决定物品的价值。所以，价值就是人对物品效用的主观评价。纯粹是一种主观现象，但是，价值除说明人对物品的评价是高是低，还取决于其数量是否具有稀缺性。不稀缺的东西，不会引起人们的评价，不会发生"经济性"的使用问题。所以它们只是"自由物品"，不是"经济物品"。总之，效用是价值的源泉，稀缺性是价值的条件。一般而言，人所能利用的物品总是稀缺的，生产的物品同样如此。所以，人不可能使自己所有欲望都得到满足，势必在达到饱和点之前的某一点上停下来。按照戈森定律，停止（或放弃）欲望满足的那一点的欲望一定是被满足的所有欲望中最不重要（就种类来说）和感觉强度最弱的，也就是边际欲望。而满足该欲望（边际欲望）的物品效用就是边际效用，物品价值也就是由其边际效用量决定的。

### （三） 边际效用规律是价值的一般规律

边际效用决定价值，边际效用本身又依存于物品的供求关系，供给越多，需求不变时边际效用越低，反之，边际效用越高。斯密之所以把效用和价值割裂，就是因为他没区分总效用和边际效用。就总效用而言，他的以水和钻石为例的"价值反论"可以成立，但就边际效用而言，该反论就不再成立，麻烦人们多时的旷世难题也就迎刃而解了。

不仅最终消费品的价值取决于边际效用规律，生产性物品[①]的价值也遵循同一规律。不过，它们需要先转化为消费品才能满足人们的欲望，所以其价值来自它们参与生产的消费品的价值即边际效用。价值转移过程是从消费品到生产品，从产品到生产资料和劳动力，而不是相反。

在私有财产和自由竞争制度下，市场价格的决定也遵循边际效用原理。总的

---

① 生产资料和劳动力等。

来说，价格决定于买卖双方对物品的主观估价，买者的估价是上限——不能再高，卖者的估价是下限——不能再低，双方的博弈将决定物品的成交价格。

## 二、帕累托对边际效用价值论的贡献

帕累托是意大利经济学家和社会学家，他对边际效用论有重要贡献，主要是两点：第一，他对基数效用论的怀疑促使他主张改用序数效用论，并以无差异曲线作为分析工具；第二，他发展了瓦尔拉斯的一般均衡概念，提出"最适度原理"，为新福利经济学提供了新的理论支点。

### （一）　无差异曲线

首先谈一下理论的缘起。无差异曲线虽为埃奇沃斯发明，帕累托加以应用主要原因在于他认为主观效用不能从数量上测定[①]。但是他不想由此抨击主观价值论，而是想采用另一种方法坚持它。

无差异曲线的意思是，两种商品不同数量的组合，给消费者带来的满足程度[②]是相等的。也就是说，在每条曲线上的任意一点，不论两种物品的数量如何组合，但效用是一样和无差异的。这当然不可能以基数来测定，因为随着某种物品消费的增多，给人带来的效用是递减的，而另一种物品消费的减少，带来的效用即满足程度却呈上升趋势。这个趋势很难用数字精确计量；另外，更高的无差异曲线代表更高的满足程度。

帕累托认为他的这种方法是避开效用计量难题的最佳方式。但问题是，如果个人不是出于对效用的计量，他怎么知道哪些组合对其欲望满足来说是有差异或是无差异呢？其实，差异本身已经含有数量限制，效用即满足就是对物品多少的直接回答。帕累托自己没有回答这个问题。然而这种方法的提出，的确为那些坚信边际效用是有效的人找到一种可以从这个难题中解脱的分析工具。这个提法，经过后来者的加工和修正，终于被西方经济学采纳。

### （二）　帕累托最适度　（帕累托最优）

帕累托提炼了瓦尔拉斯的一般均衡分析并且提出经济学今天所称的帕累托最优的条件，或者叫最大福利化条件。后来又经其他经济学家建立了更加严格的数

---

① 前面所述都是这个问题。

② 物品满足欲望的效用。

学证明，即完全竞争的产品市场与资源市场能够实现帕累托最优[①]。

按照他的说法，当不存在能够使某人的处境变好同时又不使任何人处境变坏的任意变化时，就会出现最大化福利。也就是说，社会不能以一种帮助某人而又不伤害其他人的方式来重新安排资源配置或产品与服务的分配。因此，帕累托最优意味着：①产品在消费者之间的最优分配；②资源的最优技术配置；③最优的产出数量。可以通过假设存在一个包括两个消费者（斯密与格林）、两种产品（汉堡与土豆）、两种资源（劳动力与资本）的简单经济来证明这些条件。在这个简单经济中的帕累托最优条件也就是存在于拥有无数消费者、产品和资源的现实经济中的条件。

（1）产品最优分配，即能够满足消费者福利最大化的分配。用公式表示，即：

$$MRTS_{hpS} = MRTS_{hpG} \quad （边际替代率）$$

从以前我们对无差异曲线（Indifference Curve）的讨论中，可以回想起边际替代率是消费者为了获得额外一单位的另一种产品所愿意放弃的一种产品的最大数量，在图形上，它是无差异曲线某一特定点上斜率的绝对值。假设对于斯密和格林而言两种产品的边际替代率不同，或者我们这里指出，斯密的边际替代率是5，而格林的是2。这意味着斯密愿意放弃5单位的土豆而得到1单位额外的汉堡，而格林仅愿意放弃2单位的土豆来得到1单位的汉堡。因此，在边际上与格林相比较而言，斯密对汉堡的评价较高而对土豆的评价较低。因此，一个帕累托改进的基础就可以确立。斯密可以与格林交换一些土豆，因为格林对土豆评价较高，同时作为回报斯密可以得到一些汉堡。而斯密对汉堡的评价相对较高。

所以，交换使双方的处境都变得更好而没使任意一方变坏，在两人经济中的总福利就会上升。但是当斯密得到越来越多的汉堡和格林得到的土豆越多，斯密的边际替代率将会下降而格林的边际替代率将上升。当边际替代率相等时交换就会停止，即不存在一个交换可以使至少一方处境更好而不使另一方变坏的可能性[②]。因此，当消费者的边际替代率相等时产品在消费者之间的帕累托最优分配就实现了。

（2）资源最优技术配置

在上述例子中，当生产汉堡与土豆过程中劳动 L 和资本 K 的边际技术替代

---

① 经济学本身经常被定义为研究社会如何选择使用其有限的资源来达到最大满意化程度。因此，几乎经济学的每个方面都包括福利经济学的内容。

② 不合适的例子：损人利己不成立。

率相等时，就会出现对生产性资源的最优配置。劳动对资本的边际技术替代率——$MRTS_{lkH} = MRTS_{lkP}$[①]——是在不改变产出水平条件下，一单位劳动所能替代的最大数量的资本单位数量，其中，$MRTS_{lk}H$ 和 $MRTS_{lk}P$ 分别是在生产汉堡和土豆过程中劳动对资本的边际技术替代率。

如果在这两种用途上的边际技术替代率不等，那么一个帕累托改进就是可能的。比如，设生产汉堡的边际技术替代率是 2，而生产土豆的是 3，意味着为保持汉堡的特定产出水平只需要用 2 单位的资本代替 1 单位的劳动，而为了保持土豆的产出水平不变需要用 3 单位的资本代替 1 单位的劳动。因此，在边际上相对生产土豆而言生产汉堡的资本更具有较大的生产力。或者从相反的角度看，在边际上相对于生产汉堡而言在生产土豆过程中劳动具有较大的生产力。通过使用更多的资本来生产汉堡从而解放出一些劳动力来生产土豆，我们将在使用相同投入水平的情况下达到一个更高的总产出水平。增加资源的地方所增加的产出将高于减少资源的地方产出的减少。因为没有人处境变得更坏而只能变得更好，因此这是一个帕累托改进。

结果是，在某一点上对要素投入的重新安排将会停止，因为在每种用途上收益递减将会引起增加资源的边际产品下降和减少资源的边际产品上升。一旦生产两种产品的边际技术替代率相等，将不存在能够帮助某人而又不伤害其他人的进一步的资源配置[②]。

③最优产出数量

如果上述生产和分配都符合帕累托最优，那么当汉堡对土豆的边际替代率——两个消费者中每一个都愿意放弃土豆来得到汉堡的比率——等于土豆对汉堡的边际转换率（MRT）时，就会达到最优产出水平。意味着将土豆转换成汉堡从技术上成为可行。公式是：

$$MRS_{hp} = MRT_{hp}$$

比如，假设边际替代率与边际转换率分别为 4 和 3。这意味着两个消费者为了得到汉堡而愿意放弃土豆的单位数为放弃 4 单位而得到 1 单位时的比率，大于放弃土豆而得到额外 1 单位汉堡在技术上所必需的比率[③]。结果是，通过增加汉堡的产出而减少土豆的产出将使每个消费者的福利都有所增加。在边际上，消费者所得将大于社会的机会成本。只有当一种产品对另一种产品的边际替代率等于

---

① 　其中，H、P 分别表示汉堡和土豆。

② 　均衡是唯一的。

③ 　放弃 3 单位而得到 1 单位。

边际转换率时才不存在增加一个人或更多人的福利而不减少其他人福利的机会。

## （三） 评论

他的福利理论是对经济学的重要贡献，有助于人们理解经济效率的条件和经济效率的福利意义。但是，最主要的帕累托标准，"是否一个变化使某些人的处境变好而没有使任何人的处境变坏"，并不总适合对公共政策的评价。第一，有人认为它没有强调分配公平，相反仅仅确立了任意分配的效率条件；第二，许多公共政策提高了一国的产出和总体福利，但是作为政策的副产品同时也对收入进行了再分配。比如，自由的外贸政策通常会提高一国的总产出和总福利，但它同时也可能伤害因为进口而失去工作的某些特定的个人。帕累托标准的严格解释将会阻止这样一个政策的实施，等等；第三，一个反对意见是它建立在效率的静态观点基础上。正确的是短期偏离帕累托最优有利于增加长期或动态效率；第四，帕累托标准故意排除在外的道德判断在政策形成过程中通常是合法的主导性的因素[①]。

两点体会：自瓦尔拉斯以来，均衡思想在不同方面得到发展，但主要方面是"一般均衡"与"局部均衡"。帕累托最优具有一般均衡的"静态"思想之外，还包括另外两层重要思想：

一层是"市场出清"，即在某一产品价格与要素价格下，不同产品市场与要素市场的供求相等；"整体协调"，强调市场中不同部门之间的相互作用和相互依赖。帕累托把一般均衡与最优联系起来，证明在一般均衡状态下，每一个完全竞争都是帕累托最优的。

另一层含义是，利用完全竞争均衡的手段，通过对初始资源进行再配置，可以实现帕累托最优。

帕累托和巴罗尼在新古典经济学信息充分、不存在交易成本，因而制度安排与效率高低无关的假设前提下证明：计划经济条件下的资源配置，和市场制度下的资源配置本质是相同的，都是求解一组经济均衡方程，以求得各种稀缺资源的相对价格，只不过求解的方法不同。这一组方程式可以通过千百次的市场交易求解，也可以通过"生产部"即中央计划机关的直接计算求解。只要这个"生产部"能够求解这一联立方程组，据此确定各种稀缺资源的价格，并使各个生产单位按照能够反映资源稀缺程度的相对价格进行交换和安排生产，经济计划就可以

---

① 参考《经济思想史》，第294页。

达到市场竞争所导致的同样效率。因此他们认为，社会主义计划经济具有可行性①。但是问题主要不在这里，而是产权不清条件下的利益问题无法解决。

## 三、克拉克的边际生产力理论

克拉克是 19 世纪末 20 世纪初美国最著名的经济学家，边际主义在美国的主要代表。他所创立的美国理论学派和制度学派一起构成那时美国经济学的两大流派。那个时代的很多经济学家，都致力于实际问题的研究，而他开创了一个理论体系，来为资本主义的现状及发展辩护，这就产生了广泛的影响。他的有些观点仍然保存在西方经济学中。

### （一）　静态经济学和动态经济学

首先我们想说明克拉克研究的特色。他认为，研究分配就等于研究个别的生产，属于微观领域。因为生产因素在参加生产过程中，做出独特的贡献，也都有相应的报酬。分配的情况如何，对生产作用极大。主张通过研究分配去研究生产。在此基础上提出新的经济学的三分法，把这种分类法作为其整个分配论的方法论前提。

其次要说明三分法究竟是什么。即经济学应分为一般经济学、静态经济学和动态经济学。一般经济学研究的是一般的普遍的规律。只涉及人与自然的关系，在任何情况下都发生作用，其正确性也无须证明。它包括萨伊生产三要素论，以及边际效用学派的边际效用价值论等。

静态经济学指在人口、资本、生产方法、生产组织形式和消费者欲望不变的情况下②的经济规律和范畴，如价值、价格、收入分配等。因为处在静态条件下，可以确定各范畴的自然标准，用到分配上，指可以确立工资和利息的自然标准。好比抽象掉波浪翻滚的理想海平面，或研究静止不动的钟摆。这是经济学的重心，研究必须秉持在静态条件下进行的态度，倘若把上述五个因素变化加进去，就不知道自然规律应当怎样地发挥作用。动态经济学即研究在上述因素变动下的经济现象，如企业利润。他把企业利润仅仅归结为抢先利用先进技术发明而带来的超额利润，认为它是技术变动的结果，故属于动态范畴。

继克拉克后的阿尔文·汉森，在这方面也做了开创性工作。他指出，静态经

---

① 吴敬琏，《当代中国经济改革教程》，上海远东出版社 2010 年版。
② 完全自由竞争的均衡状态。

济中所有的收入均被消费，不存在储蓄和投资，动态的技术进步经济中，才能有储蓄和投资的问题。这涉及投资周期问题——投资是否均衡决定经济是否出现波动。

最后，说明三者的关系。克拉克强调研究静态经济学，这是经济学的基础和中心。因为虽然动态研究更符合实际，但没有动态的干扰，自然规律就会纯粹地起作用；一般经济学是静态和动态经济学的前提，虽然"静态势力决定标准，动态势力引起变化"；他把静态当作资本主义经济的正常状态和自然状态，没有矛盾和冲突，而动态里则只说明某些经济因素数量变化和生产技术问题。这里我们看到，克拉克竟没有将生产关系的变化作为一个重要的动态变量纳入其中并加以论述，显然是不对的。

## （二） 边际生产力分配论的核心——工资论和利息论

第一，他把社会收入分为工资、利息和企业家利润。说明劳动、资本、土地都有生产性。但突出的是，他认为工资里面不但包括工人的工资，也包括企业家管理和组织生产的报酬；利息也被他扩大了，不仅是货币资本家也包括生产资料占有者出租生产资料的收入①，而企业家利润指企业的超额利润，因为其不仅扣除所有生产费用和工人资本家的工资，也扣除了他所说的利息，也就是纯粹剩余。但这已经属于动态经济学研究的内容，而他分配论的核心是静态的工资论和利息论。

第二，他以"边际生产力"② 来解释工资和利息的自然标准，证明在静态条件下，劳动和资本的生产力递减。

第三，把边际概念运用于分配领域，试图用边际量作为决定分配的标准。他认为，在自由竞争条件下，工资的自然标准由劳动的边际生产力决定，即由边际工人③的边际产量④决定。而利息的自然标准由资本的边际生产力决定，即由边际资本的边际产量决定。再深入一步，劳动和资本的边际生产力各自由什么决定？他认为前者由劳资双方的力量对比决定，后者由产业资本家和借贷资本家的

---

① 可能租赁业在那时得到很大发展。

② 包括两个内容：第一，认为土地、劳动和资本共同创造价值和财富，都具有生产力，也都应该从生产成果中得到相应的报酬；第二，当其他要素数量不变时，三种要素的生产力都是随着自身数量的增多而递减，比如资本数量不变，工人人数增加，相应每人所用资本数量减少，因此边际产出减少。

③ 增加的最后1单位工人。

④ 最后1单位工人生产的产品的数量。

力量对比决定①。

## （三）　对边际效用学派理论的贡献和我们的评论

他并不限于以边际生产力论来说明个人收入分配，还对团体②的收入分配做出解释，并把这种收入分配原则归结为边际效用。他指出，团体收入水平的高低决定于产品的市价，而后者又决定于产品的边际效用。这样就把边际分析囊括了包括个人和团体在内的全部分配领域，最终确立边际主义的分配论。

克拉克的这些理论具有较大的影响力，后来的经济学家普遍接受了他的观点：工资由劳动者人数和边际劳动生产力决定，工资与劳动人数成反比，与边际劳动生产力成正比；劳动生产力不变时要提高工资就要减少工人，消除失业就要降低工资，在短期内，边际劳动生产力是随工人人数增加而递减的；增加投资会提高利息和工资，应降低放款利息，鼓励投资等。

我们说，他的观点从表面上说明了分配的因素以及收入的数量。但是要害在于否认剥削的存在。因为工资和利息都按照各自的边际生产力得到应有的报酬，似乎资本主义可以被人们接受，但是在面对当时风起云涌的工人运动时，却缺乏解释力。另外，克拉克也遵从边际效用学派的逻辑，从个人角度出发论述到边际效用递减，落脚也是个人的作用及其感受，但是对于古典学派所坚持的生产和分配过程本身就是人和人的相互依赖和协作，利益有一致和矛盾的方面，却很少论述，这反映其眼光的局限性。

**参考材料③**

在整个中世纪，庄园经济的和谐稳定时常受到人口增加或减少的影响。农奴和领主之间的契约也由于劳动力和土地价值的变化而不断修正。人口增加时，土地价值相对昂贵，主动权就掌握在领主手中，一般他会向农奴索取更多的劳役和加强对农奴人身自由的控制；人口减少时，劳动力价值相对昂贵，农奴的主动权相对提高，农奴会要求对土地有更长的使用权，甚至拥有使用权的继承权，同时会争取减少劳役和人身依附关系，领主为了让闲置土地有收益，保证他提供的保护和边际收益不下降，一般会与农奴达成妥协。

---

① 晏智杰，《西方经济学说史教程》，北京大学出版社 2011 年版，第 327 页。
② 在克拉克语境里，产业部门谓为大团体，企业乃小团体。
③ 道格拉斯·诺斯根据数据说明契约经济和土地报酬递减的例子，也可以说明分配受要素数量的影响。

# 第五章　国际政治经济学的理论演进

国际政治经济学（International Political Economy，简称 IPE）是自 20 世纪 70 年代以来在国际关系学界兴起的一门跨领域研究学科。英国女学者苏珊·斯特兰奇（Susan Strange）于 1970 年在《国际事务》发表的《国际经济与国际关系：相互忽略的案例》[①] 一文被学术界公认为国际政治经济学的开山之作[②]。追本溯源，国际政治经济学是国际关系学的一个分支[③]，旨在探讨经济因素对政治关系的影响，从而更好地将国际关系的政治方面和经济方面结合起来，用于解释国际关系中政治与经济相互渗透、影响的一般性规律。经过 40 多年的发展，国际政治经济学已具备各种各样的理论分析框架，同时也打破了国际关系领域政治学和经济学相互割裂的局面。

## 第一节　概　述

国际政治经济学，又称全球政治经济学（Global Political Economy）、国际关系政治经济学（The Political Economy of International Relations），[④] 通常被理

---

① Susan Strange，"International Economics and International Relations：A Case of Mutual Neglect"，International Affairs，Vol. 46，No. 2，1970，pp. 304－315.

② 作为国际政治经济学学科发展的亲历者，本杰明·J. 科恩在 2005 年将构成国际政治经济学学科基础、重要视角及核心议题的 20 篇文献选编成《国际政治经济学》一书，该书中最早的文章是英国女学者苏珊·斯特兰奇于 1970 年在《国际事务》发表的《国际经济与国际关系：相互忽略的案例》一文。参见〔美〕本杰明·J. 科恩，《国际政治经济学：学科思想史》，杨毅、钟飞腾译，上海人民出版社 2010 年版，第 V 页。

③ 乔治·克兰（George T. Crane）和阿卜拉·阿马韦（Abla Amawi）认为，国际政治经济学 "在一定程度上是对国际关系理论中占主导地位的现实主义范式的已知缺陷做出的反应"。George T. Crane and Abla Amawi, eds. , The Theoretical Evolution of International Political Economy：A Reader，New York：Oxford University Press，1997，p. 4. 参见〔美〕詹姆斯·多尔蒂、小罗伯特·普法尔茨格拉夫，《争论中的国际关系理论（第五版）》，阎学通、陈寒溪等译，世界知识出版社 2013 年版，第 442 页。

④ 〔美〕比尔·邓恩，《全球政治经济学》，邓元兵、齐为群译，新华出版社 2015 年版；〔美〕罗伯特·吉尔平，《国际关系政治经济学》，杨宇光等译，上海人民出版社 2011 年版。

解为"国际经济的政治化或国际政治的经济化""运用政治经济学方法研究国际关系问题"。毫无疑问，国际政治经济学是一门涉及国际政治、国际经济、政治经济学、政治学、经济学等内容的交叉学科，试图研究国际或全球范围内的政治与经济、国家与市场[①]、权力与财富[②]的互动关系。

## 一、国际政治经济学的定义

自 20 世纪 70 年代以来，国际政治经济学已有 40 多年的发展历程，从最初作为一种用政治与经济相结合分析国际现象或问题的思想，到今天已成为国际关系研究的重要领域，国际政治经济学的发展取得了长足的进步，但国际政治经济学（或学科）的定义却一直处于争论之中[③]。作为学科发展的亲历者，本杰明·J. 科恩（Benjamin J. Cohen）教授在《国际政治经济学：学科思想史》[④] 一书中指出，"按照通常理解，国际政治经济学被用来指这门学科领域本身……这门学科告知我们如何超越经济学和政治学各自的研究界限，从而寻求二者间的关联性……国际政治经济学指的也是现有的物质世界——也就是现实生活中经济与政治之间各种各样的联系"。

早期国际关系学者主要通过探讨国际关系研究中政治和经济的关联性来对国际政治经济学进行定义，最具代表性的当属"英国学派"[⑤] 创始人苏珊·斯特兰奇和"美国学派"代表人物罗伯特·吉尔平。

英国女学者苏珊·斯特兰奇在《国家与市场》中通过综合分析权力机构与市场之间的相互关系[⑥]对国际政治经济学作出了明确的定义："我对国际政治经济

---

①　[英] 苏珊·斯特兰奇，《国家与市场》，杨宇光等译，上海人民出版社 2012 年版。

②　[美] 罗伯特·吉尔平，《国际关系政治经济学》，杨宇光等译，上海人民出版社 2011 年版。

③　Nikolaos Zahariadis, ed. , Contending Perspectives in International Political Economy, Harcourt Brace & Company，1999.

④　[美] 本杰明·J. 科恩，《国际政治经济学：学科思想史》，杨毅、钟飞腾译，上海人民出版社 2010 年版，第 1—2 页。

⑤　2007 年，科恩在英国《国际政治经济学评论》期刊上发表题为《大西洋分歧：为什么美国和英国的国际政治经济学如此不同》一文，明确提出了日后被广泛接受的"美国学派"和"英国学派"的划分。参见 Benjamin J. Cohen，The Transatlantic Divide：Why Are American and British IPE so Different？，Review of International Political Economy，Vol. 14，No. 2，2007，pp. 197－219.

⑥　Susan Strange，States and Markets：An Introduction to International Political Economy，London：Printer Publishers，1988，p. 22.

学研究所下的定义是，这门学科是研究影响到全球生产、交换和分配体系，以及这些体系所反映出来的价值观念组合的社会、政治和经济安排。这些安排不是天赐的，也不是偶然机会带来的。它们是人类在自己确立的体系和一套自己确定的规则和惯例中作出选择决策的结果。"①

罗伯特·吉尔平则是通过探究国际关系中追求财富与追求权力的交互能动作用②对政治经济学进行定义，他指出"我在使用'政治经济学'这个术语时，仅仅是指一系列运用折衷的分析方法与理论观点加以研究的问题。这些问题由现代政治学和经济学的集中体现——国家和市场的相互作用而产生，涉及国家以及它的政治作用如何影响生产和财富的分配，尤其是政治决策与政治利益如何影响经济活动分布，以及这种活动的成本及利润的分配等方面。反过来，这些问题也涉及市场和经济力量如何对国家和其他政治行动主体之间权力与福利的分配施加影响，尤其是这些经济力量如何改变政治与军事力量在国际上的分布。仅仅国家或市场都不是主要的，至关重要的是它们的相互作用、相互关系及其周而复始的变化"③。

## 二、国际政治经济学的历史背景

1890 年，英国经济学家、新古典经济学派代表人物和剑桥学派创始人阿尔弗雷德·马歇尔（Alfred Marshall）所著《经济学原理》一书问世，西方国家主流经济理论中，"政治经济学"正式地被"经济学"所取代，也就意味着现代国际政治经济学的理论建构"胎死腹中"。直到 20 世纪 70 年代初，随着现代国家之间政治与经济相互依存程度的加深，原有的国际关系理论在解释国际政治经济格局的变动时显得力不从心。一方面，在国际社会无政府状态下，主要行为体"国家"一直用"看得见的手"——政治力量干预生产要素（如资本、劳动力等）的跨国自由流动，导致经济学理论对于众多国际经济现象存在解释上的匮乏；另一方面，国际安全问题也越来越受制于对经济福利的考虑，经济全球化和区域一

---

① ［英］苏珊·斯特兰奇，《国家与市场》，杨宇光等译，上海人民出版社 2012 年版，第 13 页。
② 罗伯特·吉尔平，《国际关系政治经济学》，杨宇光等译，上海人民出版社 2011 年版，第 9 页。
③ 同上，第 7 页。

体化的趋势正改变传统安全关系的性质。[①] 学界开始将目光从"高级政治"转向
"低级政治"[②]，即把经济要素作为一个内生变量，重新审视其要素流动对政治关
系的影响。现代国际政治经济学思想逐渐显现，加之 70 年代初的两大历史事件
对国际政治经济学的诞生及发展起到了催化剂作用。

## （一）　布雷顿森林体系的瓦解

1944 年 7 月，由 44 国参加的联合国货币金融会议在美国新罕布什尔州的布
雷顿森林召开，会议通过了以美国"怀特计划"为基础的《国际货币基金组织协
定》和以美国提出的"联合国复兴开发银行计划"为基础的《国际复兴开发银行
协定》，即"布雷顿森林体系"，从而确立了以美元为中心的国际货币体系，支撑
着美国世界金融的霸权地位。[③] 1971 年 8 月 15 日，美国总统尼克松宣布对外停
止履行美元兑换黄金的义务，放弃黄金与美元挂钩，标志着布雷顿森林体系的瓦
解。这一举措直接导致战后资本主义世界的固定汇率体系瞬间崩溃，美国从包揽
一切到被认为因国力衰退而被迫放弃国际金融权利和义务，说明其实力式微。

从那个时候起，传统的国际关系论点"权力界定国家利益，国家追求自身利
益最大化"[④] 遭受质疑，学者们开始纷纷讨论：美国的霸权是否在衰退？在经济
要素日趋重要的情况下，军事政治力量是否仍然行之有效？基于上述疑问，西方
学术界开始综合多学科来探讨国内外政治、经济的互动关系。琼·斯佩洛认为，
布雷顿森林体系解体标志着现代国际政治经济学的诞生，"国际政治经济学在国
际政治与世界经济的鸿沟上架起了一座桥梁"。[⑤]

---

① 李巍，《IPE 在中国的发展与现状评估》，《国际政治科学》2012 年第 1 期，第 138—139 页。

② 早期西方国际关系理论研究的着眼点通常为政治和军事，国际关系就是国际政治关系，政治关系
的核心自然是军事，即"高级政治"；而经济要素很少被关注，被视为"低级政治"。参见 Hans J. Mor-
genthau, Politics Among Nations: The Struggle for Power and Peace, NY: Alfred A. Knopf, 1948; Kenneth
N. Waltz, Theory of International Politics, MA: Addison—Wesley Press, 1979.

③ 宋新宁、陈岳，《国际政治经济学概论》，中国人民大学出版社 1999 年版，第 161—163 页。

④ ［美］汉斯·摩根索，《国家间政治：权力斗争与和平（第七版）》，徐昕、郝望、李保平译，北京
大学出版社 2006 年版，第 13 页。

⑤ Joan Spero, The Politics of International Economic Relations, New York: St. Martin's Press,
1985.

## （二）"欧佩克"挑起的石油危机

1973 年第一次石油危机[①]的爆发源于第四次中东战争[②]。为了制裁美国对以色列的偏袒和军事援助，由阿拉伯国家主导的石油输出国组织[③]（Organization of Petroleum Exporting Countries，简称 OPEC）以"收回石油标价权"为名实施石油禁运，直接导致美、日等国汽油供应的短缺和工业产值的大幅度下降，同时也造成了美国和西欧国家之间的分歧。

由阿以战争引发的这场石油危机证实了经济因素逐渐成为世界各国在制定对外政策时不可忽略的重要议题，也体现出发展中国家对垄断资本主义大国在原有国际政治经济秩序中的霸权地位提出了挑战[④]。还有学者注意到，在国内政治结构和国际主张上非常相似的发达国家，对待相同的石油危机却做出了非常不同的

---

① 石油危机（Oil Crisis）为世界经济或各国经济受到石油价格的变化的影响，所产生的经济危机。1960 年 12 月石油输出国组织（OPEC）成立，主要成员包括伊朗、伊拉克、科威特、沙特阿拉伯和南美洲的委内瑞拉等国，而石油输出国组织也成为世界上控制石油价格的关键组织。迄今被公认的三次石油危机，分别发生在 1973 年、1979 年和 1990 年。第一次危机（1973 年）：1973 年 10 月第四次中东战争爆发，为打击以色列及其支持者，石油输出国组织的阿拉伯国家当年 12 月宣布收回石油标价权，并将其积沉原油价格从每桶 3.011 美元提高到 10.651 美元，使油价猛然上涨了两倍多，从而触发了第二次世界大战之后最严重的全球经济危机。持续三年的石油危机对发达国家的经济造成了严重的冲击。在这场危机中，美国的工业生产下降了 14%，日本的工业生产下降了 20% 以上，所有的工业化国家的经济增长都明显放慢。资料来源：http://baike.baidu.com/subview/150914/5114630.htm（访问时间：2016 年 5 月 22 日）。

② 第四次中东战争（又称赎罪日战争、斋月战争、十月战争）发生于 1973 年 10 月 6 日至 10 月 26 日。起源于埃及与叙利亚分别攻击六年前被以色列占领的西奈半岛和戈兰高地。战争的头一至二日埃叙联盟占了上风，但此后战况逆转。至第二周，叙军退出戈兰高地。在西奈，以军在两军之间攻击，越过苏伊士运河（原来的停火线）。直到联合国停火令生效为止，已经歼灭了一队埃及军队。战争对多个国家有深远的影响，相比六日战争埃叙约（约旦）联盟的惨败，阿拉伯世界为战争早期的进展，心理上感到安慰。这种心态为未来的和平进程以及埃及的门户开放政策铺路。《戴维营和约》令以埃关系正常化，埃及成为首个承认以色列的阿拉伯国家，同时埃及几乎完全脱离苏联的势力范围。这场战争使阿拉伯国家了解到他们无法在军事上击败以色列，也因此使以阿间的和平得以展开。在战争结束时签署的和平协议是自 1948 年的战争以来，阿拉伯国家与以色列首次公开进行对话。资料来源：http://baike.baidu.com/link? url=ey1Bpq－UU40R7DsoF6JJdWmmqo8Jn6baMaBO4bkoCCCB－P_1_3v35MTfAsdm5khdUjl_NnQUq-VUFxOH6u386ea（访问时间：2016 年 5 月 22 日）。

③ 石油输出国组织（Organization of Petroleum Exporting Countries，简称 OPEC，音译为"欧佩克"）成立于 1960 年 9 月 14 日；并于 1962 年 11 月 6 日在联合国秘书处备案，成为正式的国际组织。该组织现有 13 个成员国：沙特阿拉伯、伊拉克、伊朗、科威特、阿拉伯联合酋长国、卡塔尔、利比亚、尼日利亚、阿尔及利亚、安哥拉、厄瓜多尔、委内瑞拉和印度尼西亚。欧佩克旨在通过消除有害的、不必要的价格波动，确保国际石油市场上石油价格的稳定，保证各成员国在任何情况下都能获得稳定的石油收入，并为石油消费国提供足够、经济、长期的石油供应。其宗旨是协调和统一各成员国的石油政策，并确定以最适宜的手段来维护它们各自和共同的利益。

④ 宋新宁、田野，《国际政治经济学概论》，中国人民大学出版社 2015 年版，第 20 页。

反应①。国内政治、国内经济、国际政治、世界经济之间的相互交叉和作用越来越成为各国政府和学术界所关注的重点。正如某个美国学者所言："第三世界国家所关心的主要政治问题几乎都是经济方面的：发展、援助、贸易、外国直接投资以及最后的独立……它们作为一个整体，正呼吁建立一种新的国际经济秩序，要求重新确立富庶国和落后国之间的关系……经济问题与安全问题重合在一起，成为国际关系的焦点。"②

## 三、国际政治经济学的发展历程

20 世纪 70 年代以来，国际政治经济学作为一门新兴边缘交叉学科在研究议题和研究方法两个领域都取得了长足的发展，越来越成为国际关系、世界经济领域关注的焦点。在考察国际政治经济学科的发展历程时，学术界基本上划分为两个时段进行总结，即 20 世纪 70—80 年代、20 世纪 90 年代至今③。在 20 世纪 70—80 年代，"第一代"国际政治经济学者通常以政治学的研究视角来寻求政治（国家）和经济（市场）的关联性。他们大都回归了政治经济学的学术或思想传统，视国家为统一的整体，以国际体系结构④为解释变量，研究财富和权力的转换，研究方法多为规范分析法。该阶段国际政治经济学的理论发展主要表现为"范式之争（Paradigmatic Debates）"⑤，正是这一时期不同理论出于自己的偏好而强调范式之间的差异性远大于寻求不同范式之间的共同性，才形成后来的三大理论流派，即现实主义、自由主义和马克思主义。这也是接下来章节的主要任务，介绍三大范式的基本理论命题，即现实主义的霸权稳定论、自由主义的相互

---

① 埃及和叙利亚在初期的攻势使以色列军遭受大量战损，以色列急需补给军火武器，否则战局将面临崩溃。梅厄总理向国际呼吁恳求援助，欧洲国家全都拒绝，只有美国总统尼克松答应支援以色列（尤其是苏联也开始支援阿拉伯国家军火的情况下）。参见王正毅，《国际政治经济学通论》，北京大学出版社 2010 年版，第 7 页。

② Joan Spero，The Politics of International Economic Relations，New York：St. Martin's Press，1985，pp. 3—4.

③ 中国学者王正毅将 20 世纪 70—80 年代研究国际政治经济学的学者称为"第一代国际政治经济学者"，他们致力于寻求政治（国家）和经济（市场）的关联性；同时把 20 世纪 90 年代以来的学者称为"第二代国际政治经济学者"，他们的主要任务是探讨国际政治经济学的核心概念（利益和制度）以及研究路径（理性选择或公共选择）。参见王正毅，《构建一个国际政治经济学的知识框架——给予四种"关联性"的分析》，《世界经济与政治》2009 年第 2 期，第 6 页。

④ ［美］肯尼思·华尔兹，《国际政治理论》，信强译，上海人民出版社 2008 年版。

⑤ Lisa L. Martin，International Political Economy：From Paradigmatic Debates to Productive Disagreement，in Michael Brecher and Frank P. Harvey eds.，Millennial Reflections on International Studies，Ann Arbor：the University of Michigan Press，2002.

依存论、马克思主义的依附论和世界体系论。

进入 20 世纪 90 年代，随着冷战的结束和全球化的深入，原有的国际政治经济学理论面临最直接的挑战是如何解释国际经济与国内政治之间的互动。"第二代"国际政治经济学者开始摒弃原有的"范式之争"，转而将国家这个"黑匣"打开，以国家内部行为体的利益和偏好、国内政治结构为解释变量，寻求"国内和国际"之间的关联性。这段时期不少学者更多地借用经济学的模型，强调"利益（interest）"和"制度（institution）"两个核心概念，分析经济要素在不同单位层次之间的流动。他们更多地注重国际政治经济学的实证分析，而不再进行理论构建，通过分析国际金融、国际贸易、跨国公司及全球化等议题将国家利益与国际政治经济格局相结合，从而实现国际政治经济学朝着由国际关系学向经济学的方向迈进。需要说明的是，由于该阶段的研究更多地运用国际经济学的基本理论来分析国家的经济发展，超出本章节关于重点阐述国际政治经济学理论的范围，因此本章节将不再例证国际金融、国际货币、国际贸易及跨国公司等议题。

## 第二节　霸权稳定论

"霸权"（Hegemony）一词出自希腊语"Hegemonia"，原意为对他人拥有占压倒性优势的影响、领导权和支配权。[1] 基欧汉认为，世界政治经济中的霸权是指一个国家必须能够自由使用关键的原料、控制主要的资本来源、维持庞大的进口市场以及在高附加值商品的生产上拥有比较优势。在经济层面，霸权意味着对物质资源的控制；在军事层面，霸权意味着拥有足够的军事力量去组织和扼住其他国家可能的进入或关闭世界政治经济中重要领域的企图。[2]

"霸权稳定论"（Hegemonic Stability Theory）的雏形思想源自 20 世纪 70 年代查尔斯·金德尔伯格（Charles Kindleberger）在所著《1929—1939 年世界经济萧条》[3] 一书中提出的重要观点：开放和自由的世界经济秩序需要有一个居霸

---

①　Merriam—Webster's Dictionary，Version 2.5（Electronic Edition）.

②　［美］罗伯特·基欧汉，《霸权之后：世界政治经济中的合作与纷争》，苏长和、信强、何曜译，上海人民出版社 2012 年版，第 31—39 页。

③　Charles P. Kindleberger, The World in Depression，1929—1939（London：Penguin Books，1973）；［美］查尔斯·金德尔伯格，《1929—1939 年世界经济萧条》，上海译文出版社 1986 年版。

主或主宰地位的强国。[①]　在总结 20 世纪 30 年代经济"大萧条"原因时，金德尔伯格摒弃原有的主流经济学理论[②]，转而引入政治学中"领导者"（leadership）概念和公共物品（public goods）理论。在他看来，1929－1933 年世界经济危机是"一场霸权缺失的危机"[③]：19 世纪 80 年代以来英国霸权逐渐衰落，无力维持和保障全球金融体系，而在 1936 年以前美国一直不愿取代英国承担维持世界经济体系的责任，致使国际体系的领导者缺失。[④]　所以说，霸权稳定论在 20 世纪 70 年代初涉及的主要领域是经济学（国际经济学），后经斯蒂芬·克拉斯纳（Stephen D. Krasner）、罗伯特·吉尔平（Robert Gilpin）、罗伯特·基欧汉（Robert Keohane）等政治学家补充和完善，并扩展到国际政治、军事等领域。至此，霸权稳定论为国际经济关系的政治学研究提供了一般性的分析框架，成为国际政治经济学的一个重要流派。

---

①　确切地说，应该是"自由的世界经济秩序需要政治领导力"。这里值得注意的是，金德尔伯格在《1929－1939 年世界经济大萧条》中并未使用"霸权"一词，而是引入了政治学中的"领导力"（leadership）。在其 1981 年发表的《国际经济中的支配和领导》一文中，金德尔伯格明确区分了"支配"（dominance）和"领导"（leadership）两个概念，认为"支配"具有剥削的意义，而"领导"则突出提供公共物品的职能。真正提出"霸权稳定论"这一命题的是罗伯特·基欧汉，他将"政治性的权力分布（自变量）决定国际经济秩序开放程度（因变量）"这一因果归纳为霸权稳定论。参见［美］罗伯特·吉尔平，《国际关系政治经济学》，杨宇光等译，上海人民出版社 2011 年版，第 69 页；宋新宁、田野《国际政治经济学概论（第二版）》，中国人民大学出版社 2015 年版，第 36 页；Charles Kindleberger, Dominance and Leadership in the International Economy, International Studies Quarterly, Vol. 25, No. 2, 1981; Robert O. Keohane, The Theory of Hegemonic Stability and Changes in International Economic Regimes, 1967－1977, in Ole R. Holsti, Randolph M. Siverson, and Alexander George, eds., Chang in the International System (Boulder: Westview Press, 1980), pp. 131－162.

②　我们熟知的主流经济学理论对大萧条的解释有以下两种：1. 凯恩斯（John Keynes）认为大萧条的出现是由于社会的总有效需求不足，尤其是投资需求的不足（总需求包括消费需求和投资需求）。有效需求不足主要是基于以下三大基本心理规律：边际消费倾向递减、资本边际效率递减及流动性偏好。有效需求决定着社会总产出。当有效需求不足时，厂商出现大量的产品积压，于是压缩生产、解雇工人，造成家庭收入下降、失业人数剧增。不仅如此，总需求还通过乘数对总产出产生倍数效应，当总需求减少时，总产出是倍数减少的。由于在 1929 年出现了私人消费需求降低和投资机会的耗尽与投资需求锐减，致使总需求出现巨大的缺口，导致经济的强烈收缩，酿成这场史无前例的大萧条。2. 弗里德曼（Milton Friedman）和施瓦茨（Anna Schwartz）认为"银行的信用危机与货币政策不力"是导致大萧条的主要原因。从 20 年代末开始，由于商业银行的过度信贷，部分贷款难以收回，造成银行系统呆账增加，而美联储的紧缩货币政策则加剧了银行准备金不足的状况。挤兑致使银行大量破产，形成公众对金融体系的信用危机。美联储为了防止银行信用的进一步恶化，实施错误的紧缩货币政策，导致实际货币供给量无法满足市场经济正常运转所必需的货币量，最终导致这场大萧条的出现。

③　张建新，《国际政治经济学的理论范式：一种比较分析》，《外交评论》2007 年 4 月第 95 期，第 27 页。

④　Charles P. Kindleberger, The World in Depression, 1929－1939 (London: Penguin Books, 1973), p. 28.

# 一、查尔斯·金德尔伯格（Charles P. Kindleberger）

金德尔伯格对霸权稳定论的最主要贡献在于创造性地将公共产品理论推广到国际公共产品，并引入到国际（经济）关系研究当中去。美国经济学家曼瑟尔·奥尔森（Mancur Olson）在其著作《集体行动的逻辑》中定义公共或集体物品为：任何物品，如果一个集团 $X_1$，…，$X_i$，…，$X_n$ 中的任何个人 $X_i$ 能够消费它，它就不能不被那一集团中的其他人消费。[①] 换句话说，那些没有购买任何公共或集体物品的人不能被排除在对这种物品的消费之外。政府提供的共同的或集体的物品或服务通常被经济学家视为公共物品[②]。金德尔伯格认为，在无政府[③]状态的国际社会中同样存在着一般意义上的公共物品，只不过通常是以国际机制（制度）、国际惯例[④]等形式存在，诸如稳定的国际金融体系、成熟的世界市场、自由的国际贸易体系、适宜的国际安保体制和救援体制等，并且这些公共产品都是世界经济稳定和健康运行所必需的。但绝大多数国家没有能力（capacity）和意愿（will）提供公共产品，其中后者显得尤为重要，诚如金德尔伯格所描绘的那样："我们面临的危险不是国际经济中的权力太多，而是太少了，不是主导权的扩大，而是潜在的搭便车者过多，他们不愿意承担集体物品供应的责任，而宁

---

① ［美］曼瑟尔·奥尔森，《集体行动的逻辑》，陈郁、郭宇峰、李崇新译，上海人民出版社 2014 年版，第 11 页。

② 根据上述定义，可以总结出公共物品的两大特征：非竞争性和非排他性，因此也就会不可避免地出现"搭便车"现象。按照经济学中的边际原则，只有当增加一个单位公共产品的所需成本恰好等于消费者愿意为此支付的代价时，公共产品才会出现有效供给。而消费者发现不用付出成本就可以坐享其成（搭便车）时，便会导致公共产品的成本失真，因此公共产品的供给往往是不足的。参见［美］曼瑟尔·奥尔森，《集体行动的逻辑》，陈郁、郭宇峰、李崇新译，上海人民出版社 2014 年版，第 11 页。

③ 现实主义国际关系理论的前提假设便是国际社会处于无政府状态之中。我们并不认为联合国能够像国内政府那样强有力。接下来这段演讲也许更有利于理解国际社会的无政府状态。在 2010 年 10 月 31 日上海世博会高峰论坛上，美国加州大学圣巴巴拉分校卡弗里理论物理研究所所长、2004 年诺贝尔物理学奖得主 David J. Gross 教授发表《科学与城市》的演讲："我们必须实现全球治理，建立'全球政府'。20 世纪一位科学界的最伟大的英雄——爱因斯坦，在他最后的日子里曾经说过，我认为全球现有的主权国家的体制只能带来粗暴、野蛮、战争和非人性，只有全球的法律和规则才能够带领我们向前实现文明、和平和真正的人性。爱因斯坦勇敢地迎接了核武器以及核威胁的挑战，而这个挑战今天仍然存在。但是我们还遇到另外一个挑战，那就是环境的灾难。而这个问题甚至比核威胁更加严重，这是一个真正的全球性问题，要解决它就必须所有的国家共同努力。而在我看来，最终必须要建立一个全球的政府。"

④ 克拉斯纳于 1981 年提出了迄今最为权威的"国际机制"定义：在国际关系特定问题领域里行为体愿望汇聚而成的一整套明示或默示的原则（principles）、规范（norms）、规则（rules）和决策程序（decision—makingprocedures）。"国际惯例"即克拉斯纳定义中默示的机制。参见 Stephen Krasner, Structural Causes and Regime Consequences：Regimes as Intervening Variables, International Organization，Vol. 36，1982，p. 186. 转引自［美］罗伯特·基欧汉、约瑟夫·奈，《权力与相互依赖（第四版）》，门洪华译，北京大学出版社 2012 年版，第 7 页。

愿等待别人来供应，自己坐享其成"①。因此，"在没有国际政府的国际政治体系中，因'搭便车'而引起的公共产品供应不足现象尤为严重。"②

在金德尔伯格看来，要想使国际经济体系处于稳定状态，必须存在一个领导者（leadership）提供以下国际公共产品：①为跌价出售的商品保持比较开放的市场；②提供反经济周期的长期资本贷款；③在危机时期实行贴现；④实行管理国际汇率的宏观经济调整；⑤对不景气廉价产品开放市场，进而对极度供给不足的商品进行国际统一分配。③英国自19世纪以来坚持自由贸易，即便在1873年以后经济萧条时期也不惜保持进口市场开放，直至20世纪30年代失去承担领导责任的能力。反观美国，1930年国会通过《斯穆特—霍利关税法》，1931年开始大肆鼓吹"凯恩斯主义"，直到1936年缔结三国货币协定。金德尔伯格将英美两国形象地比喻成驾驶一辆汽车的两名司机，"不稳定性看来是因为一个司机越来越虚弱，而另一个司机对驾驶这辆汽车缺乏足够的兴趣"④。

金德尔伯格断言，1929—1939年大萧条的主要原因是国际经济体系缺乏领导者，作为霸权国家的英国失去了继续领导国际经济的能力，而有能力担当这一角色的美国则缺乏意愿。⑤他将国际经济体系（因变量）与领导力（自变量）联系起来，得出"开放和自由的世界经济秩序需要政治领导力"这一重要结论。金德尔伯格在后来的《国际经济中的主宰和领导》一文中进一步阐述："世界经济要想保持稳定，必须拥有一个'稳定器'，即某个国家要能负责为亏本商品提供市场，让资本稳定地（不是逆循环地）流动，而且当货币制度呆滞不灵陷入困境时，它能为提供清偿能力建立某种再贴现的机制。"⑥除此之外，他还认为"在

---

① Charles P. Kindleberger，Dominance and Leadership in the International Economy：Exploitation，Public Goods，and Free Riders，International Studies Quarterly，Vol. 25，No. 2（June 1981），pp. 242—254. 转自［美］罗伯特·基欧汉，《霸权之后：世界政治经济中的合作与纷争》，苏长和、信强、何曜译，上海人民出版社2012年版，第36页。

② Charles P. Kindleberger，Dominance and Leadership in the International Economy：Exploitation，Public Goods，and Free Riders，International Studies Quarterly，Vol. 25，No. 2（June 1981），pp. 242—254.

③ ［美］查尔斯·金德尔伯格，《1929—1939年世界经济萧条》，上海译文出版社1986年版，第348页；转引自王正毅，《国际政治经济学通论》，北京大学出版社2010年版，第142页。

④ ［美］查尔斯·金德尔伯格，《1929—1939年世界经济萧条》，上海译文出版社1986年版，第360页；转引自宋新宁、田野，《国际政治经济学概论（第二版）》，中国人民大学出版社2015年版，第36页。

⑤ ［美］查尔斯·金德尔伯格，《1929—1939年世界经济萧条》，上海译文出版社1986年版，第348—369页。

⑥ Charles P. Kindleberger，Dominance and Leadership in the International Economy：Exploitation，Public Goods，and Free Riders，International Studies Quarterly，Vol. 25，No. 2（June 1981），pp. 242—254.

19 世纪中，由一国领导的国际经济体系比其他体系稳定，而且伴随着更大的繁荣"。①

## 二、罗伯特·吉尔平（Robert Gilpin）

金德尔伯格在分析领导者和国际体系稳定的关系时仅限于世界经济领域，而罗伯特·吉尔平将该思想引入国际政治、军事领域，并运用经济学中的边际成本收益学说分析霸权（兴衰）周期，进一步丰富和完善了霸权稳定论的内涵，他的《国际关系政治经济学》一书更被视为霸权稳定论的经典之作。在阐述霸权（国家）与国际自由经济之间的关系时，他总结道："国际自由经济的存在少不了有一个霸主。不管人们是否把这种经济看作为某个集团国家所分享的集体商品或私人商品，历史经验表明，没有一个占主宰地位的自由强国，国际经济合作极难实现或维持，冲突将成为司空见惯的现象"。② 只有在霸权统治下的国际体系才是稳定的，否则就会出现战争或混乱。在霸权国家主宰下的国际体系既有利于霸权国家自身，又有利于国际体系的发展。③ 当然，这里所讲的国际体系不仅局限于国际经济领域，同样也存在于政治和军事领域，但共同点是稳定的国际体系的存在都是以霸权为前提的。

吉尔平在对"霸权（国）"进行界定时更加侧重经济实力，"尽管当代世界两大霸主在国际体系中还是左右一切的军事大国，但它们基本上是凭借经济力量施展各自影响的"④。他指出霸权国应有以下三点标志：①霸主国的市场规模相对巨大，是它的实力庞大的一个根源，并因此得以建立它的经济势力范围。霸主国可以向"友好"国家开放市场，或者拒"不友好国家"于自己的市场之外，从而对其他国家产生影响；②霸主国的通货在国际货币体系中的核心地位，使它获得了金融和货币方面的优势；③霸主国经济实力的最后基础，是它的经济灵活性和流动性。从长远说，经济实力既不在于掌握某种垄断权或技术，也不在于经济自给自足，而在于该国经济改造自己以及在全球经济环境中适应变化（例如比较利

① Charles P. Kindleberger，The World in Depression，1929－1939（London：Penguin Books，1973）. 转引自［美］罗伯特·基欧汉、约瑟夫·奈，《权力与相互依赖（第四版）》，门洪华译，北京大学出版社 2012 年版，第 42 页。

② ［美］罗伯特·吉尔平，《国际关系政治经济学》，杨宇光等译，上海人民出版社 2011 年版。

③ 王正毅，《国际政治经济学通论》，北京大学出版社 2010 年版，第 143 页。

④ ［美］罗伯特·吉尔平，《国际关系政治经济学》，杨宇光等译，上海人民出版社 2011 年版，第 72 页。

益变化或价格变化）的能力。[1] 在此基础上，吉尔平认为霸权就是一个为国际社会（或体系）提供国际公共产品的领导者，[2] 霸权国拥有巨大的经济剩余，能够承担国际公共产品的成本。从上面的阐述可以看出，一个霸权国家完全可以做到"自扫门前雪，莫管他家瓦上霜"，只需将巨额的经济剩余转换成丰厚的国民福利，实现民富国强。又何必提供公共产品和容忍他国"搭便车"呢？那么因支出经济剩余提供公共产品而换来的霸权国地位会经久不衰吗？吉尔平运用经济学中的边际成本收益学说很好地解释了上述问题。

## （一）霸权国为什么提供国际公共产品？

国际经济体系的稳定开放和良好运行需要国际公共产品源源不断的供应。上述分析得出只有霸权国家才最有能力靠支出庞大的经济剩余来提供这些公共物品，其他国家却趁机"搭便车"，从而使得霸权国家看起来处于"被剥削"的境地。可是霸权国家为什么还是愿意付出代价来管理和维持国际体系？当然是有利可图，并且是出于理性[3]地"利己"，而非盲目地"利他"。霸权提供所谓公共产品的动机依然是最大限度地满足自身福利，实现自身偏好，确保国家利益最大化。国家利益和目标成为霸权建立和维持国际体系的主要动机。吉尔平认为，"一个国家的目标主要有三种情况：第一目标是领土征服，以此来谋取更多的经济、安全和其他利益；第二目标是扩大对其他国家行为的影响，力图使用威胁和高压政治等手段实现自身政治、经济和意识形态的利益；第三目标是实现对世界经济的控制或者至少是施加影响。通过对比罗马和英美统治下[4]的情况，吉尔平认为美国在"二战"后建立起来的布雷顿森林体系、国际贸易组织、国际货币基

---

① ［美］罗伯特·吉尔平，《国际关系政治经济学》，杨宇光等译，上海人民出版社 2011 年版，第 72—73 页。

② ［美］罗伯特·吉尔平，《世界政治中的战争与变革》，宋新宁、杜建平译，上海人民出版社 2007 年版，第 122 页。

③ 理性（Rationality）是指行为体基于自身的偏好（Preferences），为达到效用最大化的目标而估算各种行动过程的成本和收益。

④ 吉尔平指出："一如前现代帝国，霸权国家或许被认为是以提供国际公共产品（安全与保护财产权）来换取报偿的。和罗马统治下的和平一样，英国统治下的和平与美国统治下的和平保证了一种相对和平安全的国际体系。英国和美国创立并巩固了一个自由国际经济秩序的规则。英国和美国的政策促进了自由贸易和资本的自由流动。这些大国提供了关键货币并管理了国际货币体系。如上所述，它们承担起这些责任是因为这样做有利可图。对它们来说，保持现状、自由贸易、海外投资和一个功能完善的国际货币体系所带来的收益大于相应的成本。"参见［美］罗伯特·吉尔平，《世界政治中的战争与变革》，宋新宁、杜建平译，上海人民出版社 2007 年版，第 150 页。

金组织、世界银行等国际经济秩序主要是出于自身的政治、经济利益的实现。

## （二） 霸权国的权力来源是什么？ 统治权的合法性基于什么？

国际体系中霸权国统治权的合法性基于什么？为什么其他国家愿意接受霸权国的统治？或者说霸权国的权力来源是什么？这三个问题应该是同质的。吉尔平给出的解释是："第一，它取决于这个强国在最近的霸权战争中的胜利，以及它所表现出来的把自己的意志强加于他国的能力。在这种情况下签订的确立现状的条约，以及为现存秩序而制定的章法便具有权威性，因为它们仅仅是上述现实的反映而已。第二，由于居支配地位的大国提供了诸如某种有利可图的经济秩序或某种国际安全一类的'公共商品'，故其统治常常为人们所接受。第三，这种大国所居的支配地位可望在意识形态、宗教或者别的方面得到与其有共同价值观念的一系列国家的支持。"① "霸权国家的政策在给自己带来好处的同时，也使那些期望并能够利用国际政治和经济现状的国家得到好处。"② 因此，霸权国统治权的合法性根基是相互受益。体系中的其他国家之所以愿意接受霸权的统治，无非在于霸权国能够为国际体系持续提供公共物品。

## （三） 霸权国家的地位会经久不衰还是会逐渐衰落？

从 16、17 世纪的荷兰到 18、19 世纪的英国，再到 20、21 世纪的美国，历史表明霸权基本都存在着一个"霸权形成—扩张—平衡—衰落—新霸权形成—扩张—平衡—衰落……"的兴替过程，而国际体系也正是在这种霸权国家的周期交替中发生变革。吉尔平认为，霸权周期从根本上讲是一个经济问题，③ 并分别从市场机制、成本收益和"搭便车"三个角度阐释霸权的衰退是不可避免的。④

从市场机制的角度来看，霸权是建立在霸主国压倒一切的军事、经济和科技实力之上的，但是衡量一国经济科技实力的标准，既不在于现有的生产能力大小或对某种技术的垄断，也不在于资源上的自给自足，而是在于该国经济自我改造和对全球经济变化的适应能力。但是这种创新和适应能力是很难长时间保有的，

---

① ［美］罗伯特·吉尔平，《世界政治中的战争与变革》，宋新宁、杜建平译，上海人民出版社 2007 年版，第 34 页。

② ［美］罗伯特·吉尔平，《世界政治中的战争与变革》，宋新宁、杜建平译，上海人民出版社 2007 年版，第 145 页。

③ 王正毅，《国际政治经济学通论》，北京大学出版社 2010 年版，第 150 页。

④ 樊永明，《霸权稳定论的理论与政策》，《现代国际关系》2000 年第 9 期，第 21—22 页。

因为尽管市场力量的解放和发展需要一个有利的政治环境，但是市场又是按其本身规律运作的。竞争机制使市场上经济力量分布和格局不断发生深刻的变化，竞争优势是流动的，是不断从一国转向另一国的。新的竞争强国必然要求政治权力的再分配，老的霸主不断面临后起者的挑战。这种挑战非常残酷，最终只能以战争形式来决定胜负。世界史上霸主国的每次更替都是以战争为先导。自从资本主义问世以来，先是法国通过路易十四战争向英国的霸权挑战，后是德国再度向英国的霸权挑战，却均未取得成功。但是，后起的美国则通过两次世界大战，彻底摧毁了英国的霸权，并取而代之。正如吉尔平所言，"市场力量的解放改变了政治格局，破坏了霸权，开创了全世界最终必须适应的新的政治环境"。从这个意义上说，霸权的衰弱是不可避免的。

从成本收益的角度来看，霸权国家为了支付维持霸权的成本（提供公共物品的成本），霸主国家的经济剩余逐渐减少甚至消耗殆尽。根据经济学中边际收益递减法则，霸权国家提供公共商品的成本与从中获取的收益是成反比的。随着公共商品的数量增加，每一单位公共商品的边际成本增加而其边际收益则减少。用吉尔平的话来说"（霸权国）国内消费（无论是公共的还是私人的）和为保护这种（自由经济）体制而付出的防务开支，比国民储蓄和生产性投资增长更快"，从而使霸主国在经济上逐渐无力负担提供公共商品的成本，进而迫不得已放弃霸主地位，让位于其他新崛起的更有竞争力的新兴国家。

"搭便车"是吉尔平分析霸权必衰的第三个原因。"由于存在搭便车者，霸主国往往长时间为保证公共商品的充分供应而付出了远远超出其应付的成本。因此，霸主国对'搭便车者'感到不耐烦和失望"。搭便车者一方面从经济上加重了公共物品的成本负担，削弱了霸权国家的实力，另一方面又从道德和信心上使霸权国感到沮丧，失去了为国际社会提供自由经济体制的意欲和动力。吉尔平以欧洲和日本为例说明了"搭便车"对霸权衰弱的影响。"二战"后初期至 20 世纪 60 年代，为了维护自由世界经济，美国使它的许多狭隘经济利益服从于盟友的经济利益，忍受了欧洲和日本对美出口商品的歧视。结果，美国经济为此大受损失，而欧洲、日本却迅速崛起并成为美国霸权的挑战者。

## 三、斯蒂芬·克拉斯纳 （Stephen D. Krasner）

斯蒂芬·克拉斯纳在罗伯特·吉尔平的观点上进一步发展，以国家利益[①]为出发点，重点阐述了经济实力的特殊分布与国际贸易结构之间的相互关系，得出"经济实力的霸权分布更容易产生开放的贸易结构"[②] 这一结论。基欧汉在评述克拉斯纳《国家实力与国际贸易结构》一文对于推动国际政治经济学研究的意义时指出，克拉斯纳第一次清晰地将政治学和经济学融合起来。[③] 克拉斯纳分别从以下三种特殊的经济实力分布体系探讨了经济实力与国际贸易结构之间的相互关系。

第一，由好多高度发达的小国组成的体系。这样的体系容易导致开放的贸易结构。每个国家的总收入和经济增长都由于这个开放的体系发展起来，参与国际竞争所引起的社会不稳定被高度的发展水平所产生的要素灵活性所抵消，因而不会由于开放而损失国家权力，因为体系内所有国家终止贸易的成本都是对等的。

第二，由几个发展不平衡的大国组成的体系。这样的经济实力分布容易导致封闭的结构。每个国家都可以通过更开放的体系增加收入，但收获会很有限。开放会给欠发达国家带来更多的社会不稳定，落后地区的经济增长率令人沮丧，而较先进国家的经济将会大幅增长。开放的结构会使欠发达国家政治上处于脆弱的地位，因为他们的生产要素僵化，意味着终止成本更高。由于这些损失，相对落后的大国不愿接受开放的贸易结构，较发达国家也不能强迫落后的大国接受开放，除非他们的军事实力很强。

第三，霸权体系。在这个体系中，有一个国家比它的贸易伙伴大得多，并且先进得多。开放的成本和收益对体系内所有的成员都是不均等的。霸权国家会优先选择开放结构，这个结构可以增加其国民总收入，并且在取得优势期间其增长率也会上升。另外，开放结构可以增长其政治权力，因为对于发达的大国来说，终止的机会成本较少。由于大国卷入国际经济的程度较低，且生产要素具有流动性，开放带来的社会不稳定因素也减少了。在霸权体系下，小国也倾向于选择开放，因为总收入和经济增长方面的好处是巨大的，并且无论它们怎么做，其政治权力都是有限的。中等国家的反应很难确定，这至少要部分地取决于霸权国家怎

---

① 克拉斯纳认为，"国民总收入、社会稳定、政治权力和经济增长"这四项国家利益的基本内容会受到国际贸易结构的影响，国际贸易结构又是由追求最高目标的国家利益决定的，而这些恰恰取决于国家经济实力。参见宋新宁、田野，《国际政治经济学概论（第二版）》，中国人民大学出版社 2015 年版，第 39 页。

② Stephen Krasner，State Power and the Structure of International Trade，World Politics，Vol. 28，No. 3，1976，p. 318.

③ Robert O. Keohane，Problematic Lucidity：Stephen Krasner's 'State Power and the Structure of International Trade'，World Politics，Vol. 50，No. 1，1997，pp. 150—170.

样利用它的人力物力。有潜在优势的国家可以运用其影响力，经济、军事实力诱使或强迫其他国家接受开放的贸易结构。从影响来说，霸权国家可以作为取得经济发展的榜样，其他国家可能效仿其政策，即使对本国并不合适也会如此。如果哪里有过分不协调的现象出现，就可以用军事力量胁迫弱国加入开放体系。比武力使用更重要的是，霸权国家可以运用其经济力量来创立一个开放的结构。从积极的角度说，它可以开放广阔的国内市场，提供相对廉价的输出品。从消极的方面看，它可以控制对外投资在第三国市场上参与对弱国不利的竞争。霸权国家由于其声望和经济强度，可以提供维持一个稳定的国际货币体系的信誉，它的货币也可以作为不断扩大的开放体系所必需的流动资金。[①]

## 四、小结

伴随着 20 世纪 70 年代资本主义经济"滞涨"、布雷顿森林体系瓦解及美国霸权的衰退，霸权稳定论应运而生并成为国际政治经济学的一个重要流派，其主要使命是探讨霸权国家和国际体系的管理相互之间的关系。经查尔斯·金德尔伯格、罗伯特·吉尔平、斯蒂芬·克拉斯纳等学者的丰富和完善，霸权稳定论将国家间权力分布作为自变量，国际经济体系的特征作为因变量，并明确了二者之间因果关系的假设（即自由稳定的国际经济体系取决于霸权的存在），逐渐成为一个体系层次的权力理论。同时，他们还通过测定一系列指标，使得霸权稳定论中的因果关系具备可证伪性。在衡量作为自变量的经济实力时，这三位学者用了经济力量的国际分布对比值，有以下六项指标：国内生产总值、人均资本收益、经济增长率、世界贸易份额、国际投资的份额和世界货币储备的份额；在衡量作为因变量的国际经济秩序[②]时，主要用到了资本流量、贸易流量以及政策的管制程度等变量。[③] 从而使得霸权稳定论不是只作为一种理论假说而存在，而是一个富有成果的研究纲领。

霸权稳定论一经产生同样也面临着诸多质疑和挑战。例如，霸权的界定标准是什么，即一个国家占有世界力量的多少份额才算是霸权？霸权的权力是否仅仅是指物质力量，非物质因素是否同样重要？其中最有影响力的莫过于罗伯特·基欧汉在《霸权之后：世界政治经济中的合作与冲突》中所指出的，"将霸权假设

---

① Stephen Krasner, State Power and the Structure of International Trade, World Politics, Vol. 28, No. 3, 1976, pp. 321－323. 转自宋新宁、田野，《国际政治经济学概论（第二版）》，中国人民大学出版社 2015 年版，第 39 页。

② 克拉斯纳则使用以下三个指标来衡量：贸易占国民收入的比重、关税以及地区内贸易的集中度。第一个指标数值越高表示自由程度越高，国际经济体系越开放；后两个则相反。

③ 钟飞腾，《霸权稳定论与国际政治经济学研究》，《世界经济与政治》2010 年第 4 期，第 118 页。

为国际合作的充分必要条件，不能解释霸权衰退之后国际合作的可能性"。① 连罗伯特·吉尔平本人甚至也如此描绘该理论的局限性，"霸权稳定论（至少其最原始的见解），往往过分强调国家和政治因素在国际生存和运营过程中的作用。同时却很少强调意识形态动机、国内因素、社会力量、技术发展以及市场本身在决定全局时的重要性。不管霸权稳定论的倡导者是否曾经想把这个理论搞成这个样子，批评家批评它为国际政治经济学的一般理论，他们正确地指出了该理论的局限范围，指出它未能证明实力和结局之间的密切联系，也未能预测霸主在特定情况下什么时候以及如何采取行动"。②

# 第三节　相互依存论

作为国际政治经济学最早出现的研究纲领之一，相互依存③论和霸权稳定论同样起源于 20 世纪 70 年代。区别在于霸权稳定理论发轫于新现实主义理论传统，主张政治决定经济、市场经济服从和服务于国家权力的需要，强调国家权力至上，追求国家利益最大化；而相互依存理论却沿袭了新自由主义知识传统，主张政治与经济自治、自由市场与权力机构和谐共存，强调个体自由优先，追求个人福利最大化。新自由主义又是在挑战新现实主义的过程中，承袭经济学的传统自由主义④和政治学的理想主义，同时借鉴其他国际关系理论流派⑤的成果而逐步发展起来。新自由主义继承经济自由主义者提出的"相互依存"概念，经理查德·库珀"经济相互依存"、罗伯特·基欧汉和约瑟夫·奈"复合相互依赖"的

---

① Robert O. Keohane，After Hegemony：Cooperation and Discord in the World Political Economy，p. 46. 转引自王正毅，《国际政治经济学通论》，北京大学出版社 2010 年版，第 155 页。

② ［美］罗伯特·吉尔平，《国际关系政治经济学》，杨宇光等译，上海人民出版社 2011 年版，第 109 页。

③ 原英文词 interdependence，译为"相互依存"或"相互依赖"。因 interdependence 含"necessaryto eachother"之义，故译为"相互依存"即"靠依赖而存在"更为妥当。门洪华教授将《Power and Interdependence》译为《权力与相互依赖》，并且文中通篇使用"相互依赖"概念。因此本文在使用"相互依赖"和"相互依存"时并不作任何区分，在阐述基欧汉和奈的理论时全部采用"相互依赖"。

④ 传统自由主义也被称为经济自由主义，强调个人利益，追求自由和经济效益的最大化。注重市场，信奉自由贸易和自由市场，认为政府的经济作用是有限的；反对零和博弈，强调相互受益、国际合作和相互依存，坚信经济的成功在于自由市场中个人合理的充分的最优化决定。自由主义把国际关系的发展看作是一部市场进化的历史。在这一市场进化的过程中，经济力量、技术力量和组织力量推动着世界体系的建立和全球性的现代化，国家生活的重要内容将调整为推动国家间稳定的贸易与经济交流，深化相互依存关系与互惠纽带，发展国家间合作关系，从而真正保障国际和平。

⑤ 这里尤其是指建构主义学派。建构主义最新学术成果可参见［美］亚历山大·温特，《国际政治的社会理论》，秦亚青译，上海人民出版社 2014 年版。

丰富和完善，逐渐形成了较成熟的自由主义国际政治经济学理论——相互依存论①。该理论更多地关注贸易和投资等经济领域课题，而非战争与冲突等国际关系问题，以效率和竞争为出发点，倡导自由、合作的国际经济体系。

20世纪五六十年代，现实主义一直主导着西方国际关系理论的研究，尤其以汉斯·摩根索《国家间政治：权力斗争与和平》最具代表性，基本观点包括：①国家是国际关系中最重要的行为体，是国际政治中的决定性因素；②国际政治必然是权力政治，权力界定国家利益；③国际政治的核心是军事安全，并被视为"高级政治"，支配着经济、文化等社会事务。但随着60年代末期美苏"冷战"局面的缓和，70年代国际社会开始出现一些新变化，这些新变化主要显现于曾被视为"低级政治"的国际经济领域，如布雷顿森林体系瓦解、石油危机与第四次中东战争、日本和德国经济飞速发展、贸易保护主义抬头等。部分学者开始重新思考国家与国家之间的关系，并意识到西方各国的政治、经济关系进入相互依存时代（尤其各国在经济上的日益相互依存），主张将经济利益与政治代价结合起来，从民族国家与全球市场的相互关系角度解释相互依存的存在以及国际机制在其中的重要意义。著名经济学家理查德·库珀主要研究国家间经济的相互依存关系，提出"经济相互依存"；而著名国际政治学家罗伯特·基欧汉和约瑟夫·奈将国际政治权力和经济相互依存关系放在一起进行分析，提出"复合相互依存"，并认为不管是在霸权统治时期，还是"霸权之后"，相互依存现象始终存在②。

## 一、理查德·库珀（Richard Cooper）

美国经济学家理查德·库珀从20世纪60年代世界各国相互联系的迅速扩大，资本、劳动、信息要素的频繁流动等国际经济现象中总结出"相互依存"这一趋势，并给出如下定义："一国经济发展与国际经济发展之间的敏感反应关系"。1968年，理查德·库珀在《相互依存经济学：大西洋国家的经济政策》③一书中指出，"国际经济中相互依存的中心问题是'像其他形式的国际交往一样，国与国之间的经济交往既增加了各国因地制宜采取行动的自由，同时又限制了这种自由'"，并类比道"跟婚姻一样，只有以放弃一定的国家自主为代价才能享受

---

①　可以看出，相互依存理论从诞生之初就将经济学与政治学完美结合，而不仅仅是将经济学理论简单引入到国际关系研究当中去。

②　［美］罗伯特·基欧汉、约瑟夫·奈，《权力与相互依赖（第四版）》，门洪华译，北京大学出版社2012年版。Robert O. Keohane, After Hegemony: Cooperation and Discord in the World Political Economy.

③　Richard Cooper. The Economics of Interdependence: Economic Policy in the Atlantic Community, New York: McGraw Hill, 1968.

密切国际经济关系的好处"，最后得出"经济上的相互依存关系有助于缓和国际形势"的结论。根据库珀的理论，相互依存指的是经济上三种形式的依存关系：①经济结构相互依存。主要存在于采取高度开放的经济体制的国家之间，一国发生的经济事件会对其他国家产生影响；②经济目标相互依存。主要表现在依存关系对各国经济政策目标的制约上；③经济手段相互依存。在设置经济目标和制定经济的手段上，各国之间互相影响和制约。

库珀最主要的贡献并不在于以经济学家的身份描述经济的相互依存关系，而在于将"经济相互依存"政治化，从经济现象分析国际关系的实质。其观点主要有以下三个方面：

（1）经济上的相互依存直接影响了传统的国家主权观。从传统的观念来看，国家主权体现在独立自主地决定内外政治、经济政策的权力上，这种国家权力是不可侵犯的。但库珀认为，"二战"后日益加强的国家间经贸往来、资本流动和技术交流实际上限制了各国独立自主的行动，各国如果不考虑其他国家的经济状况、不考虑国际收支状况，就难以决定本国经济政策。也就是说，各国在相互依存的国际关系中获得收益的同时，也付出了国家独立性丧失、政策自主性下降的代价。

（2）传统的"低级政治"和"高级政治"之间的藩篱被打破。随着国际经济议题的重要性不断提升，经济不再是"低级政治"。国际经济问题已经很难在经济领域独立地得到解决，一些经济纠纷、贸易摩擦常常会成为国家元首、政府首脑必须出面处理的外交议题，如 20 世纪 60 年代美日欧经济贸易摩擦表面化、国际货币体制动荡和欧洲联合趋势的加强等状况。传统现实主义所主张的安全保障为"高级政治"、经济问题为"低级政治"的格局已经不合时宜。

（3）经济依存的重要性体现在对国际和平的促进作用上。库珀将经济问题提到高政治领域，其实是希望突出各国在依存关系中形成共同的利益纽带，这一纽带会推动各国自觉保障实现国家利益所需要的和平环境。然而，由于相互依存实际上限制了国家的自主权，各国之间仍然可能发生经济摩擦甚至政治冲突。为了解决此类问题，库珀建议外交领域应该采取多层次、多渠道的合作，建立国与国之间的相互信任，强化互惠互利的国际经济依存关系。①

---

① Richard Cooper. The Economics of Interdependence：Economic Policy in the Atlantic Community，New York：McGraw Hill，1968. 转引自樊永明，《西方国际政治经济学（第二版）》，上海人民出版社 2006 年版，第 25—26 页；林红，《在全球市场与民族国家之间——相互依存论的主张与局限》，《科学·经济·社会》2012 年第 2 期，第 114 页。

## 二、罗伯特·基欧汉（Robert O. Keohane）与约瑟夫·奈（Joseph S. Nye）

从霸权稳定论的因果机制得出，霸权国先是建立了以自我为中心的国际体系，然后以最大限度地获取国家利益为目标，通过向愿意接受自己"领导"的其他国家提供公共产品来制定该体系的国际机制（制度）。这种国际机制同样被视为霸权提供的一种公共产品。但随着霸权的衰退或新霸权的兴起，该体系的国际机制就相应地发生变化。实际上，这里面"霸权"的本质就是"权力"，霸权稳定论就是基于权力的物质资源来解释国际机制的。而以罗伯特·基欧汉和约瑟夫·奈为代表的新自由制度主义对国际政治和国际经济互动关系的理论精髓在于，复合相互依赖论所强调的经济上相互依赖的不对称性是国际政治权力的源泉，[①] 权力成为相互依赖的内在因素，从而将国际政治中的权力与库珀视角下的经济相互依存置于同一框架下来寻求制度化国际合作。新自由制度主义理论的集大成者基欧汉和奈在其著作《权力与相互依赖》[②] 中另一核心任务是解释国际机制的变迁，从而帮助理解相互依赖政治。作为世界经济的重要组成部分，国际机制是一个处于国际权力关系与国家和非国家行为体之间的中间变量或干预变量，它可以由霸权国建立，但一经建立便可形成自己独立的功能：促进世界经济的有效运作，减少动荡、降低交易成本和不确定性，防止市场失灵和欺诈。另外，国际机制还可使国家从中预测自身利益实现的可能性和其他国家行为的可能性。因此，在无政府状态下的国际社会中，即便没有霸权的存在，追逐私利的国家依旧可以进行国际合作，毕竟相较于一个没有国际机制的秩序而言，相互合作仍能相对促进国家利益。[③]

### （一）权力与相互依赖

一般而言，依赖（dependence）指的是为外交所支配或受其巨大影响的一种状态。简而言之，相互依赖（interdependence）即彼此依赖（mutualdepen-

---

① 樊永明，《试论国际政治经济学的理论构建》，《复旦大学学报》（社会科学版）2003 年第 4 期，第 91 页；樊永明，《西方国际政治经济学（第二版）》，上海人民出版社 2006 年版，第 9 页。

② ［美］罗伯特·基欧汉、约瑟夫·奈，《权力与相互依赖（第四版）》，门洪华译，北京大学出版社 2012 年版。

③ ［美］罗伯特·基欧汉，《霸权之后：世界政治经济中的合作与纷争》，苏长和、信强、何曜译，上海人民出版社 2012 年版。转引自李滨，《全球视野下的国家与市场——国际政治经济学主要理论概述》，《历史教学问题》2004 年第 5 期，第 45 页。

dence）。世界政治中的相互依赖，指的是以国家之间或不同国家的行为体之间相互影响为特征的情形。要想理解权力在相互依赖中的作用或相互依赖中权力的来源（即非对称相互依赖）时，必须区分敏感性（Sensitivity）和脆弱性（Yulnerability）二者之间的关系。

敏感性指的是在某政策框架内做出反应的程度——一国变化导致另一国家发生有代价变化的速度多快？所付出的代价多大？衡量敏感性并非只有跨国界交往规模一个尺度，交往变化所付出的代价对社会和政府的影响也是衡量尺度之一。敏感性相互依赖既表现在经济方面，也表现在社会或政治方面。

脆弱性则定义为行为体因外部事件（甚至是在政策发生变化之后）强加的代价而遭受损失的程度。由于政策往往难以迅速变更，外部变化的直接影响往往表现为敏感性相互依赖。脆弱性相互依赖的衡量标准只能是，在一段时间内，行为体为有效适应变化了的环境做出调整应付的代价。脆弱性既适用于社会政治关系，也适用于政治经济关系。

根据上述两个概念的定义，很容易便发现区分敏感性和脆弱性的标志在于政策框架是否发生了变化。敏感性强调在原有的政策框架内，而脆弱性则是以政策改变为前提。非对称相互依赖正是通过敏感性和脆弱性两个尺度衡量所体现出来的，通常脆弱性比敏感性更为重要。从某种意义上讲，脆弱性着重表明哪些行为体是"别无其他情形下"的确定者；或哪些行为体能够确定游戏规则。[1] 新自由制度主义认为，"对国际相互依赖进行政治分析，一个颇有用途的起点是，将非对称性相互依赖视为行为体的权力来源"。[2] 也就是说，在同一相互依存格局中，付出代价较少、决策自主权限制较少而收益却相对较大的国家就有可能把自己的意志强加给那些付出代价较大、决策自主权限制较多而收益却相对较小的国家，前者既可以迫使后者去做其不愿做的事，又可以同后者进行讨价还价，以从相互依赖格局中得到更多的好处。这种强人所难的能力和讨价还价的优势就是国际政治权力的具体表现。[3]

---

① 〔美〕罗伯特·基欧汉、约瑟夫·奈，《权力与相互依赖（第四版）》，门洪华译，北京大学出版社2012年版，第15页。

② 〔美〕罗伯特·基欧汉、约瑟夫·奈，《权力与相互依赖（第四版）》，门洪华译，北京大学出版社2012年版，第18页。

③ 樊永明，《西方国际政治经济学（第二版）》，上海人民出版社2006年版，第37—38页。

### （二）　复合相互依赖

罗伯特·基欧汉和约瑟夫·奈在《权力与相互依赖》开篇便指出："我们生活在一个相互依赖的时代。"[①] 并且随着世界各国在政治、经济、军事、文化等方面相互依赖程度的日益深化，世界政治的性质正在发生变化，并不再像现实主义者描绘的那般"极端"或"理想"。从现实主义关于世界政治的假设中便可推导出具有如下特征的世界：国家之间存在着现实的或潜在的冲突，国家随时都有可能动用武力；每一个国家都力图保卫自己的疆土和利益免受现实威胁或臆想的威胁；国家之间的政治一体化微不足道，而且只有符合最强大国家利益的时候才有可能存在下去；跨国行为体或者不存在，或者在政治上无足轻重；国家的生存，端视其能否明智地使用武力或武力威胁；国际政治体系的稳定，端视政治家能否成功地调整其利益追求，建立行之有效的实力均衡。基欧汉和奈认为，"在更多的情况下，复合相互依赖能更好地解释世界政治的现实"[②]，换言之，我们生活在一个复合相互依赖的世界。复合相互依赖具有如下三个基本特征：[③]

（1）各社会之间的多渠道联系，它包括政府精英之间的非正式联系或对外部门的正式安排；非政府精英之间的非正式联系（包括面对面的交流或通过电讯联系）；跨国组织（如多国银行或多国公司）等。这些渠道可以概括为国家间联系、跨政府联系和跨国联系。对外经济政策与国内经济活动的联系越来越广泛，国内政策与对外政策的界限越来越模糊，与对外政策相关的问题则越来越多。

（2）国家间关系的议程包括许多没有明确或固定等级之分的问题。问题之间没有等级之分意味着，军事安全并非始终是国家间关系的首要问题。所有问题都附属于军事安全的时代不复存在。能源、资源、环境、人口以及太空和海洋的利用等问题已经与构成传统外交议程的军事安全、意识形态和领土争端等问题并驾齐驱。

（3）当复合相互依赖普遍存在时，一国政府不在本地区内或在某些问题上对他国政府动用武力。当某些目标（如经济福利或良好的生态环境）的重要性越来越突出时，动武常常不是实现这些目标的适当方式。而且在绝大多数情况下，动

---

[①]　［美］罗伯特·基欧汉、约瑟夫·奈，《权力与相互依赖（第四版）》，门洪华译，北京大学出版社2012年版，第3页。

[②]　［美］罗伯特·基欧汉、约瑟夫·奈，《权力与相互依赖（第四版）》，门洪华译，北京大学出版社2012年版，第22—23页。

[③]　［美］罗伯特·基欧汉、约瑟夫·奈，《权力与相互依赖（第四版）》，门洪华译，北京大学出版社2012年版，第23—27页。

用军事力量代价高昂，而且其成效也往往难以预料。

基欧汉和奈强调政治的经济基础，认为复合相互依赖的特征是经济相互依赖的作用，[①] 经济上非对称性相互依赖导致不同的政治过程，而这些政治过程将权力资源转化为控制结果的权力。[②] 这些政治过程或转化渠道包含以下四个方面：

（1）联系战略。在传统模式中，最强大的国家利用其总体支配地位获取在弱势问题上的主导权，确保总体的经济和军事结构与任意问题领域的结果相符。在复合相互依赖的条件下，这种情形出现的可能性变小了。毕竟把缺乏明显等级之分的问题联系起来更加困难，而且所付代价过高。因此，在复合相互依赖情形下，问题领域不同，追求的目标不同，权力分配与相应的政治进程也各有所异。

（2）议程设置。传统分析主要侧重于军事和安全事务，这意味着一国外交政策之至关重要的问题是他国行动或威胁所强加的。与经济事务的低度政治相对照，这些都属于高度政治问题。然而，随着世界政治行为体多元化及问题复杂性的增加，武力的效用下降，国内政策与外交政策的界限变得模糊；随着复合相互依赖的条件接近于成熟，议程形成的政治也更为微妙和多样化。我们可以预期的是，经济增长和敏感性相互依赖的增加产生了许多国内和国际问题，而议程设置将受到这些问题的影响。心怀不满的国内团体将问题政治化，并把更多曾被视为国内的问题强行纳入国际议程。

（3）跨国关系与跨政府关系。国内政治和国际政治的界限由于各社会联系渠道的多元化而变得更加模糊，政治家操纵相互依赖和保持联系战略一贯性能力便会超出国内政治的正常限度。多国公司既是独立行为体，又是政府操纵的工具，其作用可能会越来越大。国内行为体与国外同行之间有组织的或没有组织的交往，将对其态度和政治立场产生影响。

（4）国际组织的作用。秉持汉斯·摩根索（Hans J. Morgenthau）传统的现实主义者描绘了一个这样的世界：各国依自身利益行事，并为"权力与和平"而斗争；安全问题是首要问题，战争威胁始终存在。我们可以假定，在这样的世界里，由于各国利益极难协调一致，国际制度的作用微不足道。国际组织显然处于世界政治的外围。然而，如果各种问题之间的联系并不完善，跨国、跨政府之间

---

① ［美］罗伯特·基欧汉、约瑟夫·奈，《权力与相互依赖（第四版）》，门洪华译，北京大学出版社 2012 年版，第 39 页。

② 衡量权力有如下两种途径：一是由资源和潜力所衡量，二是由对结果的影响来衡量。［美］罗伯特·基欧汉、约瑟夫·奈，《权力与相互依赖（第四版）》，门洪华译，北京大学出版社 2012 年版，第 28 页。

形成了各种联盟，在这样的世界里，国际制度在政治谈判中的潜在作用将大为增强。特别是，它们协助制定国际议程，并是促成联盟建立的触媒和弱国提出政治倡议、推行联系战略的场所。[①]

## （三）　国际机制变迁理论

相互依赖影响着世界政治和国家行为；而政府行为也影响着相互依赖模式。政府通过创制或接受某些活动的程序、原则或制度（institutions）来调节和控制跨国关系、国家间关系。我们称这些控制性安排为国际机制（international regimes）。[②] 克拉斯纳（Stephen Krasner）于 1981 年提出了迄今最为权威的"国际机制"定义：在国际关系特定问题领域里行为体愿望汇聚而成的一整套明示或默示的原则（principles）、规范（norms）、规则（rules）和决策程序（decision—making procedures）。[③] 国际机制协助提供了国际经济进程赖以产生的政治框架。认识国际机制的发展和崩溃，是理解相互依赖政治的关键。基欧汉和奈依据以下四个方面——经济进程、世界的总体权力结构、各问题领域内的权力结构、受国际组织影响的权力能力——的变化，提出了关于国际机制变迁的四种解释模式。[④]

### 1. 经济进程解释模式

随着一体化的深入，经济问题在国际政治中的地位和作用越来越重要。现代西方经济学在构建精确、完美的经济解释框架时，往往有意避开政治问题的探讨，通常将权力因素排除在考虑之外。但复合相互依赖理论却认为在分析某些以非政治行为为特征的特定经济活动时，政治因素不可或缺。毕竟一旦公司对其环境有所控制，讨价还价、战略、影响和领导等问题随即出现。

基于经济进程的机制变迁模式有三个前提：技术变革与经济相互依赖的增加将使现有的国际机制过时；政府必须对提高生活水平的国内政治要求迅速做出反应；资本、货物以及某些情况下人员的国际流动带来巨大的经济效益，并成为政

---

①　［美］罗伯特·基欧汉、约瑟夫·奈，《权力与相互依赖（第四版）》，门洪华译，北京大学出版社 2012 年版，第 29—35 页。

②　［美］罗伯特·基欧汉、约瑟夫·奈，《权力与相互依赖（第四版）》，门洪华译，北京大学出版社 2012 年版，第 6 页。

③　参见 Stephen Krasner, Structural Causes and Regime Consequences: Regimes as Intervening Variables, International Organization, Vol. 36, 1982, p. 186. 转引自 ［美］罗伯特·基欧汉、约瑟夫·奈，《权力与相互依赖（第四版）》，门洪华译，北京大学出版社 2012 年版，第 7 页。

④　［美］罗伯特·基欧汉、约瑟夫·奈，《权力与相互依赖（第四版）》，门洪华译，北京大学出版社 2012 年版，第 36—55 页。

府修改或重新创立国际机制，以恢复其有效性的强大动力。根据上述基本前提，我们可以得出：国际机制将因经济和技术变革随时可能瓦解，但若长远观之，国际机制本体则不会彻底崩溃。它们很快就会得以重建，以适应经济和技术状况。

**2. 总体权力结构解释模式**

在"霸权稳定论"章节中，我们提及"当国家间的权力发生变化（即结构变化）时，国际体系内的规则随之也发生变化"，其中安全问题处于支配地位，军事实力的分布（加上支撑军事实力的经济基础）决定着权力结构。如果规则是由强国所制定，则政治—军事权力的变化就会对经济机制产生影响。关于霸权衰落最简洁的表述方式或许是，国际经济机制直接反映了政治—军事能力的格局：高度政治支配低度政治。军事力量的变化可以为国际经济关系的变迁提供解释。然而，当我们从解释总体结构转向解释机制变迁时，这种简洁解释模式就失灵了。

军事力量的分布影响着国际经济秩序，但它只能提供很小部分的解释。充分的总体结构分析模式还需要增加三个主要因素，以减少其过分简单化的倾向，更好地适应战后国际经济机制变迁的现实：①对军事入侵威胁认识的变化；②美国与其贸易和投资伙伴的相对经济实力的变化；③包括欧洲和第三世界在内的国际等级格局的变化。

**3. 问题结构解释模式**

问题结构模式的前提是：当应用于其他问题领域时，某问题领域的权力资源将失去某些或全部效力。总体结构模式假定，权力如水，总有一个共同的标准：某些国家支配着某一问题领域，其他国家支配着另外的问题领域，但在关键时刻，强国可以采用武力或武力威胁，即通过联系战略消除这些差异。如果某问题领域与军事安全相关，则总体力量最强大的国家将有能力对此加以控制。但在问题结构模式中，武力可以使用，但将付出高昂的代价；对各国政府而言，军事安全并非居于问题领域等级制之首。根据这些假设，问题领域模式认为，各个问题领域难以照常、有效地联系起来。在此情况下，权力资源也不可能轻易转化。与总体结构模式不同，权力不再是可以转换的；军事力量在经济领域中不再发挥效力，与某一问题领域相关的经济力量可能与其他问题领域无关。

尽管问题结构模式在某些重要方面不同于传统的总体结构解释模式，二者关于机制变迁的论点有其相似之处：（某一问题领域的）强国制定规则。作为一种理论，问题结构模式解释力弱于总体结构模式，因为分析者需要更多的信息：了解军事力量或军事—经济力量的总体结构，以及该力量在问题领域的分配状况。问题结构模式的解释力较弱，但其区别力却强，由于问题结构模式对问题领域做出区分，这对分析当代世界政治尤其是国际经济关系至关重要。

### 4. 国际组织解释模式

国际组织是另一种形式的世界政治结构。可以设想，各国政府之间的联系不仅存在于外交部门的正式关系中，也存在于多层次——从政府首脑层级下递——的政府间纽带和跨政府纽带之中。指导特定情境或某些情况下正式制度行为的规范加强了政府之间的联系纽带。以上多层次的联系、规范和制度称为国际组织（international organization）。国际组织模式假定，网络、规范和制度一旦建立起来，就难以根除甚或做出重大调整。如果与既有网络或制度中的既定行为模式发生冲突，即使（总体上或在某问题领域内）具有超强能力的国家政府也难以实现其意愿。在这些情况下，机制不再与国家能力的基本形式相一致，其原因是国际组织在其中起到了重要作用。

国际组织模式有助于解释有关机制变迁的基本结构模式失灵的原因。国际机制依照能力分配的状况建立、组织起来，随后相关的网络、规范和制度影响着行为体运用这些潜能的能力。随着时间的推移，各国的基本能力越来越难以作为国际机制特点的衡量指标。影响后果的权力将由依赖组织的能力（organizationally dependent capabilities）——如投票权、组建联盟的能力、对精英网络的控制——所提供，换言之，我们所定义的国际组织的网络、规范和制度提供了影响后果的权力。国际组织模式的有效性取决于以下假设，即行为体不会因试图利用彼此的脆弱性相互依赖而摧毁机制。

# 第四节　依附论

依附论是 20 世纪 60 年代兴起于拉丁美洲，旨在解释世界上富国与穷国之间的差距问题[①]的宏观发展理论。从思想源泉和知识传统的角度讲，依附论继承了西方马克思主义[②]的衣钵，从而被划归为西方国际政治经济学中的马克思主义流派[③]。该理论还为以拉美地区为代表的发展中国家的国际关系学者赢得了声誉，

---

① ［美］詹姆斯·多尔蒂、小罗伯特·普法尔茨格拉夫，《争论中的国际关系理论（第五版）》，阎学通、陈寒溪等译，世界知识出版社 2013 年版，第 482 页。

② 西方马克思主义，也被称为新左派和激进主义或新马克思主义，指在西方发达国家内对马克思主义理论进行的研究有别于共产党执政国家的马克思主义。马克思主义的劳动价值理论、资本积累理论和帝国主义理论对依附论有着深刻的影响。参见樊永明，《西方国际政治经济学（第二版）》，上海人民出版社 2006 年版，第 84 页。

③ 美国学者罗伯特·吉尔平认为国际政治经济学有新自由主义的相互依存论、新现实主义的霸权稳定论以及新马克思主义的依附论。参见 Robert Gilpin, US Power and the Multinational Corporation: The Political Economy of Foreign Investment, London: Macmillan Press Ltd. 1975, p. 27.

墨西哥学者罗哈斯曾赞誉道："拉美社会科学在 20 世纪的最大贡献是提出了依附理论。"① 不论是新自由主义的相互依存论、新现实主义的霸权稳定论，还是之后我们要介绍的英国学派代表人物苏珊·斯特兰奇的权力结构理论，关注的只是西方发达国家（如历史上曾出现过的霸权）的发展问题，并不在意发展中国家或不发达地区。而依附理论却恰恰弥补了这种空白，从政治的高度去阐释"小国"② 的经济发展问题，试图为发展中国家经济的增长与发展提供一条合适的路径。

第二次世界大战结束后，广大亚非拉国家纷纷摆脱了西方资本主义殖民统治，建立了独立自主的民主国家。无论是在政治上还是经济上，它们渴望结束长期以来对殖民国家的依赖关系，走上社会现代化道路。但事与愿违，许多第三世界国家由于突然面临社会的迅速变革而感受到现代化进程的压力，缺乏技术和管理专家、社会动荡不安、收入分配不公、通货膨胀和贸易赤字（原因是依赖出口少量初级产品和引进资本以及昂贵的机器设备，并拖欠外国或国际金融机构的大量债务）、生产能力低下等，致使难以实施连续的经济发展计划。③ 在经济发展方面，拉美地区不得不重新依附于发达资本主义国家，依赖程度与日俱增并带有新殖民主义色彩。在此背景下，一些学者把拉美地区的落后同其所面临的国际环境联系起来，从一种经济与政治相结合的角度出发，论证当代发展中的边缘国家与西方发达中心国家之间的发展问题，并尝试探析经济不发达的成因以及持续发展的可能路径，依附论应运而生。

依附理论思想最初源起于 1950 年联合国拉丁美洲经济委员会第一任秘书长劳尔·普雷维什博士（Dr. R. Prebisch）在任职期间起草的经济报告④，提出了与自由主义经济学家不同的"中心—外围"概念，对拉丁美洲社会经济落后的原因做出了新的阐释。除此之外，早期研究不发达国家经济停滞根源、"为依附论铺平道路"⑤ 的当属美国新马克思主义经济学家保罗·巴兰（PaulBaram），他开

---

① ［墨］卡洛斯·安东尼奥·阿居雷·罗哈斯，《拉丁美洲：全球危机和多元文化》，王银福译，山东大学出版社 2006 年版，第 13 页。

② 这里"小国"是指在国际政治经济体系中不占据优势地位或影响力很小的国家或地区，尤其指代拉美地区经济欠发达的国家。

③ 参见 Joan Robinson，Trade in Primary Commodities，in Frieden and Lake，International Political Economy，pp. 371－381. 转引自 ［美］詹姆斯·多尔蒂、小罗伯特·普法尔茨格拉夫，《争论中的国际关系理论（第五版）》，阎学通、陈寒溪等译，世界知识出版社 2013 年版，第 482 页。

④ R. Prebisch，The Economic Development of Latin America and its Principal Problems，U. N.，N. Y.，1950.

⑤ The Theoretical Evolution of International Political Economy：A Reader，Edited by George T. Crane and Abla Amawi，New York：Oxford University Press，1997，p. 14.

创性地提出"经济剩余"概念，认为不发达国家经济迅速发展的主要障碍是潜在经济剩余被中心国家或跨国公司拿走，使得不发达国家无法实现生产性转化，因为经济的增长取决于剩余的多少及其利用途径。他在 1957 年《增长的政治经济学》中进一步指出，"随着世界资本主义体系向全球各个角度扩张，新的地区主要是并入不发达地区，只有少数加入发达地区。不发达国家一旦落入世界资本主义体系的陷阱，就会陷入落后和依附状态。只有通过社会革命挣脱出来，才能有计划地使用经济剩余，真正形成有利于其经济独立和经济增长的社会制度"。尽管并未使用"中心—外围"概念，但巴兰勾勒出依附论的大致轮廓，在不发达产生的原因、不发达国家的出路等方面"提供了最重要的概念和主要的思想，并为其他理论家进行新的思考留下了足够的空间"。[①] 保罗·巴兰因此被称为"依附论之父"。

　　"中心—外围"概念到 20 世纪 60 年代成为迅速崛起的依附论的基本分析概念，其他学者以此为基础相继提出了自己的依附理论。伴随着拉美和国际社会的变迁，依附论的观点和认识不断被质疑和修正。依附理论内部派别[②]林立、观点纷然杂陈，但各个学派还是具有系列的共同之处：都将世界资本主义经济体系分为中心（支配）与外围（被支配）国家，认为边缘国家的不发达是中心与外围国家所形成的经济依附结构造成的，而不是边缘国家的不发达造就了依附结构。[③]本节接下来将重点叙述依附理论[④]主要代表人物弗兰克、阿明和多斯桑托斯的基

---

　　① ［英］M. C. 霍华德等，《马克思主义经济学史：1929—1990》，顾海良等译校，中央编译出版社 2003 年版，第 168 页。转引自孙来斌、颜鹏飞，《依附论的历史演变及当代意蕴》，《马克思主义研究》 2005 年第 4 期，第 71 页。

　　② 国内外一些学者曾对依附论的不同倾向或派别做过分类。由于依据的分类标准、价值取向和包罗范围的不同，分类结果也有所不同。例如，美国学者罗纳德·奇尔科特将依附论分为"不发达的发展" "新依附性""联系性依附发展"和"新帝国主义论"四个流派；巴西学者卡多索将依附论分为"自主性国家发展""国际垄断资本主义""结构性依附和依附性资本主义"三种倾向，等等。参见高铅，《第三世界发展理论探讨》，社会科学文献出版社 1992 年版，第 41—53 页。转引自孙来斌、颜鹏飞：《依附论的历史演变及当代意蕴》，《马克思主义研究》2005 年第 4 期，第 71 页。本文分析依附论派别时，采用国内学者樊永明教授的分类，即"激进的依附论""正统的依附论"以及"改良的依附论"三个流派。参见樊永明，《西方国际政治经济学（第二版）》，上海人民出版社 2006 年版，第 84—94 页。

　　③ 尹继武，《国际政治经济学中的小国理论——依附论理论体系的批判性解读》，《杭州师范学院学报》（社会科学版）2006 年第 4 期，第 62 页。

　　④ 依据基本理论、价值倾向、分析方法方面的差异，国内学者樊永明教授将依附论分为激进的依附论、正统的依附论以及改良的依附论。激进派代表人物为安德烈·弗兰克（Andre Frank）和萨米尔·阿明（Samir Amin）；主流派（即新依附论）代表人物是特奥托尼奥·多斯桑托斯（Theotonio dos Santos）；改良派代表人物是菲尔南多·卡多索（Fernando H. Cardoso）。参见樊永明，《西方国际政治经济学（第二版）》，上海人民出版社 2006 年版，第 84—94 页。

本观点。

## 一、安德烈·弗兰克（Andre Frank）

安德烈·弗兰克根据战后拉美社会经济发展的现实，认为发展中国家在对西欧发达国家的依附状态下，社会经济的发展实质上是一种"不发达的发展"（Development of Underdevelopment）。受巴兰"经济剩余"理论的影响，弗兰克在普雷维什"中心—外围"理论基础上，于1966年在《不发达的发展》[①]一文中提出了"宗主—卫星"（Metropolis—Satellite）理论。他指出"宗主—卫星"关系是一个体系，"这类关系并不局限于帝国或国际一级，而是渗入和构成了拉丁美洲各殖民地和各国的经济、政治和社会生活"。[②] 发展中国家的首都、省府所在地及出口加工区等，一方面是发达国家的卫星，另一方面又是本国农林和边远地带的宗主。[③]"宗主—卫星"与"中心—外围"两个概念的区别主要在于解释力上："中心—外围"概念主要局限于对国际经济中不平等关系的分析，即发达国家与发展中国家之间；而"宗主—卫星"概念扩大了解释空间，即不仅存在于国际体系中，而且还存在于发展中国家内部的政治经济和社会生活之中。

弗兰克认为，在商业资本主义和殖民主义时期，"卫星"被迫接受生产的专业化分工，从而在其国家及其内部与"宗主"之间形成一个"依附的链条"。经济剩余就是通过这样一个链条，从附属国的城镇和农村，通过附属国的大都会转移到"宗主"的中心地区。在弗兰克的叙事中，卫星国的上层领导者是依附链条的一部分，他们是买办阶级，这个阶级的财富和生活方式越来越依赖于中心地区的经济上层活动。他们充当着宗主统治阶级剥削自己国家经济剩余的帮凶。因此，卫星国的政府、政党、官僚、军队、民族资产阶级在弗兰克的叙事中就是"宗主"控制"卫星"的工具。宗主剥削卫星的具体形式则是商业垄断。由于"宗主"既有剥削的具体形式——商业垄断，又有剥削网络——依附的链条，还有剥削的帮凶，其结果就是卫星国陷于不发达的境地。[④]

弗兰克强调，卫星国的经济社会发展程度与其同宗主国之间关系的密切程度

---

① Gunder Frank，Development of Underdevelopment，Monthly Review，Vol. 18，No. 34，1966.

② A. G. 弗兰克，《不发达的发展》，载《发达与不发达问题的政治经济学》，中国社会科学出版社1984年版，第145—160页。

③ 樊永明，《西方国际政治经济学（第二版）》，上海人民出版社2006年版，第85页。

④ ［美］罗纳德·奇尔科特，《比较政治经济学原理》，社会科学文献出版社2001年版，第329页。转引自黄振辉，《依附论的理论叙事结构分析及批判》，《学术探索》2006年第2期，第96页。

成反比。同宗主国关系越密切，卫星国也就越贫困，只有当卫星国同宗主国的联系被削弱或被切断时才能取得经济的最大发展。据此，弗兰克得出他的结论，即宗主国的经济发展模式"既不符合卫星国的经济现实，也不会满足它们要求解放的政治需要"。归根结底，卫星国的"人民将负责改变这种再也不能接受的过程"，"通过发动社会主义革命来消除这种悲惨的现实"[①]。

## 二、萨米尔·阿明（Samir Amin）

同安德烈·弗兰克一样，萨米尔·阿明也被视为依附理论中激进强硬派的代表人物，但其学术研究的对象却是非洲发展中国家的不发达问题。他从 20 世纪 50 年代起就开始研究非洲殖民国家的不发达问题，并致力于解决以下问题：为什么非洲国家长期以来遵循西方发展模式，但却无法摆脱贫穷落后的发展现状，甚至严重依附于发达国家的经济援助来维持社会发展？这种困境的背后到底隐藏着什么秘密呢？阿明认为资本主义已经发展成一个世界体系，发达国家处于这个体系的中心，不发达国家处于外围。他从体系的角度深入探究世界范围的不平等发展，通过系统地分析现代世界体系格局中的非洲国家和地区的不发达问题，揭示了资本主义的帝国本性、西方现代化的不平等性以及西方现代化理论的欺骗性。

阿明指出，"外围资本主义"是资本主义发展过程中的一种特殊的社会经济结构，在该阶段封建生产方式与资本主义生产方式并存。与"中心—外围"相对应，资本主义积累分为"中心自主式积累"和"外围依附式积累"两大模式。"中心自主式积累"是在资本的本性基础上自我发展，出于资本对利润追逐的本性，同时也出于生产能力与消费需求之间永远无法解决的不均衡特性，中心积累模式必然是扩张的，必然会采取帝国主义和资本输出等形式。"外围依附式积累"则是一种受到"外围依附式积累"控制的资本积累模式，由于政治经济和技术的主动权掌握在中心国家手中，外围地区的经济剩余就会源源不断地流向中心地带，从而完成中心地区的自主式积累。外围地区有限的资本积累无法造就发展性的经济增长，其结果往往是贫困和不发达。总结来说，"外围资本主义"有以下四个主要特征：①农业资本主义在国民生产部门中占主导地位；②国内主要从事商业的资产阶级，从属于占统治地位的外国资本；③发展中国家特有的官僚政治得到发展；④无产阶级化还未完成。

---

① Gunder Frank, Development of Underdevelopment, Monthly Review, Vol. 18, No. 34, 1966. 转引自樊永明，《西方国际政治经济学（第二版）》，上海人民出版社 2006 年版，第 86 页。

阿明进一步分析了外围资本主义的发展，指出在世界资本主义体系中，外围资本主义的发展大致可分为以下三个阶段：

（1）殖民主义阶段。这是帝国主义把殖民地和半殖民地的统治形式强加于外围的阶段。外围地区的经济发展畸形，受中心国资本积累的支配，外围国家出口部门迅速扩大，国内市场（主要是奢侈品）发展受阻，农业生产处于停滞状态。相反，中心国家的市场日益扩大，并决定着外围国家发展的方向和速度。

（2）进口替代工业化阶段。该阶段，大部分外围国家取得民族解放和政治独立，迫使帝国主义改变劳动分工构成，从而开始推行进口替代工业化战略。由于少数特权阶级受发达国家消费方式的影响，奢侈品生产部门得到快速发展，但国内市场整体并不重视居民消费品的生产，使外围国家的再生产缺乏内部自身的推动力，而外部推动力却长期存在。在进口替代工业化战略中，新的劳动分工将以外围出口原料和廉价制成品为基础。由于劳动价格低廉，外围国家可以在整个世界体系内提高利润率，但世界范围的利润平均化会降低相对价格，从而掩盖外围向中心的这种特殊转移。新的劳动分工将使不平等交换和外围的畸形需求长期存在，而外部需求仍然是推动这种原始依附性发展的主要动力。

（3）真正自力更生阶段。在帝国主义体系演化的各个阶段，外部推动力的发展实际上有利于垄断结盟的"特权统治阶级"。外围国家只有通过"群众性消费部门"的发展，集中力量提高农业生产率，放弃供应地方市场的奢侈品生产和输出品生产，才能扭转对中心资本主义的依附局面，真正走上自力更生的发展道路。

阿明认为，"资本主义已经成为一个世界体系。矛盾并不存在于各个孤立考虑的国家中的资产阶级和无产阶级之间，而是存在于世界资产阶级和世界无产阶级之间"[1]。通过对"中心—外围资本主义"的分析，他指出外围国家的根本出路在于同世界资本主义"脱钩"，即减少、推迟或切断同中心国家的经济联系，打破中心国家所强加的不平等国际分工，实现经济上的自力更生。[2]

## 三、特奥托尼奥·多斯桑托斯（Theotonio dos Santos）

作为依附理论中激进强硬派的代表人物，安德烈·弗兰克和萨米尔·阿明通过"依附"的思想和概念，运用"中心—外围（或宗主—卫星）"之间的不平等

---

① ［埃及］萨米尔·阿明，《不平等的发展》，商务印书馆1990年版，第308页。
② ［埃及］萨米尔·阿明，《自力更生与国际经济新秩序》，1976年版。转引自《国外社会科学》1978年第3期；樊永明，《西方国际政治经济学（第二版）》，上海人民出版社2006年版，第88页。

关系来解释发展中国家的不发达问题，并指出外围国家的根本出路在于同资本主义"脱钩"以摆脱"依附"状态，即减少、推迟或切断同中心国家的经济联系，实现经济上的自力更生。从普雷维什、巴兰到弗兰克、阿明，他们的依附理论通过高度抽象地概括依附模型，将注意力主要集中在外部力量对不发达国家经济发展的影响上，却忽视了阻碍其经济发展的内部力量。巴西经济学家特奥托尼奥·多斯桑托斯较其他学者，其独特贡献在于对"依附"概念给出了较为周详的界定和全面的阐释，同时对依附的历史形态做出三个阶段划分，对依附的形态和结构、发展中国家摆脱依附的途径、依附研究方法论等都提出了新的观点，以至于在对依附理论进行流派划分时，许多学者都是将多斯桑托斯单独列出的，强调其新依附论的理论贡献，他的理论和观点也被称为"新依附论"。

多斯桑托斯在 1978 年出版的著作《帝国主义与依附》[①] 中提出了被学界普遍接受的关于"依附"最清晰最完整的阐述。他对依附做了如下界定："依附是这样一种状况，即一些国家的经济受制于它所依附的另一国经济的发展和扩张。两个或更多国家的经济之间以及这些国家的经济与世界贸易之间存在着相互依赖的关系，但是结果某些国家（统治国）能够扩展和加强自己，而另外一些国家（依附国）的扩展和自身的加强则仅是前者扩展——对后者的近期发展可以产生积极或消极的影响——的反映，这种相互依赖关系就呈现依附的形式。不管怎样，依附状态导致依附国处于落后和受统治国剥削这样一种局面。"

在给出依附定义的同时，多斯桑托斯通过研究不同历史时期的依附特点，认为依附的形态有以下三种表现形式：

**1. 殖民地依附（Colonial Dependence）**

主要表现为商业—出口依附，特点为商业资本和金融资本同殖民地政府结成联盟，"通过贸易垄断，同时伴随着对殖民地土地、矿产和人力的殖民化垄断，与殖民地国家结盟的商业和金融资本主导着欧洲与殖民地之间的经济关系"。主要出现在 16 至 19 世纪。

**2. 金融—工业依附（Financial-Industrial Dependence）**

特点在于帝国主义霸权中心的消费需求，在依附国形成面向出口或外向型生产结构。依附受制于"中心国的大资本及其海外扩张，他们通过投资原材料和农产品的生产以满足中心国的消费"，外围国家由此产生外向型经济。主要出现在

---

① Theotonio Dos Santos，The Structure of Dependence，in George T. Crane and AblaAmawi, eds. ，The Theoretical Evolution of International Political Economy：A Reader. ；［巴西］多斯桑托斯，《帝国主义与依附》，杨衍永、齐海燕等译，社会科学文献出版社 1999 年版。

19 世纪末。

### 3. 金融—工业依附（Technological-Industrial Dependence）

第二次世界大战后出现的一种新的依附形式，这种新的依附"主要植根于跨国公司，他们开始向那些瞄准了不发达国家内部市场的工业进行投资"。这种依附对发展中国家经济发展带来以下几个制约：①工业发展主要依靠能够创造外汇的出口产业。因为出口能够赚取外汇用来购买本国无法生产的机器和材料等，从而发展本国工业；②工业发展受到国际收支剥夺的严重制约。中心国家垄断了国际市场，迫使处在"技术—工业"依附关系中的外围国家经常出现国际贸易逆差和国际收支赤字，从而不得不请求国际援助去弥补这种逆差；③工业发展受到帝国主义中心的技术垄断制约。"不发达国家发展工业所需的机器和原料依赖于进口。但这些生产要素并非可以在国际市场上自由获得。它们都受专利权的保护，而专利权一般都属于大公司。它们不是把机器和材料当作简单的商品出售，而是要求为使用那些机器和材料支付特许使用费，或者在多数情况下把这些商品转变成资本，以它们自己投资的形式引进。那些在统治中心被更先进的技术替换下来的机器，就这样作为资本运往依附国去装备设在那里的子公司。"

多斯桑托斯认为，"拉美经济发展的新模式应当以接受下述事实为出发点：民族的和自主的资本主义发展已成为我们历史上一个过去了的阶段，它是一种胎死腹中的选择，是同世界资本主义体系结构性趋势相抵触的一种经济选择"。同时还指出当前以跨国公司为基础的国际分工体系自身的矛盾性："体系的扩张性同实行技术垄断所造成的市场局限性发生矛盾；另一方面，重要工业部门转移到依附国可能造成技术上自力更生发展的可能性，但这包含着同社会政治关系中日益加强的依附性之间的深刻矛盾。"因此，依附性发展之路是行不通的，应该走革命先锋队领导的人民革命之路，通过社会主义革命来改变内部政治经济结构，从根本上消灭依附，实现经济自主发展。[①]

# 第五节　世界体系论

尽管学派内部存在诸多理论分歧，但作为有着广泛世界影响的拉美本土学派，依附理论致力于使用"中心—外围"概念将拉丁美洲与世界联系在一起分析

---

① 樊永明，《西方国际政治经济学（第二版）》，上海人民出版社 2006 年版，第 91—92 页。

发展问题。20 世纪 70 年代末，依附论开始让位于一种与依附理论相近但又有所不同的思想理论——世界体系论。与依附理论将国家视为基本分析单元不同的是，世界体系论透过第三世界国家的现实问题，从总体上理解世界资本主义体系内政治、经济和社会等各个方面的不平衡发展；它将每个国家或地区的历史演进过程和从 16 世纪封建时代转变而来的资本主义世界经济都纳入一个全球性的时空视角，[①] 即以世界体系[②]为基本分析单位。世界体系论的主要代表人物是被西方学术界称为"新左派"学者或者"新马克思主义"学者的伊曼纽尔·沃勒斯坦（Immanuel Wallerstein），其学术观点主要体现在其代表作《现代世界体系》中。同时，受依附论中核心概念"中心—边缘"的启发，沃勒斯坦认为世界体系包含着"中心—半边缘—边缘"的结构，其中半边缘地区国家的经济活动是中心国家和边缘国家的经济的混合产物。基于这一结构所做的分析能够对现代世界体系的产生、巩固和变动的过程及其原因做出更加客观、形象和合理的描述。"他的世界体系是一个历史的体系（具体的和明确的），但它又是一个抽象的体系，包含着中心—边缘的劳动分工、商品链、长时段趋势和周期（理论的抽象）"[③]，伯格森在归纳沃勒斯坦的学术成就时如是说。概括地说，世界体系理论的研究涉及世界体系的经济、政治和文明三个层面，但考虑到该文作为经济学说史的部分篇章，下文将只对现代世界体系的经济层面进行阐述。

## 一、现代世界体系

世界体系（World System）是具有广泛劳动分工的社会体系（Social System），它具有范围、结构、成员集团、合理规则和凝聚力。其中，社会体系是一种自立自足的有机体并有着特定的边界、结构、规则与生命周期。沃勒斯坦将"世界体系"划分为三种类型：已成为过去式的、作为政治统一体的"世界帝国"（World-Empires）；正在进行的、作为经济统一体的"世界经济"（World-economy）；未来的、作为可能形态的"社会主义世界政府"（Socialist World Government）。可以看出，沃勒斯坦所指的"现代世界体系"（the Modern World-System）基本上可以被视为"资本主义世界经济体"的代名词，用于指代 15、16 世纪以后的

---

① ［美］詹姆斯·多尔蒂、小罗伯特·普法尔茨格拉夫，《争论中的国际关系理论（第五版）》，阎学通、陈寒溪等译，世界知识出版社 2013 年版，第 486—487 页。

② 沃勒斯坦用"世界体系"代称"资本主义世界经济体系"。

③ Albert J. Bergeson, The Columbia Social Essayists, Journal of World-Systems Research, VI, 2, Summer/ Fall, 2000.

世界。现代世界体系中各部分之间的基本联系是经济的，尽管这种联系在某种程度上是由文化联系而加强的，并且终于由政治安排甚至联盟结构而加强。[①]

现代世界体系的形式之所以采取"世界经济体"而非"世界帝国"原因有三：①资本积累是这样一种竞赛，它不断促使更多的竞争者加入进来，最有利可图的生产活动总会出现某些扩张。因此，任何时间内都会有许多国家试图建立使之变强的经济基础。②任何一国的资本积累者都利用本国的国家机器来协助自己进行资本积累。同时，它们也需要某种控制杠杆来对付本国的国家结构。如果本国的国家机器变得过于强大，出于国内政治平衡的原因，它可能会不受约束地对国内要求平等的压力做出反应。为应对这种威胁，资本积累者需要通过与其他国家机器结成联盟以包围本国国家机器。只要没有一个国家能够宰制所有国家，这种威胁就可能奏效。③即使在军事政治领域中建立了霸权，霸权的基础也不是军事力量，而是经济力量。而造成经济更有效的因素总能被别人复制，后来者具有不必偿还原先投资的优势。此外，为了维持经济活动不中断，霸权国常会通过国内再分配来收买劳工维持和平，长此以往导致竞争力下降，霸权随之终结。[②]

## 二、现代世界体系的形成

沃勒斯坦认为，现代世界体系最初产生于 16 世纪的西欧，之后形成以西欧为中心的"世界经济体系"。其中，有三大因素在该体系的形成与扩展中扮演着至关重要的角色，它们分别是地理大发现、资本主义劳动分工和欧洲强大的国家机器。16 世纪的西欧是世界经济体的中心区，统治者为了提高收入，采取市场的形式来改变剩余分配，形成了"欧洲的世界经济体"。而东欧和西属美洲则是边缘区，依然盛行奴隶制和强制的商品性农作物劳动；半边缘区则是从中心到边缘这个连续统一体中的一个中间点，"这在经济制度的复杂性、经济报酬的等级（平均水平和范围）以及最主要的是在劳动控制方式上，尤为属实"。[③] 在这样的范围内，资本主义世界经济体以劳动分工为基础，形成了"中心—半边缘—边

---

① ［美］伊曼纽尔·沃勒斯坦，《现代世界体系：16 世纪的资本主义农业与欧洲世界经济体的起源》，高等教育出版社 1998 年版；Immanuel Wallerstein, The Modern World—System I, Academic Press, 1974.

② ［美］伊曼纽尔·沃勒斯坦，《历史资本主义》，社会科学文献出版社 1999 年版，第 32—34 页。转引自宋新宁、田野，《国际政治经济学概论》，中国人民大学出版社 2015 年版，第 44—45 页。

③ ［美］伊曼纽尔·沃勒斯坦，《现代世界体系：16 世纪的资本主义农业与欧洲世界经济体的起源》，高等教育出版社 1998 年版，第 109 页。

缘"三个区域部分连接而成的整体架构。三个不同的组成区域承担着三种不同的经济角色：中心区利用边缘区提供的原材料和廉价劳动力，生产加工制成品向边缘区销售谋利，并控制世界体系中的金融和贸易市场的运转。边缘区除了向中心区提供原材料、初级产品和廉价劳动力外，还提供销售市场。半边缘区介于两者之间：对中心区部分地充当边缘区角色，对边缘区部分地充当中心区角色。三种角色共存是资本主义世界经济体赖以存在和发展的保障，关键在于核心区与边缘区之间存在着不等价交换关系，而不同地区资本积累的速度和程度决定着中心与边缘关系的重新安排。① 此后，资本主义世界体系不断向世界范围扩张，直到 19 世纪才完成。

## 三、现代世界体系的运作

根据沃勒斯坦的观点，现代世界体系一旦形成，便围绕着两个对立关系运行：一是阶级，即无产阶级和资产阶级；二是经济专业化的空间等级，即中心地区和边缘地区。而"不等价交换"和"资本积累"则是这个体系运行的动力。无产阶级保证资本家拥有足够的廉价劳动力，进而提高了资本主义积累的能力，同时也促进了资本主义生产活动的扩张。资本积累过程中不等价交换不仅存在于无产阶级和资产阶级之间，而且也存在于中心地区和边缘地区之间。世界范围内的劳动分工将世界分为三个地带，即中心区域（center）、半边缘区域（semi-periphery）和边缘区域（periphery）。"中心地区"和"边缘地区"之间的"不等价交换"是资本主义运转的基础，具体表现为边缘区域工人创造的剩余价值通过交换流入中心区域的生产商手中，致使两个区域的贫富差距不断扩大，中心区域的竞争优势和边缘区域的落后态势逐渐加强。换句话说，"资本主义世界经济体是以世界范围的劳动分工为基础而建立的，在这种分工中，世界经济体的不同区域被派定承担特定的经济角色，发展出不同的阶级结构，因而使不同的劳动控制方式从世界经济体系的运转中获利也就不平等"。但中心区域和边缘区域绝非固定不变，经过一定时期，以前的中心地区有可能成为边缘地区，而边缘区域有可

---

① Immanuel Wallerstein, The Capitalist World Economy, Cambridge：Cambridge University Press, 1989, pp. 160－161. 转引自徐红艳，《沃勒斯坦的世界体系论——要旨与评析》，《合肥工业大学学报》（社会科学版）2002 年第 16 卷第 2 期，第 97－98 页。

能发展成核心区域，这主要取决于不同区域资本积累的速度和程度。[①]

## 四、现代世界体系的周期和趋向

世界体系的"周期"（cycles）和"趋向"（trends）是沃勒斯坦关注的另一重要问题。"资本主义世界经济，就像任何其他体系一样，既有周期性的节奏，又有长期性的倾向，而且它最重要的一种周期性节奏就是康德拉捷耶夫周期[②]。"[③] 沃勒斯坦将康德拉捷耶夫周期应用于世界体系的分析之中，并主张应用比康德拉捷耶夫周期更长的周期来分析资本主义世界经济体系，即"特长周期"（150～300 年）。正如沃勒斯坦所描绘的那样："在某种程度上我们关心长时段的社会变化，我们的兴趣主要是较长的周期（longer cycles），即那些平均为 50～60 年，通常被称为康德拉捷耶夫周期，还有更长一些（200～300 年）的，有时也称为长周期（logistics）。"[④] 他指出，时至今日资本主义世界体系经历了三个"特长周期"：一是发生在工业革命之前的商业资本主义，从 1450 年到 16 世纪早期；二是工业化的初始时期，从 1750 年到 1897/1917 年；三是现在我们正经历着的工业资本主义，从 1897/1917 年至今。[⑤] 沃勒斯坦主张从政治和经济的过程来解释资本主义经济周期，认为尽管资本主义世界体系在经济、政治上不断出现"繁荣—平衡稳定—上升—衰退"这样的周期，但是有三种现象是呈持续上升的趋势：一是加入资本主义世界经济劳动分工的区域的比例；二是资本主义世界经济中主要依靠工资收入的劳动力的比例；三是以机器形式出现的资本有机构成的

---

① ［美］伊曼纽尔·沃勒斯坦，《现代世界体系：16 世纪的资本主义农业与欧洲世界经济体的起源》，高等教育出版社 1998 年版，第 194 页。参见宋新宁、田野，《国际政治经济学概论》，中国人民大学出版社 2015 年版，第 46—47 页；王正毅，《国际政治经济学通论》，北京大学出版社 2010 年版，第 236—237 页；樊永明，《西方国际政治经济学（第二版）》，上海人民出版社 2006 年版，第 122 页；张骥、齐长安，《沃勒斯坦世界体系论评析》，《世界经济与政治》2001 年第 11 期，第 16—17 页。

② 苏联经济学家康德拉季耶夫通过分析 18 世纪末到 20 世纪初英、法、美等资本主义国家的批发价格水平、利率、工资、对外贸易等 36 个统计项目，认为资本主义的发展过程可能存在着经济扩张和收缩的长周期，每个长周期为 50～60 年。在长周期的 A 段，经济扩张、价格上升；在长周期的 B 段，经济收缩、价格下跌。这一理论称之为"康德拉捷耶夫周期理论"。该周期理论认为，从 18 世纪末期以后经历了三个长周期：第一个长周期从 1789 年到 1849 年，上升部分为 25 年，下降部分 35 年，共 60 年。第二个长周期从 1849 年到 1896 年，上升部分为 24 年，下降部分为 23 年，共 47 年。第三个长周期从 1896 年起，上升部分为 24 年，1920 年以后进入下降期。

③ ［美］伊曼纽尔·沃勒斯坦，《资本主义进程中的长波段》，载《沃勒斯坦精粹》，第 253 页。

④ Immanuel Wallerstein, Report on an Intellectual Project：The Fernand Braudel Center 1976—1991, p. 2.

⑤ Immanuel Wallerstein, Long Waves as Capitalist Process, Review 4，1984，p. 571. 转引自王正毅，《国际政治经济学通论》，北京大学出版社 2010 年版，第 240 页。

比例。按照世界体系论的观点，当前已进入康德拉捷耶夫周期的 B 阶段。具体表现为：生产的收益下降，大的资本对收益的获取将转向金融领域，同时世界范围的工资水平降低，资本通过转移到工资水平更低的地区以得到更大的收益。①

　　沃勒斯坦承认，如同所有的历史体系，现代世界体系也将走向终结。积累的困境、政治合法性的困境和地缘文化论的困境决定了历史资本主义的未来前景。反复的垄断化（积累的困境）导致因竞争加剧、利润减少，而恢复利润水平的反作用行动引入政治合法性的困境；体系维持下去的前提和关键保证绝大多数人的忠诚，这必然要付出有限的剩余价值。同时资本主义文明强调个人主义，无限制地助长了一种所有人反对所有人的竞争。"每种困境都是从体系一开头便存在了"，"每种矛盾都达到了矛盾再也不能控制的程度"，② 资本主义耗尽扩张的空间，社会运动的压力不可能在不威胁利润最大化基本原则的情况下得到缓解，世界体系便陷入混乱状态，人们便会寻求并创造它的替代品，现代世界体系便走向终结。

---

　　① 张骥、齐长安，《沃勒斯坦世界体系论评析》，《世界经济与政治》2001 年第 11 期，第 16—17 页。

　　② ［美］伊曼纽尔·沃勒斯坦，《历史资本主义》，社会科学文献出版社 1999 年版，第 91 页。转引自张骥、齐长安，《沃勒斯坦世界体系论评析》，《世界经济与政治》2001 年第 11 期，第 18 页。

# 第六章 经济自由主义和保护主义
# 理念与政策之争

## ——聚焦国际贸易领域

贯穿在西方经济学说史几百年中一个争论不断的问题，就是一个处于"全球化"进程中的国家[1]，在其特定的发展阶段上，面对越加严酷的国际竞争环境，应该如何从自身的利益出发，认识和采纳具有自由主义或保护主义取向的理念和对外政策。我们知道，不同于一国国内政策，这些绝不仅仅是一个国家的内部事务，不受说三道四之人的影响和左右，相反，它们都属于"国际关系"范畴——一国的理念和政策必然对别国产生影响，必然引发他方的连锁反应，别人必定要对此加以评价，做决策时也必须考虑这些因素，不能一意孤行。这个问题，在国际贸易领域中最为突出[2]，史上不同学派经济学家对此也多有论述。总结经济学说史上的这些观点，可以给我们认识今天的问题，解释国家的决策思路和出台的政策措施，提供一些基本的借鉴。

从实践上看，近年来世界各国之间风起云涌的贸易战再一次推动国际贸易理论及其涉及的理念、政策成为热点争议内容。国际贸易是全球经济活动的基本内容和最初的形式，贸易摩擦也是自古有之，伴随贸易品的品种和数量增长而扩大。纵观国际贸易史，很少能找到两个国家在贸易量增长同时贸易摩擦减少的事实，只能看到两者增长不相匹配的现象——比如贸易品种和量增长得快，而摩擦增长得慢，或者摩擦增长快于贸易量的增长。对此，我们又能依据什么理论做出解释，并借此预测国际贸易的未来趋势？众所周知，贸易活动一直是拉动全球经济增长的引擎之一，但近期国际贸易走向并不令人满意——各方不是在有效地解决贸易摩擦，恢复危机前的贸易发展态势，反而扩大利益分歧，减少贸易数量，实行保护措施以求自身利益不受损坏，极而言之封闭思潮死灰复燃。这说明世界

---

[1] 不论发达抑或发展中国家。

[2] "如今，数以千万计的发达国家人民，也加入了新兴市场和发展中国家的反全球化队伍。民意调查，包括格林伯格（Stanley Greenberg）和他在罗斯福研究所的同僚的详细研究，显示贸易是一大部分美国人不满情绪的主要原因之一。类似的观点在欧洲也显而易见"。约瑟夫·斯蒂格利茨，《全球化及其新的不满情绪》，《联合早报》，2016 年 8 月 15 日。

贸易格局暗涌之下隐藏着即将到来的巨大变动。针对于此，对贸易领域的自由与保护理念和政策之争进行研究、分析，就具有重要的理论和现实意义。

# 一、自由与保护主义的理念及政策

## （一） 理念与政策的关系

这一部分主要研究自由主义与贸易保护主义的政策之争，涉及在国际贸易进程中各国所遵循的贸易理念和所采取的贸易政策的定义、背景、原因以及对比。先来看一下自由主义与保护主义所涉及的理念与贸易自由化和贸易保护政策之间的关系。何谓理念？应该说它与观念的关联度极大，凡上升到理性高度的观念即可认定为理念，因此它是一种看法、思想和思维活动的结果，更是一种认知领域的规律问题[1]。在本部分所述的国际贸易理念中，我们将它区分为两大类：贸易自由主义理念与贸易保护主义理念——尽管这两部分的边界不是那么清晰，而且这两部分在一定条件下也能相互转换，但毕竟都是人们思虑的结果，不是心血来潮的产物。这里所说的政策，指的是国家政权机关、政党组织和其他社会政治集团为了实现自己所代表的阶级、阶层的利益与意志，以权威形式标准化地规定在一定的历史时期内，应该达到的奋斗目标、遵循的行动原则、完成的明确任务、实行的工作方式、采取的一般步骤和具体措施，政策的实质是阶级利益的观念化、主体化、实践化反映，是从社会管理的角度出发的概念。这里研究在国际贸易领域，基于一定理念、特定利益关系和欲实现的目的，由政府出台并得到强制执行的政策措施，如英国的重商主义、德国的幼稚工业论和美国的凯恩斯主义等，它们不但有特定的理念基础，也有相应的政策手段、政策工具和预期结果。可将这些称为理念与政策的组合；另外，相较于单纯的理念，政策（政策内容、制定过程及实施）则要复杂得多，因为在不同经济思想理论支持下的贸易政策，不但包含对理念的偏好与选择，更重要的是取决于当时的时代背景和国家特征，包含制定者与受其影响者之间的利益博弈，肯定没有一个标准的公式或规则。也就是说，不能将理念与政策看成是"一对一"的关系[2]。比如，一国可能长久遵循自由贸易理念，但在特定历史条件下，该国所采取的贸易政策却与此背道而驰，推动着理念也发生倾向保护主义的偏转。金融危机后的英美诸国贸易保护主

---

[1] 这个解释归纳了"辞海"中关于理念的基本含义。

[2] 所谓一对一是指，有什么样的理念就有什么样的政策，而且总是不变的。

义抬头就是一个证据。即便如此，我们也不能轻言自由主义的理念和政策开始走下坡路而将进入垂死阶段。

### （二） 为什么自由与保护主义的理念和政策，在国际贸易领域中得到充分的展现

那么，为什么自由和保护主义的理念和政策分歧在国际贸易领域中体现得最为明显呢？国际贸易是指世界各个国家或地区在商品和劳务等方面进行的交换活动，它是各国或地区在国际分工的基础上相互联系的主要形式，反映了世界各国或地区在经济上的相互依赖关系以及在政治文化上的相互影响状况。它是一个宏观概念，即由各国对外贸易的总和构成，因此这里就有国家对外贸易的结构和进出口总量问题。不论结构还是总量，都反映一国与他国经济上的互相联系与交流，取长补短获得资源与市场，在竞争中实现财富增加与国际地位提升这样一个贸易目的问题。但是，政府主体（政府是国家的代表）究竟依据什么样的经济理论，制定什么样的进出口政策，这样的选择必将对结构和总量变动产生直接的影响，同时也必然反映政策和理念之间的分歧。如德国历史学派代表人物李斯特在支持贸易自由主义理念的前提下，提出了幼稚工业保护论这一政策基础，认为当一国处于落后的经济发展时期，开始采取适当的保护措施以扶持自己，自由贸易政策应当是在解决了生产力落后、国家的国际竞争力空前提升后的二次选择；凯恩斯也是在支持贸易自由主义这一理念的背景下针对美国经济危机、国内有效需求不足的萧条状况提出了国家干预政策，间接地影响到了美国当时参与国际贸易的进程。若再以与贸易有关的投资为例，经验数据表明，贸易经常是投资的前奏：若一国选择了经济开放这一理念，在和其他国家贸易关系取得发展之后，制定与外国相互直接投资这一政策便是必然之举，但按照传统贸易理论，贸易与投资却是相互替代有他无我的关系。在经济学说史中贸易理论和实践章节中，理念与政策之间分歧情况并不多见，但确实存在并在新近愈加明显——政策变量要远多于理念变量，它不是学者在书斋里的坐而论道，更重要的是要面对实际，要能切实有效，要平衡国内外各方面的利益关系。

从国际贸易着眼的另一个原因在于，它是最能够体现国内和国际问题之间联系的切入点。它涉及的领域复杂而宽泛，包括政府与市场之间的权衡与矛盾、宏观经济与微观经济层面的联系与过渡、传统安全与非传统安全尤其是经济安全之间的区别与对比等，它是这些对立与统一关系之间的重要交汇点。目前很多西方大国都在高唱着自由主义能够给各国带来利益的赞歌，四处宣扬开放给地球村带

来的众多好处。但在实际中，这些大国却往往实行贸易保护政策，政府对于与别国的贸易往来进行不适当的干预。理解他们这种言行不一的原因并加以分析和应对，是我们这些刚在国际贸易中崭露头角的新兴经济体需要重视的事情。关键仍然在于解剖理念和政策之间的联系和区别。

如何界定贸易自由和贸易保护？我们选取了两个角度加以分析，以互为解释和补充。毋庸置疑，无论自由主义抑或保护主义，都标榜自己坚持"国家利益"，但是分歧在于他们怎样认识国家利益。

首先，从国家利益载体角度考虑，自由主义支持者的观点建立在微观基础上。著名的美国战略家马汉早在一百多年前的《海权论》中就明确指出："自身利益是国家政策不仅合理而且根本的缘由所在，对此不用做什么虚伪的掩饰。按自身利益行事作为一个原则，一般不需要任何证明，虽然针对具体事例或许需要如此。"[1] 英国著名重商主义者和资产阶级思想家托马斯·霍布斯也曾经有过这样的表述："公民利益即国家利益。"[2] 不仅如此，经济学之父亚当·斯密也提出了"以公民的幸福生活为目标"的伦理思想[3]，衡量一国国民富裕程度，也应该用人均 GDP 而非一国 GDP 总量。他们认为公民个体的福利得失是衡量国家利益的主要标准：公民对个体利益的追逐不仅体现为对国家利益增加的贡献，更能促进国家利益的整体积累；而且公民利益受损、福利水平降低也意味着一国的利益减少、地位降低。与之相反，保护主义支持者的观点建立在宏观基础上，他们认为应该以国家整体为单位，一国的利益得失是衡量其福利水平的主要标准，当然，做此强调也不意味着他们绝对放弃个人利益。正如美国国际关系学者罗伯特·基欧汉所指出的，对于这些支持者来说"国家是一个统一的理性的行为体，它会仔细权衡可供选择的各项行动成本，并寻求预期效用的最大化，尽管这样做还存在着相当的不确定性和缺乏可供理性选择的足够的信息"[4]。这些支持者相对更关注"蛋糕是否做大了"，而较少将重心放在"蛋糕是否平均分配给每个公民"这一命题上，若某项政策能够使得整体国家利益增加，则这项政策便是可行的。

---

[1]　马汉，《海权论》，萧伟中、梅然译，中国言实出版社 1997 年版，第 248—249 页。

[2]　参见托马斯·霍布斯，《利维坦，或教会国家和市民国家的实质、形式和权力》（Leviathan or the Matter, Forme and Power of a Common Wealth Ecclesiastical and Civil；又译《巨灵论》）一书中的论述，1651 年出版。

[3]　参见亚当·斯密，《道德情操论》（The Theory of Moral Sentiments）一书中的论述，1759 年出版。

[4]　参见罗伯特·基欧汉，《霸权之后：世界政治经济中的合作与冲突》一书中的论述，1984 年出版。

其次，存在着这样一种现代观点，认为政府在贸易领域进行干预即支持贸易保护主义理念或采取贸易保护政策的目的，并不是要控制市场或者限制市场主体的活动以及决策，而是为了在市场无法合理配置资源时，纠正市场失灵、完善市场机制，以保证参与者公平、有效地参与竞争。既没有绝对的"看不见的手"，更没有绝对的"看得见的手"，只是其发挥作用的程度往往会因国别和时代背景等变量的存在而不同。但这里的问题在于，市场失灵的判定是复杂甚至艰难的，尤其是涉及国际贸易问题时，因为"全球市场失灵"明显严重于"一国内部市场失灵"，前者的判别不但十分困难，救治起来更因为各方难以采取有效的集体行动而归于失败，何况政策的实效性、实行时间和政策工具的选择也充满风险和不确定性。这些都将对自由贸易的进程产生消极影响继而损害国家、公民利益。所以，不干预不行，而干预也可能招致各方特别是他国反对——比如从本国企业就业考虑而竖起高非关税壁垒。政策制定者经常限于一种两难状态之中。

## 二、自由主义理念与保护主义理念的分歧

### （一）　国际竞争力的变化对理念形成有直接影响

按照多数经济学家的说法，在国际贸易领域中，各国政府持有的主流理念和政策[1]主要可以分为两个系列，即贸易自由与贸易保护。之所以这样说，是因为它的背景是一个正在进行着国际贸易的世界，即世界各个国家皆是参与国际贸易的主体，持有两种理念的国家皆认同开放，摒弃闭门锁国，主动参与国际贸易进程。两者之间的区别体现为：贸易自由主义理念支持者主张经济上的自由放任，反对政府采取干涉贸易自由的举措，而是将更多的决定权交予国际贸易市场，让"看不见的手"主导国家主体行为；而贸易保护主义理念支持者认为，国家政体的代表即政府应该在一国参与国际贸易时，实行限制进口的政策以保护本国商品在国内市场免受外国商品竞争，并向本国商品提供各种优惠以增强利于其出口到别国的国际竞争力的主张和政策，让"看得见的手"得到更大的控制权[2]。

一国参与国际贸易的结构和数量，是按照自身的比较优势和竞争优势，参与国际分工体系的结果，同时它们又在引导着国际分工和生产的未来。李嘉图的比较优势是一种静态理论，而今天决定一国在国际贸易和分工体系中地位的乃是竞

---

① 如上文所论述，是因时因地而不同，不可一概而论。主义代表的是理念，而自由化和贸易保护措施，是依据一定的理念采用的两种不同的政策。
② 参见贾格迪什巴格沃蒂，《今日自由贸易》一书中的论述，2004 年出版。

争优势，或者称为"动态的比较优势"，它也是决定一国国际经济竞争力之根源。究竟是持有贸易自由与贸易保护哪一种理念，跟产品乃至一国总体的国际竞争力有直接关系。简言之，当一国国际竞争力[1]较强时，他就倾向于支持贸易自由主义理念，有充足的信心和能力参与国际竞争取得贸易红利；反之，国力较弱的国家往往会采取一定限度的贸易保护政策，以保护本国处于起步期的产业免受外国企业抗衡而夭折于褓襁之中，这可以说是当今贸易自由与保护措施博弈的第一种情况。而第二种情况，即竞争优势迅速提升的国家，越发成为他国实施贸易保护措施的对象。美国经济学家曼戈贝拉[2]总结这两种情况，下断语说："当贸易伙伴的经济发展水平相当或悬殊时，自由贸易的好处可能是最显著的，而危险也是最小的。但在中间区域，尽管贸易经济体之间的发展水平和生产率不等，相对落后一方却处于相对发达一方的打击距离之内，此时贸易限制的可能性更大。"[3]按照这种分析，一国奉行何种贸易理念和政策，依据的是能否获得贸易红利或者面对的威胁：发展水平悬殊的国家国际竞争力的落差越大，双方进行国际贸易就能互惠互利，而赶超国际竞争力迅速提高的国家，则面对的来自老发达国家的保护措施的威胁就越大。我们认可这个结论，不但因其是从相对优势学说发展而来，具有理论依据，在现实中也存在丰富的证据：北美自贸区（NAFTA）由美国、加拿大和墨西哥三国组成，三个成员国彼此必须遵守协定规定的原则和规则，如国民待遇、最惠国待遇及程序上的透明化等来实现其宗旨，借以消除贸易障碍。三国之间发展阶段和国际竞争力的差异，使它们能够做到互通有无，互补互惠，货物互相流通并减免关税，而贸易区以外的国家则仍然维持原关税及壁垒。美墨之间差距大于美加，使得墨西哥出口至美国受惠最大。该自贸区成为经济全球化以来南北区域经济合作的成功范例，而国际间对于发达国家和发展中国家能否通过自由贸易实现经济的共同增长、迈向经济一体化的疑问，也通过这个案例，基本得到了消除。在自贸区建设期间，取得的成果主要有：促进了地区贸易增长和增加了直接投资、使发达国家保持经济强势地位而发展中国家同时明显受益、合作范围不断扩大等。这些成果证明曼氏断语绝非妄言：美国与加拿大之间发展水平相当、美国与墨西哥之间水平悬殊，这三国之间展开自由贸易的好

---

[1] 这里指的是总体竞争力，包括主要产业的生产、质量、创新程度和体制改革等宏观指标。

[2] 下面称此人为"曼氏"。

[3] 参见曼戈贝拉，《重新想象的自由贸易——劳动的世界分工与经济学方法》，2010 年出版，第 124 页，我们可以将此归纳为"以落差划定区域"，它说明实力与采取何种贸易理念和政策的关系。

处，是三国都受益；美加两国，由于对对方①关系相对友好，对国力悬殊国家②的戒备较为松弛，所以开展国际贸易和投资活动的危险和不确定性也就相对较低。反观我国改革开放初期，由于发展阶段和国力的巨大差别，美中双方的贸易和投资行为都呈现一种相互促进态势，没有过多的贸易和投资壁垒横亘其中。但是到了 2001 年中国加入 WTO 以后，国际竞争力与美国的差距正处于曼氏所说的"中间区域"，面对我国迅速增长的经济竞争力，美国无法将我国看作友国而进行自由贸易往来，又不能放松对一个崛起之势十足的潜在大国的警惕，故各项贸易保护政策接踵而至，严重阻碍了我国与其他国家乃至整个世界范围内的贸易自由化和经济全球化进程。

对贸易保护理念与政策产生的背景、理论依据进行纵向分析，我们可以发现，虽然人们早就认为自由贸易是更好的选择，但历史上为贸易保护所作的辩护从未停止过。其中绝大多数的辩护经不起严格的推敲，因此并不能为贸易保护提供充足的理由。但不可否认，少数关于贸易保护的论据对后世产生了深远的影响，不但得到了一些经济学家的认同，也受到决策者的青睐。这些主要的贸易保护观点可大致划分为两类：一类认为"自由贸易是最佳选择"这样的观点仅限于理论层面上，它的成立是以完全竞争市场、不存在外部经济性等一些苛刻的假设为前提的，即需要满足最优市场条件。但在现实世界中这些条件往往难以满足，诸如经济外部性、垄断等市场失灵状况的存在会改变自由贸易实施的预期效果。通常这类贸易保护主义观点以国内扭曲、市场失灵为理由，如贸易条件论、幼稚工业论等。以最佳关税论为核心的贸易条件论认为，从大国背景出发，政府征收适度关税可改善本国的贸易条件。这意味着关税有可能改善本国的福利水平，即实施贸易保护可获得超过自由贸易下的利益，这一点正是最佳关税论的核心思想③。它一方面关注国家目前的利益所得，同时也注意到，有时关税或其他的贸易壁垒虽然会在短期内造成本国福利损失，但在未来可实现一些潜在利益，只要未来获得的利益足以弥补现在的损失，那么保护仍然是有利可图的，也就是说在这种情况下，保护着眼于将来的利益，这便与幼稚工业保护论的观点联系起来。另一类则从收入再分配的角度出发，把贸易政策的制定解释成不同利益集团行动的结果，这类观点通常被统称为贸易政策或贸易保护的政治经济学，如反映了20 世纪 30 年代大衰退以后西方国家经济发展要求的凯恩斯主义等。

---

① 他们是具有同等发展水平的国家。

② 指墨西哥。

③ 从量上看，最佳关税处于禁止性关税和零关税之间。

　　从经济学说史的角度，我们更要关注自由与保护的理念的来龙去脉。当代欧美、东亚等国家与地区更多遵循的是贸易自由主义理念[①]。仅当一国经济落后于他国或面临经济危机的时候，或当一国原有优势面临威胁或即将失去的时候，或在一国爆发战争期间，该国就倾向于选择贸易保护主义理念和政策。如当今朝鲜、15 至 18 世纪从封建制度向资本主义制度过渡而处于资本原始积累时期的西欧、18 世纪处于农工业发展阶段急需通过保护国内市场支持幼稚工业发展的德国等，历史上不乏其例。幼稚工业论的观点，与前面所述曼氏"以落差划分区域"的理论具有异曲同工之妙：与发达国家竞争实力落差大的发展中国家，必须采取适当的贸易保护措施以培育自身的产业基础，贸易保护是他们为自身利益做出的选择；而崛起速度快的国家更多地面对来自发达国家的贸易保护，是发达国家强加在后起国家上面的。关于第一个方面，最早见于美国政治家汉密尔顿于 1791 年提出的幼稚工业论。真正引起人们注意是通过德国经济学家李斯特的论述，他在 1841 年出版的《政治经济学的国民体系》一书中详细阐述了幼稚工业保护的理论。在李斯特看来，一国实行贸易政策的原则是，其贸易政策必须同本国工业发展的进程相适应。李斯特认为，各国经济发展的历史都要经历 5 个阶段，即原始未开化时期、畜牧时期、农业时期、农工业时期、农工商业时期。不同时期应该采取不同的贸易政策。在农业时期，一国可以实行自由贸易政策，自由输入农产品，自由输出工业品，一方面可以促进农业的发展，另一方面可以培育工业基础。在农工业时期要实行贸易保护政策，对本国有发展潜力的工业，采取贸易保护措施，防止外国的竞争，实现本民族工业的建立与发展。在农工商业时期，当本国的工业已经有了相当的基础以后，可以采取自由贸易政策，并用先进的工业品打入别国市场，以获取最大的贸易利益机会。李斯特所主张的贸易保护并非是对所有工业的保护，而是对有前途的工业采取贸易保护。贸易保护也不是永久性的，而是暂时性的。一旦被保护的工业发展起来以后，就应该取消保护，因为它已经有能力与他国的相应产品竞争。关于保护手段的选择，李斯特认为，贸易保护的主要手段应该是关税。一国制定的关税水平要适当，既不能过高，也不能过低。他认识到，征收关税会使国内该商品的价格上升，消费者的福利受到损失。但是，随着本国工业的发展，该商品的国内价格将会下降，消费者将能够享受本国经济发展的长远利益，如果这种长远利益大于短期利益，该国就应该放弃贸易保护政策。在李斯特看来，这一选择对经济处在发展中的国家而言

---

[①]　在这些地区，一体化的水平和发展速度都比较高。

尤其重要。自由主义支持者虽然认为国家干预越少越好且应该尽量让市场发挥作用，但他们并非单纯地排斥、反对国家干预；同时，保护主义支持者在更加强调国家干预在国际贸易的进程中所发挥的重要作用时，也从未对参与国际贸易这一行为产生过质疑和阻挠：两者之间的争论主要存在于国家干预的力度和程度应为多大[①]

### （二） 理念与政策的区别绝不仅限于字面

正如前文第一部分中所提，贸易理念与贸易政策并非一一对应的关系，分清其间的区别对我们理解国际贸易的趋势极其重要。

第一，两者皆为集合名词，但由不同的因子组成：组成理念的因子分别来自史上的自由主义和政府干预思潮，比较纯粹而单一；而组成政策的因子则主要针对一国长远与现实的利益结构，不同利益代表者的势力及话语权的大小——这是就狭义层面而言。在广义层面上，一国政府所持有的理念，当然有其历史传统，比如英国和美国自由贸易的理念自洛克、斯密始便根深蒂固，改旗易帜不得人心。但政策的制定便不那么简单，首先要依据其时国情与面对的国际竞争态势，其次要按照民意来进行经常性的调整。当然我们说一国所制定的政策也皆是建立在已有的理念基础之上、以理念为前提的。但理念往往是相对于长期而言的，较为固定，更类似于一种行为准则和发展方向；而政策往往是灵活易变的，往往会与其理念产生偏差甚至背离，否则执政者就会被斥为迂腐，失去对基层的号召力。

第二，这里所说的理念和政策也并不具有绝对的、极端的和纯粹的性质，即不存在完全的贸易保护主义理念，更不存在完全的贸易自由主义理念。政策就更多元化了，可以粗糙地分成几种类型：总体上是贸易自由化，某些领域和行业的保护措施与之并行；总体上是保护的，但在某些领域或行业却是自由的；对外资进入进行保护，但又要求别国对本国资本开放大门，降低准入门槛等不一而足。任何国家在进行贸易理念的选择时，都只是选择了参与国际贸易的态度——从自由贸易中获得国家利益，也从保护措施的实践中得到国家利益。也就是说，选择了贸易自由主义的国家会在面临特殊情况时采取保护主义措施，如推崇自由贸易的美国在 2002 年 3 月曾以欧盟、日本等 8 国出口的钢铁产品损害了美国钢铁业为由，动用"201 条款"，宣布对多种钢材加征为期 3 年的进口税，税率总水平

---

[①] 　弗里德里希·李斯特，《政治经济学的国民体系》，华夏出版社 2009 年版。

达 30%；反之，虽然近年来各国贸易保护主义屡见抬头，但在面对他国低成本产成品或本国无能力成产的高附加值产品时，也依然会开放关口欣然接受，尽享国际贸易带来的好处。

一般来说，在国际贸易活动中较为成功的国家和地区，不仅能够取得世界上的资源、技术和思想，而且也能够保持决策中心的地位独立，按照自身所处的发展环境和目标来选择立场、处理问题。对这些经济体来说，自由贸易和贸易保护究竟要实施到什么程度并不重要，重要的是自己的理解和执行方式。比如：有些国家在实施贸易保护的同时，大规模地利用外资以发展本国的基础设施，如 19 世纪的美国；或者一方面增加贸易自由度，另一方面却又谨防本国企业不受外国控制，如 20 世纪中期的日本、韩国和我国台湾。

所以，就自由化与保护政策而言，之间虽区别明显，但也存在着不少因边界模糊而重合的部分。这是因为无论是自由还是保护，是政府干预还是市场主导，各国都在世界全球化进程中扮演着贸易参与者的重要角色，既然选择参与世界贸易，那么保护的程度和自由的幅度便难以进行量化分析。不仅如此，各国在奉行贸易自由主义理念之际，也会掺杂着贸易保护、政府干预贸易的政策，追求贸易保护主义理念时也不会绝对地拒绝贸易自由化政策。尤其是一些理论研究者在主张进行政府干预这种贸易保护政策建议时，出发点是为了纠正、医治市场机制的问题和不足，保护看起来是一种"缓兵之计"，实则体现出了对市场机制的认可和支持。但是这种重合部分存在，就为我们说明不同理念对应不同的政策、二者之间的关系，留下一个难以逾越的障碍。

### （三）　对国家利益的理解有别

其实，不管何种理念，都号称是服务于本国的国家利益。这就有一个对利益关系的理解和把握：存在国家利益的条件下，究竟以什么作为载体，获得什么样的利益才能让本国国民幸福？根本上看，国家利益是一个国家对外活动的出发点和归宿，也是众多国际关系理论课题研究的根本动因。对于任何主权国家来说，它的基本职责或义务都是尽可能多地实现国家利益，这是维持其自身生存和发展所必需。我们也可以认为国家利益的基本内涵是指一个国家在国际上生存和延续、保障国内公民安全与福利等诸多因素的综合。这也是我们研究国家利益的载体及衡量标准的意义。

如前所述，贸易自由主义支持者的理念出发点是微观基础，他们认为公民个体的福利得失是衡量国家利益的主要标准。同时，减少政府不必要的干预，让市场在全球有效配置资源，还能促进各国人民福利的增进。这正是古典经济学家拥护自由主义的立足点。正如亚当·斯密在《国富论》中提出的：人类有自私利己的天性，因此追求自利并非不道德之事。倘若放任个人自由竞争，人人在此竞争的环境中，不但会凭着自己理性判断，追求个人最大的利益，同时有一只"看不见的手（即市场）"使社会资源分配达到最佳状态。同时，他也认为如果自由竞争受到阻障，那只"看不见的手"就无法把工作做得恰到好处。他坚决反对政府对商业和自由市场的干涉，认为这样的干涉几乎总要降低经济效率，最终使公众付出较高的代价。与此同时，他还提出以"绝对优势"命名的国际贸易理论，憧憬着如若将市场机制推向全球，则参与国都可通过贸易进而影响本国分工而得利。其后继者李嘉图更是以"比较优势"发展了斯密的思想，认为自由贸易是利己利他的事，不管什么国家都能实现"共赢"结局。可见，古典学者[1]均以公民个体的福利得失来衡量自由贸易带来的利益——追求个体的效用最大化即自由参与国际贸易可实现整体的福利最大化。当然，随着国际竞争加剧，落后国家通过参与国际贸易和分工后来居上，逐渐蚕食发达国家占有的市场份额，即便在发达国家内部的不同行业企业，亦由于在劳动生产率和竞争优势上面的分化，导致贸易红利的重新分配——比起一国内部的竞争，置身全球化进程中胜败更加激烈。很多后来学者对此现象进行了上升到理论的重新阐释，比如曼戈贝拉在《重新想象的自由贸易》中提出了这样的问题：贸易收益可能并非在一切情形下都可以为全世界所共享，不仅企业，连整个生产部门、工人群体，甚至整个国民经济及全部人口都可能出现损失。所以我们说，尽管当今的国际贸易未必再现如古典学派所说的"共赢"，但如何在此活动中首先"利己"，或者在免受他国牵连的情况下还能获利，是现在从事国际贸易的国家或集团乃至个人的首先考量。经济学家无非是给这种行为做个注释：微观利益如果不保，谁还考虑国家甚至全球利益？即使国家公务人员也是受私利驱使的。从个人到集团再到国家乃至全球利益，人们的经济行为都是遵循着这样的程序。当个体利益得不到合理、充分满足的时候，无从讨论国家甚至全球福利水平上升与否。但是，当今形势下，"共赢"思想也未销声匿迹，因为如果参与贸易的国家都以邻为壑，为了自己的利益不择手段，最终是使共同利益受损，这也算得上是共识。基欧汉和约瑟夫·奈在《权力与相互依赖》一书中提出了他们的新自由主义国家利益观，认为：所谓"依赖"指的

---

[1] 我们这里所说的古典经济学家，包括在边际效用学派产生之前的对经济学贡献了理论体系和不同凡响观点的学者，比如斯图亚特·穆勒。

是为"外力所支配或受其巨大影响的一种状态";而"相互依赖"指的是国家之间或国际行为体之间相互影响为特征的情形。简言之,"互赖即互利"都要落实到微观上面,通过建立合理制度——自己好也让别人好,非如此不能维护自身的国家利益。①

　　而保护主义支持者的观点则建立在宏观基础上,他们认为以一个国家整体为单位,国家利益得失是衡量一国因参与贸易而带来福利多少的标准②。资本原始积累时期推行重商主义经济学的英国,统治者相信对一个国家而言,只有贵金属如金银等才是实打实的财富,这个国家如果没有贵金属矿藏,就要通过贸易来取得。③ 当时的学者们认为国家应该干预经济生活,由政府管制农业、商业和制造业以获得财富,提倡通过提高关税率以及其他贸易限制和贸易壁垒来保护国内市场。因为他们认为国际贸易是场"零和博弈",即不可能所有国家同时都有贸易顺差(出口大于进口),在任一时点上黄金总量也是固定的,所以一个国家的收益(富裕)总是以另一个国家的付出(贫穷)为代价。可以这么理解,当一国为发展进行积累的资本主义初期阶段,执政者只有着眼于一国的总体要素供给和总产出的实际,通过贸易保护措施的贯彻执行④,才可保障该国在其他各国经济水平普遍落后的时代背景下,以总体工业品成本低廉脱颖而出。可见保护主义支持者在分析贸易红利的时候往往将国家作为研究单位,即主要考虑如何将一国蛋糕做大,而忽视了蛋糕的国内分配问题,即个体和集团能否从贸易中获利。他们要求个体和集团无条件服从国家利益。这种从政治经济学中的现实主义视角出发的"主权至上"理念在现实生活中依然存在着:朝鲜是推行贸易保护主义的国家,它设置众多贸易壁垒而控制进出口,这种理念指导下的政策措施,显然不利于该国百姓享受全球化浪潮带来的诸多优势,他们不仅无法享受经过了市场竞争而更加物美价廉、种类丰富的世界商品,也无法提升本国科技水平和制度创新能力,不利于本国长远、可持续发展。从根本上看,他们是将一国的整体利益置于个体利益之前,认为只有当国家主体自身强大了,百姓才可从中分得一杯羹。

---

　　① 笔者注:这里的自由主义指的是与现实主义相对的国际政治经济概念,本文中的自由主义是与贸易保护主义相对的贸易领域概念,望注意区分。

　　② 当然国家利益首先体现为执政者和其支持者的利益,这是毋庸置疑的。

　　③ 笔者注:这也论证了贸易自由与保护之争的讨论前提是支持贸易,即不涉及开放与封闭之争。

　　④ 用政策保障低价的要素进口,扩大产品的出口市场。

## （四） 贸易自由与贸易保护主义理念与政策的国际比较

贸易自由主义与贸易保护主义两种理念形成，具有相当深厚的理论基础与历史根源。而在此基础上制定的政策措施，更要考虑到一国所面对的国内外竞争环境。一方面指本国正在处于的发展阶段，另一方面是与其他国家的比较。我们尤其强调后一点，这是因为制定贸易政策，必然要考虑其他国家的反应，为什么可能是这种而非那种反应以及我们在这种反应面前又该怎么做，关键在于比较不同国家国情的组成要素，进一步要分析它们在现行国际经济关系中的地位。

史上经济学家的分析曾给我们不少启示。继斯密"绝对优势"之后，大卫·李嘉图提出的比较优势理论，再经赫克歇尔和俄林两人共同在此基础上发展的要素禀赋理论，一度取代了斯密的绝对优势理论成为当代国际贸易的核心理论，这三种理论因为鼓吹按照优势组织生产，用低廉成本和价格进行国际竞争，政府政策应该符合这种规律，减少有违正常秩序的干预，所以它们均出于对贸易自由主义的支持。这种理论，实际上有它产生的肥沃土壤——当时英国和后来的美国处于资本主义快速发展时期，资本积累早已取代原始积累，代表国家生产力水平的各项指标排在各国之前，这种局面的形成，很大一部分来自培育和扩展本国相较于他国具有比较优势①的理念和政策措施。具体而言，促进具有廉价工业品出口，进口主要是原料和劳动力等便宜的生产要素。而此时流行的贸易类型主要指产业间贸易，因为附加值高的产业都被英美等发达国家把持和占据②。所以此时鼓吹自由贸易，反映了少数发达国家从贸易中得到更多好处的现实。而在战后，发达国家间国际竞争加剧，发达与发展中国家的差距凸显③，后者长期沦为不入主流的外围但又必不可少，它们对于前者的依附远大于前者对它们的依附。所以，很长一段时间以来，国际贸易大都发生在发达国家之间，不同于产业间贸易的产业内贸易日益增长。经济发展水平相近，要素禀赋相近的国家之间的竞争就越激烈，它们之间的贸易占国际贸易中的主要部分，传统的国际贸易理论也因此受到空前严峻的挑战。适应这样的现实，20世纪七八十年代以来，逐渐出现了与自由贸易政策相悖的理论：克鲁格曼、赫尔普曼、斯宾塞和诺曼等经济学家通过分析和论述对规模经济、不完全竞争市场条件下的贸易格局及其成因，提出了

---

① 在那个时代主要是劳动生产率的比较。

② 按照前述曼戈贝拉"以落差划定区域"的观点看，落差越大互补性越强，竞争性越弱。

③ 按照阿明和普雷维什的"中心—外围"观点，发达与发展中国家的差距系不平等的国际经济秩序带来。

战略贸易政策理论模型，开拓了贸易理论研究的新领域。所谓的战略性贸易政策，是指一国政府在不完全竞争和规模经济条件下，可以凭借贸易壁垒来扶持本国战略性工业的成长，增强竞争力，从而谋取规模经济之类的额外收益，并借机掠夺他国的市场份额和利润，即贸易干预能够增进国家福利。即便这些经济学家希望用国家干预的力量增强一国的国际竞争力，但在总体上，他们并没有试图用保护主义理念和政策来取代自由化的政策措施，反而希望政府在特定的场合特定的时期发力，推动本国企业更好地面对全球竞争新环境。

同理，历史上德国贸易理论和政策的演变，也说明了政府政策主导国家利益获取，始终是其核心和依据。抓住第一次工业革命浪潮到来的历史机遇，英国等先进工业国依靠亚当·斯密的自由贸易理论，凭借比他国更成熟的工业生产体系，试图以物美价廉的制成品打入德国占领对方市场，这对德国当时脆弱的民族工业构成强烈的冲击。由于该时德国产品无法与英法等国先进制造业产品相匹敌，贸易之门洞开无非是让本国制造业胎死腹中。德国经济学家李斯特意识到，如果听任和追随先发国家鼓吹的自由贸易，不对进口商品实行恰当的保护，那么这种贸易政策究竟反映谁的利益，不是显而易见吗？从德国的国家利益计，此时德国处于后发位置而亟须对本国落后的贸易产品进行保护，进而为本国制造业发展提供政策支持。这就是幼稚工业保护论的背景，目的在于实现"后进国家超先进国家"的逆转①。后来，德国逐步实现了李斯特的设想，在"一战"前便已完成了以重工业为主的大型工业体系建设，成为发展程度仅次于美国的世界工业强国。在制造业强大后转而推行自由贸易，因为其竞争实力已经可以与他国最好的产品抗衡。可见，19 世纪初期，作为一个相对落后国家的德国要想迅速崛起，与英国等工业国家分庭抗礼，不仅需要进行制度变革等深层次的革命，更急需通过一个强有力的政府推行贸易保护政策来发展本国工业，吸收现行工业国家的生产力和先进技术。在成为工业强国后的今天，曾对本国发展具有重要意义的、保护主义取向的理念和措施，就成为发展障碍，不合时宜的明日黄花。

经济分析最重要的是理论联系实际。就我国实际情况而言，从贸易保护向贸易自由理念和政策的转化，也是来源于发展各阶段执政者对当时经济发展状况的认识及其与其他国家之间关系的分析。鸦片战争前，清政府拒绝参与国际贸易，采取闭关锁国政策，"天朝之大无奇不有"，谈不上选择贸易保护主义还是贸易自

---

① 参见 [德] 弗里德里希·李斯特，《政治经济学的国民体系》（华夏出版社 2000 年版）一书中的论述。

由主义。至于这种理念的形成基础，也是由于清朝政府对当时形势和本国国情的错误判断：政治上希望维护封建王朝的极权统治，并且认为天朝物产丰富不屑于外夷之补给；同时高估了自身与当时英法德等国的实力对比，错将借鉴与防护的关系认识为高人一等的大国之态。这种闭关锁国政策扼杀了国家发展和变革的动能，直至最终被自己积累的弊端断送。而我国当今的改革开放，代表了我国所遵循的贸易自由主义理念：绝不小觑世界各大强国的经济实力，积极发展中国特色社会主义市场经济、设立沿海经济特区以推动出口贸易，通过与别国的竞争与合作关系而进行本国经济的发展。其间所采取的政策、举措虽常指向贸易保护政策，却不违反我国支持贸易自由主义的思想理念。

## （五） 贸易自由主义与贸易保护主义对市场机制的态度

前面已说，贸易自由主义理念和减少政府干预，让市场发挥基础的配置资源作用具有天然的联系。但是自由主义也不是取消政府在宏观经济生活中的作用，它倾向于支持经济与社会政策对市场机制弊端的纠正，希望政府仅在国际贸易市场失灵而无法及时自动恢复时进行干预与协调。届时政府制定的新政策仅需对市场运行偏离预设轨道之处进行整改，但仍保留并认可市场的主导作用，一旦市场运转良好政府便及时退出或采取旁观态度，让市场机制"看不见的手"来配置社会经济资源。而贸易保护主义理念则更倾向于经济与社会政策对市场机制的取代作用，即认为市场通常无法合理、有效率地配置国际生产资源，尤其无法调节和补偿贸易中"失意者"[①] 的利益和损失，政策应当经常性地发挥主导作用，市场也应"退位让贤"，总之是不相信市场的作用。

凯恩斯主义的出笼，迅速成为美国政府挽救深陷危机中经济的灵丹妙药，就很清楚地说明了这个问题。在其论著《就业、利息和货币通论》中凯恩斯比较系统地阐述了自己的观点。在他看来，一国在没有政府干预的情况下，国内有效需求可能不足。开放经济的条件下，奖励出口、限制进口是一国总的需求政策的一部分。他认为重商主义合理的、科学的成分未被人们认识到，即奖励出口而限制进口有重要的科学依据。他指出，一国对外的净投资决定于贸易差额的大小：一国的贸易收支顺差越多，对外净投资就越多；同时贸易收支顺差越多，本国的货币供应量也就越多；而货币供应量的增加，则有助于国内贷款利息率的下降，从而会刺激私人投资的增加，进而提高有效需求。因此，国际贸易收支顺差可以从

---

① 并非因为自身劳动生产率低竞争不过别人，而是有其他原因。

两个方面促进有效需求的增加：一是一国净出口的增加，其本身就意味着本国有效需求水平的提高，进而导致国民收入的提高；二是通过贸易收支的顺差，直接影响国内货币的供应量，从而压低国内利息率，刺激国内的私人贷款，增加私人的消费和投资需求。基于上述传导机制，凯恩斯指出，政府应该关注，进而应该干预对外贸易，采取奖励出口、限制进口的做法。需要注意的是，我们不能将凯恩斯的贸易保护主义理念及所实行的贸易保护政策单纯地与历史上的重商主义等量齐观。凯氏指出，这种贸易收支的顺差不可以无限量地增加下去，因为当贸易收支顺差过大时，国内的货币供应量就会过多，从而使商品价格过高，影响本国商品在国际市场上的国际竞争能力。另外，贸易收支过度顺差还会使本国的利息率降低，进而引起资本外流，造成本国投资的减少。因此在凯恩斯看来，政府干预、保持贸易收支的顺差不是一个长期目标，这只是在一国有效需求不足的情况下才偶尔使用的手段。从表面上看，拥有"宏观学派"头衔的凯恩斯经济学反对自由放任，强力主张国家干预，认为"看得见的手"即政府在保障经济平稳运行过程中具有重要作用，排斥市场功能的正常发挥。实际上，这是一种误解。只有在经济大萧条的时代背景下，国家干预主义才能应运而生，长期推行的自由主义对市场不加干预政策导致的市场失灵积重难返，运用国家力量发挥政府作用，让宏观经济起死回生，便是必然选择，而且也开创了"看得见的手"调节经济的全新局面。但这并不改变资本主义市场经济的本质。

还有一种与其相反的观点——以弗赖堡学派为例。弗赖堡学派也称联邦德国新自由主义，是在 20 世纪二三十年代逐渐形成的新自由主义学派。其代表人物瓦尔特·欧肯提出了经济自由加秩序的理论主张，认为政府的任务是保证竞争的完全与充分，即给予尽量少却又有必要的干预，以最终实行体现市场自由与社会公平的完善的社会保障体系。不同于亚当·斯密主张最大限度地放任自流，也不同于凯恩斯主张国家干预，德国新自由主义希望塑造的社会市场经济体制与两者既相似又有区别，反而更像是介于两者之间的模糊地带：在漫无限制的绝对自由和严格的政府管制之间寻找一条理想和完善的中间道路，这种理想的社会发展的第三条道路就是"社会市场经济模式"。即以自由经济为基础，吸收集中管理的理想成分而构成。从微观上看，主张广泛发挥市场机制的效能，相信市场能有效配置资源；从宏观上看，则要保护和维持社会经济秩序，以防止社会动荡和混乱。因此，"社会市场经济模式"是指一种理想的，市场、政府和社会各负其责风险共担，既充分发挥市场经济所具有的全部有效机能，又让政府和社会有事可做该出手时就出手，保证生产力的发展、技术进步与个人自由达到完全协调一致的新的经济发展模式。虽然如此，我们依然认为该学派的基本立场是自由主义，按照有条件的自由主义原则来制定经济政策，保障市场经济正常运行的外部法律环境和秩序。简而言之，就是依靠法治与国家政权的力量来实现并保障完全竞争局面。弗赖堡学派认为干预是为了更好的自由。这种以付出巨大成本才能纠正市场失灵的政策，并未取代市场配置资源的基础作用，其特色仍是依靠法治与国家政权的力量来保证和实现国际贸易市场的自由竞争。

综上所述，我们可以换一个角度来理解问题，在如何建立宏观上有序、可控的经济秩序上，自由主义和保护主义两者之间存在着分歧。所谓的经济秩序是指针对经济利益关系的一种规范和准则，它对宏观经济的协调和有序运行具有重要的作用，秩序和规范准则之间是一种函数关系。贸易自由主义的捍卫者们认为应该让市场自发地起作用，早期的亚当·斯密、李嘉图等人和现代的克鲁格曼、巴格沃蒂等人皆支持此观点，认为市场是有能力合理有效地配置资源的，也就是说经济秩序的主要建立者应该是市场机制；而哈耶克学派、弗赖堡学派和公共选择学派等则更加支持建构主义，即一个有效的经济秩序离不开政府的合理干预，把更多的主导权赋予政府，相信政府能够更有效率地进行有限资源的合理分配，即应该依靠政府所具备的外在力量来建立宏观、可控的经济秩序。

## 三、贸易领域中的自由化与保护政策

### （一）　国际贸易政策的倾向性

美国经济学家巴格沃蒂在《今日自由贸易》的序言中曾经说过："我们不仅必须在学术上保持领先地位，也必须参与到政策制定领域里去改进政策。"[①] 国际贸易政策是指各国政府在一定时期内对进出口贸易所采取的政策。其中自由贸易政策主要是指政府取消对货物和服务贸易的限制作用和障碍、取消对本国货物和服务贸易的各种特权和优待，使货物得以自由进出口、服务得以自由经营而在国内外市场上进行自由竞争的政府举措；而贸易保护政策指的是政府广泛利用各种限制进口和控制经营领域与范围的措施，保护本国货物和服务在本土市场上免遭外国货物和服务的竞争，并对本国货物和服务的出口给予优待和补贴，借以加强其在国际市场上的竞争力的政府举措。要特别强调的是，理念与政策不同：政策变量更为灵活丰富，亦因面对更多元化的利益关系做适时调整，一般观点认为

---

① 　贾格迪什·巴格沃蒂，《今日自由贸易》，中国人民大学出版社 2004 年版，第 11 页。

在不同发展阶段所实行的政策，应该与官方倚仗的理论相对应，但这不是绝对的。我们这里所涉及的各项政策与措施皆不涉及开放与封闭或计划经济与市场经济之分，讨论的前提和背景都是开放的市场经济条件下的贸易自由化与贸易保护政策。

相当大的程度上，国际贸易进程即是全球化的进程。[①] 虽说经济学家将贸易自由的程度和水平与全球化的阶段、进程相联系，但不同于出现时期较晚的全球化浪潮，贸易活动在人类文明产生之时便已开始了。而国际贸易关系更是早已引发了各个国家主体强烈的积极或消极情感。[②] 虽然，关于贸易自由程度与全球稳定发展水平呈现正相关关系的论述最早可追溯到 17 世纪，但贸易冲突在中世纪开始时便已司空见惯。当然在那个年代，鉴于贸易规模小，贸易产品种类不多的情况，这些冲突对国际间的互通有无和互惠互利关系，并不具有强大破坏力。但国际贸易如果搭上全球化和网络发展的快车，其中的冲突也必将强化甚至升级到"贸易战"，则潜在的损害会相当可怕，有可能超过全球贸易红利。全球化浪潮的推动力对国际贸易活动已经产生了极大的影响：战后 1950 年到 1973 年，国际经济总产值以平均每年 5.1％的速度在增长，而国际贸易的年平均增长率则为8.2％。这两个数值到了 1974 和 2007 年，则分别是 2.9％和 5.0％。不断深化的各国之间的相互依赖关系，不但推动了国际交流合作，也在经济下行压力和经济危机来临时，让已有的国际贸易关系更加敏感而脆弱，如 2008 年全球金融危机引致的全球生产和贸易量急剧缩减，该趋势源自发达国家然后蔓延到发展中国家，对世界经济产生了严重的消极影响。

当今全球化条件下，各种跨国界的社会团体常常会对国际贸易活动产生极具影响力的看法，例如，依靠进出口和全球价值链生产的跨国公司往往会支持本国政府制定的自由贸易政策和签署自由贸易协定，但以国内商品市场、劳动力市场和原材料市场为导向的民族产业，则担心外来竞争会影响自身发展更倾向于反对自由贸易政策，抵制本国政府已经签署的双边或多边自由贸易协定，同为企业但对待国际贸易的态度大相径庭。与此同时，很多社会团体如工会、非政府组织等，也会出于对自身理念和现实利益的保护，反对包括世界贸易组织（WTO）和地区贸易协定（RTAs）在内的国际组织和机构的权力扩张。所以，国际贸易活动是一个饱含争议的领域，相关利益集团甚至民众总是倾向于将自身福利水

---

① 贾格迪什·巴格沃蒂，《今日自由贸易》，中国人民大学出版社 2004 年版，第 3 页。
② Theodore H. Cohn，《Global Political Economy》，2012 年版，第 168 页。

平、利益得失，作为对本国乃至国际组织贸易政策制定的影响因素，通过寻找代理人或是游说等行动意图将自己的诉求加于其上，却有意无意地忽略货币政策、财政政策、产业政策和投资政策对福利水平的重要影响。相比而言，贸易对人们的利益影响更直接，是得是失立马见效。

主张采取贸易自由化政策的理论研究者们，将国际贸易活动看作正和博弈，他们认为贸易对所有参与者都是有益的；而提倡实施贸易保护政策的经济学家，如国际政治经济学中的现实主义者，则认为贸易的竞争性会导致各国竭力增加出口而减少进口，从而保持本国国力稳健；某些坚持依附论思想的学者，认为国际贸易是一种变换了形式的不平等交换，先进的资本主义核心国家出口附加值高、技术含量高的制成品甚至服务业产品，同时从相对较不发达的边缘国家进口原材料等初级生产要素，对发展中国家进行变相的剥削——这些都将加剧国家间的贫富差距与不平等，降低竞争力较低国家的国民的福利水平。可以说，反对自由贸易的理念和政策措施也在不断发展、更新花样，新的理念层出不穷，然而，从亚当·斯密和大卫·李嘉图至今，自由贸易的理念和政策却一直占据主导地位，这不仅因为理论上的证明——如斯密认为自由贸易所带来的收益来自各国的绝对优势，各个国家都倾向于生产并出口本国最具专业化的产品，如若法国生产红酒比英国更高效（以劳动生产率来衡量），而英国在布料生产上更为擅长，则通过各自进行专业化生产而相互贸易将使得两国均从中受益。而李嘉图则认为，即使不存在绝对优势，各国也能从贸易中获利——因此他的理论要比斯密的更具说服力。他在其著作《政治经济学及赋税原理》中有过详细论述：即使葡萄牙在制酒业和布料生产上均不如英国，亦可通过与英国交换布料、自己生产葡萄酒而从贸易中获利[①]，而且，代表现时代全球经济发展的主要力量——跨国公司和新兴市场国家，它们过去的发展和未来愿景，都依赖于全球要素流动和更开放的全球产品市场，对自由贸易政策必然有强烈需求。

## （二） 国际贸易政策的历史演变

一个国家的对外贸易政策是该国在一定时期内对进出口贸易所实行的政策。既然它是作为国家总的经济政策的组成部分，就必然是在坚持本国国家利益的前提下，为本国经济发展和对外和谐相处服务的。不论什么国家的对外贸易政策，都会随着世界政治、经济与国际关系，本国在国际分工体系中地位，以及本国产

---

① 参见大卫·李嘉图，《政治经济学及赋税原理》一书中的论述。

品在国际市场上竞争能力的变化而不断变化。在不同时期，一个国家往往实行不同的对外贸易政策；而在同一时期的不同国家，实行的对外贸易政策也大有区别。

其一是历史上的重商主义：15 至 17 世纪是资本主义生产方式的萌芽时期，为完成资本的原始积累，英、法等欧洲国家信奉重商主义的学说和政策，积极推行国家干预对外贸易的做法，采取严厉的贸易保护措施。英国威廉斯·塔福为代表的早期重商主义者认为，只有金银货币才是国家财富，而获取金银必须通过对外贸易顺差的办法，非如此不能在国内积累货币财富，把贵重金属留在国内。因此，由政府直接垄断或管制对外贸易，采取一系列行政法律措施，严禁奢侈品进口和金银出口。在重商主义晚期，工场手工业和航海运输业迅速发展，代表商业资产阶级利益的托马斯·孟等人，结合资本主义发展对货币的需求，认识到不应当对货币的流动过分加以限制。于是，政府由管制金银进出口变为管制货物进出口，试图用更多的出口来获取贸易顺差和金银进口。除了提供原料进口优惠外，政府还对其他进口货物实行保护关税的种种限制措施，同时采用各种强有力的政策手段奖励出口。在此时期西欧各国普遍推行的是典型的保护贸易政策。

其二是开放条件下一国同时实行贸易自由化和贸易保护政策：18 世纪中期到 19 世纪末，资本主义进入自由竞争时期。西方国家的政府在资本主义经济基础上制定了适合工业资产阶级利益的对外贸易政策。但由于各国工业发展水平不同，所采取的贸易政策也不完全相同。英国在产业革命后，工业迅速发展，"世界工厂"的地位得以确立并巩固，其产品具有强大的国际竞争力。另外，英国需要以工业制成品的出口换取原料和粮食的进口。为此，资产阶级迫切要求国内外政府放松对国际贸易活动的限制。经过几番长期斗争后，英国政府在 19 世纪前期逐步奠定了此后实行不间断自由贸易政策的基石——当时的自由贸易政策是国家对进出口贸易不设立任何障碍，更不进行干预，从而让本国商品在国内外市场参与自由竞争，当然不排除对少数产品的保护，所以总体上是一种开放性的贸易政策。与英国形成鲜明对照，美国和西欧的一些国家如德国、日本则推行总体上的保护贸易政策。其基本原因在于这些国家工业发展水平不高，经济实力和商品竞争能力都无法与英国相抗衡，需要采取强有力的政策措施以保护本国的幼稚工业，避免遭受来自英国等国商品的竞争，因而逐步实行了一系列鼓励出口和限制进口的措施。国家制定了各种限制进口的措施，目的则是保护本国市场免受外国商品的竞争，并对本国商品给予优惠和补贴，以鼓励商品出口。总体上看这一时期的贸易政策以保护本国"婴儿"工业为主，当然对具有国际竞争力的产品除外。

其三是发达国家奉行的超保护贸易政策：从19世纪末期到第二次世界大战期间，资本主义发展进入垄断时期。此时，欧美许多国家完成了产业革命，工业得到迅速发展，垄断非但没有消除竞争，反倒使其更加激烈，同时市场矛盾也更加尖锐。尤其是1929年到1933年发生的世界性经济危机，就是"生产过剩同劳动人民有支付能力需求"矛盾进一步激化的写照。在危机面前，各国为了缓解过剩危机，救治本国经济，必然要求垄断国内市场并同他国争夺国外市场，这样便纷纷实行超贸易保护政策。这里的超贸易保护政策是一种侵略性的贸易保护政策，同自由竞争时期的保护贸易政策相比存在明显差异——它不是防御性地保护国内幼稚工业以增强其自由竞争能力，而是保护国内高度发达或出现衰落的垄断工业以巩固国内外市场垄断；保护的对象不是一般的工业资产阶级，而是垄断资产阶级；保护的手法也趋于多样化，不仅仅是高关税，还有其他各种奖出限入的措施。

其四是贸易自由化：第二次世界大战后到20世纪70年代初，经过世界政治经济力量重新分化组合，美国的实力得到空前提高，强大的经济实力和膨胀的经济使其既有需要又有能力冲破当时发达国家所流行的高关税政策；日本和西欧为了战后经济的恢复和发展，也愿意彼此放松贸易壁垒、扩大出口。此外，国际分工进一步深化，又推动生产国际化、资本国际化的深化开展，而跨国公司迅速兴起，迫切需要一个宽松的国际环境以推动商品和资本的国际流动。于是，这一时期发达国家的对外贸易政策先后出现了自由化倾向。这种倾向的主要表现是大幅度削减关税和降低或撤销非关税壁垒。

其五是新贸易保护主义：这里，新贸易保护主义中的"新"是相对于自由竞争时期的贸易保护主义而言的，它形成于20世纪70年代中期。在资本主义国家经历了两次经济危机的基础上，总体经济形势显现衰退并逐渐陷入滞胀的困境，民众就业压力增大，经济增长缓慢通胀居高不下。在国内经济艰难的情况下，产业垄断资产阶级和劳工团体纷纷要求政府采取保护贸易措施。此外，由于工业国家发展不平衡，美国的贸易逆差迅速上升，其主要工业产品如钢铁、汽车、电器等不仅受到日本、西欧等国家和地区的激烈竞争，甚至面临一些新兴工业化国家以及其他出口国家的竞争的威胁。在这种情况下，美国一方面迫使拥有巨额贸易顺差的国家向其开放市场，另一方面则加强对进口的限制，因此美国成为新贸易保护主义的重要策源地。美国率先采取贸易保护主义的措施，引出了各国贸易政策的连锁反应，各国纷纷效仿，致使新贸易保护主义得以蔓延和扩展。

总起来看，20 世纪 70 年代以来的这段时期，虽然新贸易保护主义等盛行，但在 GATT 等国际组织的不断努力下，自由贸易还是国际贸易的主流趋势。1993 年 12 月，乌拉圭回合一揽子协议的达成、1995 年 WTO 的成立逐步确立了国际贸易的新规则和组织体系。与 GATT 相比，WTO 具有法人资格的永久性、管辖范围的广泛性、各成员体承担义务的一致性、协调机制的权威性等特点。目前 WTO 成员的经济贸易占世界经济贸易的 95％以上，通过 WTO 的协调管理，一个完整的包括货物、服务、与贸易有关的投资以及知识产权等更具活力、更持久、更稳定的多边自由贸易体系正在形成和完善。上述各种新贸易保护主义的倾向，没有改变自由贸易的主流趋势，但使自由贸易与保护贸易的矛盾和斗争变得更加复杂。

### （三）　理念和政策分野再研究

正如之前所论，政府所制定的各项政策均是建立在之前偏好的理念基础之上的。我们可以将一国所奉行的理念假想为一棵大树的主要枝干，按阶段按时间顺序所依次奉行的各项政策措施皆是这条主干上的分支。纵使方向与主干会产生程度不同的偏差、背离甚至逆向生长，其养分的来源皆是这主干所赐，一旦主干受损，所有分支均失去了继续生存的可能。贸易自由化和贸易保护政策之间的博弈也是如此，它们自国际贸易产生以来便时刻进行着。比如说，自由贸易政策自亚当·斯密的绝对优势理论、李嘉图的比较优势理论、穆勒与马歇尔的相互需求理论和赫克歇尔与俄林的生产要素禀赋理论问世以来，一直是国际贸易政策中的主流。但在这期间里，许多经济学家也在利用"市场失灵"和"市场扭曲"等概念动摇自由贸易理论的根基，罗伯特·托伦斯在 19 世纪中期提出在一个国家"外部"市场发生失灵或者扭曲时，相较于最优关税来说自由贸易政策已不再是最优的选择了；希克斯在 20 世纪中期也曾提出"现有的自由贸易在大量的失业面前无能为力，而对进口的限制可以有效帮助减少失业"。但相比贸易自由主义，贸易保护主义的理念从来没有占据上风。

理念上未曾占据上风，并不代表保护主义政策不会蔓延。理念和政策的这种分歧之所以在贸易领域特别明显，是由于贸易政策变量既多元又特别灵活，往往会因为现实经济形势的细微变化甚至趋势而变动，有点像股市中的股价，经常被一些人们平常并不经意的信息左右而发生剧烈波动。在全球化程度日益加深的当今世界，国际贸易也受政治、经济、文化甚至恐怖主义各种因素的影响，而且它在国际经济中的地位和对各国产生的作用越来越大，在此情况下，贸易政策是倾向于自由化还是保护化，将直接影响甚至决定投资自由化的程度与全球化金融发展的水平，而投资和金融又是当今世界的重要领域与行业。贸易作为世界各国互相联系与产生关系的纽带以及连接机制，会对世界经济造成"牵一发而动全身"的影响。所以，无论是老牌工业强国如英国和法国，还是后来居上的美国、欧洲，或是现代的后起之秀东亚各国，若想走上经济发展、国力强盛的道路，实现本国财富和地位的双丰收，都必须积极参与国际贸易而融入全球经济。从经济学说史上看，众多的经济学家、国际问题的学者，对于如何进行国际贸易、参与国际贸易的态度与方式、在什么条件下采取自由化政策或贸易保护政策等问题也展开过跨世纪的激烈争论。

## （四） 选择贸易政策的因素——利益集团问题

我们前面说过，一国的贸易政策主要可以分为两种类型：侧重自由与侧重保护的政策。两种政策分别受哪些因素影响呢？印度经济学家迪克西特曾经说过："20世纪后半期，贸易自由化给人们带来了巨大的利益，尤其是那些抓住了这次机会的发展中国家。然而现在这些利益正受到特殊利益集团的威胁。"笔者认为，迪克西特所说的"特殊利益集团"主要是指一国国内的利益集团——不论发达国家还是发展中国家都存在这种特殊的利益集团，大致可分为两种——一种是因参与贸易行为而导致利益受损的利益集团，另一种是在国际竞争中竞争实力较差的利益团体。2014年8月开始美国对从墨西哥进口的糖征收最高17%的关税，虽然颇有影响力的美国制糖行业由此赢得决定行业兴衰的关键一役，但美国国内糖果和软饮料的生产厂商却因此受到大幅冲击，面临因主要原材料糖类的提价而导致的成本增加、利润降低的局面。美国经济学家保罗·克鲁格曼曾在他的著作《国际经济学》中阐述过这样的例子：相较于其他国家，美国在制糖行业并不具备比较优势，如若通过从外国进口而释放本国制糖而需要的生产资料进而投入到更具比较优势的行业和领域，不仅将实现有限资源的更有效配置，也可利用规模经济优势来实现美国更擅长的高新技术领域的整体进步进而改良整个社会的生产结构，最重要的是国内消费者能够因降低了的糖类及含糖食品的价格得到福利水平的提升，由此增进美国整体福利水平。虽然制糖业的从业人员将面临更加激烈的国际竞争甚至失业危机，但经过贸易带来的国内结构调整，将使本国消费者可以以更便宜的价格购买糖类产品，同时又将有限的资源流入效率更高、利润更大的行业中去，整体来看，糖类贸易所得远大于成本。但这未必能行，盖因制糖业工会作为实力雄厚、难以抗衡的国内利益集团，为了保护工人集体的利益而对政府进行糖类贸易的行为进行了抗议和阻挠。在这里，美国制糖业工会作为国际贸易的利益受损方掀起了国内关于贸易自由化和贸易保护政策孰优孰劣的激烈讨论。

当然，各利益集团之间的博弈也对国际贸易深有影响。经济学家赫尔普曼在《理解全球贸易》中曾经说过："在李嘉图等经济学家的世界里不存在分配冲突，因为他的假设能确保所有收入归于工人并且所有的工人得到平等报酬。但有必要引入分配冲突，由此我们应该区分不同类型的工人，或者区分劳动和其他生产要素，例如资本和土地。"还以上面的例子进行分析，如果废除糖类自由贸易政策，美国民众就必须消费本国高成本的食糖，但这部分成本大多分配到众多以糖类为原材料的产品价格中去了，这些产品作为生活必需品，其需求的价格弹性较低，且分摊后价格增加幅度较小，消费者甚至可能感知不到自己的福利受到了侵害，也就并不会产生对贸易保护政策进行抗议和反对的动力。与此同时，制糖业中的工人却因保住了工作，他们赖以生存的行业受到国家政策的保护，自然会激发他们支持这项贸易保护政策的动力和积极性。可见，国内特殊利益集团因其地位的重要性、行业的敏感程度、对政治决策的影响力度等变量，而对两种政策的制定起到重要影响。

另外，出于对政治方面的考虑而影响贸易政策的制定和施行的利益集团的存在也是不容小觑的因素。一般这种利益集团的资金和活动却没有受到法律严格的限定，并且其本身往往资金雄厚，足够其利用自身实力优势，通过经济来影响政治，再利用政治去影响国际贸易政策的制定和实施。这种情况在西方世界十分常见。政府绝对不会忽视利益集团能够带来的政治影响力：各大企业、财团通常通过对政府提供经济支持以提高政府执政能力，进而得到更有力的、实力增强的政府回报。这种回报大多涉及与利益集团息息相关的国际贸易政策的制定和实施。政府作为国体的代表，追求着整体国家实力的增强和主体政治力量的提升，因此会本着实现政治支持最大化、最高效化的目标，在众多消费者和少数利益集团之间选择政治影响力弹性更大的后者。政府在得到了利益集团的政治支持后，会做出更符合利益集团利益追求的政治决策———一般来说，对特定利益集团有利的贸易保护政策。原因前面已述：采取贸易保护政策也许会对部分公民个体造成负面影响，如失业率的增加、生活必需品价格的提高和品质的下降、无法通过学习借鉴别国高新技术而对自己产业进行升级更新等。但利益集团因此而得到的福利水平提升将在短期内抵消个体福利水平下降，一旦在利益集团较为敏感的行业开展自由贸易和完全竞争，其引致的利益集团的利益损失将较为明显，导致利益集团通过经济实力动摇政府的政治实力。

### （五）贸易政策选择的国际竞争力角度：相对商品价格

不管是贸易自由化或是贸易保护政策，都说明了两个主题：就一国内部而言，贸易政策的制定和实施应该有利于促进国家在各方面的进步——经济、政治、文化、综合国力等。因此无论是贸易自由化政策还是贸易保护政策，无论是依靠市场机制主导还是接受政府干预，都应该以国家的发展、经济的增长和公民福利的提升为目的，从能否提高一国的国际竞争力角度着眼——国际竞争力是一个丰富而又多元的概念，也包含着多项衡量指标。另外，还应该认识到贸易自由主义和贸易保护主义这两个理念之间存在着这样一种关系，即有分歧但不明显更非冲突，绝对不是一者对另一者的完全排斥。相反，它们在一定程度上甚至还存在着合一互补倾向，即我们之前提到的重合部分，这一重合部分恰好说明了我们的观点：不管自由化还是保护政策，出发点都在于怎样才能使本国处境更优这一根本目标。在贸易领域中，它一般表现为相对商品价格的下降。

何谓相对商品价格？它指的是在国际贸易中所交换的不同商品，它们价格之间的比例关系。它体现了交换双方各自的比较优势和能否被对方所接受，从而获得己方的贸易利益。鉴于这个公认的定义切合本题需要，因此我们用这个概念来代表一国的国际竞争力。它是建立在比较优势基础上，表现由比较优势向竞争优势的转变和过渡。比较优势理论形成于 18 世纪中叶，完成于 20 世纪 30 年代，用来解释比较优势的理论主要包括英国古典经济学家李嘉图的比较优势理论、瑞典经济学家赫克歇尔和俄林的要素禀赋理论等，这些理论从两个方面说明了国际贸易产生的基础和动力——一是生产同一产品时，各国间存在的劳动生产率差异；二是在各国间的生产要素禀赋方面存在的供求差异。正是这些差异导致了国际贸易的形成与发生；也正是这种差异，造就了各国产业间的比较优势。然而，在生产力水平尚不发达、物质资料匮乏、需求水平较为低下的时代，由于卖方决定市场，供给决定需求，因此更多地从供给方面分析比较优势无疑是正确且合理的。但是在生产力水平相对发达，消费者基本需求已得到满足，需求层次和质量不断提高的当代，市场已由卖方转向买方市场。一国产业及其产品的价值能否得到实现、贸易利益能否最终获得，都要取决于该国产业和产品是否能够满足人们的消费需求，是否以"创新功能"赢得消费者购买，这便取决于参加贸易的各国在同一行业、领域乃至于某种产品的国际竞争力了。

在以不完全竞争为主要模式的当代世界经济中，国际贸易是按照包括了竞争优势在内的、广义上的比较优势原则进行的。传统比较优势理论的前提假设之一是一个完全竞争的市场，而竞争优势则存在于市场是不完全竞争的这一基础之上，这是传统的比较优势与竞争优势的区别所在。在现实世界中，传统比较优势仅仅表明了价格竞争的一种潜在可能性，而事实上比较利益的获得是要以产品实现价值为前提的——在完全竞争的市场环境里，不存在规模经济与公司活动，因此产品是同质的，也不存在非价格竞争，故比较优势直接体现为价格竞争优势，此时比较优势与竞争优势是完全一致的。但在一个市场是不完全竞争的世界里，价格竞争优势不但来源于比较优势，还可能来自规模经济、产品差异等众多因素。因此将竞争优势这一概念纳入到广义的比较优势系统中去，将有利于我们从理论上进行分析。现实生活中的国际贸易是按照比较优势和竞争优势的走向进行的——如果同一产业之间不具备竞争优势，那么其产品就要被排除在国际交换之外，相对利益也就根本无从实现。以保罗克鲁格曼为代表的一批经济学家在吸取了以往国际贸易理论的合理因素之后，创建了一个新的分析框架，进而提出了一种新贸易理论。新贸易理论利用产业组织理论和市场结构理论来解释国际贸易中的新现象，用不完全竞争、规模报酬递增、产品差异化等概念和思想来构造新的贸易理论模型。他们论证了在市场不完全竞争和产业内贸易这两种条件并存情况下一国企业的国际竞争优势的形成和竞争力的来源，这也揭示了现今国际贸易的发生所依据的是竞争优势而不再仅仅是比较优势了。

从具有相对意义的比较优势向具有绝对意义的竞争优势过渡的过程中，相对商品价格作为优势转变的主要表现形式和影响因素，受到了经济学家足够的重视，这一概念由此得到普及，被当成解释国际竞争力的利器。在这里我们要借鉴并概括巴格沃蒂和曼戈贝拉等当代国际贸易理论专家的提法，将相对商品价格根据其等级而进行划分：其中较为低级的层面是以劳动生产率和生产要素禀赋来表示的，即这个层面的贸易主要涉及劳动密集型的行业领域及其生产的产品，一方面通过广泛、大量地利用相对较不稀缺的原材料进行生产以降低本国出口产品的成本和价格进而提升国际竞争力，另一方面通过降低本国劳动力的工资率来降低产品成本进而实现出口贸易品的国际竞争力的加强。这两方面均体现为等级较低的优势塑造过程，因为无论是粗放型的振兴经济政策，还是以牺牲本国劳动力福利水平为代价的发展举措，均是短期的、不具备可持续发展能力的举措，虽然在当时某一阶段可能得以增强某国贸易产品的国际竞争力和该国企业的竞争优势，但在长远来看这是一种"自断后路"的行为。正如美国经济学家拉塞尔·罗伯茨在其著作《大抉择——自由贸易与贸易保护主义的寓言》中提到，这种行为将不利于一国产业的转型与升级，试想，当一国仅依靠已有的有限资源和仅会进行简单的机械化劳动的生产力与别国在国际贸易市场进行竞争，怎么可能会在这场持久战中取得胜利呢？

相比上述相对商品价格的低级层面，高级层面上的相对商品价格，通过技术进步与制度改革等较为先进的因素来表示。在竞争愈演愈烈的全球化进程中，贸易交往和国际分工开始将重心转移到软实力的博弈中去，比如：技术含量高的行业和领域所生产出来的产品附加值也高，在全球价值链条中每一环节所涉及的人力、物力所包含的科学技术水平越高，最后体现出来的产品竞争力和内在价值也越优越。不仅如此，当一个国家拥有更为优化的体制的时候，其在国际贸易中所具备的竞争优势也更加显著，因此也能够在贸易行为中获取更多的贸易红利。这种制度上的优越包括社会保障体系、法制体系、市场机制等制度变量的健全与亲民化。具备这种制度优势的国家，其行业所生产出来的产品所具备的高附加值在等级上显然更胜资源密集型、成本低廉型产品一筹。这也体现了当今具有国际竞争实力的发达国家的经济和社会发展路径。

再从理论线索上看。20世纪70年代以前，国际分工与贸易理论是以李嘉图的比较优势理论与赫克歇尔和俄林的生产要素禀赋论为基础的静态比较优势分析。这种比较优势之所以能够形成是由自然历史过程决定的。但自然历史过程又是如何形成不同的资源禀赋与比较优势的呢？李嘉图与赫克歇尔、俄林都未能作出合理解说，他们显然将这一因素视为内生的了。20世纪70年代以后，克鲁格曼提出了学习曲线这一模型，主要考察了技术创新对国际贸易的影响，通过动态的比较优势分析完善了之前静态的比较优势分析。随后迪克西特和斯蒂格利茨以模型证明：贸易可以在完全没有技术和生产要素禀赋优势而且偏好并无明显不同的情况下发生，即各国参与国际分工与国际贸易将按市场结构与规模经济的不同而各自展开。但为何有些国家如日本、韩国等能够很好地"干中学"，创造出竞争优势，而另一些国家却停滞不前呢？前面提到的各国间存在明显差别的市场结构和规模经济又应该用哪些因素来进行解释分析呢？就比如美国与俄罗斯都是资源大国，人口规模、国土面积、自然资源和科学技术等指标都相对比较接近，但为什么俄罗斯的国际贸易总额只有美国的10％？如果再从历史的角度考察一下合并之前的东德与西德、现在韩国与朝鲜、孟加拉与以色列、印度与日本等国的情况，我们将会惊讶地发现国际贸易主要不是按生产要素资源禀赋与比较利益的路线而展开的——决定性的变量是制度差异（注：道格拉斯·诺斯，《制度与经济绩效》《西方文明的兴起》等书中，对此有很多极富理性的论述）。何谓制度？

制度本身是"一整套规则，它遵循要求符合伦理道德的行为规范，用以约束个人的行为"。在制度经济学家看来，制度一词的外延十分广泛，但其主要内容在于产权结构、企业组织、市场体制、国家制度及意识形态模式等。制度主要是通过改革国际贸易主体的行为模式而影响国际贸易的。制度变量对贸易相关的诸多因素如人力资源、交易费用、规模经济等都会产生影响。

我们主要介绍制度对技术创新、科技进步的影响。技术创新是解释动态比较优势的关键因素，但技术创新又是通过什么产生的呢？诺斯首次将技术创新与制度联系起来：①制度对技术创新的影响，可通过产权制度对技术创新的激励来间接得到表现——不明晰的产权边界将会使技术创新出现外部效应，在"经济人"的前提假设下必将导致技术创新的动力受到抑制。②制度对技术创新的影响，也体现在政治法律制度能否保护技术进步和创新——核心是对知识产权的保护。若知识产权得不到应有的合理保护，则引领技术创新的高科技人才将会独立承担创新的成本而与他人一同分享创新和进步带来的收益，继而抑制其后的后续创新行为。纵观世界各国，技术创新和进步水平程度最高的国家如欧美等发达国家均是知识产权保护较为完好的国家。③制度的影响力也将通过企业制度对技术进步的引导得以实现：灵活多元化、更具包容性的企业文化和制度将成为技术进步的温床，而僵化的企业制度不仅不利于新技术的开发，更不利于技术创新的传导和在企业内流转。

综上，正如罗伯茨在《大抉择》中所提到的观点，虽然产业结构的转型和升级在短期内会损害到相关低端产业内从业人员的就业率和生活水平，继而降低其福利水平，但从长远来看，"长痛不如短痛"，一旦下定决心升级本国体制、发展本国科学技术水平，该国将会在国际贸易竞争中享有长久的竞争优势和贸易利益。当技术进步和制度创新在一国取得实质性进展时，该国所生产产品的附加值将增加，在国际贸易中的竞争力也将增强，优化一国参与国际贸易的质量和能力。

所以，若用等级较高的因素来衡量相对商品价格，贸易自由化和贸易保护两种政策的共同点便显现了出来：无论是采取贸易自由化政策还是贸易保护政策，其最终目的之一都是实现等级更高的科技进步，通过制度创新以提升国家的竞争优势和整体素质。一些国家通过降低甚至减免关税或提供补贴与其他国家进行贸易往来，希望由此间接引进高新技术和人力资源；也有一些国家在面对高附加值、高敏感性的商品如军事设备、电子仪器、易被模仿的产品等的出口时进行有选择的、不同程度的规避和限制，以保证本国高新产品的初期收益不被别国利用并保证本国产品在国际市场上的竞争优势。可以说，无论倾向自由或保护哪一种政策，根本上都着眼于本国国家利益。当然由于时代背景和国情差异，政府会有不同的政策抉择。

### （六） 贸易领域中的政治经济学

从一个国家发展面对的外部环境角度，看本国应该采取何种取向的贸易政策。研究这个问题的学者往往将主权国家视为一个主体。我们知道，政治经济学的研究对象分别是追求着财富最大化、关注着开放的主角——市场，和追逐着权利最大化、关注着主权的主角——国家政体二者之间的关系。经验表明，当两者之间倾向合作时，贸易自由化政策往往得以实施，而当两者之间离心力逐渐加强时，贸易保护政策则被贯彻落实。这其中两种最重要的理论分别是现实主义和自由主义，当然也存在着从批判性视角讨论的马克思主义、建构主义、女性主义和环境保护主义等，它们都对国际贸易政策的制定和实施发挥着重要的影响。现实主义者认为主权至上，国家角色最为重要，它们在国际贸易中倾向于选择贸易保护政策以进行统治，维护本国在国际贸易中的话语权和国际贸易规则的书写权，将国际贸易看成一种零和博弈，通过对相对利益的追逐来实现国家地位的提升，哪怕绝对利益受到限制和损失！它们在进行贸易政策选择时，更关注的是国际关系与一国主权，在保证其地位不动摇的基础之上才会去追逐贸易红利。例如，当与友国或存在合作关系的国家进行贸易往来的贸易收益小于与敌对国家或存在竞争关系的国家进行贸易往来的收益时，它们就会抛弃"经济人"理论而出于国际政治经济的考虑选择前者，这样虽然获取经济利益的机会成本增加，但政治利益的落实却能够使政策制定者更加青睐这一点。与此相反，国际政治中自由主义者的观点却与贸易自由主义者的观点不谋而合。其中有一部分人认为应该完全限制政府对经济活动干预而给予市场最大的自由、给予私有权最大的保障；但更多的、更流行的新自由主义支持者则认为应该实现市场机制的主导作用而合理限制政府的干预行为，政府的干预应该是出于保证市场自由、良好运转的目的，通过开放的市场实现与其他国家的自由贸易。① 这种共同治理的观念意味着参与方共赢，倾向于将其他国家看作合作国，实现的是一种正和博弈。

正如我们所说，政府对政策的选择，常常会与一国所坚持的理念产生分歧。这并不奇怪。因为在这样一个全球化趋势愈发强烈、国家之间相互依赖程度不断

① 参见 Theodore H. Cohn，《Global Political Economy》2012 年版，第 80—84 页。

加强的世界中，无论选择何种政策措施，都应以与其他国家共治、共赢为出发点，这是经过验证的现代国际贸易原则。但是从本国的现实利益出发，保护和以邻为壑、防人一手，也是一国必然考虑的因素。另外，还应该注意的是从亚当·斯密开始，便一直存在着对两只手（"看得见的手"即政府和"看不见的手"即市场）截然不同的看法。我们认为，理论上可以观点鲜明，但在政策上却不能各执一端，完全自由或是完全保护。同样，发挥市场作用也不意味着排斥政府——将市场与政府看作社会治理的两翼、相互配合的双手，而不是彼此对立、冲突的两方。

## 四、贸易自由化与贸易保护政策的利弊分析

不论贸易自由化还是贸易保护政策，都各有利弊，所谓利弊实际上是个利益问题，政策效果可以用利益得失加以检验，而理念作为一种认知领域的规律问题，本身即是主观的概念，所以很难对贸易保护主义与贸易自由主义进行评价与利弊分析。

虽然如此，我们对于贸易自由化政策的分析，也将倚重理念上的分类。从某种意义上看，当政府推行贸易自由化政策时，往往意味着没有专门的贸易政策——倾向自由放任、减少政府干预，就不需要政策，让市场发挥作用就可以了。另外，当一国在全球化背景下发展呈现稳定持续、无内忧外患状态时，一般会采纳贸易自由主义理念，减少政府对贸易行为的干预，允许国际贸易市场的供求机制和价格机制引领该国的生产和进出口行为。除非该国之前遵循的是贸易保护主义理念或采取了贸易保护政策，在向贸易自由化政策转型时，政府需要专门制定政策来提高开放度、降低干预度。如我国在 1978 年 12 月的十一届三中全会上发起的"改革开放"，其中的对外开放成为我国那时至今的一项基本国策，导引中国走上强国之路。相反，若一国长期坚持贸易自由主义的理念，在国际环境和该国国情未发生剧烈变动的情况下，一般不会做出转换政策方向的政治决策。不仅如此，正如我们之前所分析的，由于自由主义理念和自由化政策所追寻的目标是"共赢"，因此从理性的角度看，凡持有这种理念和奉行这种政策的国家，也不会有打破平衡、中断已达成的"共赢"局面的打算和举动。所以，参与国的贸易自由化政策作为一种重复性博弈，能够体现一国经贸发展的长期趋势，最终发展为贸易理念的规律。

而对于贸易保护主义政策的分析，则更倾向于从实际出发，以现实的利益得失加以衡量。只有当原本稳定、平衡的贸易进程出现问题——比如国与国之间的

贸易冲突，政府才会选择贸易保护政策。或者如前所述，当市场无法正常运转而出现失灵时，需要政府出面进行干预以纠正甚至取代市场来配置资源。由于针对性强，这种保护政策一般较为扎实、可行，具有"一事一政策"的特性，即每个贸易保护政策的制定和实施都是以某一特定情况（主要是问题的发生）为背景和根据的。因此贸易保护政策相较于贸易自由化政策往往更为具体可操作，但不具备普适性和长期性；只在某个国家的某个发展阶段甚至对于某个事件具备实用性，在短期内较为灵活，但倘若施之于其他国家则很难再具实际意义，这就是其局限性。以当下的美国为例，它是中国的第二大贸易伙伴国，第一大出口市场和贸易逆差国（货物贸易逆差，服务贸易顺差），中美经贸关系是互补互利，不可谓不紧密。然而近年来中美贸易摩擦愈演愈烈，尤其是金融危机以来，美国经济陷入困境，官方公布失业率近10%。为了转嫁危机，美国重拾贸易保护主义，频繁对中国发起贸易保护救济调查，包括反倾销调查、反补贴调查、特保调查等，这对两国贸易活动甚至政治关系都产生了一定的负面影响。可见美国是在2008年经济危机影响下根据其经济下行的国情，而决定实行对我国的贸易保护政策的。托尔斯泰有句名言"幸福的家庭都是相似的，而不幸的家庭各有各的不幸"，放在贸易领域里也很适用——贸易自由化政策都是相似的，而贸易保护政策各有各的特性。

自从古典经济学家提出贸易自由化的主张以来，资本主义的发展已经历了几个重要的历史阶段，世界经济贸易格局也发生了翻天覆地的变化。时至今日，贸易自由化作为符合"自然规律"的一种贸易模式，始终是人类不懈追求的一种理想的贸易政策，是国际贸易有望达到的一种最优境界，已然成为了大势所趋。目前，有两种情况共存世人皆有目共睹：从话语上看，西方国家，自由贸易似乎已经成为不可动摇的信条，并且它们正努力使其成为国际通行规则，而在新兴工业化国家，无论它们实际采取的贸易政策究竟为何，也都致力于成为贸易自由主义理念和贸易自由化政策的倡导者和实施者。从事实上看，自从国际贸易产生以来，从来没有任何一个国家真的实行过绝对的自由贸易，话语宣示与实际对不上号。但这个事实却告诉政策的制定者一个道理：要求一个国家不顾自身的经济发展水平和国际竞争力而盲目地采取贸易自由化政策，必将遭到各方的唾弃。

## （一）　自由贸易的利弊分析

首先，自由贸易政策对于市场体系的发育和完善具有重要作用。最突出的要数自由贸易对价格体系的影响。众所周知，合理的价格体系在市场经济的有效运行中起着举足轻重的作用，它不仅关系到资源能否进行有效配置，也决定了利益能否公平分配等各个方面。在自由贸易的条件下，价格在调节一国的贸易品种和贸易量上仍然具有基础性作用：进口能有效地发挥出对一国内部供应短缺商品价格的平抑作用，出口则能使一国供应丰裕的商品保持较高的价格水平，从而使国内市场上不同商品的相对价格趋向合理化；另外，竞争过程中形成的价格体系也最接近于国际价格体系，最大限度地减少了人为因素对价格决定的扭曲。相反，贸易保护政策则往往直接导致价格体系不合理，从而损害市场机制实现资源优化配置的功能。

其次，自由贸易政策能有效地推动一国的生产技术进步。自由贸易政策的特点是最大限度地将外部竞争引入到国内经济生活中来，这就为企业实现技术进步和科技创新提供了强大而有力的刺激，而企业追求技术进步的内在动力是一国实现技术进步的根源所在。同时，产品和要素的交易活动本身就包含着有形和无形的技术转让乃至知识外溢，如专利和技术设备的买卖、产品设计观念的交流、技术标准的采用等。当代国际贸易理论特别指出，从经济发展的角度尤其是对于后进国家的经济成长来说，国际贸易"技术外溢"效应和通过国际贸易来"干中学"，具有非常重要的意义[①]。

最后，自由贸易政策是加速一国制度创新的有效途径。国际贸易的自由度越大，国内经济运行流程所受到的外部影响也就越明显，进而会强烈激励一国的制度创新。比如规模经济、技术进步、降低交易费用和制度创新的供给成本及运行成本，诱导公众接受新的思想观念，在利益总量增长的条件下实现制度变迁，以渐进方式完成经济发展过程中所要求的制度变革。

尽管从整体上来看，由于实行自由贸易政策有利于提高全球资源的配置效率，从而对全世界经济贸易的发展、对世界生产力的增长的影响都是积极而有利的，但由于现实世界不存在权威政府，不同国家利益和民族利益依然高耸，各国之间在社会制度、经济体制、经济发展水平等方面具有明显差异，贸易红利不可能在世界各国之间均衡分配。在一部分国家获利的同时，另一些国家的利益往往要遭受损失：尤其是很多发达的先进国家的获利往往是以欠发达国家地区的人民福利下降、生态环境污染、自然资源浪费、经济结构受损等为代价的。不仅如此，发展中国家在通过自由贸易取得利益的同时，也由于自身经济、政治、社会发展欠发达而要付出巨大的代价，主要体现在：首先，这些发展中国家需要让渡

---

① ［美］约瑟夫·斯蒂格利茨，《经济学》，中国人民大学出版社 2000 年版。

部分经济自主权甚至主权。贸易自由化不仅使得商品流动更加自由，也使得资本和技术等生产要素变得更具流动性以至于产生流动无序性，这又导致了经济运行速度加快，也就增加了各国政府实行宏观经济调控的难度。另一方面，发展中国家的综合国力以及政府的宏观调控能力都相对较弱，在国际分工中往往处于被动地位，难以对本国的生产结构和经济局势进行完全的自我控制，一旦出现了问题，政府往往措手不及，就算临时采取干预举措也回天乏术。而发达国家由于控制了国际经贸规则和制度安排，则可以在资本、资源、劳动自由流动的世界市场上获得收益的最大化。因此，在一定程度上说贸易自由化更有利于发达国家构筑以其为中心的国际经济。发展中国家要想在整个世界经济发展过程中得到平等的权利，获得较好的国际发展环境，仍需要进行不懈的长期努力。其次，这些发展中国家还需要支付高昂的产业转移及调整的成本。因为按照自由贸易理论，一国应根据各自的绝对优势或比较优势，进行分工和专业化生产。那么，参与国际贸易的国家原来投资于绝对劣势和比较劣势产业的不变资本和可变资本就必须转移到新选择的附加值、技术含量更高的产业上来。有些具有专用性的、投资成本较高的资产如生产设备等则将被淘汰。发展中国家由于生产力水平和科技水平相对落后，物质基础较为薄弱，其产业转移和调整的能力也相对较差，则可能长期处于落后状态。不仅如此，许多在发达国家通过一定的技术改造可以重新使用的资产，在发展中国家则只能被淘汰，这也直接提高了发展中国家需要投入的机会成本乃至沉没成本。同时，由于发展中国家的劳动力素质较低，体力劳动者占比依然高于脑力劳动者，高新技术人才较少，劳动力再就业的能力差，这种产业转移有可能造成大量的失业，由此也将带来社会不稳定和人口红利的减损，这种产业转移和调整的过程也是漫长而久远的。因此，无论是产业转移还是淘汰，作为国家范围内的产业调整，发展中国家所要付出的成本都将是巨大的。最后，这也容易形成贫困化出口及产业结构的单一化。与发达国家相比，发展中国家的资本——劳动比率较低，在国际贸易中主要是利用自身廉价劳动力和资源的比较优势，以初级产品和劳动密集型工业制成品与发达国家高质量、高附加值的资本、技术密集型工业制成品相交换，产品缺乏国际竞争力。因此，在自由贸易条件下，只能以量取胜，靠低价竞销，基本上属于"贫困"出口。由于初级产品和劳动密集型工业制成品的收入弹性较低、国际市场价格不稳定，发展中国家的贸易条件持续恶化，进而出现了"出口贫困化增长"倾向，即出口越多，得到的利益越少，出口国越贫穷。这种过度依赖廉价劳动力的比较优势和价格竞争力的出口模式使得发展中国家的劳动力福利被牺牲，收入分配格局趋于恶化，内需增长受到抑制，经济持续增长的基础和动力被削弱。

## （二）　贸易保护政策的利弊分析

虽然我们已经用大量篇幅论述了自由贸易的有效性和实际意义，但理论的解释力相对于国家利益和实际情况来说，往往是苍白而无力的，在国际贸易利益分配不均的现实面前，贸易保护实在有其存在的合理性。首先，贸易保护政策有利于提高本国生产力，促进本国经济增长，扩大对外贸易，保持国际收支平衡。由于国际贸易是两国之间互有进出口的贸易，一国不能只把贸易往来国看作自己的产品市场，更不能将另一国看作廉价劳动力和原材料的来源地。当代社会，一国的综合国力很大程度上体现在一国的生产力水平上。李斯特曾经深刻地阐述："财富的生产力比之财富本身，不晓得要重要多少倍！它不但可以使已有的和已经增加的财富获得保障，而且可以使已经消失的财富获得补偿。个人如此，拿整个国家来说，更是如此。"[①] 因此，一国在对外贸易中实行什么样的政策首先必须考虑是否提高国内生产力，而不只是单纯从交换中获取的财富增加。对于发展中国家来说，在与发达国家经济发展水平悬殊的情况下，无条件地开放市场无疑会使外国廉价商品占领国内市场，成为其产品市场；或者在技术上只是亦步亦趋，缺乏创新性、自主性，甚至是国内的经济基础遭受国外先进生产力的打击而永远处于落后地位。这就根本谈不上国际贸易原则中的平等互利，更没有共同发展可言了。所以，采取贸易保护政策在一国的发展初期有利于发展本国工业，提高生产力水平，促进本国经济增长，在国内形成有利于自由贸易、平等竞争的环境背景，使该国能够平等地参与国际分工、国际竞争和国际交换，扩大对外贸易。此外，一国在发生贸易收支或国际收支恶化时，也必然要采用贸易保护政策，如采取征收关税和限制进出口的措施，同时通过各种手段鼓励出口，以求得国际收支的基本平衡。

其次，贸易保护政策也有利于调整国内经济结构，促进国内产业多样化、合理化发展，维护国内经济的稳定运行，增强本国经济的国际竞争力。尤其对于发展中国家来说，由于工业发展水平总体不如发达国家，应当适当保护国内的幼稚工业、新兴工业，以鼓励和促进国内产业成长，增强国际竞争力。但这种保护必须是适度的、有利于进入竞争的、出于特定发展阶段的保护。同时，进行结构调整，适应国际贸易的发展，必然会压缩或淘汰落后产业，由此会带来经济运行方

---

① ［德］弗里德里希·李斯特，《政治经济学的国民体系》，华夏出版社2000年版。

面的震荡和摩擦。为了降低结构调整给经济运行方面带来的震荡和摩擦，保证产业结构恰当、平稳地转换，一定时期内对某些传统产业进行适当贸易保护是必要的。同时，当今国际竞争日趋激烈，为防止外来经济动荡冲击国内经济的平稳运行，减少外部经济波动对国内经济过大影响，也必须采取适度的贸易保护政策。

最后，贸易保护政策有利于经济成长的贸易动态利益和长远利益及资源动态优化配置。资源在某一时点的最佳配置与在一个较长时期内的合理配置是不同的。一国通过贸易保护政策保护目前暂时没有比较优势但将来可能成为具有国际竞争力的产业，或者保护有利于国民经济发展的重要产业或部门，有利于本国经济的长远利益和持续发展。

但贸易保护政策的实施也会带来一定的负面效应。首先，贸易保护对生产效率和技术创新会产生一定的负面影响。为了保护本国的幼稚产业，许多国家特别是发展中国家采取对贸易的行政干预政策。从实践来看，在这种保护下民族工业能够在一定程度上得以发展，但由于政府的强力保护，这些民族工业并不是真正地成长起来，而往往仍然缺乏竞争力，结果是临时性的保护变成了永久性的依赖，降低了生产效率和资源配置效率，而不是促进经济发展。另外，由于保护，外部竞争没有充分引入到国内经济生活中来，企业技术进步没有强有力的刺激，而企业追求技术进步的内在动力是一国能否实现技术进步的根本所在。同时贸易的开展本身就包含着有形和无形的技术转让，如专利和技术设备的买卖、产品设计观念的交流、技术标准的采用等。现代国际贸易理论的新发展特别指出，从经济发展的角度尤其是对于后进国家的经济成长来说，国际贸易"技术外溢"效应和通过国际贸易来"干中学"具有非常重要的意义。其次，贸易保护对规模经济的影响。当今国际贸易理论认为政府干预是实现规模经济的最佳途径。我们认为，在这一基础上订立适当的关税和配额水平，提供不断的外来刺激是实现规模经济的必要条件。历史事实证明，在那些实行高贸易保护的进口替代国家的发展进程中，产品大多在相对狭小的国内市场销售，经过保护的产业很少能实现规模经济，更多的是生产成本长期维持较高水平，企业亏损，政府为此而背上沉重包袱。另一方面，从供给的角度来考虑，过度保护会导致中小企业大量进入，争夺有限的资源和市场，使得生产成本不能达到规模经济水平。我国过去对关税保护的积极作用估计过高，而对其实际造成的经济损失估计偏低。实际上我国进口关税的税率超出了进行适度保护的范围，导致一些重要产业部门中小企业过多进入，生产成本长期没有明显下降。在现实生活中，国际竞争往往是企业实现规模经营的重要推动力，排斥国际竞争，就等于堵塞了走向规模生产的通道。最后，贸易保护也势必引起地下经济活动。由于海关管制和贸易壁垒的存在，一国国内的供求关系不能完全由贸易来调节平衡，必然会出现一些商品供不应求和另外一些商品供过于求的情况。对供不应求的商品，国内需求只能在较高的价格水平上满足，这时消费者就会通过各种其他途径来满足需求，其中之一就是购买走私货。特别是近年来出现的大宗商品走私泛滥现象，已经给国民经济的安全和稳定发展造成了巨大隐患甚至危害。

# 后　记

　　本教材系三年前立项的我校精品课程——经济学说史课程建设的主要成果。对于国际关系学院国际经济与贸易专业的本科生而言，精品课程的讲授、精品教材的编写，都应根据我系学科建设的整体需要，突出国际经济关系变化的条件、解释新问题的理论观点和方法，找寻这些思想产生发展的历史线索，帮助学生不但知其然也知其所以然。

　　无论课程讲授还是教材建设，我们认为都应坚持四个原则，才能形成鲜明的特色：强调每种经济理论的问题导向；强调每种经济理论的学术导向（包括前人及教师自己的独立思考）；不能忽视方法论；强调经济学主流理论与异端思想的此消彼长关系。如果说，本教材相较以往的教科书有什么更新和发展，就体现在这些理念上面。

　　参与写作人员和分担任务：张士铨——导言、资本主义生产方式产生之前的经济思想概述、古典及新古典时期的经济思想；周晓华——制度经济学的发展脉络；孟凯——国际政治经济学（国际贸易体系、国际金融体系、国际生产体系与国际组织之间的关系）、殷冬雪——自由主义与保护主义之争的历史演变。统稿由张士铨和周晓华负责。

　　感谢学校教务部门、国际经济系的领导和教师以及全体同学对教材编写者的大力支持和给予的无私帮助。